中国古代铜鼓实测、记录资料汇编

中国古代铜鼓研究会
广西民族博物馆 编

文物出版社
北京・2014

责任编辑 黄 曲
责任印制 梁秋卉
封面设计 周小玮

图书在版编目（CIP）数据

中国古代铜鼓实测、记录资料汇编 / 中国古代铜鼓研究会，广西民族博物馆编．—北京：文物出版社，2014.11

ISBN 978－7－5010－4115－2

Ⅰ.①中…　Ⅱ.①中…　②广…　Ⅲ.①铜鼓—考古—资料—汇编—中国　Ⅳ.①K875.5

中国版本图书馆 CIP 数据核字（2014）第 242653 号

中国古代铜鼓实测、记录资料汇编

中国古代铜鼓研究会
广 西 民 族 博 物 馆　编

*

文 物 出 版 社 出 版 发 行

北京市东直门内北小街 2 号楼

http：//www.wenwu.com

E-mail：web@wenwu.com

北京宝蕾元科技发展有限责任公司制版

北 京 京 都 六 环 印 刷 厂 印 刷

新 华 书 店 经 销

889×1194　1/16　印　张：26

2014 年 11 月第 1 版　　2014 年 11 月第 1 次印刷

ISBN 978－7－5010－4115－2　　定价：200.00 元

Data Compilation of Chinese Ancient Bronze Drum Measurement & Recording

Compiled by

Chinese Association for Ancient Bronze Drum Research
Guangxi Museum of Nationalities

Cultural Relics Press
Beijing · 2014

目 录

序

承蒙中国古代铜鼓研究会理事长覃溥女士嘱托，让我为《中国古代铜鼓实测、记录资料汇编》写一个序，内心不免有些不安。

参加20世纪70～80年代之交调查工作的诸位先生，均是我非常敬重的前辈。他们30多年前的卓越工作，在学术界影响至深。1979年，广西壮族自治区博物馆组成的中国古代铜鼓调查小组，包括王克荣、黄增庆、邱钟仑、张世铨、庄礼伦、蒋廷瑜、王梦祥、魏桂宁诸位先生。在约一年的时间里，他们对国内馆藏的古代铜鼓进行了详细的测量、观察、记录，获取了大量的珍贵信息和数据。正是此次调查工作，使得中国古代铜鼓研究向更为深入的方向发展，包括考古学、民族学、历史学、科技史等在内的许多学科，不断进入铜鼓研究领域。也正是基于这次调查，他们对中国古代铜鼓进行了分类。首次以出土标准器形的地点，来命名中国古代铜鼓的不同类型，提出中国古代铜鼓的八大类型：万家坝型、石寨山型、冷水冲型、遵义型、麻江型、北流型、灵山型和西盟型，基本厘清了各个时期铜鼓的年代序列。这些重要的研究成果，奠定了中国古代铜鼓的研究基础，无疑具有里程碑式的意义。在我看来，伴随铜鼓研究成果的另一个方面，是这一代学者留给后人的宝贵精神财富。他们谦逊的处世风格、扎实的工作作风、严谨的治学态度，堪称那个时代文博工作者的楷模，今天仍然深刻地影响着我们广大的文物博物馆工作者。

2012年2月，中国古代铜鼓研究会在南宁召开了驻邕理事会议，会议推选广西壮族自治区文化厅覃溥女士主持研究会工作。并根据实际情况，决定将秘书处由广西壮族自治区博物馆迁至世界上收藏铜鼓最多（341面）的单位——广西民族博物馆。同年，新一轮世界铜鼓调查项目，在覃溥理事长大力推动之下也开展起来。为此，广西民族博物馆也成立了一个研究部门（研究三部），专门进行中国古代铜鼓的研究工作，并承担研究会秘书处工作。这个团队由30岁左右的年青人构成，包括一位博士、两位硕士和一位本科生，他们的专业包括考古学、历史学、民族学和科技史。成立之初，他们用半年的时间，将历年来中国古代铜鼓研究会的各种文件、资料和和手稿进行分类整理，创建了研究会的网站，恢复了与各个理事单位和会员的联系，并将1981～2004年出版的《中国古代铜鼓研究通讯》进行扫描，变成电子文档，即将在互联网上共享。

2014年，广西全区馆藏铜鼓的调查项目再次启动，年过七旬的蒋廷瑜先生亲自带领广西民族博物馆的年青学者，前往广西57个县（市）的62家文物收藏单位，观察、记录、拍摄了772面馆藏铜鼓，采集残件样品近200件。王梦祥先生更是老当益壮，拍摄了近万张高质量的铜鼓照片。2014年10月，广西民族博物馆申报的铜鼓研究项目，需要到国家文物局进行答辩，蒋先生毫不犹豫答应下来，亲自带领年青人赴北京答辩，最后项目顺利通过。2014年夏天里，一幅这样的景象频繁出现在广西许多市县的博物馆（文管所）：两位年过七旬、白发苍苍的长者，带领一群满头青丝的年青人，一位耐心观察、讲述，一位拿着相机，挥汗如雨地拍摄。这个图景，定格在我的脑海，难以忘怀。这是传承，这是希望。几代人对中国古代铜鼓研究进行的不懈努力，可谓居功至伟。

铜鼓从出现到今天，历经数千年，其独特的历史学、考古学、民族学、科技史、艺术史价值，至今依然令人着迷。然而，有关铜鼓的起源、演化、传播、时代序列、文化内涵、时代背景等诸多科学问题，仍然有待进行更为深入的研究。但愿这本《中国古代铜鼓实测、记录资料汇编》的正式出版，能使当年为之付出艰辛和满怀情感的诸位前辈感到欣慰。期望这本书详实的资料及其背后精神，对正在从事铜鼓及相关研究的青年学者有所帮助和激励。

衷心感谢覃溥理事长为此书出版做出的巨大贡献，感谢蒋廷瑜先生提供的珍贵油印本，感谢35年前支持此次调查的国内博物馆及其同仁们，感谢广西民族博物馆的同事们为此书付梓付出的辛勤努力，感谢文物出版社的编辑们为本书的出版付出的耐心和提供的宝贵建议。

广西民族博物馆馆长

王頠

2014年11月6日

Preface

Entrusted by Ms Qin Pu, Chairman of the Chinese Association for Ancient Bronze Drum Research, a preface about the book *Data Compilation of Chinese Ancient Bronze Drum Measurement & Recording* is to be written by me, which makes me unavoidably uneasy.

All the elder men who had participated in the survey work during 1970s and 1980s are my respected predecessors, whose outstanding work 30 years ago have exerted profound effect in academic fields. In 1979, the Chinese ancient bronze drum survey group was formed in the Museum of Guangxi Zhuang Autonomous Region and contained members like Wang Kerong, Huang Zengqing, Qiu Zhonglun, Zhang Shiquan, Zhuang Lilun, Jiang Tingyu, Wang Mengxiang and Wei Guining. In around one year's time, they did detailed measurement, observation and recording, and obtained abundant precious information and data. It is the survey work that makes the research trend of Chinese ancient bronze drum develop toward in-depth direction and many other disciplines like archaeology, ethnology, history and science constantly get into this field. It is based on this survey that the predecessors have classified the Chinese ancient bronze drums. For the first time the different types of them had been named by the unearthed place. It has been proposed that there are eight types according to the classification standard: Wanjiaba type, Shizhaishan type, Lengshuichong type, Zunyi type, Majiang type, Beiliu type, Lingshan type and Ximeng type, basically each having definite chronological sequence. These important research fruits have no doubt set a milestone and laid the foundation for the study of Chinese ancient bronze drums. As far as I am concerned, besides being the research fruits of bronze drums, they are the valuable spiritual fortune left to the future by the scholars of that time. Their modesty, diligence and conscientiousness which could be regarded as the model for museum workers of that time still have deep influences to the present museum workers.

In February 2012, the Chinese Association for Ancient Bronze Drum Research held a council meeting in Nanning and elected Ms Qin Pu of Guangxi Culture Department as the chairman. According to the actual situation, it was decided that the secretary was moved from the Museum of Guangxi Zhuang Autonomous Region to the unit having the largest collection (341) of bronze drums in the world——Guangxi Museum of Nationalities (GXMN). The same year, another round of world bronze drum survey project was launched under the great initiation of Chairman Qin Pu. For the sake of it, GXMN set up research department (Branch 3 of Research Department) to do professional research work of the chinese ancient bronze drum and to undertake the work of the secretary. This team is made up of young people around 30s, including one doctor, two graduates and one undergraduate with their respective major in archaeology, history, ethnology and history of science and technology. At the beginning of the establishment, they spent half a year in arranging the documents, material and manuscripts of the Chinese Association for Ancient Bronze Drum Research according to classification, setting up the website of the association, recovering its contacts with each units and members and scanning *Contacts of Chinese Ancient Bronze Drum Study* published in 1981 – 2004 and changed it into digital version and to be shard on the internet.

In 2014, the project of museum bronze drum collection survey of Guangxi was launched again. Mr. Jiang Tingyu led the young scholars of GXMN by himself to 62 cultural relic collection units of 57 counties (cities). They observed, recorded and photographed 772 pieces of collected bronze drums and collected nearly 200 pieces of incomplete samples. Mr. Wang Mengxiang was even hale and hearty and shot nearly 10000 pieces of bronze drum photos of high quality. In October 2014, the bronze drum research project applied by GXMN needed to face defense of State Administration of Cultural Heritage. Mr Jiang, without any hesitation, promised to lead the young people to Beijing for defense. And finally the project smoothly passed. In the summer of 2014, a scene frequently appeared in many county museums (or cultural relics units) of Guangxi: Two elder men (over 70) with white hair were leading a group of youngsters with black hair. One elder was patiently observing and narrating while the other was taking photos with the sweat coming down like raindrops. I was deeply impressed by this unforgettable scene. This is inheritance. This is hope. The unremitting efforts of many generations to the research of Chinese ancient bronze drums are immeasurable.

Since its appearance to now, the history of bronze drums have lasted for thousands of years. But its special value in history, archaeology, ethnology, history of science and technology and artistic value are still obsessed by people. However, many of its scientific issues like the origin, change, dissemination, time sequence, cultural connotation and historical background still need further researches. And I hope the formal publication of this book *Data Compilation of Chinese Ancient Bronze Drum Measurement & Recording* will comfort the predecessors who had paid arduous efforts and full affections to it. I hope the detailed material and its background spirit can help and encourage the young scholars who are doing research on bronze drums and its relevant studies.

I sincerely give my gratitude to Chairman Ms Qin Pu for her great contributions to the publication work, to Mr. Jiang Tingyu for providing the cherished stencil printing version, to domestic museums and colleagues which had provided support for the survey 35 years ago, to co-workers of GXMN who have done hard work for it and to the editors of Cultural Relics Press who have been patient and provided invaluable suggestions for the publication.

Curator of Guangxi Museum of Nationalities

Wang Wei

Nov 6, 2014

代前言

搜集铜鼓资料的那些日子

1979年4月，我随广西壮族自治区文物工作队队长王克荣，赴西安参加“中国考古学会成立大会暨中国社会科学考古学规划会议”。会议期间，国家文物局召集西南几省代表开会，决定于当年冬季在广西南宁召开一次全国铜鼓学术讨论会，会议由当时收藏铜鼓最多的广西壮族自治区博物馆来承办（现在收藏铜鼓最多的是广西民族博物馆）。为做好讨论会的筹备，王克荣和我便向国家文物局谢辰生、金仲及请教。他们的建议是：广西先要多做资料工作。于是决定：一是搜集近现代铜鼓著作；二是搜集全国馆藏铜鼓资料，作《资料汇编》。

说干就干，回到南宁，马上组建了由王克荣挂帅的铜鼓资料搜集组，成员有邱钟仑、张世铨、庄礼伦、黄增庆、蒋廷瑜、王梦祥、魏桂宁。搜集工作从1979年6月开始，到1980年3月，全国收藏有铜鼓的主要博物馆的铜鼓资料基本搜集完毕，后来编成《中国古代铜鼓实测、记录资料汇编》一书，1980年8月刻蜡板油印。同时编印了《古代铜鼓历史资料》和《铜鼓文章目录》。

出省搜集资料分四次完成，第一次是广东广州、佛山；第二次是云南、四川、重庆、贵州；第三次是湖南、湖北、江苏、浙江、上海；第四次是北京。我参加了第一次、第二次和第四次的一部分。当时对每一面铜鼓都要进行测量，对纹饰、立体装饰要做记录，要拍照片，对纹饰清晰或有代表者还要制作拓片。

第一次是广东广州、佛山。调查人员包括王克荣、邱钟仑、张世铨、黄增庆、蒋廷瑜、魏桂宁。1979年6月5日到达广州，被安排住在离工作地点较近的流花宾馆。

广东省博物馆收藏铜鼓122面，绝大部分存放在广东省博物馆设在光孝寺里的临时库房，另有两面在陈列室展出。广东省博物馆莫稚先生已全部拓印了这些铜鼓，并制作了文物卡片。我们把这些材料接收过来，再拍摄照片就可将信息搜集全。在光孝寺库房，我们看到了广西灵山县绿水村铜鼓、帽岭铜鼓、那昌山铜鼓和合浦、钦州出土的铜鼓。1964年以前，灵山、合浦、钦州尚属广东省，铜鼓出土后被广东省博物馆征集，所以广东省博物馆收藏了不少广西出土的铜鼓。那面绿水村铜鼓后来成为灵山型铜鼓的标准器。

广州市博物馆收藏铜鼓54面。除了在越秀山五层楼展出的以外，绝大部分收藏在广州市美术馆和六榕寺的临时库房。在广州市博物馆，留给我们很深印象的是3－280号鼓，这是一面冷水冲型铜鼓，鼓面除逆时针环列的四蛙外，每蛙间都有立体装饰，两方为单乘骑，一方是双乘骑，另一方是敲奏铜鼓的造型。敲奏铜鼓的造型塑造了一张长方形的高台，在高台上一字形并列四面侧置的铜鼓，一人站在台前，执槌依次敲奏。在六榕寺我们看到了当时所知世界上排名第三大的南海神庙铜鼓。

广州中山大学考古教研室也收藏4面铜鼓，我和魏桂宁前往调查。其中169－2号鼓是比较特殊的冷水冲型铜鼓，鼓面有四蛙一蟹塑像，蛙逆时针环列，蟹向鼓心。其他三面鼓都是麻江型，其中一面是十二生肖纹铜鼓，带一个精美木架，木架上刻“吉金长寿，清娱室”双钩铭文。此鼓已在闻宥《古铜鼓图录》著录，即该书铜鼓第十八。闻宥说，此鼓为中山大学陈竺同教授所藏，据说得自广西。

广东省博物馆曾广乙陪同我们前往佛山考察。佛山市博物馆设在祖庙内，收藏8面铜鼓，都是麻江型铜鼓，其中新34号鼓，腰间凸棱上铸有“成化十五年”五字铭文。年款铭文铸在鼓身这是仅见的一例。

第二次是云南、四川、重庆、贵州。同去的是王克荣、黄增庆、邱钟仑、张世铨、王梦祥。1979年6月28日到达昆明。云南省博物馆莫耀宗馆长带群工部主任到机场迎接，因互不认识，他们拉了一个条幅“欢迎广西博物馆同志”，然后将我们安排到云南省博物馆斜对面的云南饭店住下。莫馆长是广西南宁亭子人，来云南工作已三十年。第二天，我们与云南省博物馆的工作人员座谈，云南参加会议的有熊瑛、孙太初、张增祺、李伟卿、王大道、阚勇。李伟卿年满六十，已退休，熊瑛是文物工作队队长，孙太初是云南省考古界的元老，张增祺是1963年北京大学考古学专业的毕业生，王大道、阚勇都是1964年四川大学考古专业的毕业生，后来我们进行了很好的合作。

云南省博物馆所藏铜鼓此前已经出书，名《云南省博物馆铜鼓图录》，1959年云南人民出版社出版。该馆收藏铜鼓70多面，著录了其中40面。但是这些铜鼓我们大都没有见过，这次还得目验、检测、照相、记录。

7月2日下午，到云南省博物馆文物库房察看铜鼓，7月3日开始拍摄铜鼓照片。我充当搬运工，与各面铜鼓都有亲密接触。印象最深的是广南鼓，此鼓大而沉，两三个人才能抬动。此鼓通体完好，制作精良，是云南现存铜鼓中最大的一面，也是纹饰最漂亮的一面，在国内铜鼓中赫赫有名。其他都是小鼓，一人可以抱走。

7月4日，将云南省博物馆库房中的铜鼓调查完毕。下午去云南省文物商店仓库。文物商店仓库设在云南省博物馆的三楼，有九面铜鼓，其中三面是出土的，有一面鼓属缅甸式即西盟佤族铜鼓。

结束昆明工作后，王克荣、黄增庆回南宁。

我与邱钟仑、张世铨、王梦祥继续前行。1979年7月7日上午从昆明飞抵成都。四川省博物馆（2009年更名为四川博物院。本书皆依原馆名。编者注）安排我们住半边桥北街19号四川省文化局招待所。

四川省博物馆有22面铜鼓。7月8日，我们进到四川省博物馆文物库房调查。其中会理九莲寺铜鼓是1976年从会理县文化馆调来的，鼓面有两圈细线双勾阴刻铭文，第十二晕较宽，刻铭文二十字：“大清嘉庆戊寅年十月吉日九莲寺住持道本真立”；第八晕原有纹饰被铲平，另刻上铭文四十字：“此鼓因咸丰庚申年州城失守为乡练所得，至同治庚午年同知丁曜南捐银叁两赎回，仍敬献九莲寺”。这些铭文都是后刻的，书体相同，虽然两圈铭文的年号前后相隔五十二年，但出自同一人手笔和同一刻匠，应是同治庚午年（1870年）一次追刻的。这是我们首次发现铜鼓上最长的两段铭文。铭文反映了咸丰年间回民起义军攻占会理州城的史实，有重要的史料价值。

7月10日上午到四川大学。四川大学历史系历史博物馆有16面铜鼓，其中三面是冷水冲型铜鼓。

有一面铜鼓足部铸有铭文，铭文为阳文：“大汉昭烈贰年长沙太宰永嘉德风吉金万寿置造”。经仔细观察，我们发现，鼓足有铭文的那一部分是后加的，焊嵌痕迹十分明显。

7月11日到成都武侯祠。武侯祠藏有4面铜鼓，其中一面大铜鼓属灵山型，铜鼓平放在一个木架上，鼓架上刻着汉字：“咸丰辛酉年清和月中浣吉旦蓉城弟子张瑞龄率子应星置”。由此可知，这面铜鼓在清代已出土，张瑞龄把它移置于诸葛亮神像前。我们将它拿出来拍了照。另两面铜鼓因有铁链锁着，无法拍照。还有一面是放在陈列室新添置的西盟型铜鼓。

7月13日，我们从成都坐火车到重庆，被安排住在博物馆内。重庆市博物馆（2005年更名为重庆中国三峡博物馆暨重庆市博物馆。本书仍依原馆名。编者注）有铜鼓9面。张世铨同学庄燕禾领我们进陈列室，看到5面铜鼓，其余4面在库房。下午，博物馆派古史部董其祥先生带我们到陈列室和库房看铜鼓，约定第二天拍照。14日上午到陈列室工作，下午到文物库房工作，一天时间记录、照相完毕。

7月18日，我们坐火车到贵阳。贵州省博物馆安排我们住在离博物馆只一箭之地的北京路地质局招待所。但是房间有十三个床位，是通铺大房，与别的旅客混杂在一起，为安全起见，行李只好寄存在博物馆李衍垣办公室。

贵州省博物馆馆藏铜鼓88面，我们在出土文物陈列室看到杨粲夫妇墓出土的铜鼓。杨粲妻墓出土铜鼓，面径49.5厘米，腰足曲度不明显，纹饰简略且模糊。后来以此墓出土的铜鼓为代表，被命名为遵义型铜鼓。

7月19日下午，我们获准进入文物库房。库房有80面铜鼓，其中有一面冷水冲型大铜鼓，是贵州大学李俶元教授捐献的。李俶元教授是贵阳人，早年留学日本，毕生从事教育工作，他的祖父李守和在清代光绪年间曾到广西思恩县（今环江县）做官，这面铜鼓是李守和于光绪十八年（1892年）从思恩县带回贵阳的，在他家经历了祖孙三代，保存了整整九十年。其他铜鼓都是麻江型铜鼓，如谷峒鼓，是在贵州省麻江县谷峒火车站一座明代墓中出土的，麻江型铜鼓以此得名。

7月20日，用一整天时间观察、测量、描述、制卡、拍照，一口气把贵州博物馆馆藏铜鼓资料做完，并为贵州省博物馆拍了一套照片。下午临下班的时候，我们从陈列室搬出杨粲墓鼓和马家湾鼓测量、拍照，并仔细观察了典型的石寨山型鼓——1957年赫章辅处铜鼓。

第三次是长江中下游的湖南、湖北、江苏、浙江、上海。是张世铨、庄礼伦、王梦祥等人去的，我没有参加。

第四次是北京，1979年10月我和魏桂宁两人去的。为节省经费，我们住在广渠门外马圈电力电容器厂。北京铜鼓收藏情况比较复杂，用的时间较多，只完成了中国历史博物馆（2003年，与中国革命博物馆合并重组，更名为中国国家博物馆。本书仍依原名。编者注）、北京大学两家。故宫博物院、首都博物馆、中央民族学院、中国音乐研究所、民族文化宫五家，没来得及调查。

中国历史博物馆因熟人多，关系易通。保管部的李鸿庆先生下放到广西壮族自治区博物馆十多年，他为我们说了很多话；陈列部的雷从云是我大学同班同学，也愿意研究铜鼓，主动出来帮忙。所以，我们对中国历史博物馆收藏的近20面铜鼓全部做了卡片、拍了照片。北京大学是我的母校，考古教研室管文物的老师是我的授课老师高明先生，经得同意，我们把铜鼓从库房里搬出来放在露天拍照。

故宫博物院较正规，没有国家文物局的书面通知不接待。但经反复说明，并同国家文物局通了电话，我们在一间很破旧的屋子里看到了22面铜鼓，他们要搬走，无法让我们照相和登记。首都博物馆有铜鼓11面，我们在北海后门北京市文物工作队看到这些铜鼓，但正在打包，拟搬到国子监去，半个月之内不能去照相登记。中国音乐研究所大楼正在维修，周围都搭着脚手架，该所一位姓文的女同志带我们上楼，在一间堆放旧乐器的房间见到 18 面铜鼓，全是麻江型，但要等维修结束后才能进去工作。中央民族学院管文物的老师被抽调去弄民族五套丛书，约了几次，没有见到面。这几个单位的铜鼓到同年 12 月由庄礼伦、陈左眉等同志去完成，彭书琳出席“北京猿人第一头盖骨发现五十周年纪念会”，也参加了北京部分铜鼓的调查。

广西境内各市县收藏的铜鼓，多是利用零星时间分头调查，有的是制好表格后直接寄给市县工作人员填报。其中河池南丹县的铜鼓是我和魏桂宁去调查的。我馆丁连城下放在南丹县文化馆，对我们帮助很大。南丹县文化馆当时收藏 14 面铜鼓，放在楼梯底下的贮藏室。我们对其进行了一一测量、登记、照相。这些铜鼓大部分是“文革”时“破四旧”没收来的，“文革”结束后，拨乱反正，搞了一次“铜鼓还家”，有主的铜鼓都被主人认领了，相关数据还留在我们这里。其他二十多个市县收藏的铜鼓，是开车逐市、逐县去进行登记、拍照、拓片的。

我随调查组到各省市，还有搜集铜鼓文献资料的任务。在广州期间，专程到中山大学图书馆和东南亚研究所图书资料室借回图书，利用晚上的时间阅读、摘抄，重要文献还拍成胶片，冲洗出来慢慢阅读；对外文资料，采取看图识字的办法，见到有铜鼓图像的就记下来，找懂外语的人帮忙把题目翻译出来。在昆明期间，我从云南省历史研究所蔡华那里借到法文的《远东博古学院学报》，其中有巴门特尔《古代青铜鼓》论文；向梁红奋借到越文《历史研究》1971 年合订本。在贵阳，李衍垣带我到贵州省图书馆查找到 1943 年桂林出版的《旅行杂志》，上面有陈志良《铜鼓研究发凡——广西古代文化探讨之一》一文，我花了两个小时阅读、摘抄。在北京，通过师兄徐自强在北京图书馆（今国家图书馆）金石组，查到罗振玉《金石泥屑》和《俑庐日记》，抄录铜鼓文献。到中国社会科学院考古研究所图书室访查了铜鼓外文资料。越文翻译范全迎向我介绍了已经译成中文的几篇论文。翻译组负责人莫润先说有两篇论文已经收入《考古学参考资料》第二辑，出版后可以送给我们。

至 1980 年初，我们搜集了北京、上海、江苏、浙江、湖北、湖南、广东、广西、四川、贵州、云南十一个省（市、自治区）所藏 1383 面铜鼓的实测资料。

资料搜集到手后，如何编辑是个问题。经过反复协商，决定由广西壮族自治区博物馆承担组织工作，西南几省各出一人，集中到南宁办公。各省来的人是：广东省何纪生、云南省王大道、贵州省李衍垣、四川省湛友芳，广西是张世铨、庄礼伦，王克荣任主编。首先是确定编辑方案，第一是铜鼓的分类，第二是铜鼓各种纹饰的名称。铜鼓的分类参照黑格尔分类法，主要用铜鼓学术讨论会确定的以出土地点命名的分类法，即把中国境内的铜鼓分成万家坝型、石寨山型、冷水冲型、遵义型、麻江型、北流型、灵山型、西盟型等八大类型。为让各种纹饰有一个统一的叫法，我馆美术工作者黄文德、吴崇基、曾从运、陈锡安编出铜鼓花纹、贴图成册，作为文字描述的依据。达成共识后，各省分头编辑、负责本省部分。1980 年 7 月，王克荣、张世铨、王大道、李衍垣、何纪生、湛友芳集中再次讨论修改，最后由张世铨汇总。1980 年 8 月交王克荣审定，将资料册名为《中国古代铜鼓实测、记录资料汇编》，刻蜡板油印。

到各地搜集铜鼓资料是我一生中难忘的岁月，它改变了我对铜鼓文化的错误认识，以前以为铜鼓是传世文物，不值一提，在考古学中没有地位，经过一番调查，发现铜鼓确是一部无字的民族百科全书，信息量极为丰富，学问很大。从此我开始关注铜鼓，研究铜鼓，而且一发不可收拾，改变了我的学术轨迹。

通过回忆，也想起了当年的艰苦岁月。为了节约经费，多次住大平房，时值酷暑，住的招待所连电风扇都没有，打开窗户睡觉，又有蚊虫叮咬；同去的黄增庆老先生鼾声如雷，张世铨抽烟，影响睡眠；工作地点不是博物馆的陈列室，就是文物仓库，闷热难熬。但我们还是白天工作，晚上加班加点，冲晒照片，整理资料。尽管如此，工作还是愉快的，整个团队合作友好，配合默契，工作进展顺利。还有一条更为重要，我们的工作得到了同行的理解和支持，各地藏馆不但打开文物库房大门，让我们任意观察、拍照、记录，还增派人员主动协助我们，湖南省博物馆高至喜馆长甚至亲自为我们搬运铜鼓。

通过那次调查，基本摸清了全国馆藏铜鼓的家底，事实说明，中国铜鼓使用的时间最长、历史文献最丰富、馆藏铜鼓数量最多，有许多绝世珍品，这增强了我们研究铜鼓文化的自信心，为以后的研究工作打下了坚实的基础。

蒋廷瑜

2014 年 5 月 29 日

Foreword

Memory of Collecting Bronze Drum Data

In April 1979, I went to Xi'an to attend "the inaugural meeting of The Institute of Archaeology & Planning Session of China Social Science Archaeology" with Wang Kerong, leader of Guangxi work team of cultural relics. During that time, the State Administration of Cultural Heritage convened a meeting of the representatives of southwest provinces. And a national seminar on bronze drum was decided to be held in that winter in Nanning of Guangxi undertaken by then the largest collector, the Museum of the Guangxi Zhuang Autonomous Region (Now Guangxi Museum of Nationalities is the largest collector). To prepare for the conference, Wang Kerong and I asked for instructions from Xie Chensheng and Jing Zhongji of the State Administration of Cultural Heritage. Their suggestion was that Guangxi needed to do data collection work. Thus we decided to search the books on modern bronze drums and data of bronze drums collected by museums of China to edit them into *Data Compilation*.

As soon as we got back to Nanning, a group of bronze drum data collection was formed under the leadership of Wang Kerong. The members were Qiu Zhonglun, Zhang Shiquan, Zhuang Lilun, Huang Zengqing, Jiang Tingyu, Wang Mengxiang and Wei Guining. The collection work began from June 1979. Till March 1980, the data of bronze drums of the main museums of China had been collected and edited into a book *Data Compilation of Chinese Ancient Bronze Drum Measurement & Recording*, which was published by stencil printing in August 1980. Meanwhile, another two books *Historical Material on Ancient Bronze Drums* and *Catalog of Bronze Drum Papers* were printed.

Collection work outside Guangxi was divided into four periods. The first was Guangzhou and Foshan of Guangdong. The second was Yunnan, Sichuan, Chongqing and Guizhou. The third was Hunan, Hubei, Jiangsu, Zhejiang and Shanghai. The last was Beijing. I participated in the first, second and fourth. We measured every bronze drum, recorded the patterns and the stereo decorations and made rubbings for the clear and typical patterns.

The first time was Guangzhou and Foshan. The investigators were Wang Kerong, Qiu Zhonglun, Zhang Shiquan, Huang Zengqing, Jiang Tingyu and Wei Guining. They arrived in Guangzhou on Jun 5, 1979 and were accommodated in Liuhua Hotel, near the workplace.

Guangdong Museum had a collection of 122 bronze drums, most of which were put in the temporary storehouse of Guangxiao Temple and two were displayed in the exhibition hall. Mr. Mo Zhi (from Guangdong

Museum) had done rubbings and relic cards for all the bronze drums. We took over these data and photographed for the bronze drums, which meant we could easily finish the survey work. In the storehouse of Guangxiao Temple, we found bronze drums unearthed from Lvshui village, Maoling, Nachangshan of Lingshan, and Hepu and Qinzhou of Guangxi. Before 1964, Lingshan, Hepu and Qinzhou were still under the administration of Guangdong province. These bronze drums had been collected by Guangdong Museum after unearthing. Thus there were many bronze drums unearthed in Guangxi collected by Guangdong Museum. Afterwards, that Lvshui village bronze drum became the standard of Lingshan type.

Guangzhou Museum had a collection of 54 bronze drums. Except those displayed in the five-floor building in Yuexiu Mountain, most of them were collected by Guangzhou Museum of Art and temporary storehouse of Liurong Temple. In Guangzhou Museum, the most impressive was 3 – 280 bronze drum, which belonged to Lengshuichong type. The drum face had four frogs lined anticlockwise in a circle, between every two frogs were stereo decorations, two sides single riders, one side double riders while the other beating bronze drum model. The beating bronze drum model had a rectangular high platform, on which were four bronze drums in a line. One person stood in front of the platform, beating the bronze drums one by one with a hammer. In Liurong Temple, we saw then the 3rd largest Nanhai God Temple bronze drum in the world.

The archaeologicaldepartment of Sun Yat-Sen University also collected four bronze drums. Wei Guining and I went to survey them. Among them, no. 169 – 2 was a special bronze drum of Lengshuichong type. Its drum face had four frogs and one crab, the four frogs lining anticlockwise in a circle and the crab facing the drum center. The other three all belonged to Majiang type. One had patterns of Chinese Zodiac and an exquisite wooden shelf which was carved double inscriptions of "吉金长寿, 清娱室 (longevity and happiness)". This drum had been recorded in *Ancient Bronze Drum Catalog* by Wen You, the 18th bronze drum in that book. Wen You wrote that the bronze drum was collected by Pro. Chen Zhutong of Sun Yat-Sen University and was believed to have come from Guangxi.

Zeng Guangyi from Guangdong Museum accompanied us to survey in Foshan. Foshan Museum was inside the ancestral temple and had eight bronze drums, all belonging to Majiang type. Among them, no. Xin 34 bronze drum had inscriptions of "成化十五年 (1479, Ming Dynasty)" in the protruding edge of the drum waist. This was the only one having inscriptions of date casted on the drum.

The second time was Yunnan, Sichuan, Chongqing and Guizhou. The companions were Wang Kerong, Huang Zengqing, Qiu Zhonglun, Zhang Shiquan and Wang Mengxiang. They arrived in Kunming on Jun 28, 1979. Mo Yaozong, Curator of Yunnan Provincial Museum and the dean of People's Working Dpt. met us in the airport with a banner writing "Welcome members from the Museum of the Guangxi Zhuang Autonomous Region" as we did not know each other. We lived in Yunnan Hotel, diagonally opposite Yunnan Provincial Museum. Curator Mo was from Tingzi, Nanning of Guangxi and had worked in Yunnan for more than 30 years. The second day we held talks with staff of Yunnan Provincial Museum, whose attendees were Xiong Ying, Sun Taichu, Zhang Zengqi, Li Weiqing, Wang Dadao, Kan Yong. Li Weiqing was over 60 and had retired. Xiong Ying was the leader of cultural relics administration. Sun Taichu was an elder member of archaeological field in Yunnan. Zhang Zengqi graduated from Peking University in archaeology major in 1963. Both Wang Dadao and Que Yong graduated from Sichuan University in archaeology major in 1964. We had good cooperations.

Yunnan Provincial Museum had published a book on its collected bronze drums with the name *Catalog of Bronze Drum in Yunnan Provincial Museum* in 1959 by Yunnan People's Publishing House. The museum had a collection of over 79 bronze drums, 40 of which had been written in the book. As we had never seen these bronze drums before, it was necessary for us to see, measure, take pictures and record by ourselves.

On the afternoon of July 2, we went into the storehouse to see the bronze drums. On July 3 we began to take pictures. I also worked as a porter and had close contacts with each bronze drum. The most impressive one was Guangnan drum, which was big and heavy and could not moved without three persons. This drum was well preserved and exquisitely made. It was the largest bronze drum of Yunnan, had the most beautiful patterns and renowned in and out of China. The others were small enough for one person to take it away.

The survey work in the storehouse of Yunnan Provincial Museum was completed on Jul 4. The storehouse was on the 3rd floor of the museum and had 9 bronze drums, 3 of which were unearthed, one belonging to Mymmar style, i. e. Ximeng Wa.

After Kunming's work, Wang Kerong and Huang Zengqing went back to Nanning.

Qiu Zhonglun, Zhang Shiquan, Wang Mengxiang and I continued the work and flied to Chengdu on the morning of Jul 7, 1979. We arrived at Sichuan Museum and lived in the Sichuan Culture Bureau Hostel, no. 19 of Banbian North Street.

Sichuan Museum had 22 bronze drums. On Jul 8 we entered its storehouse for survey. Among the bronze drums, Huili Jiulian Temple bronze drum was transferred from Huili County Cultural Center in 1976. Its drum face had two circles of double inscriptions (20 Chinese characters) in strings. The 12th ring was relatively wide. The original pattern of the 8th ring was rubbed and carved with another 40 characters. These inscriptions were carved later, in the same style, in spite of their date having 52 years' gap. They were written by the same person and carved by the same carver, which might be carved in 1870. These were the longest two inscriptions we had ever found. The inscriptions reflected the historical truth that Hui people insurgents attacked and occupied Huili between 1850 and 1861, providing essential historical material.

On the morning of Jul 10, we arrived at Sichuan University. Its Historical Museum had 16 bronze drums. Three of them belonged to Lengshuichong type. One had inscriptions on the drum feet. After careful observations, we found that the inscriptions were additionally carved as the traces of welding and engraving were very obvious.

On Jul 11, we came to Wuhouci of Chengdu, which had four bronze drums. One was large and belonged to Lingshan type. It was put on a wooden shelf, which was carved with Chinese characters. From the characters we knew that it was unearthed in Qing Dynasty, Zhang Ruiling moved it to the front of Zhuge Liang (a person of great wisdom and resourcefulness) statue. We took it out for photography. The other two were locked by chains and could not be photographed. The fourth one was a new acquisition in the exhibition hall, belonging to Ximeng type.

On Jul 13, we came to Chongqing from Chengdu by train, accommodated in the museum. Chongqing

Museum had nine bronze drums. The classmate of Zhang Shiquan, Zhuang Yanhe led us to the exhibition room and we saw five bronze drums. The remaining four were in the storehouse. That afternoon Mr Dong Qixiang of the museum took us to the storehouse and exhibition room for the bronze drum. We appointed for the next day for pictures. On the morning of Jul 14, we entered the storehouse for work. And that afternoon, we worked in the storehouse. All the recording and picture work had been completed that day.

On Jul 18, we traveled to Guiyang by train. Guizhou Museum arranged us to live in the Geology Bureau of Beijing Road, about 100 meters from the museum. But there were only 13 beds in the hostel room, which meant that we had to share the room with other guests. For safety, our luggage had to be deposited in the office of Li Yanyuan, staff of the museum.

Guizhou Museum had a collection of 88 bronze drums. We saw the bronze drum unearthed from the tomb of Yang Can couple. With a diameter of 49cm, it had unclear feet curve, its patterns were simple and obscure. And the bronze drum of this tomb was called Zunyi type thereafter.

On the afternoon of Jul 19, we were allowed to the storehouse, which stored 80 bronze drums. One was large Lengshuichong type donated by Pro. Li Chuyuan of Guizhou University, who was born in Guiyang, studied abroad in Japan and did education work for his whole life, whose grandfather Li Shouhe had served as an official in Si'eng County (Huanjiang) of Guangxi during Guangxu period (from 1871 and 1908) of Qing dynasty. This bronze drum was taken from Si' eng to Guiyang by Li Shouhe in 1892. After three generations, it had been preserved for 90 years. Other bronze drums belonged to Majiang type, like Gudong bronze drum, which was unearthed from a Ming tomb in Gudong train station of Majiang of Guizhou, which was then known as Majiang type.

On Jul 20, we spent a whole day in observing, measuring, describing, making cards and taking pictures. The survey work for the collected bronze drums of Guizhou Museum had been finished and we gave a whole set of pictures to the museum as well. On the afternoon we also moved out the bronze drums of Yang Can tomb and Majiangwan for measurement and pictures. We carefully observed the typical Shizhaishan type—the bronze drum from He Zhangfu in 1957.

The third time was going to the middle or lower reaches of the Yangtse River: Hunan, Hubei, Jiangsu, Zhejiang and Shanghai by Zhang Shiquan, Zhuang Lilun, Wang Mengxiang and other people, without me.

The fourth time was going to Beijing by Wei Guining and me in October 1979. To save expenditure, we lived in the Maquan Power Capacitor Factory outside of Guangqu Gat. As the situation of Beijing was very complicated, we spent much time but only finished two sites: History Museum of China (In 2003, with the merger of China Revolution Museum, it renamed the National Museum of China) and Peking University. We went to the five units like the Palace Museum, Capital Museum, China, Minzu University of China, Chinese National Academy of Music and the Cultural Palace of Nationalities but could not do any survey work.

Thanks to the friends, our work in History Museum of China became very smooth. Mr. Li Hongqing of Storage Dept., who had been devolved to Guangxi Museum for more than ten years, helped us a lot. Lei Congyun was my college classmate and was willing to study bronze drums and provide positive help. Therefore, the 22 bronze drums of History Museum of China had been made cards and taken pictures. Peking University was my Alma Mater. The teacher in charge of relics in archaeology teaching and research room was my former teacher Gao Ming. He agreed us to move the bronze drum out of the storehouse for outdoor pictures.

The Palace Museum was relatively formal. It was unwilling to receive us without written notice of the State Administration of Cultural Heritage. After repeated explanations and communications with the State Administration of Cultural Heritage by telephone, we finally saw the 22 bonze drums in a shabby room. But we could neither take pictures nor record anything as they had to be moved away. Capital Museum, China had 11 bronze drums, which were seen by us in Beijing Cultural Relic Work Team at Beihai back gate. But they were under packing and to be moved to Guozijian and could not be photographed or recorded until 15 days later. The building of Chinese National Academy of Music was under repair, surrounded by scaffolds. A female comrade led us to the building. In a room filled with old musical instruments we saw 18 bronze drums, all belonging to Majiang type. We could not do the survey work until the repair work ended. The teacher in charge of relics in Minzu University of China had been transferred for ethnic book publishing work and was unable to receive us in spite of many appointments. The bronze drums of these units were surveyed by Zhuang Lilun and Chen Zuomei in December. Peng Shuling also took part in the survey work while attending the 50th Anniversary Session of Discovery of Beijing Ape-man Skull in Beijing.

The bronze drums within the cities and counties of Guangxi had been investigated in scattered time, some through mails of forms. And Wei Guining and I went to Nandan County of Hechi for survey. Ding Liancheng, a member of our museum but was devolved to Nandan County Culture Center, helped us a lot. There were 14 bronze drums in the center stored in the storehouse under the stairs. We measured them one by one, recording and taking pictures. These bronze drums had been confiscated during the Cultural Revolution. After the revolution, the period of setting things right, there was event of bringing back the bronze drums. Some of them had been taken back home by hosts. But their relevant data had been left here. Bronze drums of other 20 odds cities and counties had been recorded, photographed and made rubbings one by one through driving to the sites.

With the survey group, I went to many provinces and cities also for collection of bronzedrum literature. In Guangzhou, I specially went to the library of Sun Yat-Sen University and library and reference room of Southeast Asia Studies to borrow books. I read them at night, taking notes and pictures for the important literature. As to the foreign materials, I copied those having bronze drum through pictures, then let those knowing the foreign language translate the titles for me. In Kunming, I borrowed The Journal of French Far East Academy from Cai Hua of Yunnan History Institute. Among it, there was a paper A*ncient Bronze Drum* by Ba Mente. I borrowed *Historical Studies* of 1971 bound volume in Vietnamese from Liang Hongfen. In Guiyang, Li Yanyuan took me to Guizhou Library and found the *Travel Magazine* published in Guiling in 1943, in which printed the thesis *Discovery of Bronze Drum—Study of Guangxi Ancient Culture* by Chen Zhiliang. I spent two hours in reading and taking notes. In Beijing, through Xu Ziqiang, I found *Jinshinixiao* and *Yonglu Diary* by Luo Zhenyu in Jinshizu of Beijing Library (Now is National Library of China) and copied the literature on bronze drum. I went to the library of the Chinese Archaeology of CASS to search for foreign material on bronze drum. The Vietnamese translator Fan Quanwen introduced to me some translated theses in Chinese. The person in charge of translation group Mo Runxian told us that two of the theses had been included in the *Archaeology Reference Material* (2nd edition) and could give to us after publication.

By the early 1980, we had got data of 1, 388 bronze drums of 11 provinces (cities and autonomous regions): Beijing, Shanghai, Jiangsu, Zhejiang, Hubei, Hunan, Guangdong, Guangxi, Sichuan, Guizhou and Yunnan.

After we got the data, how to edit it became our second problem. Through repeated negotiations, it was decided that the Museum of the Guangxi Zhuang Autonomous Region undertook the organizer work, co-organized by one person from each southwest province. They gathered in Nanning. The representatives of each province were: He Jisheng of Guangdong, Wang Dadao of Yunnan, Li Yanyuan of Guizho, Zhan Youfang of Sichuan, Zhang Shiquan and Zhuang Lilun of Guangxi. Wang Kerong was the main editor. First of all, the edition plan needed to be certain. Firstly, the bronze drums had to be classified. Secondly, the various patterns needed to be named. Referring to Hegel classification method and decided by the bronze drum academic symposium, the classification of bronze drums was mainly according to the unearthed place. Therefore, the types of bronze drums in China had eight types: Wanjiaba type, Shizhaishan type, Lengshuichong type, Zunyi type, Majiang type, Beiliu type, Lingshan type, Ximeng type. For a standard name of the patterns, art workers of our museum Huang Wende, Wu Chongji, Zeng Congyun and Chen Xian edited the bronze drum patterns into a volume of pasted small photos as the basis of word description. Agreed on this, each province charged the respective part and edited. In July 1980, Wang Kerong, Zhang Shiquan, Wang Dadao, Li Yanyuan, He Jisheng and Zhan Youfang gathered for further discussions and corrections. Zhang Shiquan did the final collection work. And Wang Kerong checked and decided to name the book as *Data Compilation of Chinese Ancient Bronze Drum Measurement & Recording* and make it through stencil printing in August 1980.

Going to different places for bronze drum survey work had always been the unforgotten memory in my life. Firstly, it changed my wrong knowledge of bronze drum culture. I had thought that bronze drum were just unearthed relics and unworthy of being mentioned at all, nor had any position in archaeology. After the survey, I found that bronze drum was a national but wordless encyclopedia containing extremely abundant information and knowledge. From then on, I began to focus on bronze drums, study it and fall in love with it with all my energy, my academic direction being changed thereafter.

Through recalling, I thought of the hard time. In order to save expenditure, we lived in the large bungalow many times. It was the hottest summer. But the hostel was not even equipped with a fan. We slept with the window open and bit by mosquitoes. The senior Mr. Huang Zengqing snored as thunder. Zhang Shiquan smoked and spitted. All of these had severely influenced our sleep. The workplace was either exhibition room or relic storehouse, too stuffy to bear. But we still work day and night, developing pictures and arranging the material. In spite of the hard conditions, we still worked happily and cooperated friendly and harmoniously. The survey work went on very smooth. What's more, our work got our peers' understanding and support, the museums and collection units did not only open the storehouse gates for us to observe, take pictures and record but also send staff to assist the work. The curator of Hunan Provincial Museum Gao Zhixi moved the bronze drums for us.

Through that survey, the situation of the collection of bronze drums in China had been clear. It was true that China had used bronze drums for the longest time, had the most abundant historical literature and the largest number of bronze drum collection with many unique treasures. And our confidence of studying bronze drums had been enhanced, laying a solid foundation for future research work.

Jiang Tingyu

May 29, 2014

编辑说明

一、本《汇编》收集了北京、上海、江苏、浙江、湖北、湖南、广东、广西、四川、贵州和云南等11个省（市）、自治区收藏的1383具铜鼓实测记录资料。以省（市）、自治区为单位，按1974年《中华人民共和国地图集》的顺序排列。

二、各省（市）、自治区铜鼓资料，分型归类；目前暂分八型，各选较有代表性的铜鼓为标准，以其出土地点定名。即：万家坝型（以云南楚雄万家坝M23出土铜鼓为标准），石寨山型（以云南罗宁石寨山出土铜鼓为标准），冷水冲型（以广西藤县冷水冲出土的桂100号鼓为标准），遵义型（以贵州遵义宋扬灿夫妇墓出土铜鼓为标准），麻江型（以贵州麻江出土的B·1·2198号鼓为标准），北流型（以广西北河县收藏的北流05号鼓为标准），灵山型（以广西灵山出土的粤001号鼓为标准）和西盟型（以云南西盟县征集的铜鼓为标准）。其他少量器形、纹饰和用途特殊的铜鼓暂列为“异型”，附于篇末。

类型排列先后并不表示铜鼓的年代早晚。

三、铜鼓花纹定名，我们参照历史传统，力求简明形象，将纹样大体相同的花纹列于一个名下，如云纹、雷纹、羽人纹等。为便于检阅，本《汇编》附有花纹选辑。

四、铜鼓描述，自鼓面中心向外分晕计算，以两组弦线（有一、二、三、四弦为一组者）之间为一晕，无花纹者为素晕。鼓身分为胸、腰、足三部分。石寨山型和冷水冲型鼓花纹常见对称纹带，描述时以纹带相依。麻江型鼓鼓身仅列其花纹，不计晕。

五、铜鼓尺寸采用厘米计算，但“厘米”二字一律从略。

六、本《汇编》目前还是一部内部材料，其中凡未公开发表的资料，必须征得原收藏单位同意方可引用。

广东省博物馆
广西壮族自治区博物馆
云南省博物馆　联合编辑组
贵州省博物馆
四川省博物馆

1980年8月　南宁

各类型铜鼓鼓形及其纹饰

万家坝型铜鼓鼓形及其纹饰

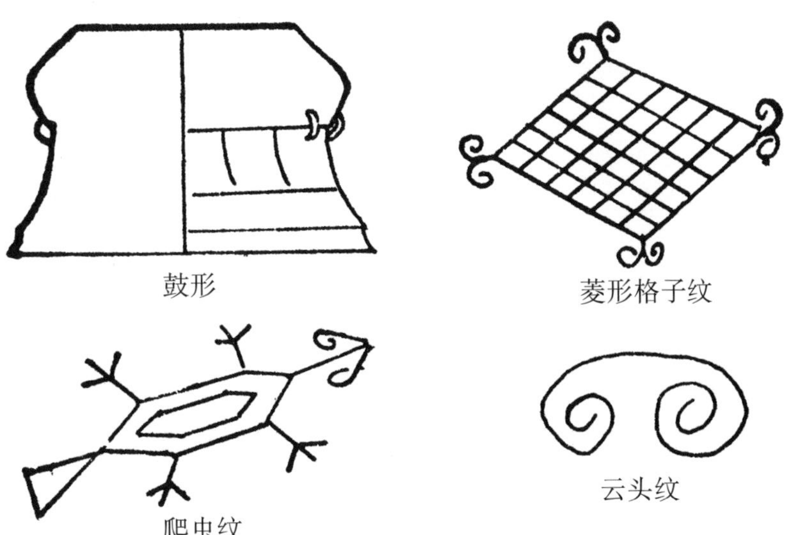

鼓形　菱形格子纹

爬虫纹　云头纹

石寨山型铜鼓鼓形及其纹饰

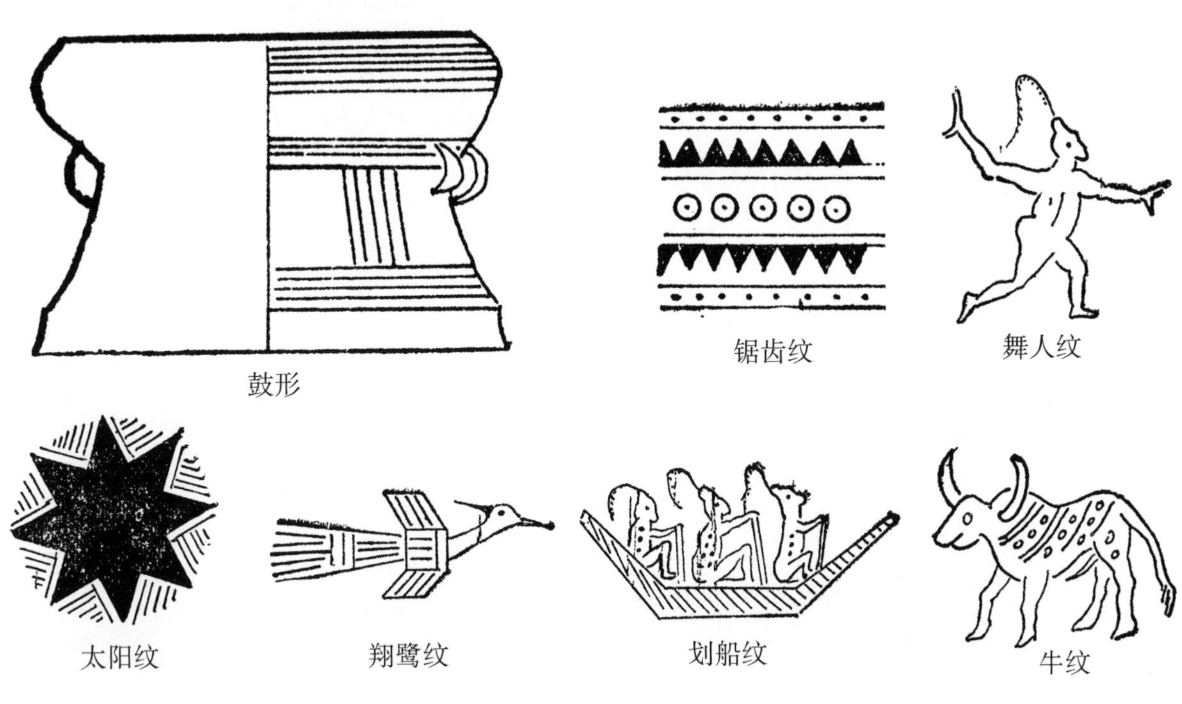

鼓形　锯齿纹　舞人纹

太阳纹　翔鹭纹　划船纹　牛纹

冷水冲型铜鼓鼓形及其纹饰

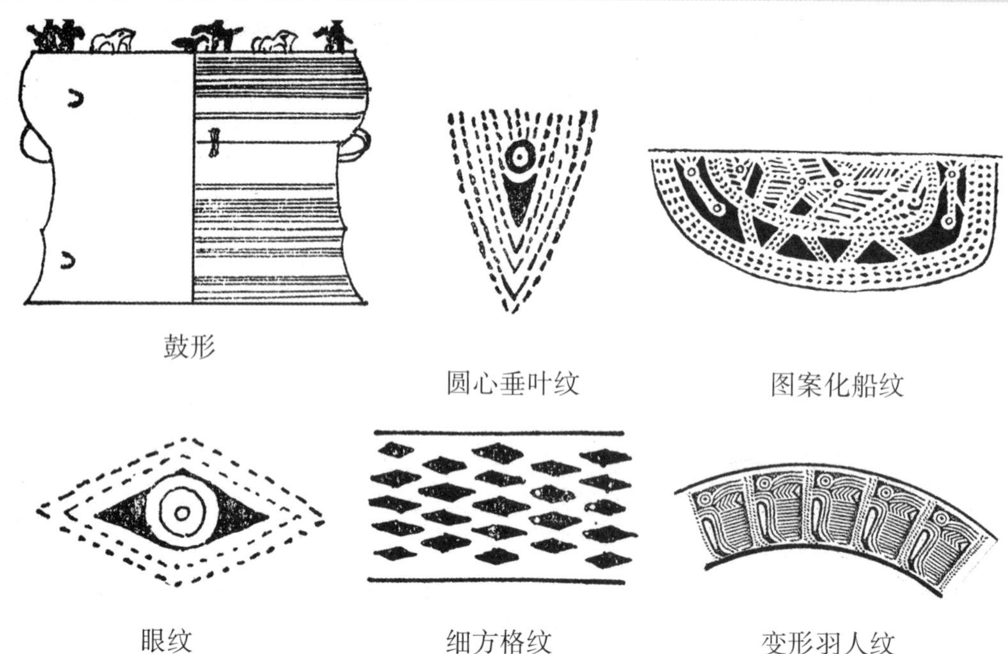

鼓形

圆心垂叶纹

图案化船纹

眼纹

细方格纹

变形羽人纹

遵义型铜鼓鼓形及其纹饰

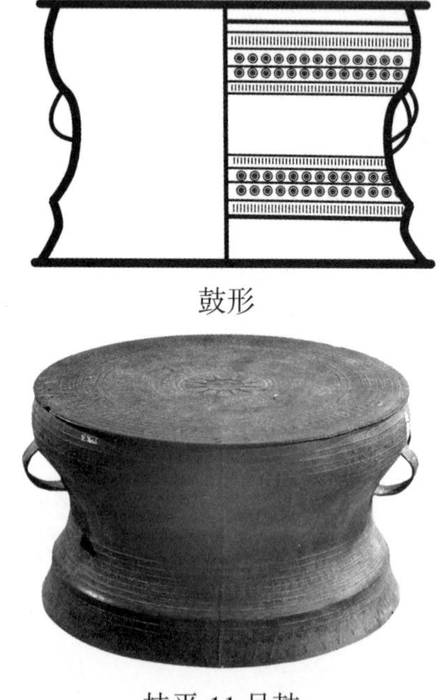

鼓形

桂平 11 号鼓

桂平 11 号鼓鼓面纹饰

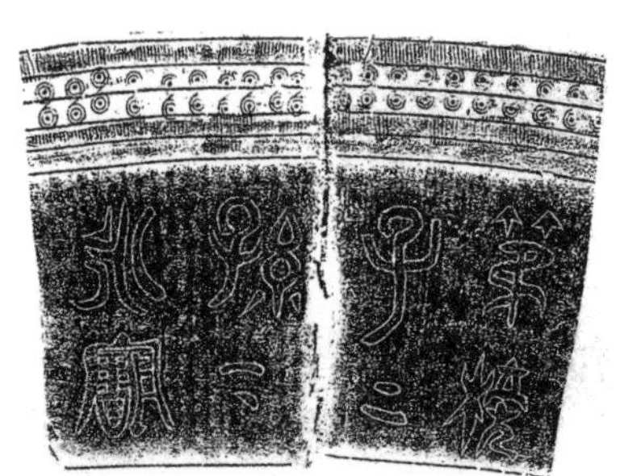

桂平 11 号鼓鼓腰铭文

麻江型铜鼓鼓形及其纹饰

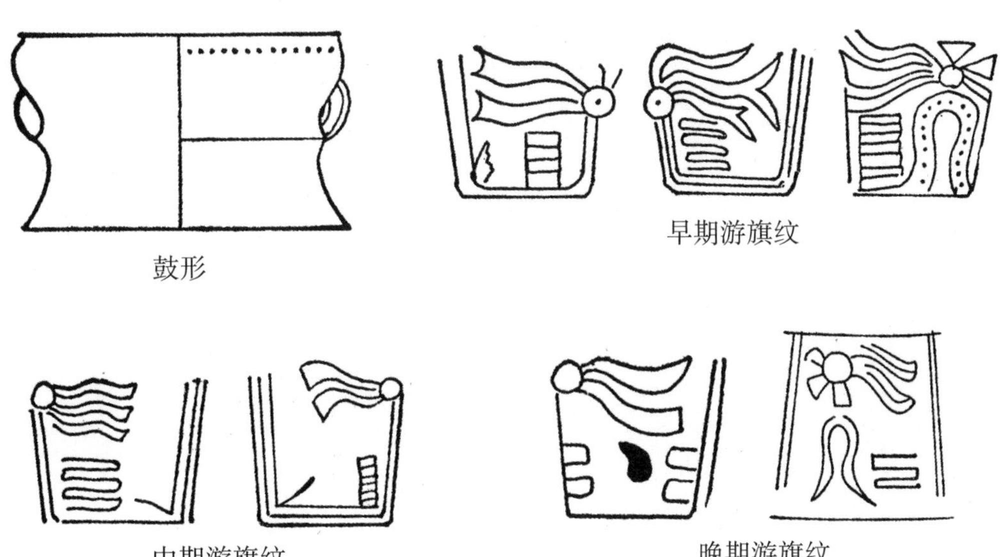

鼓形

早期游旗纹

中期游旗纹

晚期游旗纹

北流型铜鼓鼓形及其纹饰

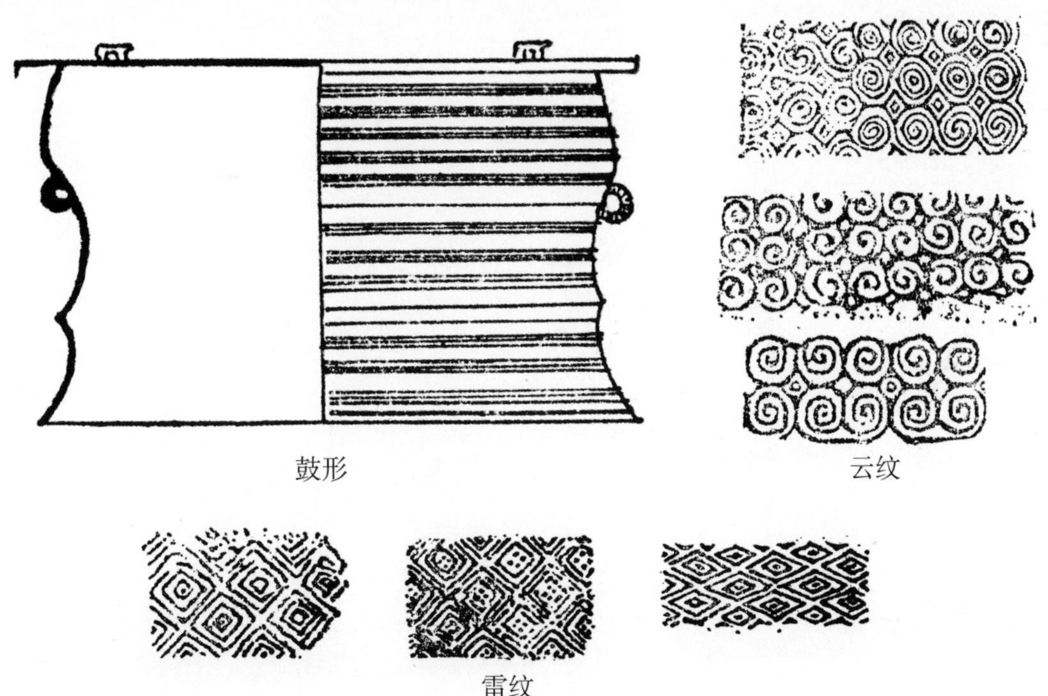

鼓形

云纹

雷纹

灵山型铜鼓鼓形及其纹饰

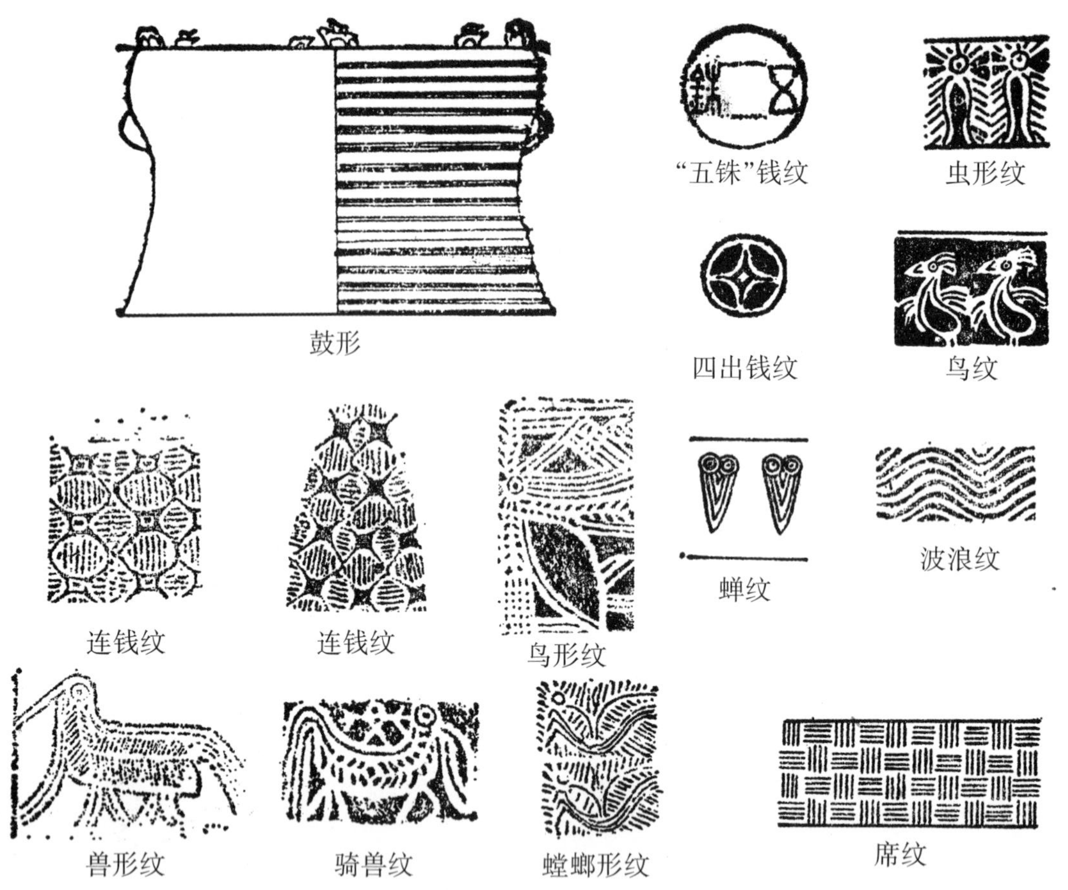

西盟型铜鼓鼓形及其纹饰

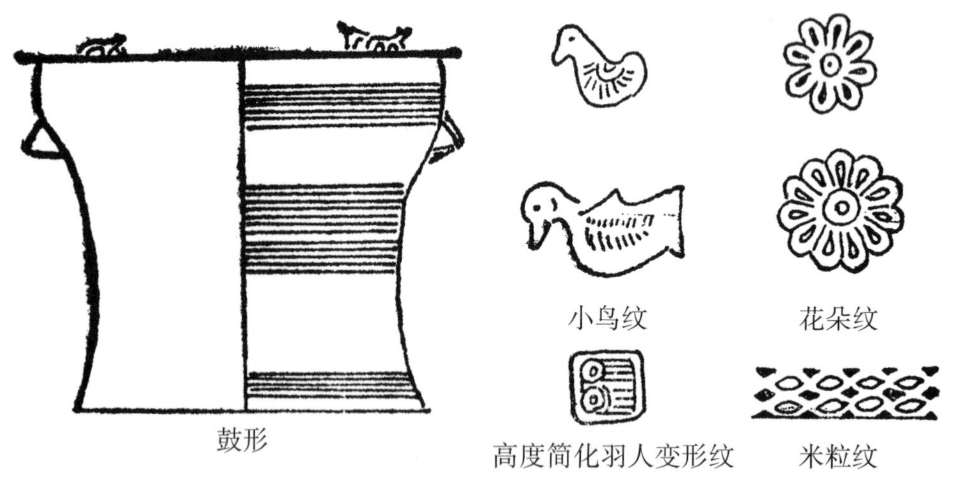

铜鼓花纹剪辑

一、云雷纹类

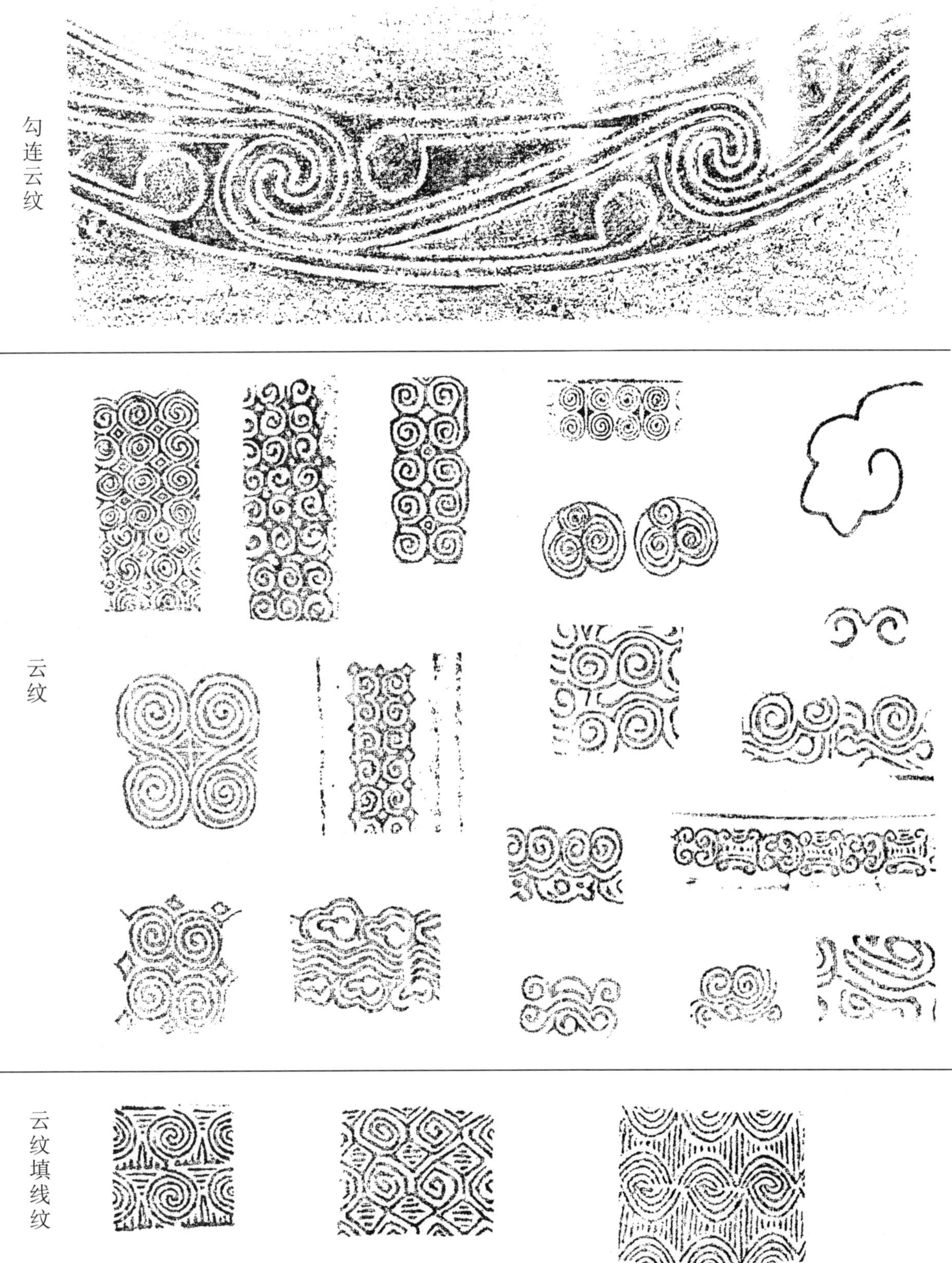

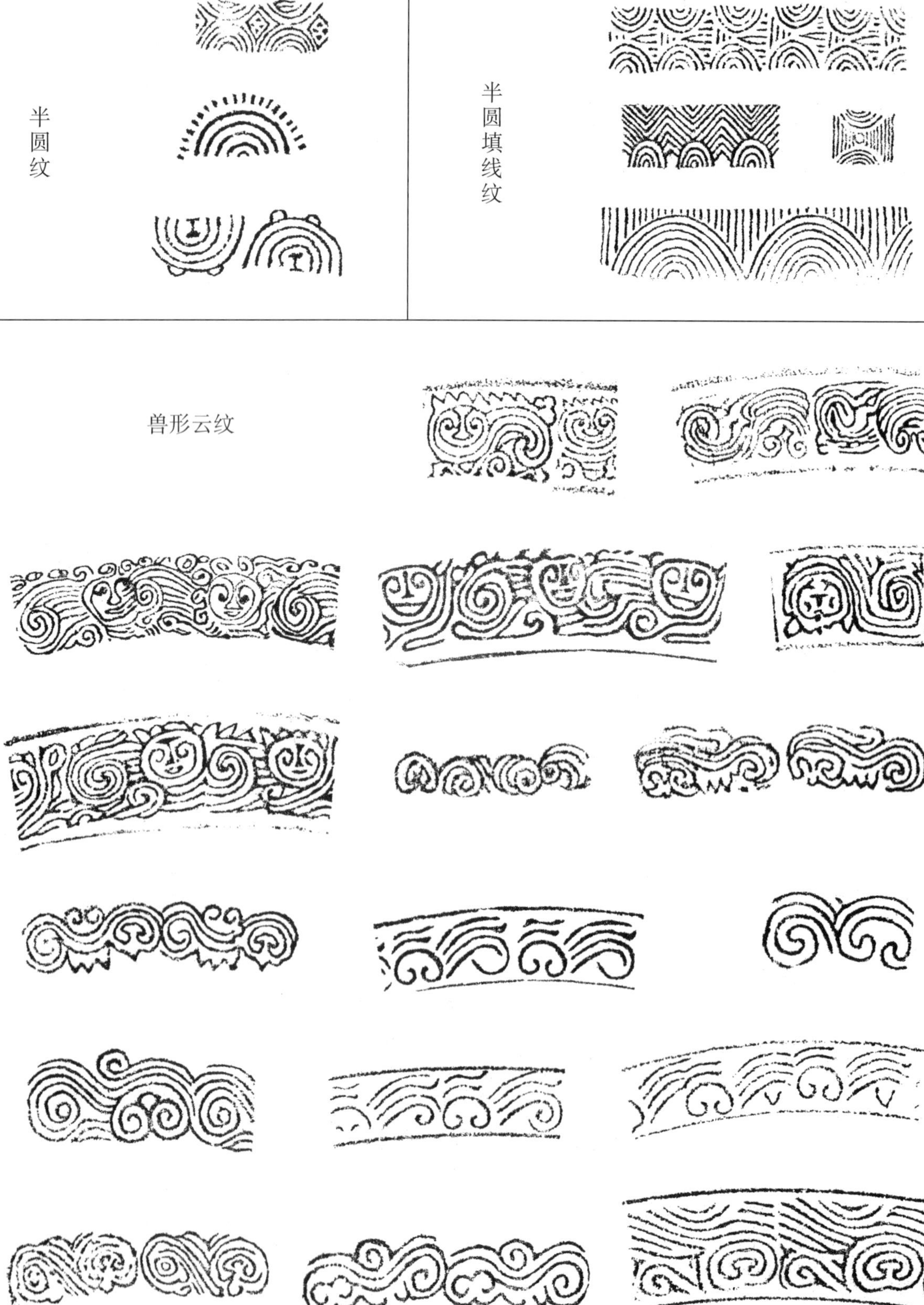
半圆纹
半圆填线纹
兽形云纹

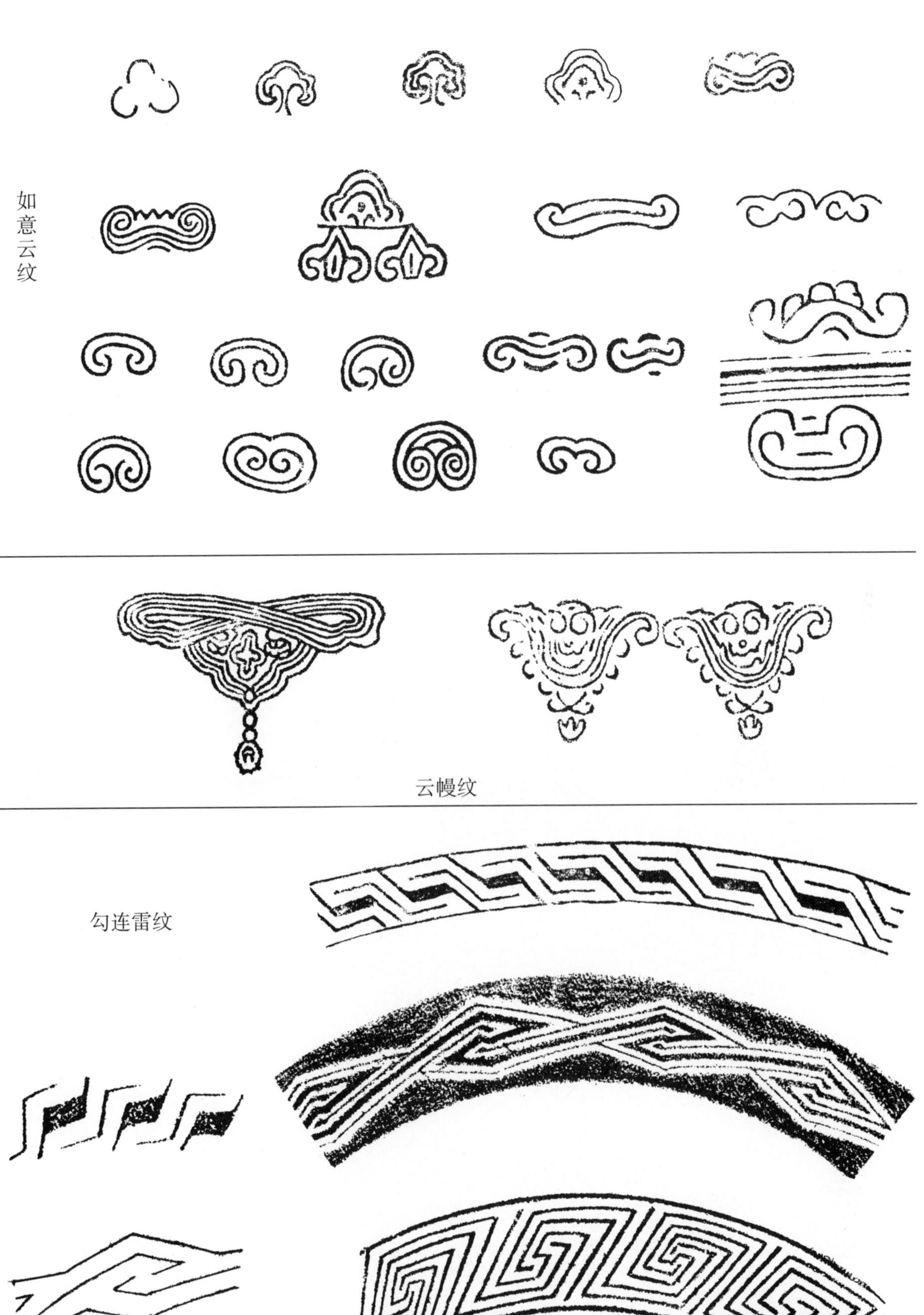
如意云纹

云幔纹

勾连雷纹

雷纹

雷（回）纹

雷纹填线纹

枣核形纹

枣核雷地纹

二、人像纹类

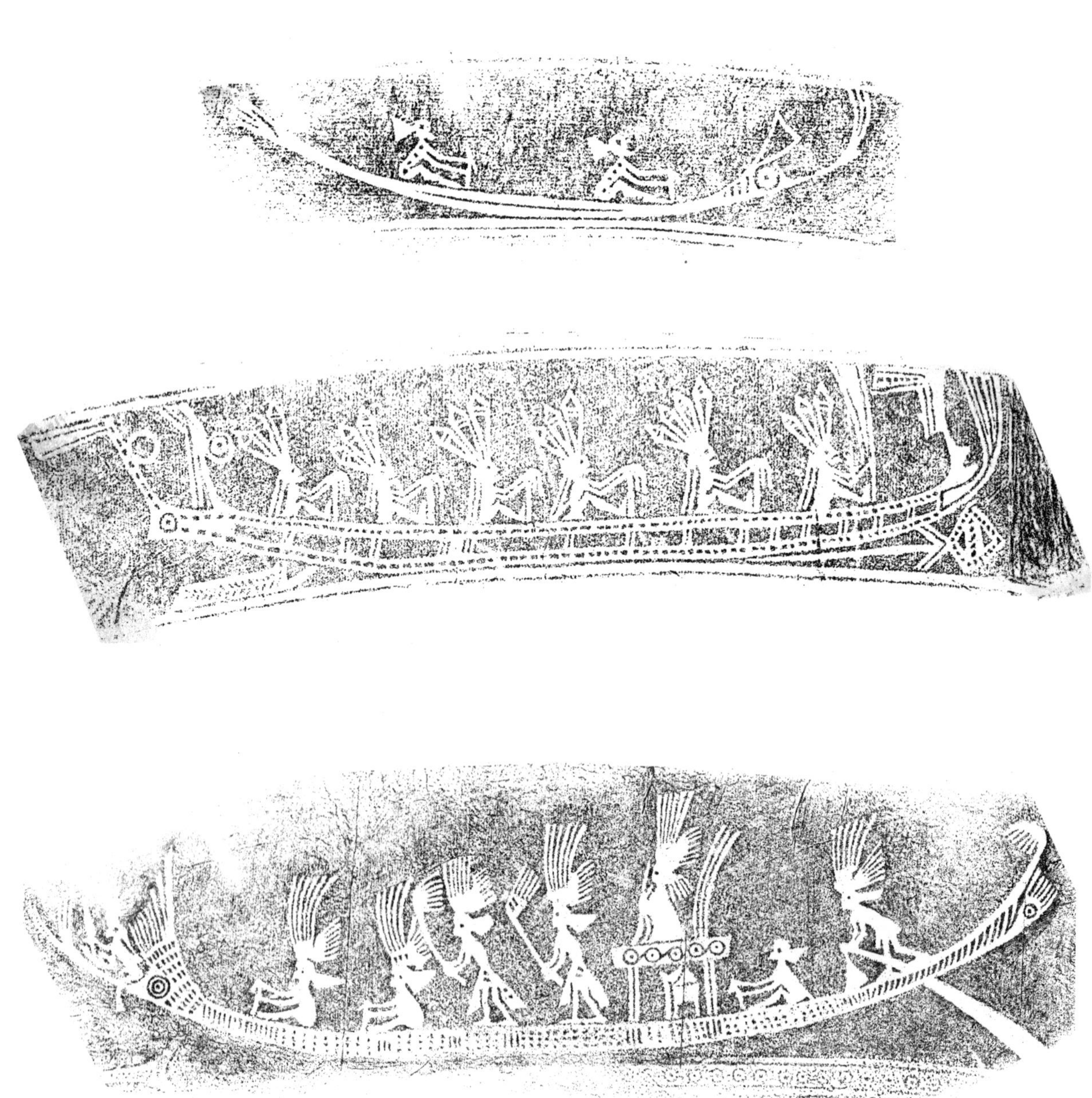

划船纹

变形划船纹

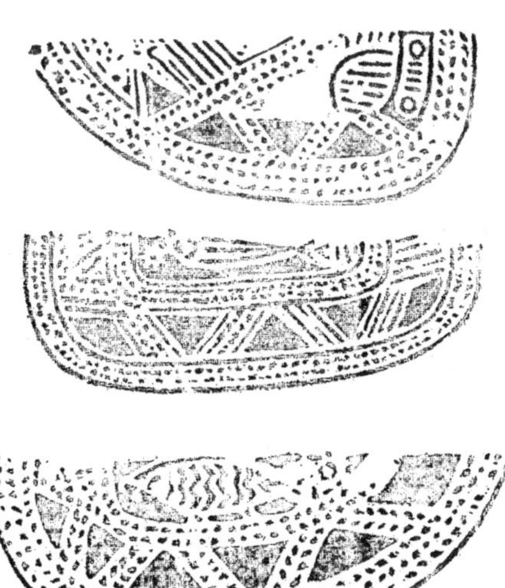

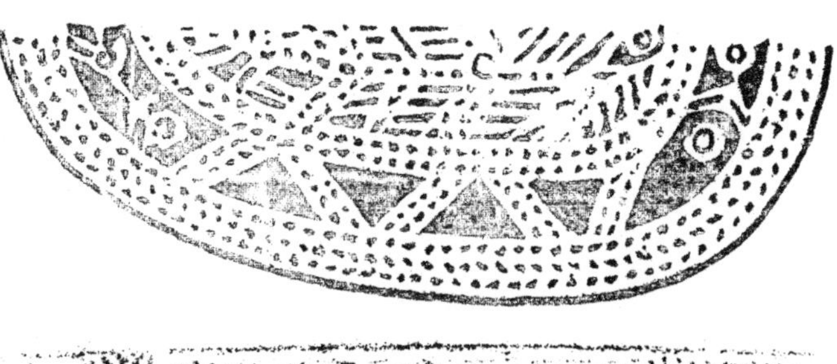

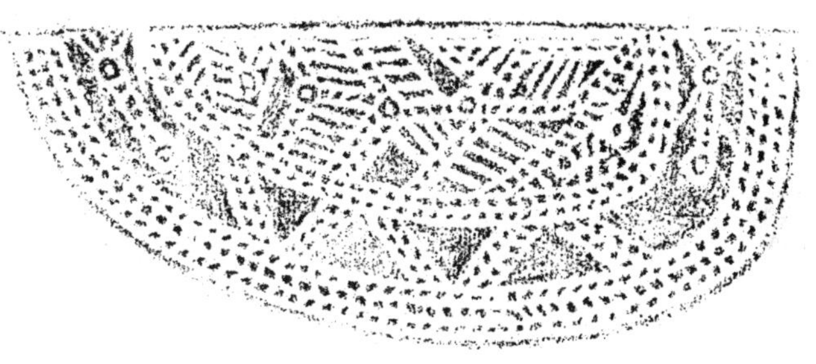

骑士纹

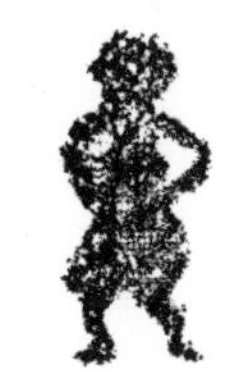

人形纹(荷耙与站立者)

羽人纹

变形羽人纹

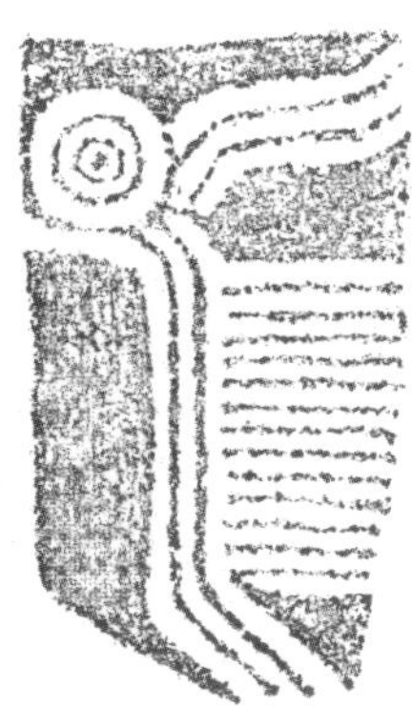

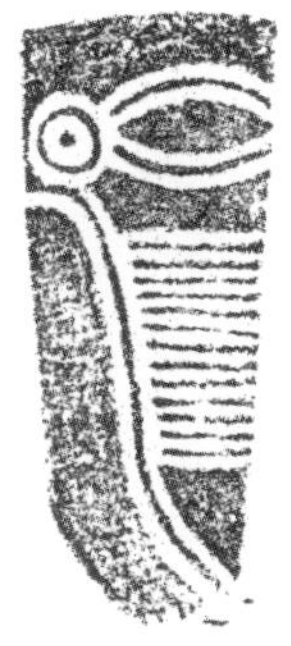

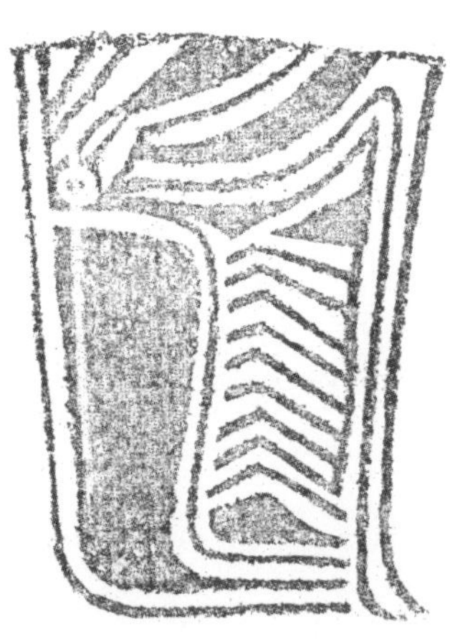
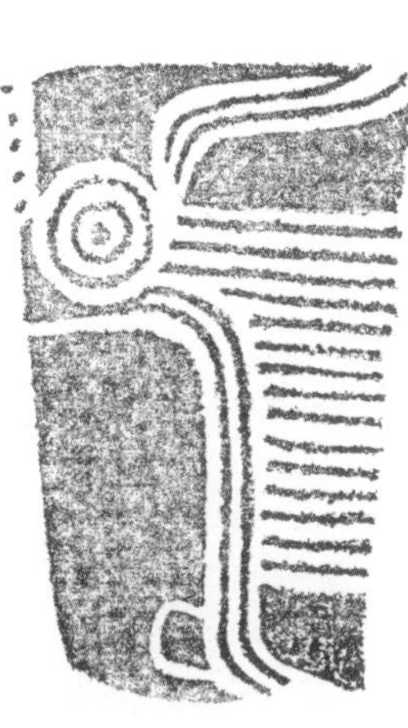
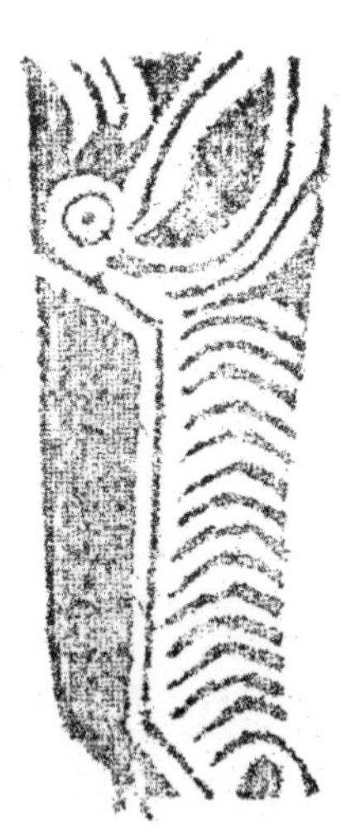

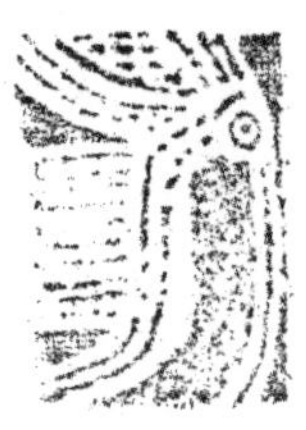

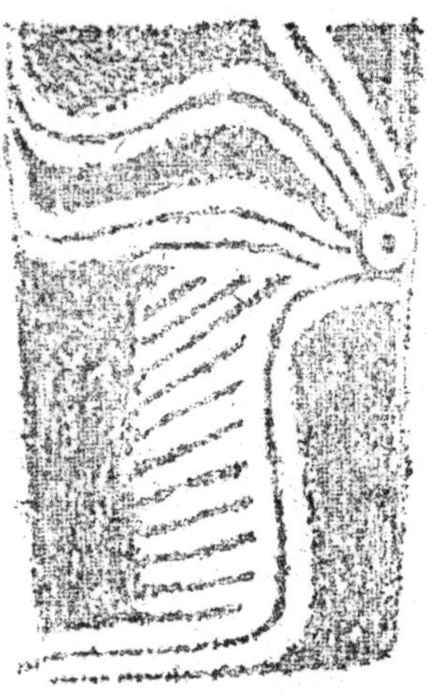
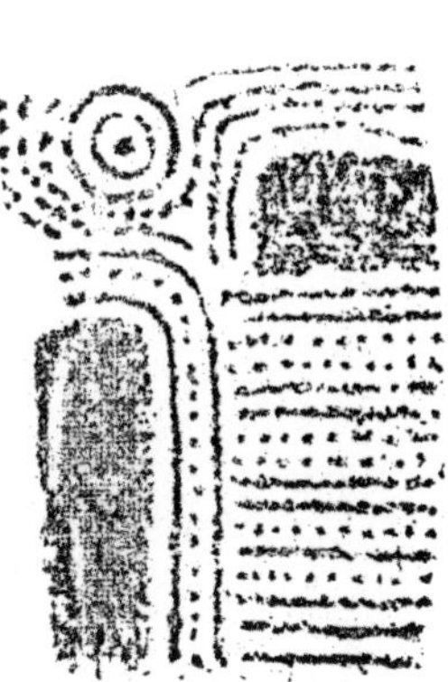

变形羽人纹

三、动物纹类

翔鹭·翔鹭含鱼纹

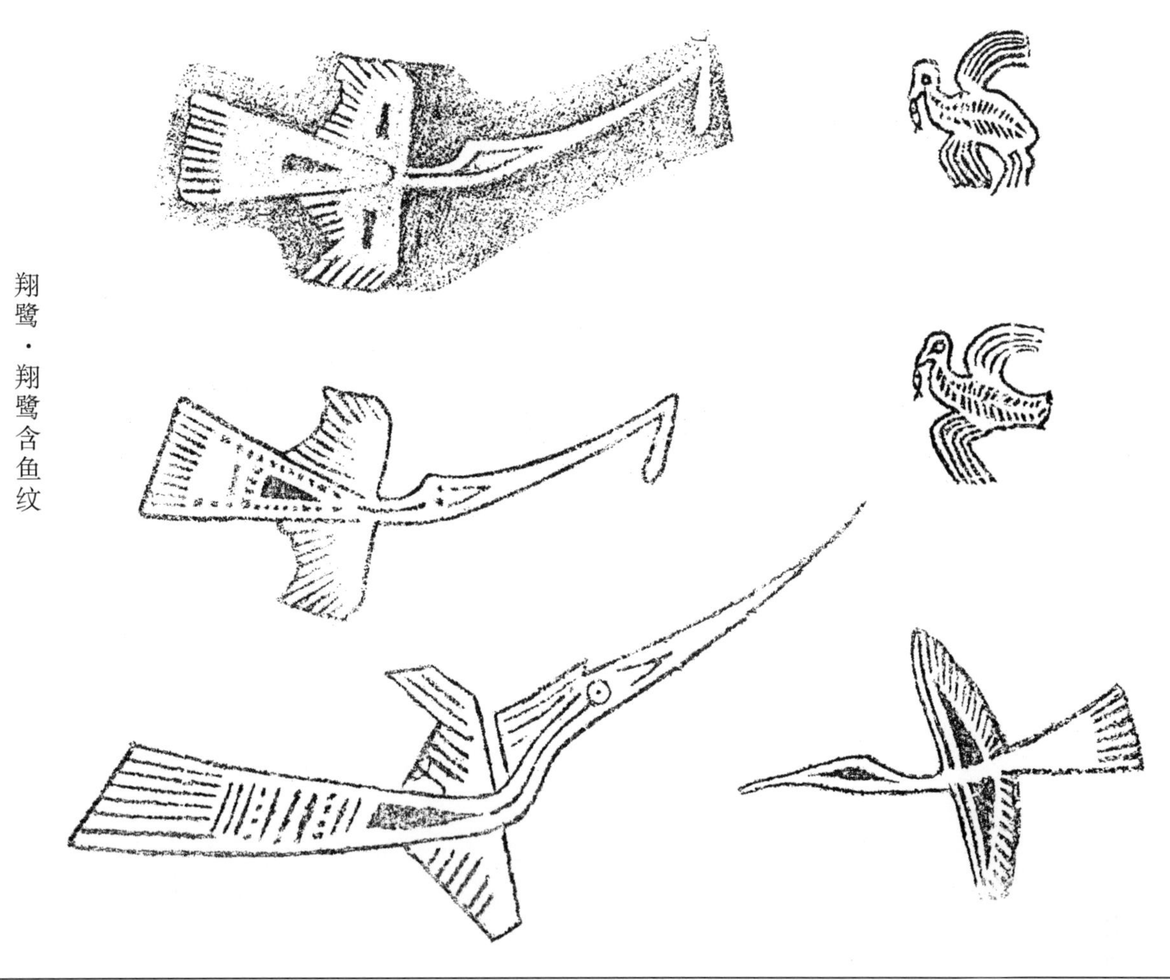

翔鹭纹

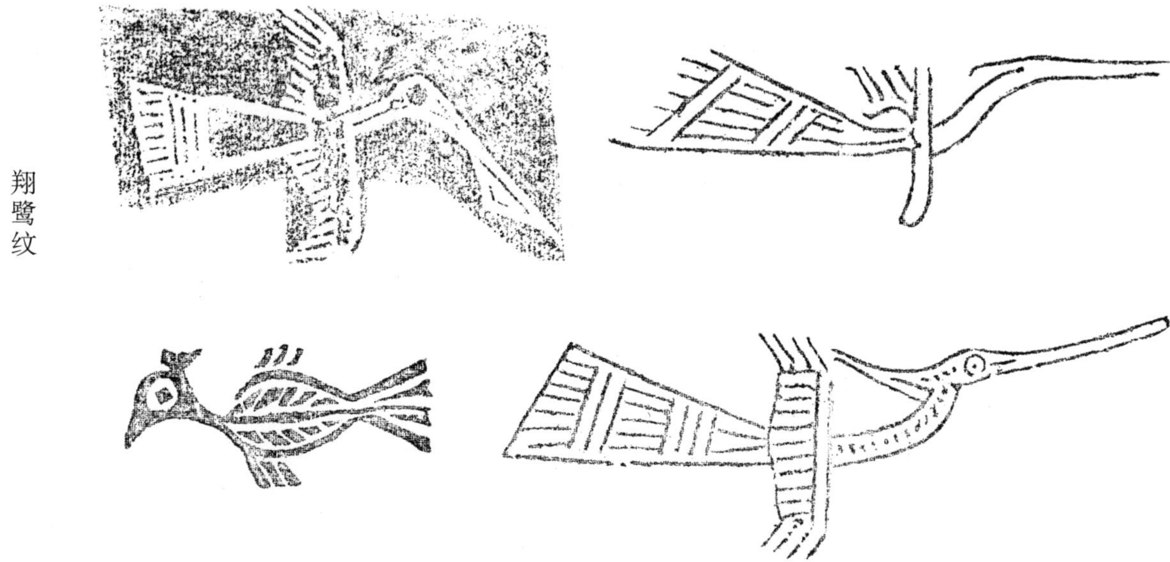

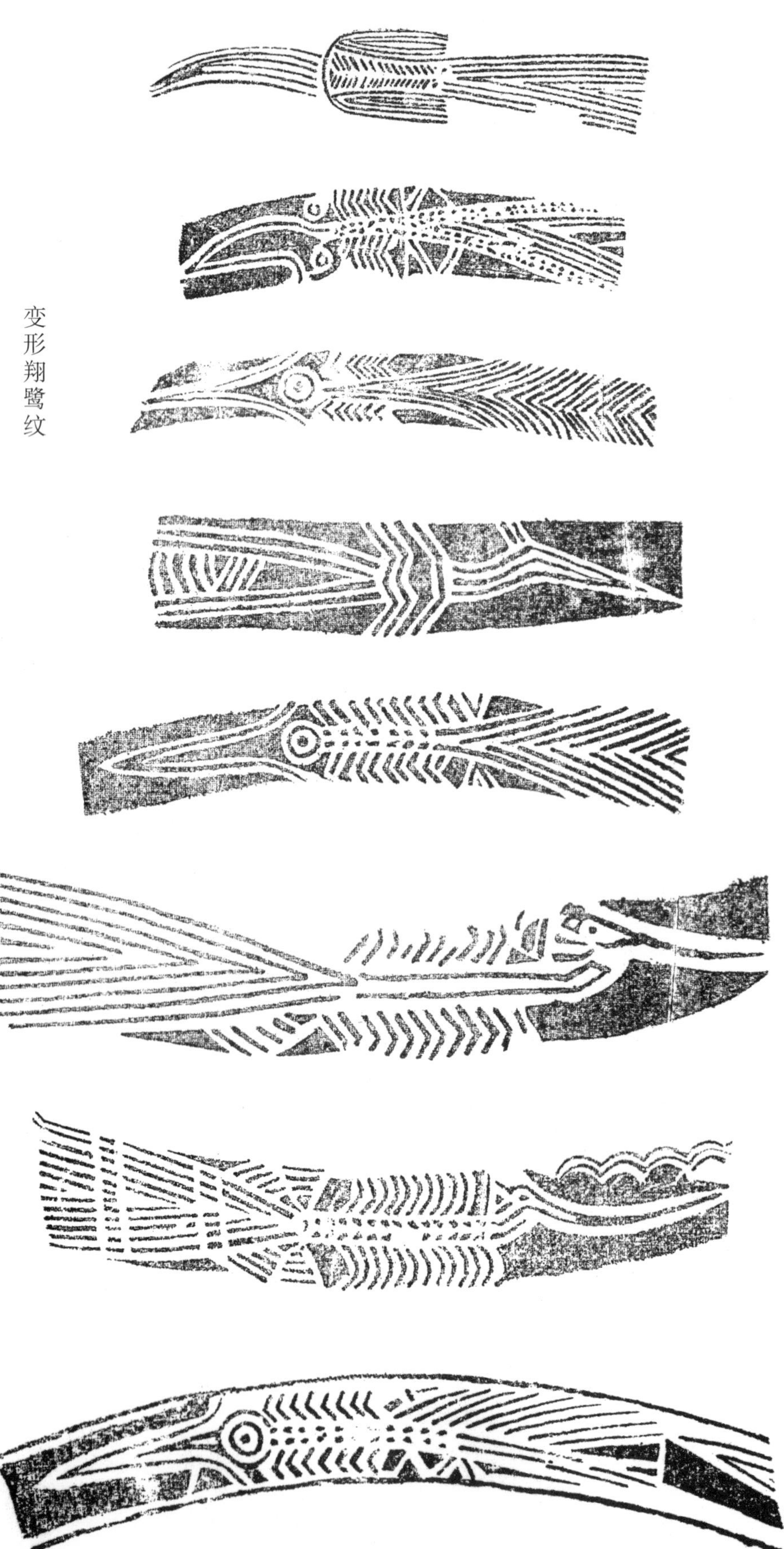

变形翔鹭纹

变形翔鹭纹

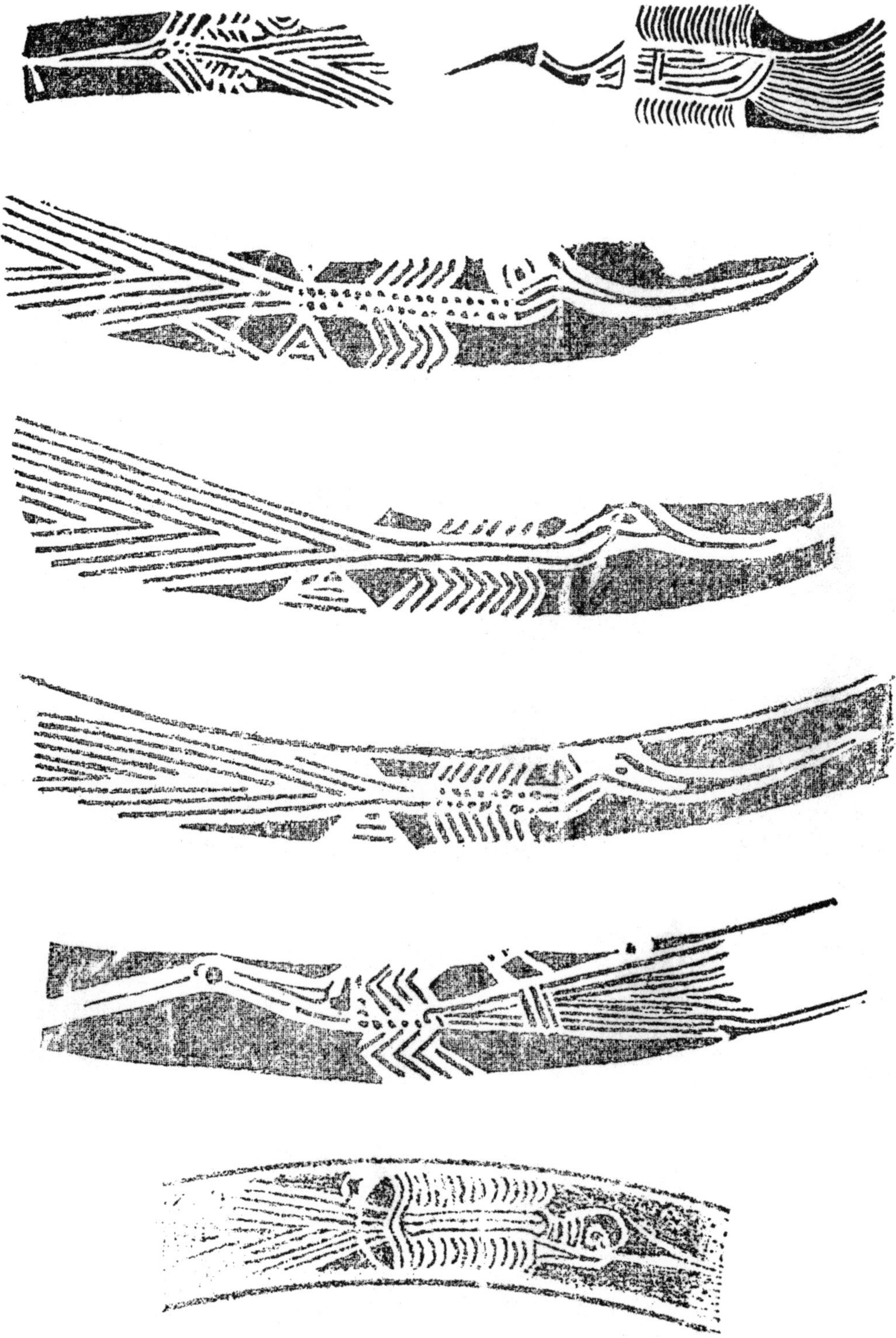

鸟纹

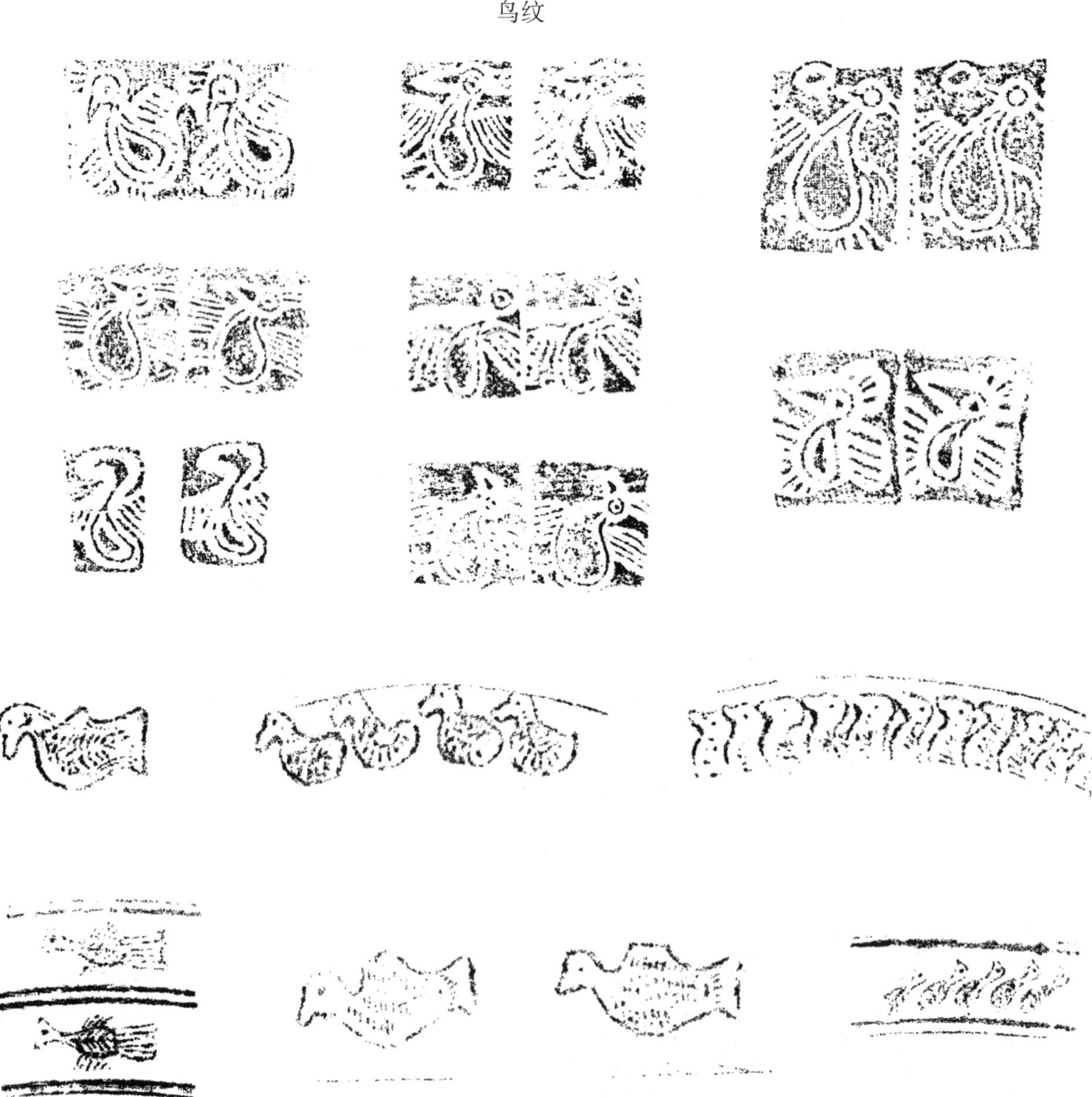

飞鸟纹

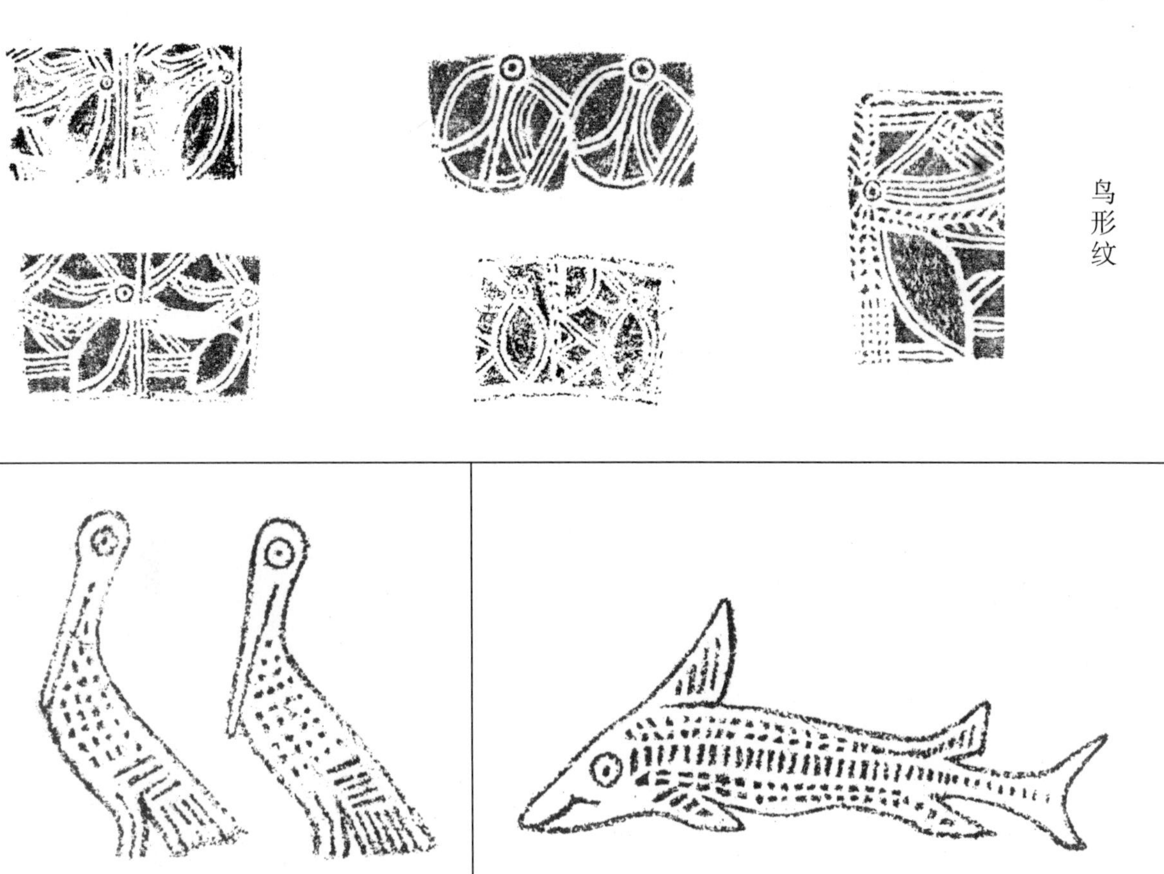

鸟形纹

鸟纹

鱼纹

鹿纹

兽形纹

家畜纹

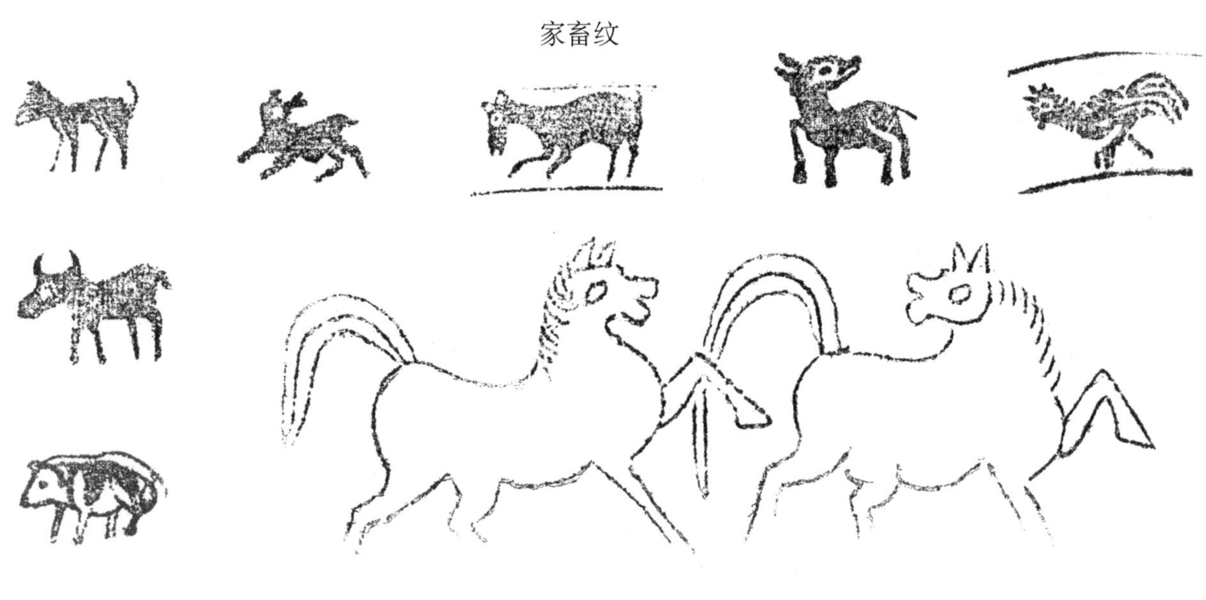

混合图案

兽面图案

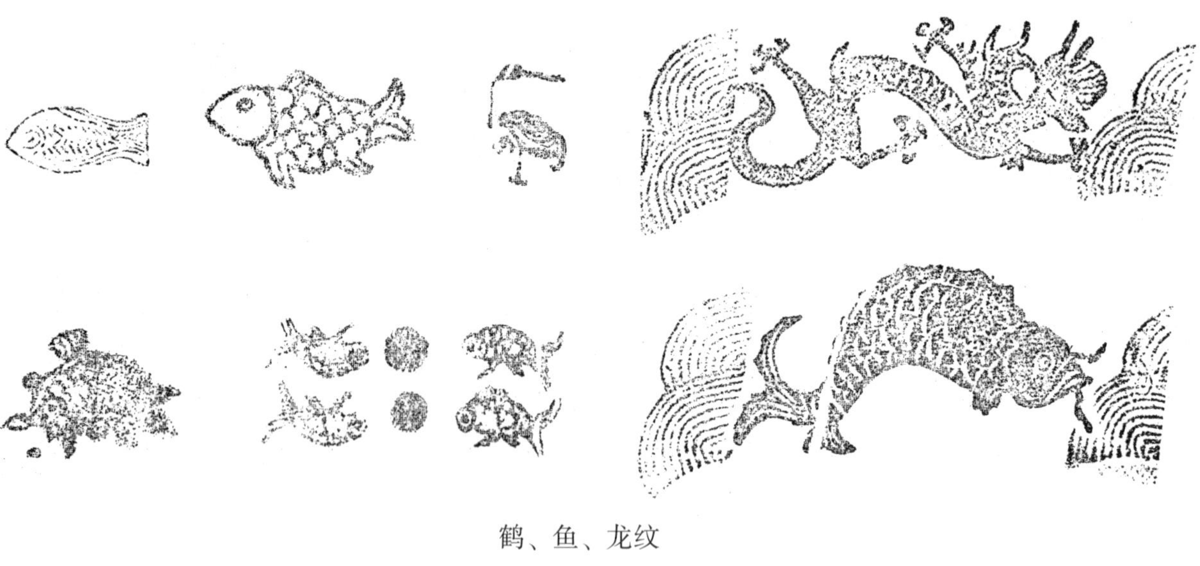

鹤、鱼、龙纹

二龙献珠

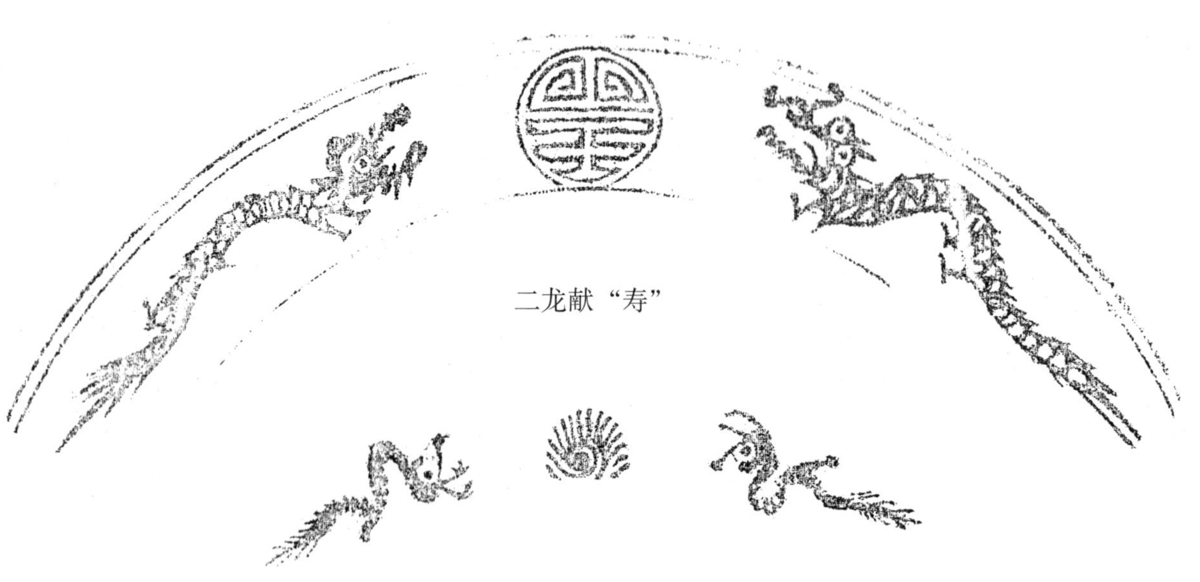

二龙献“寿”

蝉纹

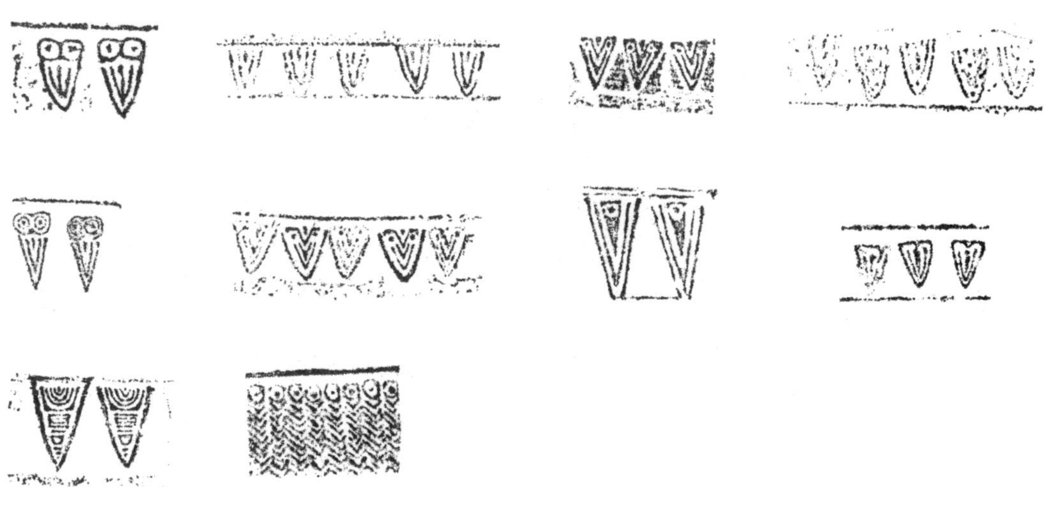

虫形纹

蛙爪纹

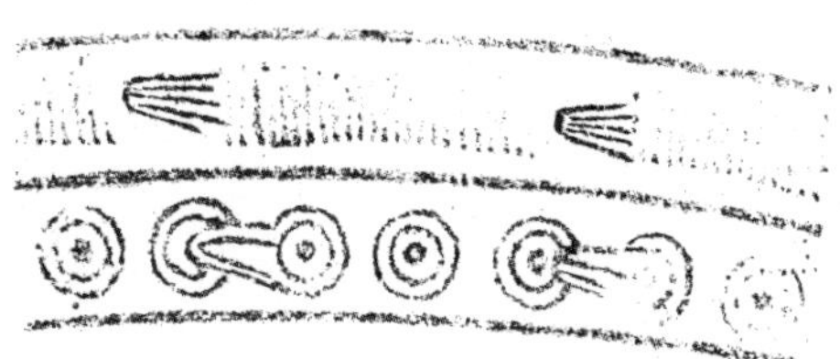

四、花卉纹类

四瓣花纹

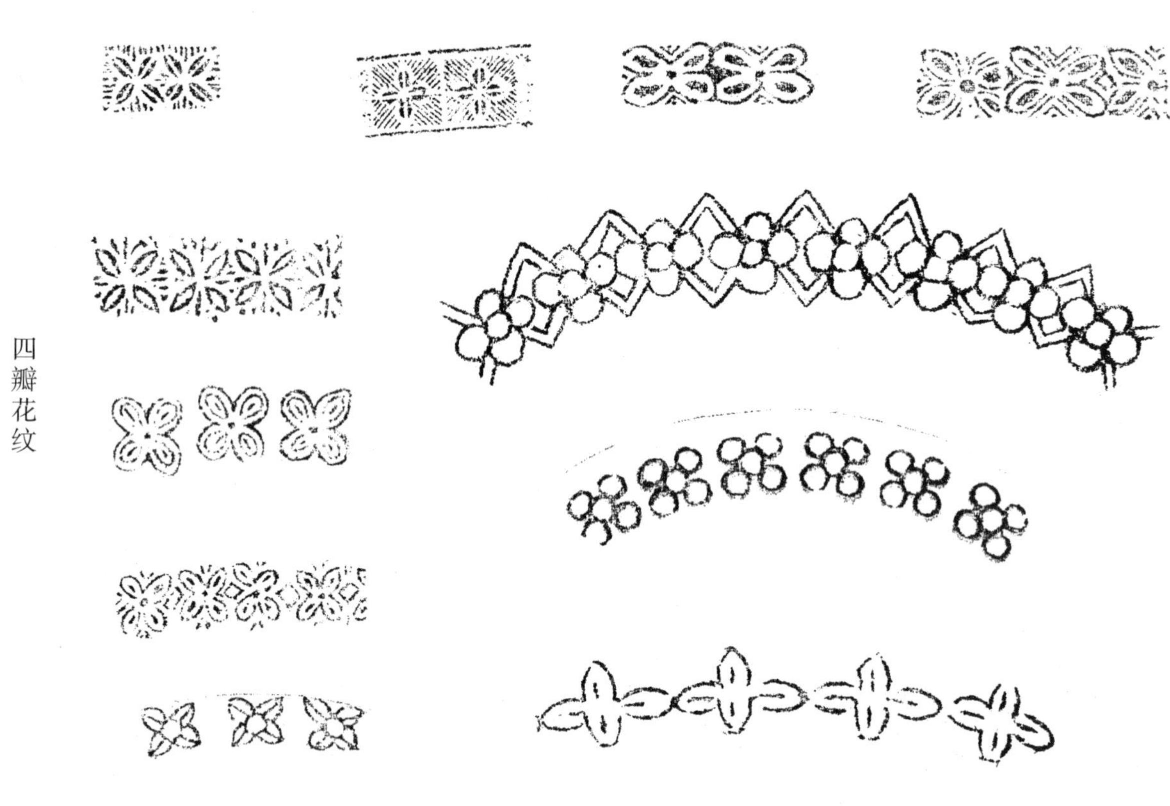

菱格填花纹

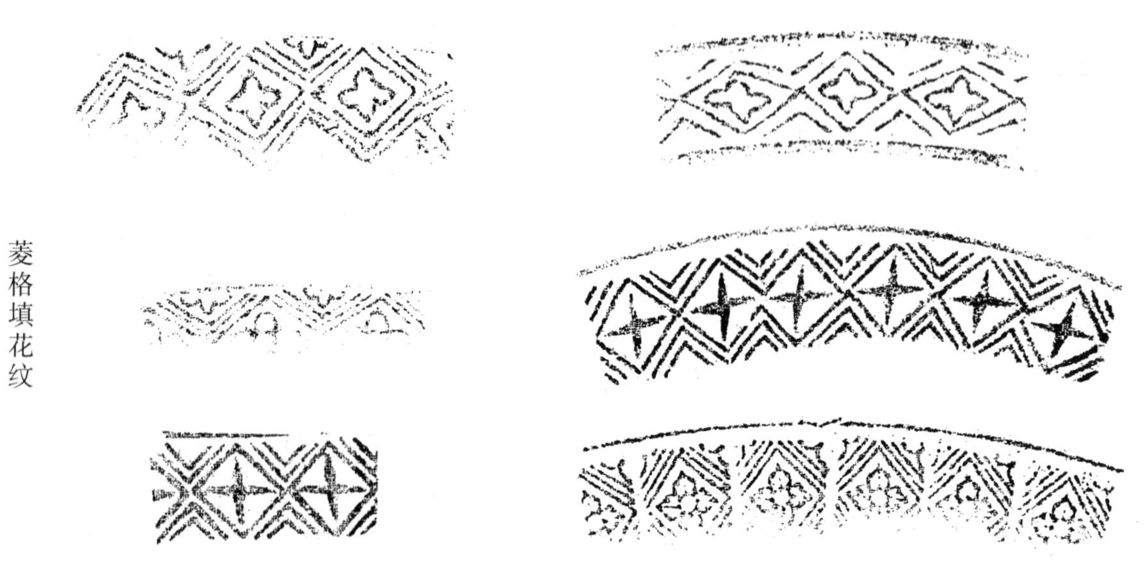

棂花纹

团花纹

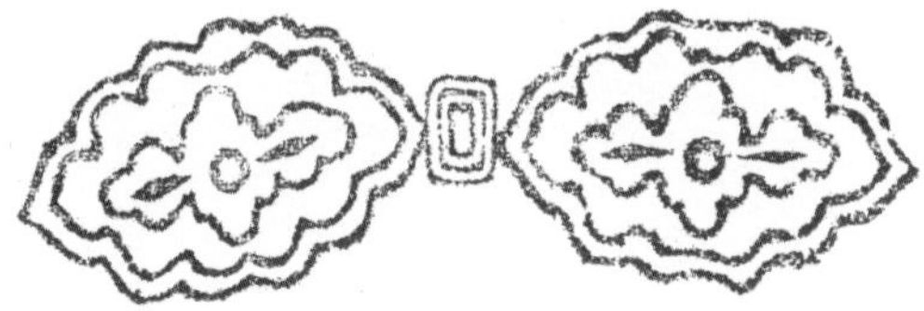

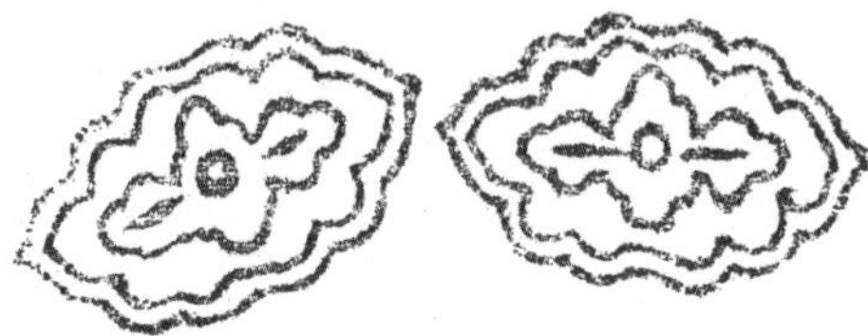

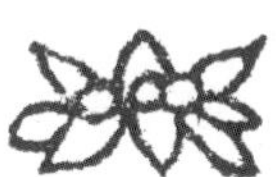

莲花纹

梅花纹、梅花图案纹

缠枝纹

花枝纹

玉树纹

五、宗教、富贵、吉祥、铭文类

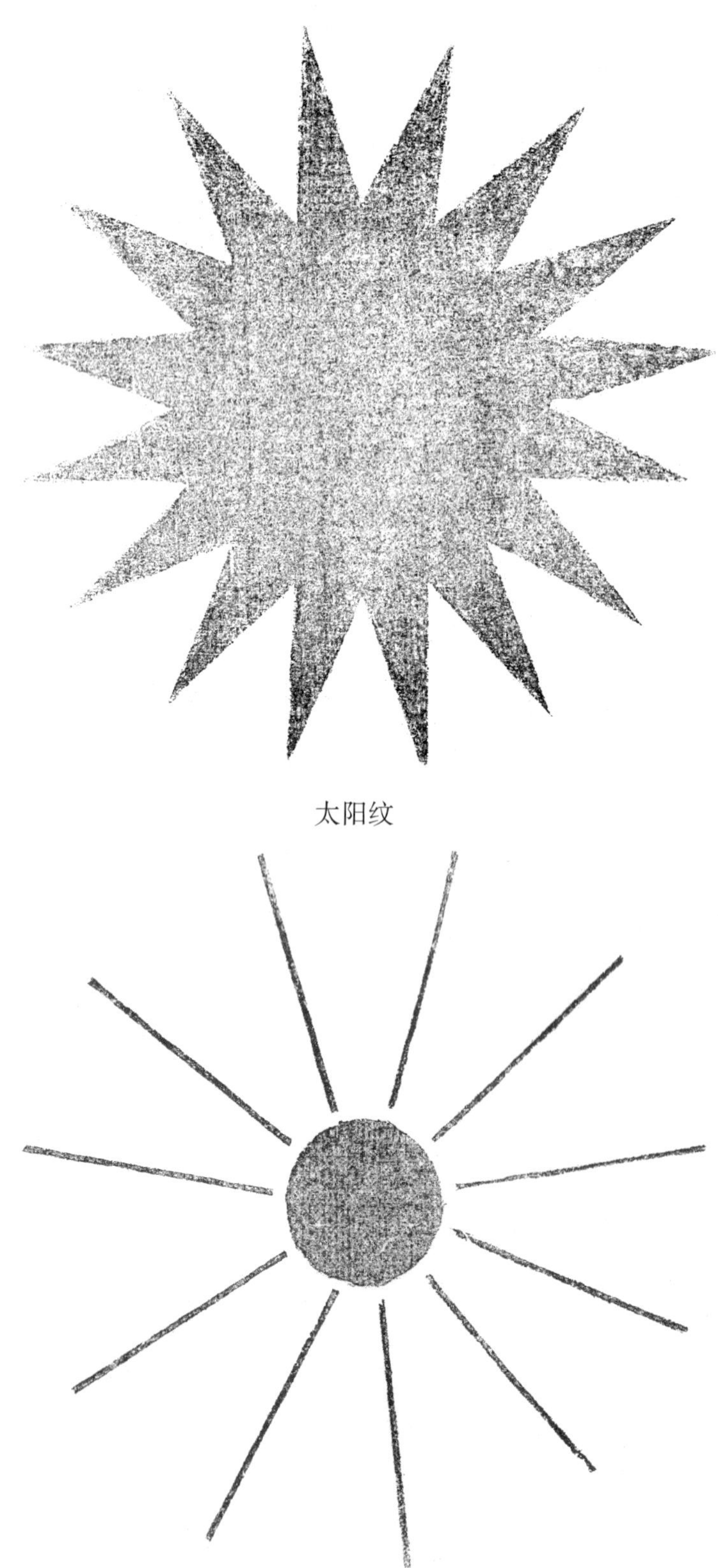

太阳纹

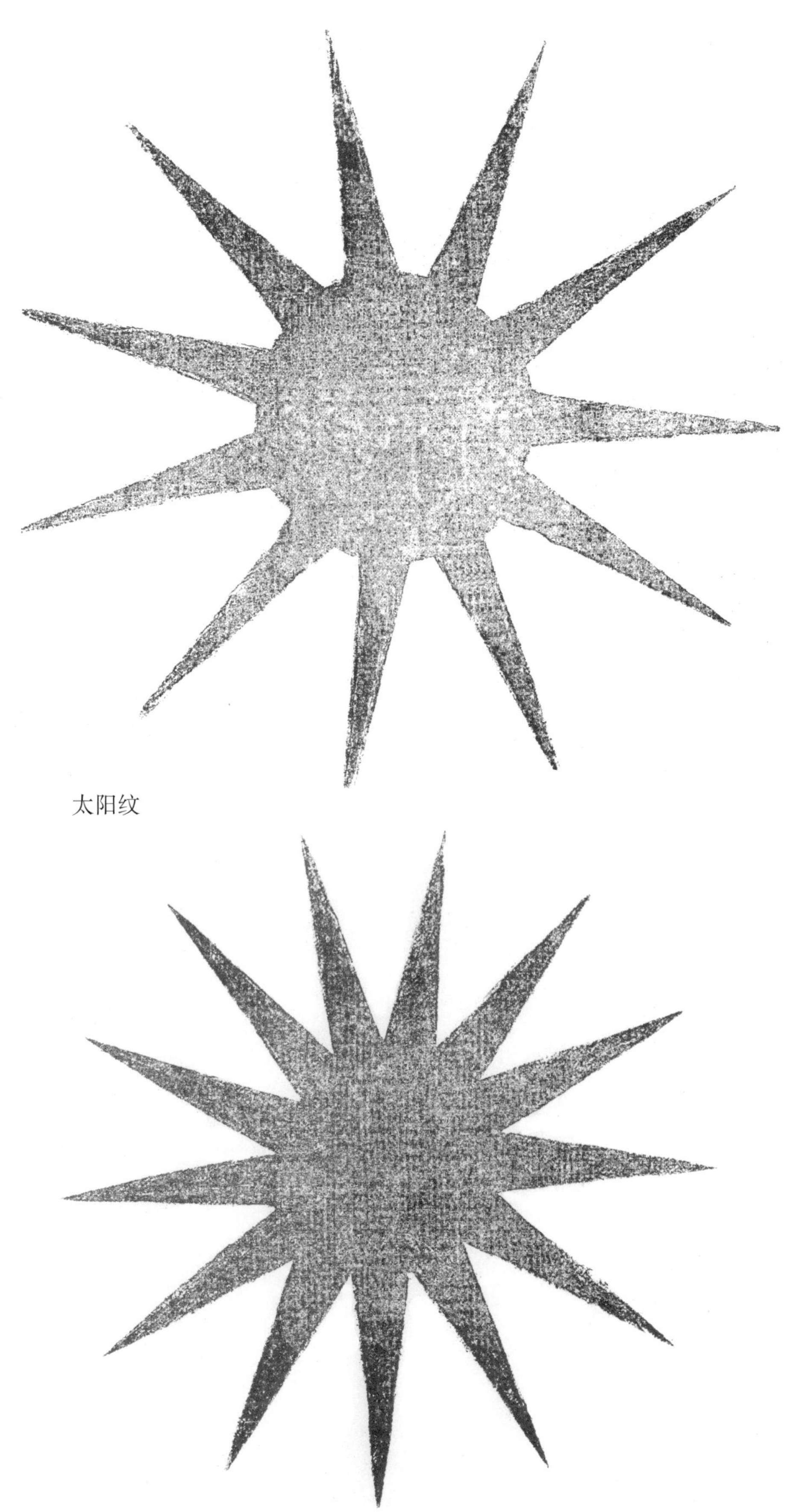
太阳纹

太阳纹

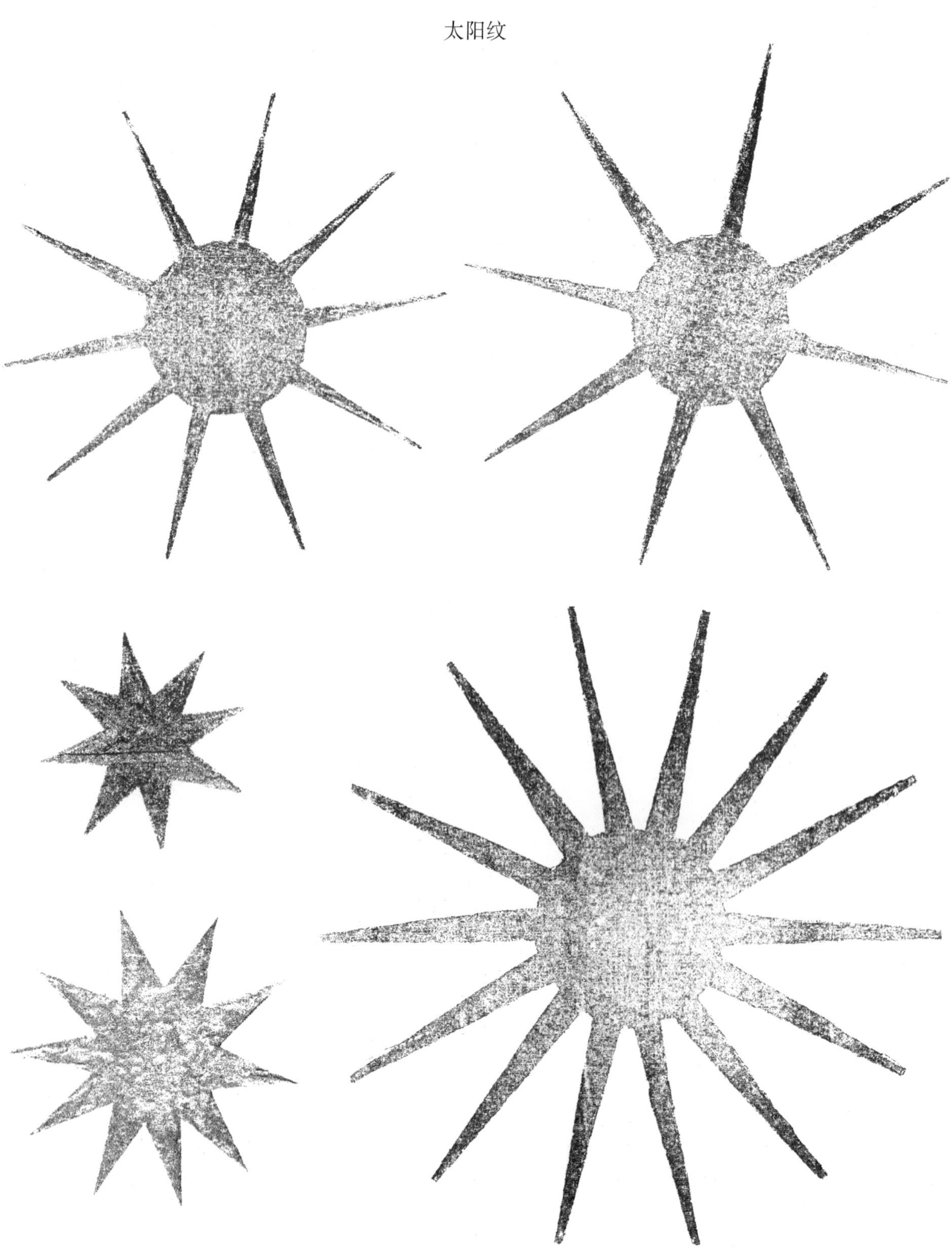

太阳纹

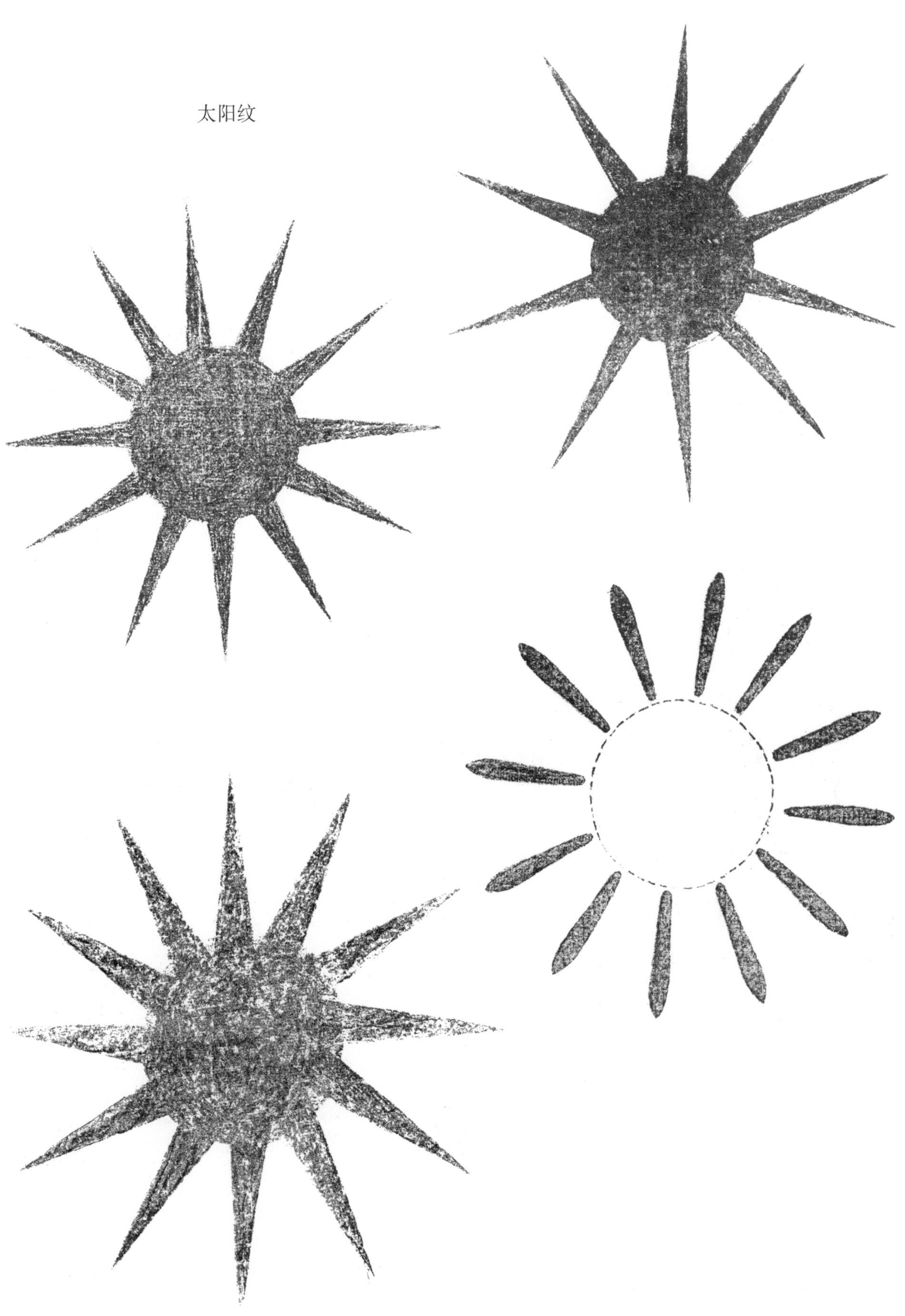

定胜纹

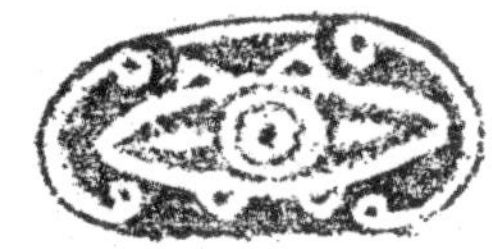

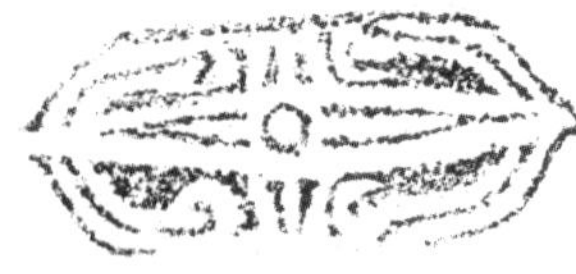

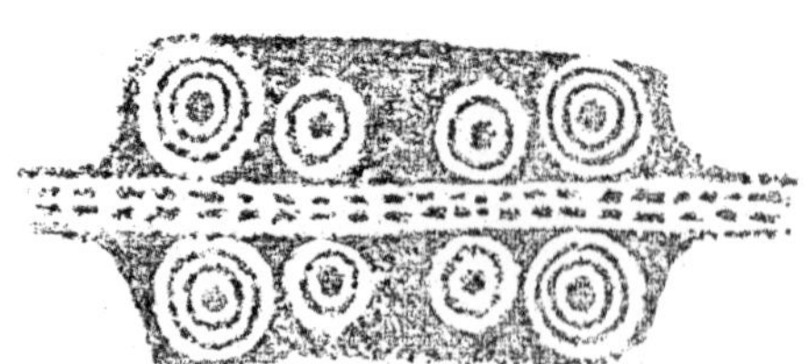

压胜钱纹

圆孔钱纹

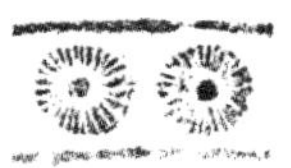

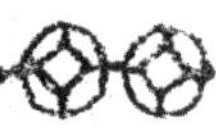

四出钱纹、
“五铢”钱纹、
“五”字钱纹

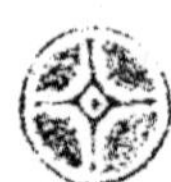

连线纹

线游旗纹

异形游旗纹

符箓纹

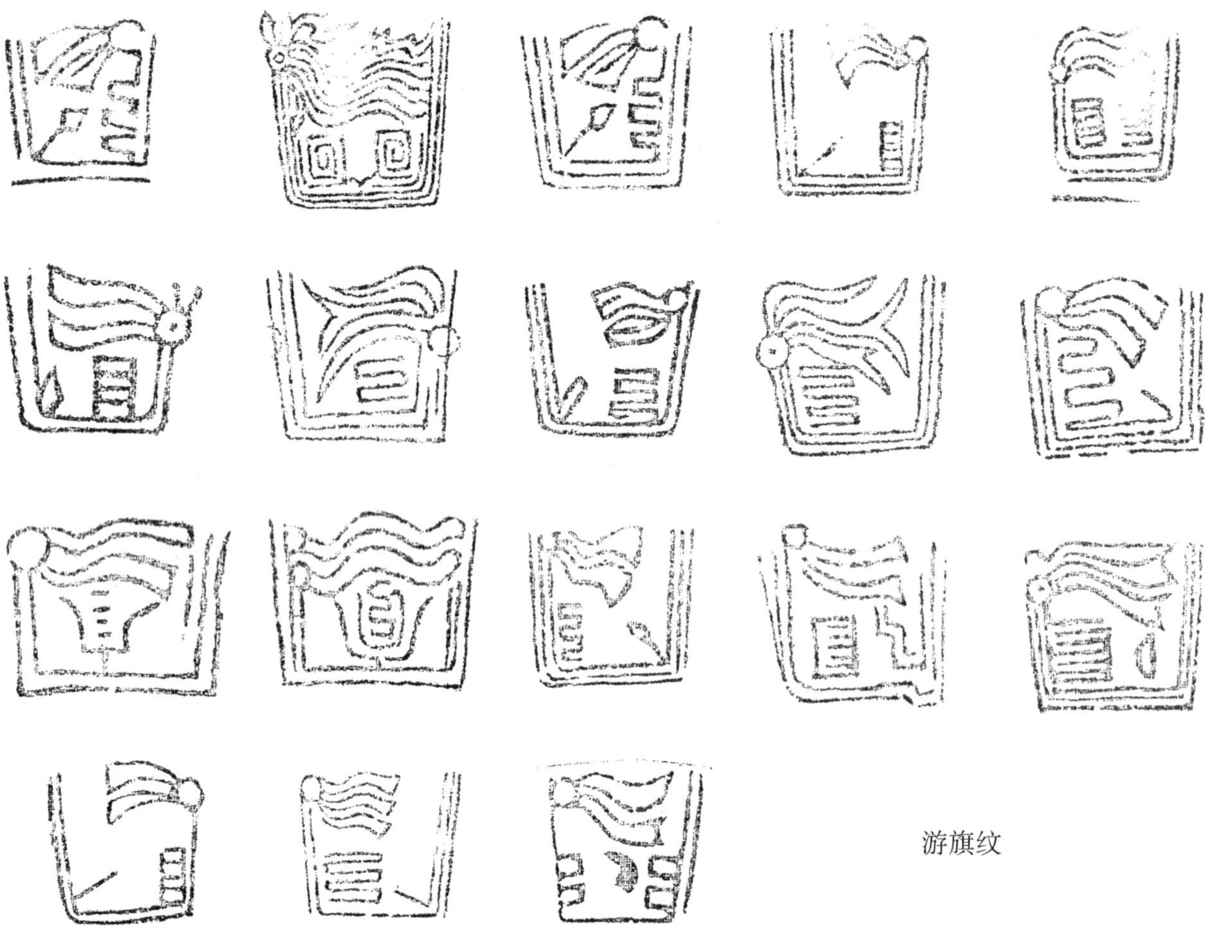

游旗纹

变形游旗纹

十二生肖纹

卦(坎承)纹

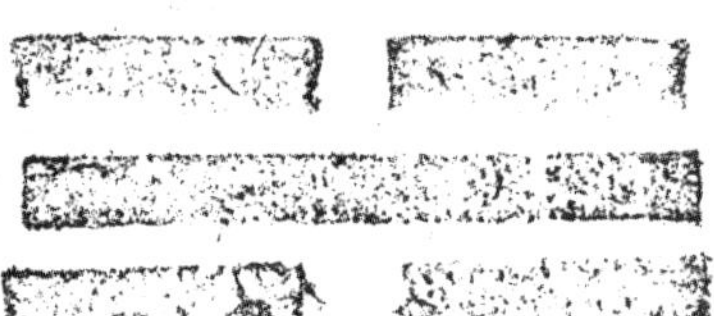

火焰纹

宝珠纹

波浪纹

“酉”字纹

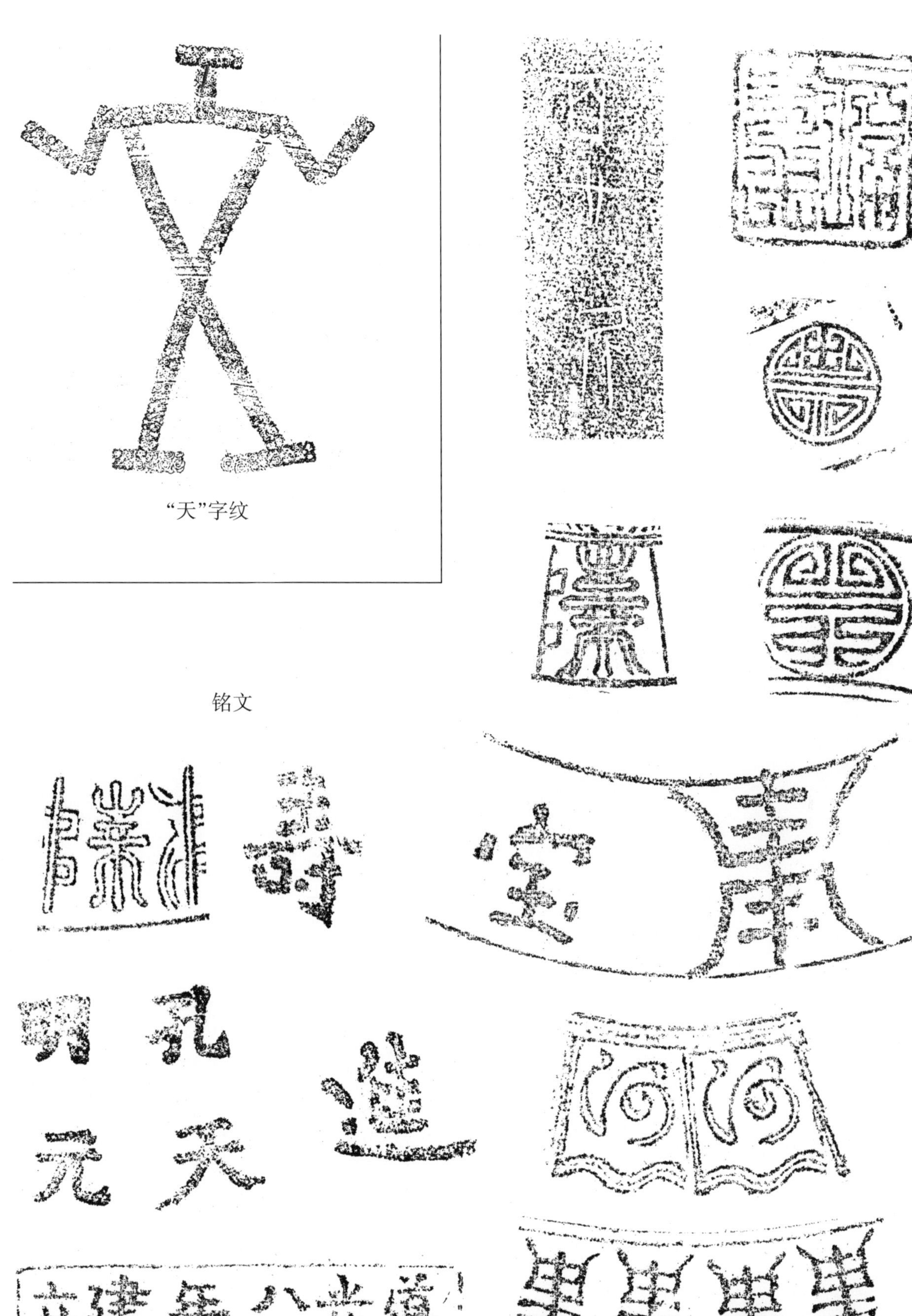

“天”字纹

铭文

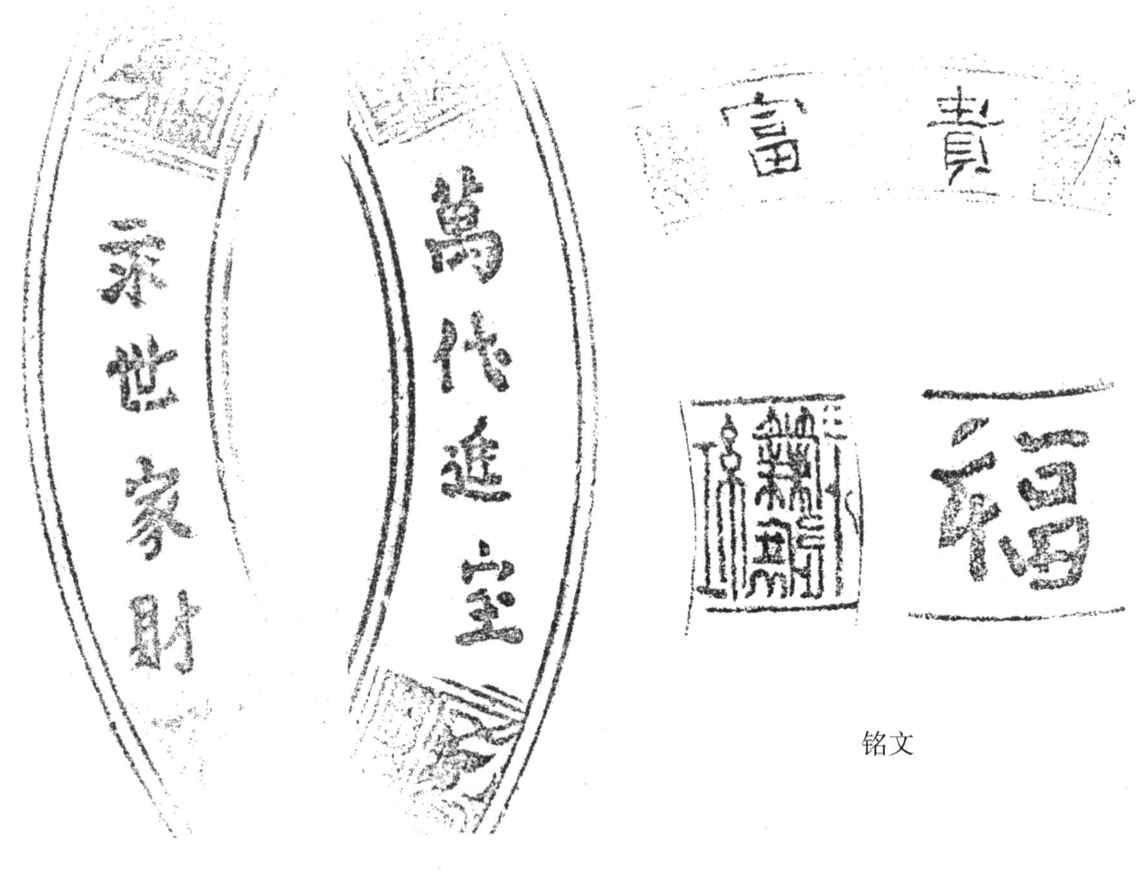

铭文

字形纹

“卍”字图案

六、装饰纹类

心形纹
（包括带旒者）

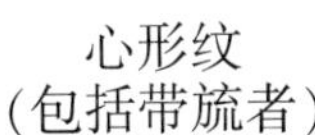

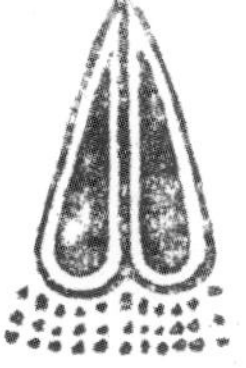

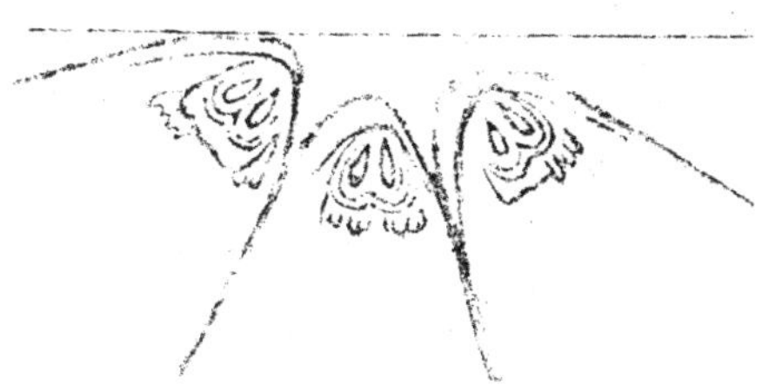

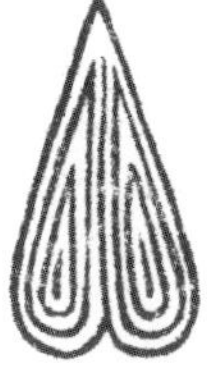

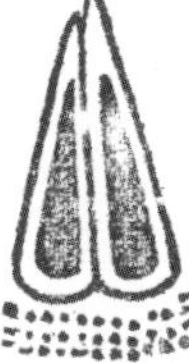

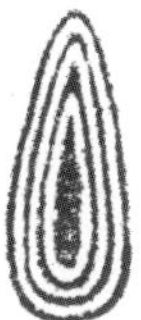

复线交叉纹

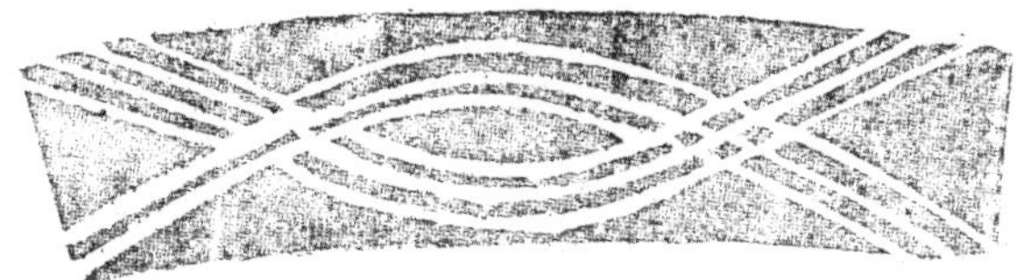

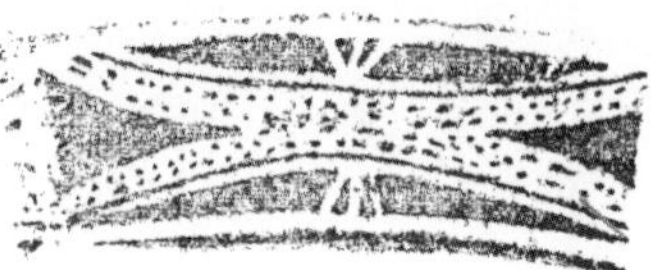

绹纹填线纹

网格纹

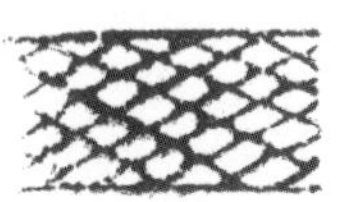

细方格纹

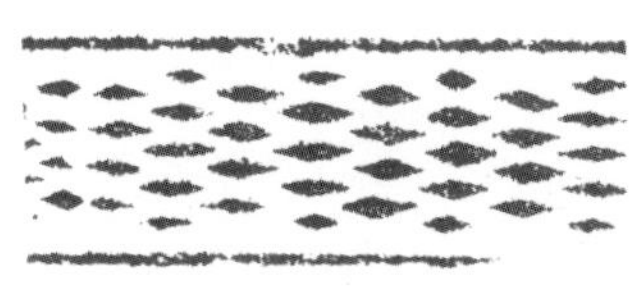

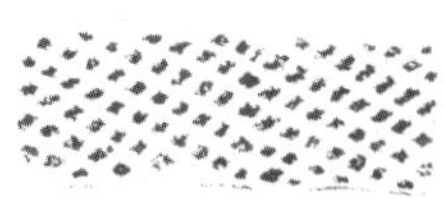

绹纹

锯齿纹

栉纹

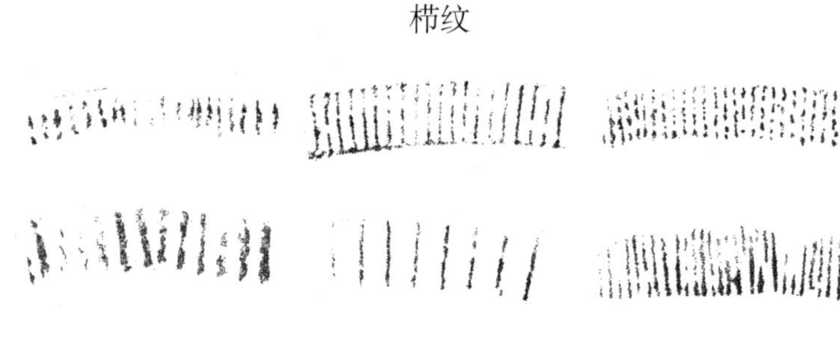

席纹

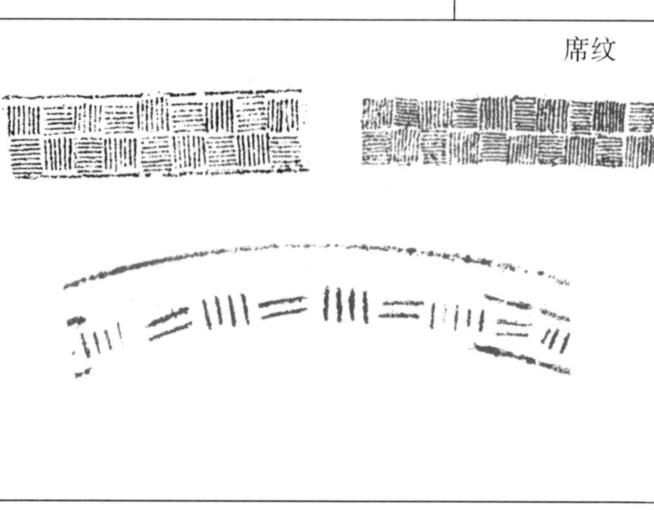

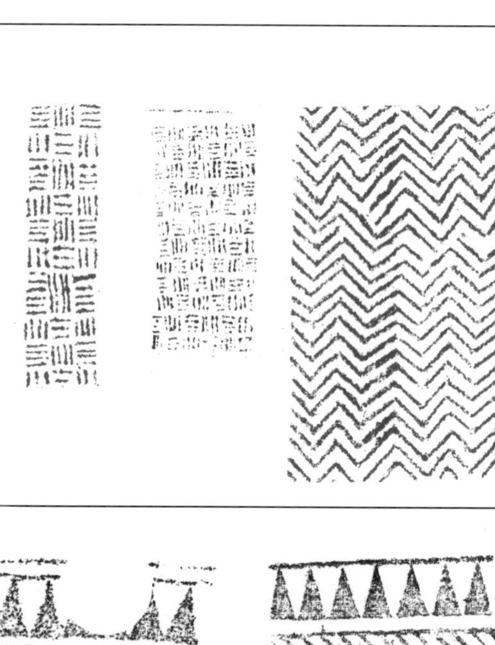

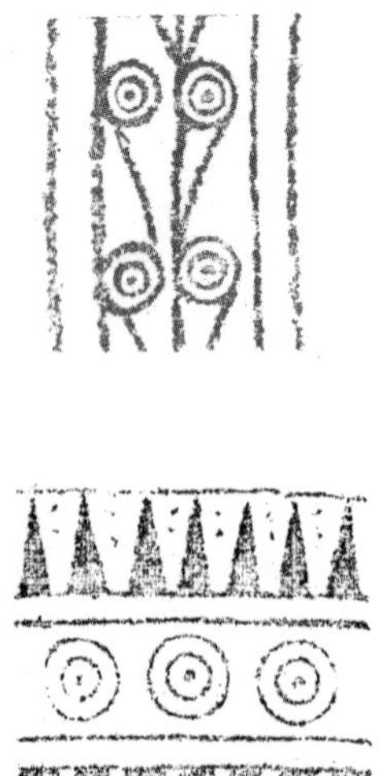

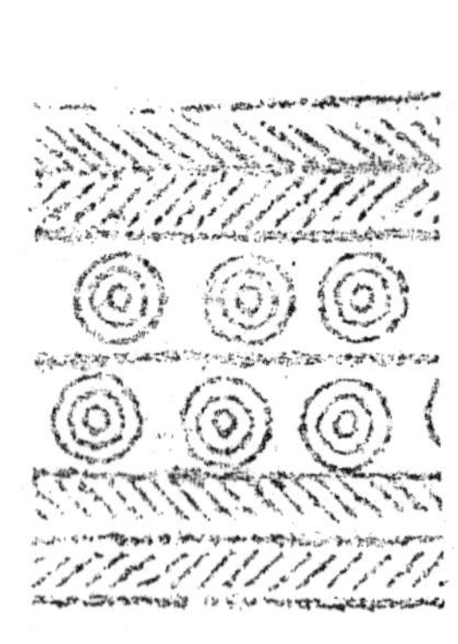

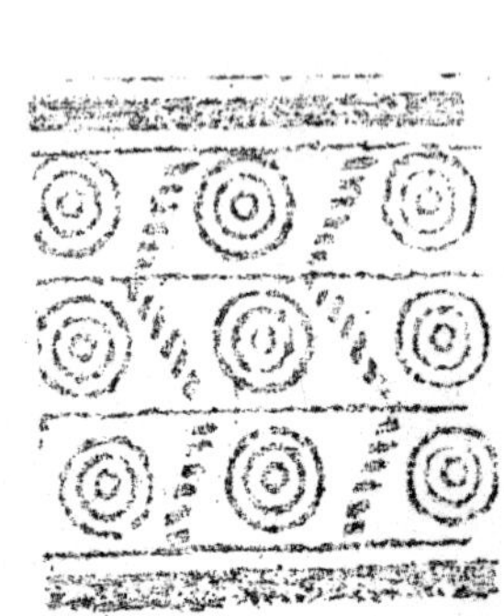

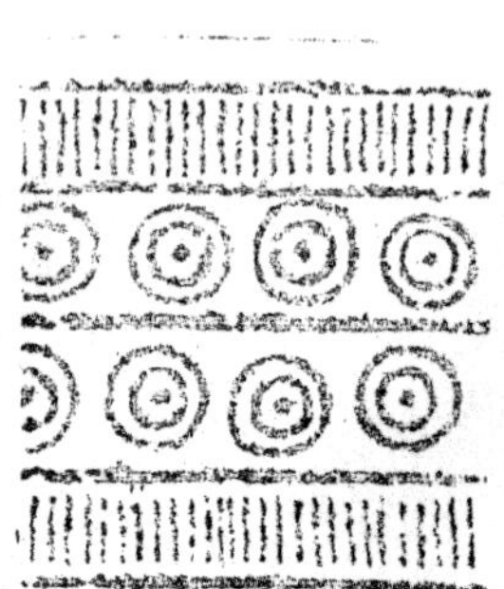

纹带

勾连同心圆纹

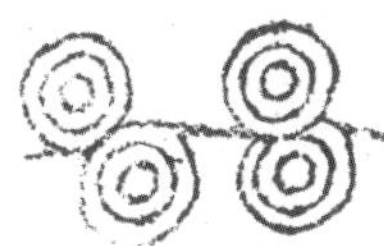
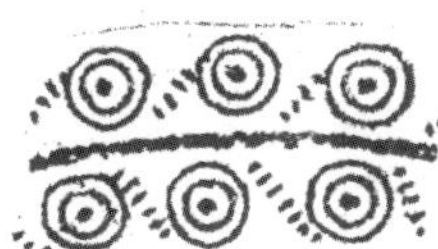
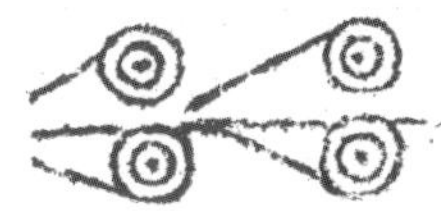

勾连圆圈纹

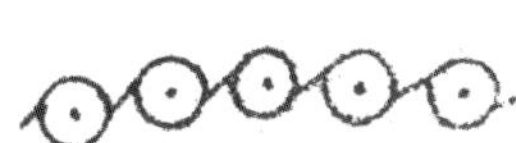
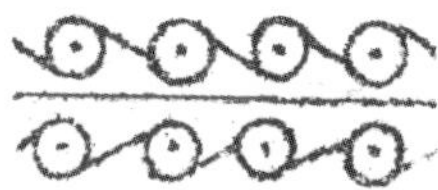

同心圆纹

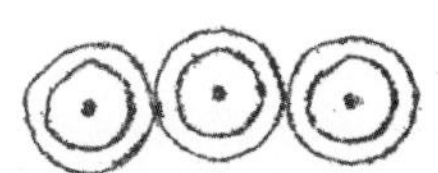

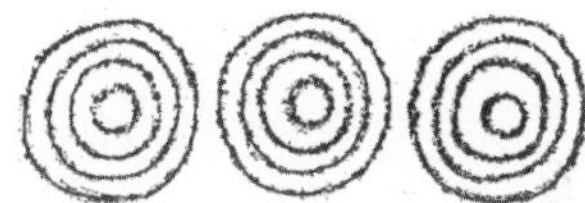

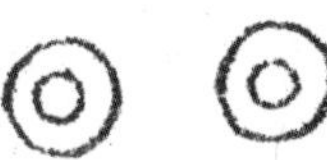

点纹

勾连点纹

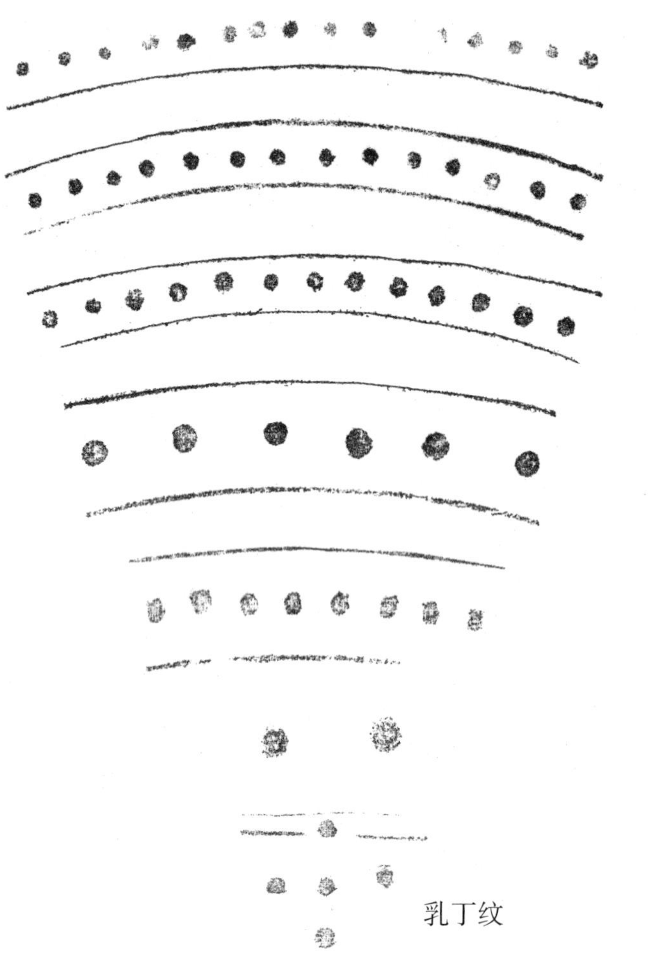

乳丁纹

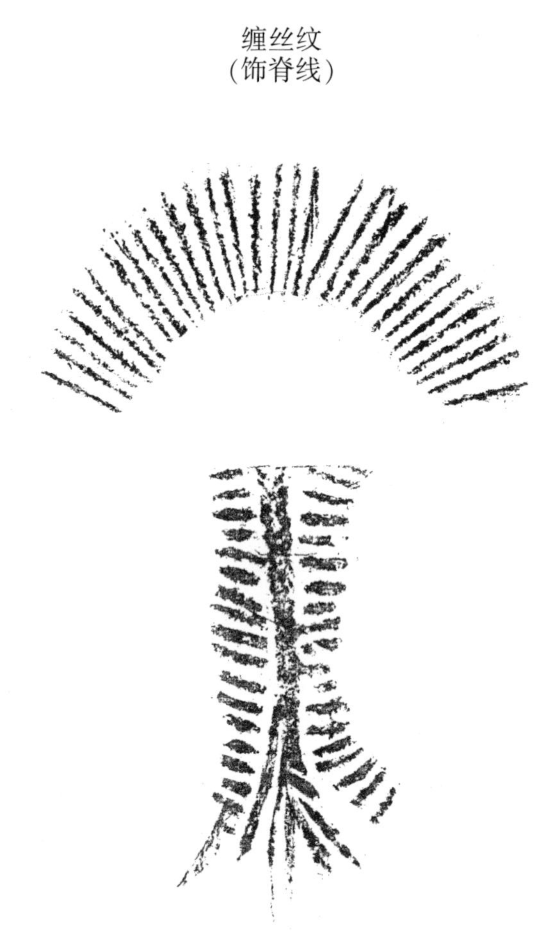

缠丝纹
（饰脊线）

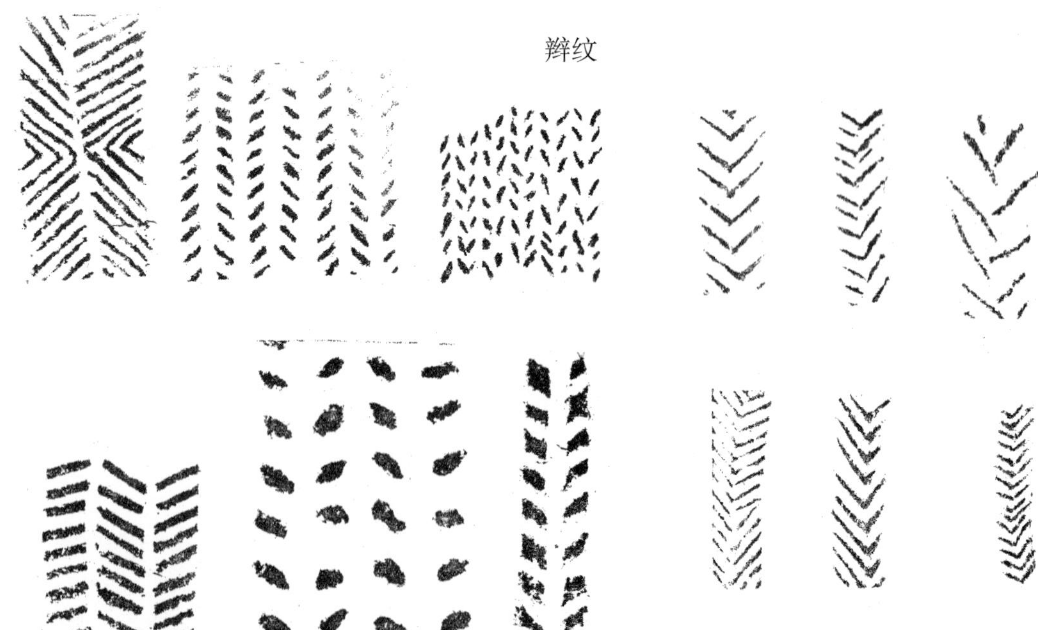

辫纹

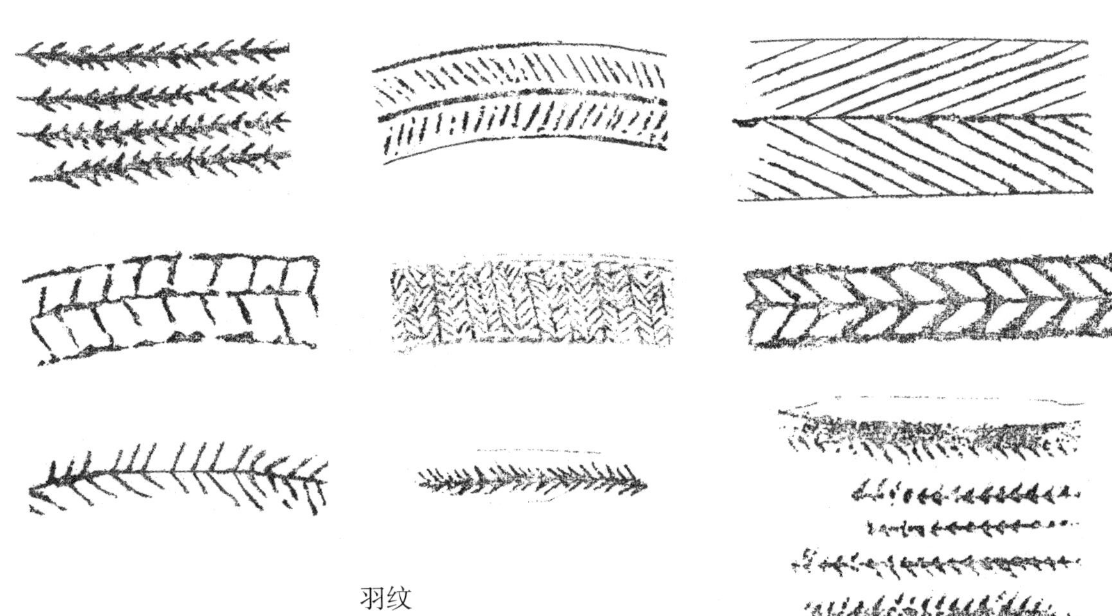
羽纹

"S"形勾头纹(包括变体)

斜线角形纹

斜线角形图案

复线三角形纹

直线三角纹

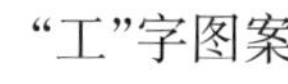

“工”字图案

图案三角形纹

图案三角形

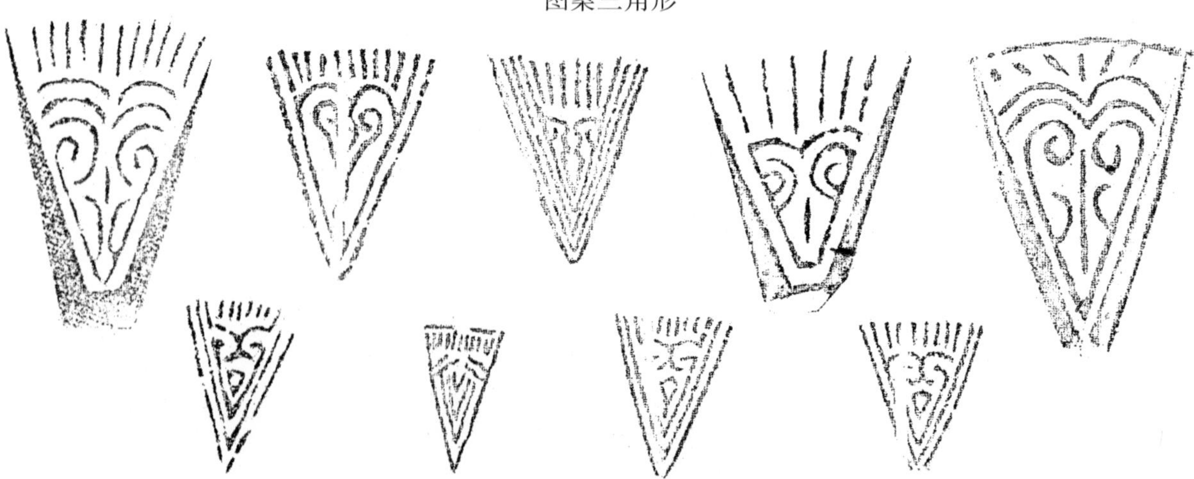

复线角形纹

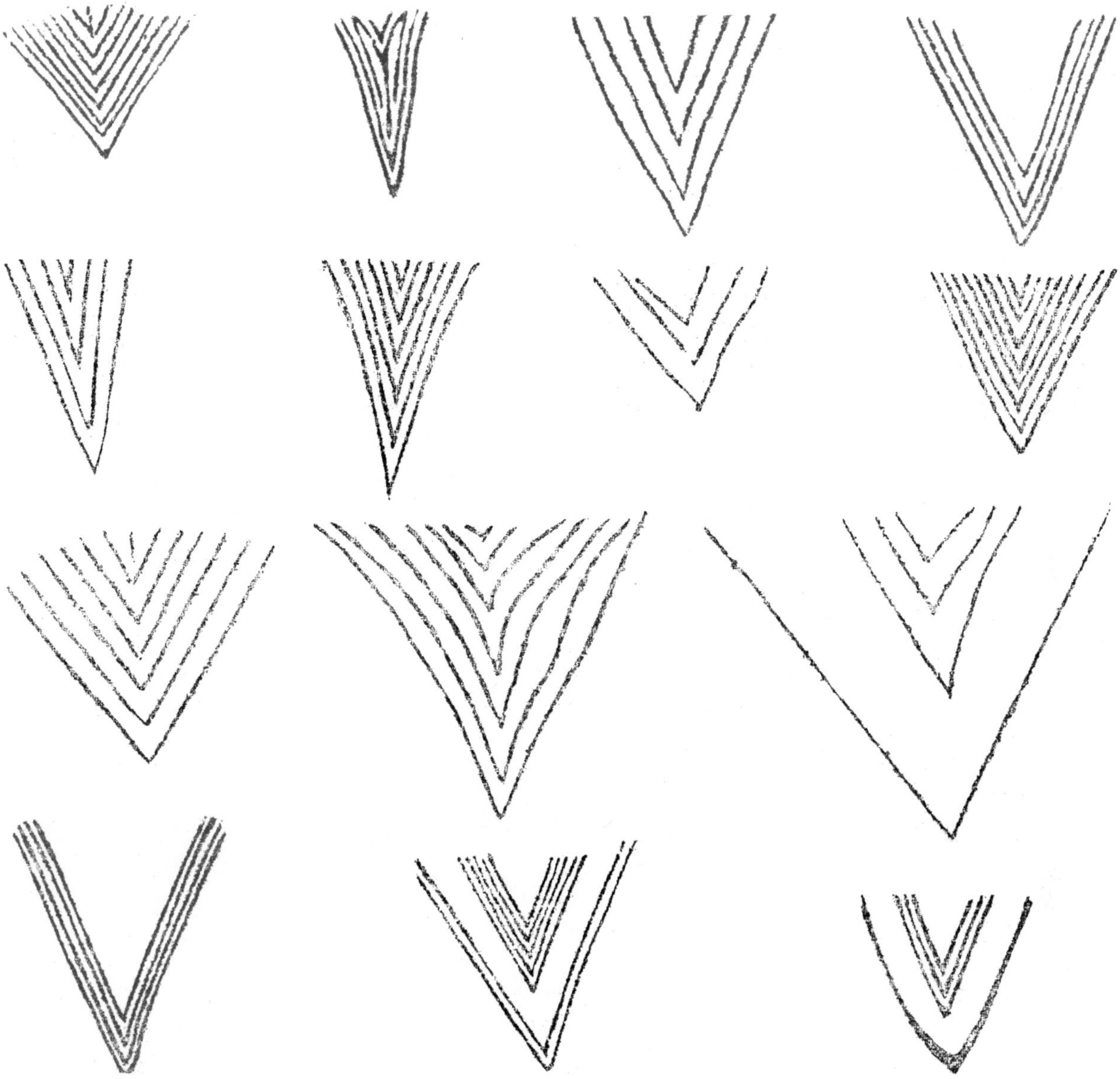

复线角形图案

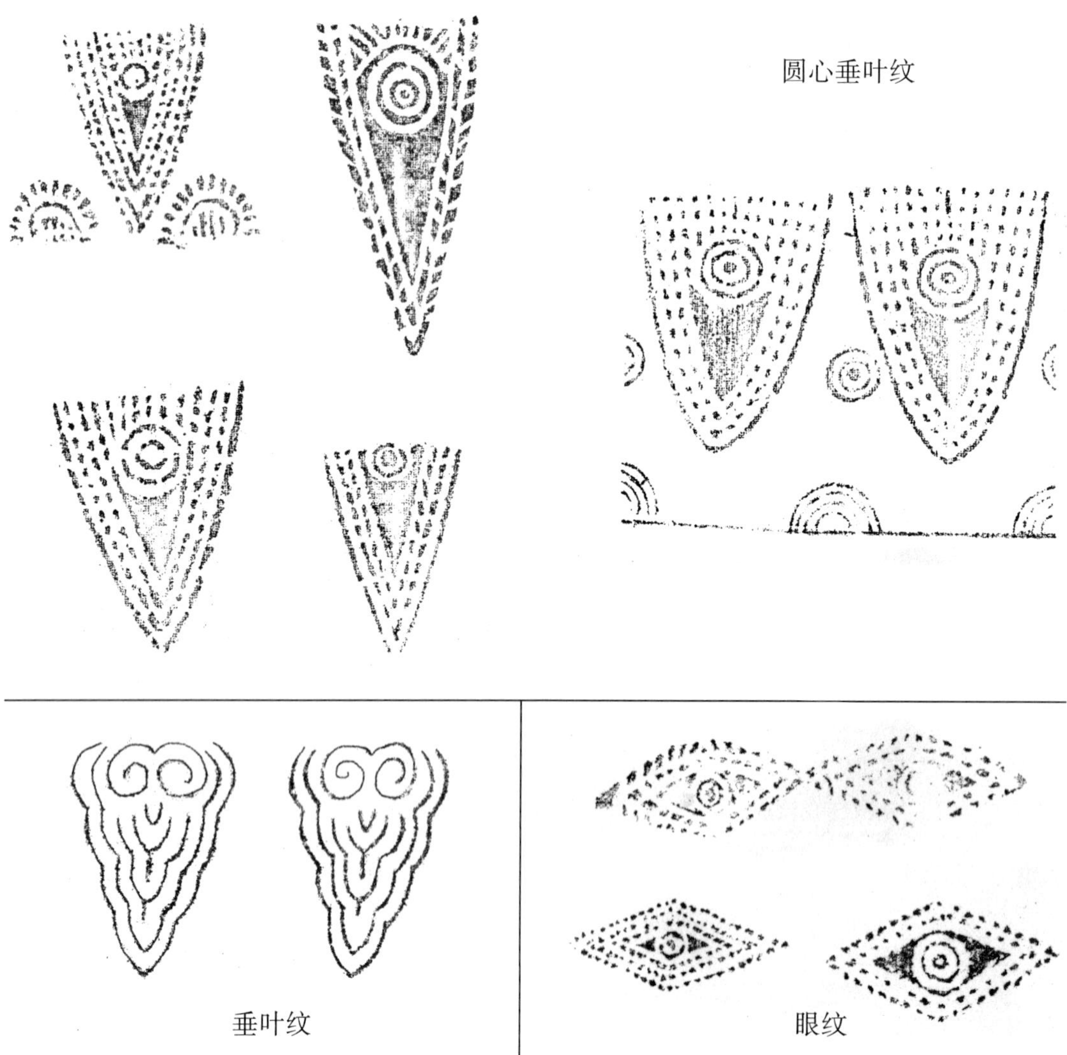
圆心垂叶纹
垂叶纹
眼纹

北京市

（收录八十四面）

冷水冲型：7 面

732037 号鼓（藏民族文化宫）

新中国成立初广西宾阳县黎塘区合作社收购。

面径 68.5、身高 45.6、胸径 66.5、腰径 53.5、足径 66（单位：厘米，下同）。

面有四蛙，逆时针环列，相对两蛙间各立鸟一只（一残失）。二或一弦分晕，十五晕：1. 太阳纹，十二芒，芒间坠形纹；2. 波浪纹；3～6、10～13. 栉纹夹同心圆纹纹带；7. 复线交叉纹；8. 变形羽人纹（主纹）；9. 变形翔鹭纹间以两条鱼纹（主纹）；14、15. 眼纹。

胸上部与腰下部饰纹带（同鼓面纹带）。胸下部为变形船纹，船下波浪纹一道。腰上部为变形羽人图案。足上部为水波纹、圆心垂叶纹，下为眼纹、羽纹。

扁耳两对，饰辫纹图案。每耳上下各有长方孔一个。

身有两道合范线。胸、足部内壁两侧共有小纽四对。

730715 号鼓（藏民族文化宫）

广西壮族自治区博物馆送交。

面径 77.2、身高 53、胸径 87、腰径 65.2、足径 78。

面有四蛙，逆时针环列，相对两蛙间一处有乘骑二；另一处有乘骑一，附小马一（骑者残失）。一弦分晕，十八晕：1. 太阳纹，十二芒，芒间夹坠形纹；2、18. 波浪纹；3～6. 栉纹夹双行同心圆纹纹带；7、9、11、17. 羽纹；8. 复线交叉纹；10. 变形羽人纹（主纹）；12. 变形翔鹭纹（主纹）；13～16. 眼纹夹双行同心圆纹纹带。

胸上部饰波浪纹和纹带（同鼓面 3～6 晕），下为相背两层船纹，船底间隔波浪纹一道。腰上部为变形羽人图案，下为波浪纹、同心圆纹、细方格纹。足上部饰波浪纹和圆心垂叶纹，下为眼纹、羽纹。

扁耳两对，饰辫纹图案。每耳上下各有长方孔一个，另两方又各有半环耳一个。

身有两道合范线。胸、足部内壁两侧共有小纽四对。

C5·2508 号鼓（藏中国历史博物馆）

1959 年上海文物仓库拨交。

面径 79、身高 42、胸径 85、腰径 67、足径 77。

面有四蛙，逆时针环列。一或二弦分晕，十七晕：1. 太阳纹，十二芒，芒间坠形纹；2 ~ 7、11 ~ 16. 羽纹、栉纹夹双行同心圆纹组成纹带；8. 复线交叉纹；9. 变形羽人纹（主纹）；10. 变形翔鹭纹间人形纹（主纹）；17. 鱼纹、人形纹。

胸上部和腰下部饰栉纹夹同心圆纹纹带，胸下部饰变形船纹，腰上部饰变形羽人图案。足部素。

扁耳两对，饰辫纹。每耳有长方孔两个。

身有两道合范线。

宫 78770 号鼓（藏故宫博物院。下同）

1958 年征集于北京市（下同）。

面径 79. 7、身高 57. 3、胸径 83. 4、腰径 67. 3、足径 81. 1。

面有四蛙，逆时针环列，相对两蛙间各有乘骑二。单弦分晕，二十一晕：1. 太阳纹，十二芒，芒间坠形纹；2 ~ 7、13 ~ 17. 波浪纹、栉纹夹双行同心圆纹形成纹带（13 ~ 17 少一道波浪纹）；8. 复线交叉纹；9、11、19、21. 羽纹；10. 变形羽人纹（主纹）；12. 变形翔鹭纹（主纹）；18、20. 眼纹。

胸上部饰纹带（同鼓面纹带），中、下部为两层相背变形船纹，船中有一鱼纹，船底间波浪纹一道。腰上部饰变形羽人图案，下为羽纹、细方格纹和羽纹夹双行同心圆纹纹带。足上部为羽纹夹细方格纹纹带，中为圆心垂叶纹，下为羽纹夹眼纹。

扁耳两对，饰羽纹。每耳上下各有一孔。

身有两道合范线。胸、足部内壁两侧共有小纽四对。身露垫片痕。

宫 94186 号鼓

面径 73、身高 52. 3、胸径 74. 2、腰径 60. 5、足径 74. 4。

面有四蛙，逆时针环列，相对两蛙间各有乘骑二。一弦分晕，二十一晕：1. 太阳纹，十二芒，芒间坠形（带旒）纹；2、19. 波浪纹；3 ~ 6. 栉纹夹双行同心圆纹纹带；7. 复线交叉纹；8、10、21. 羽纹；9. 变形羽人纹（主纹）；11. 变形翔鹭纹（主纹）；12 ~ 17. 羽纹、栉纹夹双行同心圆纹纹带；18、20. 眼纹。

胸上部和腰下部饰纹带（同鼓面 12 ~ 17 晕）。胸下部为两层相背变形船纹，船底间一道素晕。腰上部饰变形羽人图案。足上部为羽纹夹细方格纹，中为圆心垂叶纹，下为羽纹夹眼纹。

扁耳两对，饰辫纹图案。每耳上下各有长方孔一。

身有两道合范线。胸、足部内壁两侧共有小纽四对。

宫 77170 号鼓

来源不详（下同）。

面径 81. 5、身高 58. 2、胸径 80. 9、腰径 65. 4、足径 80. 3。

面有四蛙，逆时针环列。一弦分晕，二十四晕：1. 太阳纹，十二芒间坠形纹；2. 波浪纹；3、5、7、9、11. 素晕；4. 同心圆纹；6. 栉纹；8. 复线交叉纹；10. 变形羽人纹（主纹）；12. 变形翔鹭纹（主纹）；13 ~ 20. 素晕、栉纹夹双行同心圆纹纹带；21、23. 眼纹；22、24. 羽纹。

胸上部饰纹带（同鼓面纹带而多一道羽纹），下为两层相对船纹，船底间素晕一道。腰上部为两层变形羽人图案，中隔一道栉纹，下部饰纹带（同鼓面纹带）和三道波浪纹。足上部为羽纹夹细方格纹，中为圆心垂叶纹，下为羽纹夹眼纹。

扁耳两对（皆失）。

身有两道合范线。胸部内壁一侧有三小纽，足部内壁一侧有两个小纽。面、身露垫片痕。

宫 140076 号鼓

面径 78、身高 52.4、胸径 75.9、腰径 61、足径 74。

面有四蛙，逆时针环列，相对两蛙间各立一牛和一木桩。一弦分晕，十六晕：1. 太阳纹，十二芒，芒间坠形纹；2、8、14. 波浪纹；3～6. 羽纹夹双行同心圆纹纹带；7. 素晕；9. 变形羽人纹（主纹）；10、12、16. 羽纹；11. 变形翔鹭纹（主纹）；13、15. 眼纹。

胸上部饰纹带（同鼓面纹带），下为两层相背船纹，船底间隔一道羽纹。腰上部为变形羽人图案，下为波浪纹、纹带（同上）、细方格纹、羽纹。足上部为羽纹夹细方格纹，中为圆心垂叶纹，下为羽纹、眼纹、栉纹。

扁耳两对，饰辫纹图案。每耳上下各有方孔一。

身有两道合范线。胸、足部内壁两侧共有小纽四对。面露垫片痕。

麻江型：67 面

731117 号鼓（藏民族文化宫）

贵州送展。

面径 42.7、身高 27.5、胸径 42.6、腰径 33.5、足径 41。

面一弦分晕，九晕：1. 太阳纹，十二芒，芒间复线三角纹；2、6. 同心圆纹；3. 六角团花纹（主纹）；4. 游旗纹（主纹）；5、8. 栉纹；7. 龙、凤、鱼、团花纹；9. 角形纹。

胸有同心圆纹、栉纹、角形纹。腰部素，上有凸棱一道。足上部饰角形纹、栉纹、同心圆纹，下垂矛头纹。

扁耳两对，饰辫纹图案。每耳各有孔两个。

身有两道合范线。

C5・2494 号鼓（藏中国历史博物馆。下同）

1953 年上海文物整理委员会收购。

面径 50.5、身高 27、胸径 51.7、腰径 45.5、足径 50.5。

面一弦分晕，十晕：1. 太阳纹，十二芒，芒间坠形纹；2. “[illegible]”字纹；8. 栉纹；10. 兽形云纹。

胸有乳丁纹、雷纹、云纹。腰上部凸棱一道，下为雷纹、云纹。足饰复线角形纹。

扁耳两对，耳边饰绳纹。

身有四道合范线，面沿露四段垫条痕。

C5·2495号鼓

国家文物局拨交（下同）。

面径47、身高27.5、胸径49、腰径41、足径47。

面一弦分晕，九晕：1. 太阳纹，十二芒，芒间坠形纹，芒穿至三晕；2. “[illegible]”字纹；3. “S”形勾头纹；4、8. 乳丁纹；5. 游旗纹（主纹）；6. 素晕；7. 栉纹；9. 兽形云纹。

胸有乳丁纹、雷纹、云纹、栉纹。腰上部凸棱一道，下为雷纹、云纹。足饰复线角形纹。

扁耳两对。每耳两边饰绳纹，中有雷纹。

身有四道合范线。面沿露四段垫条痕。

C5·2499号鼓

面径47.5、身高27、胸径50、腰径42、足径47.5。

面一弦分晕，九晕：1. 太阳纹，十二芒，芒间坠形纹，芒穿至三晕；2. “[illegible]”字纹；3. “S”形勾头纹；4、8. 乳丁纹；5. 游旗纹（主纹）；6. 素晕；7. 栉纹；9. 如意云纹。

胸有乳丁纹、雷纹、栉纹。腰上部凸棱一道，下为雷纹、如意云纹。足饰复线角形纹。

扁耳两对，耳边饰辫纹。

身有四道合范线。面沿露四段垫条痕。

C5·2503号鼓

1949年前察哈尔省政府拨交。

面径49.5、身高27、胸径50.5、腰径42.5、足径49.3。

面一弦分晕，十二晕：1. 太阳纹，十二芒，芒间三角形图案；2. 云纹；3、12. 乳丁纹；4. “S”形勾头纹；5. 符箓纹（主纹）；6. 同心圆纹；7. 雷纹；8. 花草纹；9. 栉纹；10. 鱼、虾、钱、蛇、宝珠等纹。

胸有乳丁纹、雷纹、花草纹。腰上部凸棱一道，下为雷纹、花草纹。足饰复线角形纹。

扁耳两对，每耳有孔三个。

身有四道合范线。

C5·2506号鼓

1950年东四区政协拨交。

面径46、身高28、胸径48、腰径40、足径46。

面一弦分晕，十晕：1. 太阳纹，十二芒，芒间素；2、10. 乳丁纹；3. 同心圆纹；4、5、7. 素晕；6. 斜线角形图案；8. 缠枝纹；9. 栉纹。

胸、足部各有弦纹数道，腰部凸棱一道。

扁耳两对，每耳两道条纹。

身有四道合范线。

C5·2493号鼓

1960年私人捐献。

面径 48、身高 26.9、胸径 50、腰径 42、足径 47。

面二弦分晕，十一晕：1. 太阳纹，十二芒，芒间模糊；2. “[illegible]”字纹；3. “S”形勾头纹；4、10. 乳丁纹；5、9. 栉纹；6. 游旗纹（主纹）；7、8. 素晕；11. 兽形云纹。

胸有乳丁纹、云纹、栉纹。腰上部凸棱一道，下为雷纹、云纹。足部饰复线角形纹。

扁耳两对。每耳两边饰辫纹，上下各有方孔一个。

身有四道合范线。

C5·2496 号鼓

1949 年私人捐献。

面径 31.4、身高 19.8、胸径 26.5、足径 32。

面一弦分晕，十二晕：1. 太阳纹，十二芒，芒间纹模糊，芒穿至四晕；2、10. “[illegible]”字纹；3. 雷纹；4、11. 素晕；5、9. 乳丁纹；6、8、12. 同心圆纹；7. 云纹（主纹）。

胸有乳丁纹、云纹、雷纹、同心圆纹。腰上部凸棱一道，下为绹纹。足饰复线角形纹。

扁耳两对。

身有四道合范线。

C5·2497 号鼓

1959 年向私人收购。

面径 32.9、身高 19.3、胸径 32.9、腰径 28、足径 33.2。

面一弦分晕，十一晕：1. 太阳纹，十二芒，芒间坠形纹，芒穿至四晕；2. “[illegible]”字纹；3. 如意云纹；4、9、11. 素晕；5、7、10. 乳丁纹；6. 符箓纹（主纹）；8. 云纹。

胸有乳丁纹，腰凸棱一道，余皆素。

扁耳两对，两耳间有乳丁纹团花一个。

身有两道合范线。面沿露圆垫片痕四个。

C5·2498 号鼓

1952 年向私人收购。

面径 49.5、身高 27.5、胸径 52、腰径 45、足径 50。

面一弦分晕，十一晕：1. 太阳纹，十二芒，芒呈弧形凸起，芒间坠形纹；2. “[illegible]”字纹；3. 如意云纹；4、10. 乳丁纹；5、9. 栉纹；6. 游旗纹（主纹）；7、8. 素晕；11. 兽形云纹。

胸有乳丁纹、兽形云纹、雷纹、栉纹。腰上部凸棱一道，下为雷纹、云纹。足部饰复线角形纹。

扁耳两对。每耳两边饰辫纹，中有雷纹六个。

身有四道合范线。

C5·2500 号鼓

1962 年购于韵古斋。

面径 47、身高 26.5、胸径 48.5、腰径 40.5、足径 46.4。

面一弦分晕，九晕：1. 太阳纹，十二芒，芒间坠形纹，芒穿至二晕；2. “[illegible]”字纹；3. “S”形勾头纹；4、8. 乳丁纹；5. 栉纹；6. 游旗纹（主纹）；7. 素晕；9. 兽形云纹。

胸有云纹、栉纹。腰上部凸棱一道，下为云纹、雷纹。足饰复线角形纹。

扁耳两对，耳边饰辫纹。

身有四道合范线。面沿露三段垫条痕。

C5·2504 号鼓

1961 年购于韵古斋。

面径 51、身高 28.5、胸径 52.5、腰径 44.5、足径 49。

面一弦分晕，八晕：1. 太阳纹，十二芒，芒间素，芒穿至二晕；2、8. 乳丁纹；3. 角形纹；4. 同心圆纹；5. 十二辰文；6. 十二生肖纹（主纹）；7. 八卦文。

通身素。

扁耳两对，素。

身有两道合范线。

C5·2505 号鼓

1950 年购于公昌拍卖行（下同）。

面径 46.8、身高 27、胸径 48.7、腰径 40.2、足径 47。

面一弦分晕，九晕：1. 太阳纹，十二芒，芒间坠形纹，芒穿至三晕；2. “[illegible]”字纹；3. “S”形勾头纹；4、8. 乳丁纹；5. 游旗纹（主纹）；6. 素晕；7. 栉纹；9. 兽形云纹。

胸有乳丁纹、雷纹、云纹、栉纹。腰上部凸棱一道，下为雷纹、云纹。足饰复线角形纹。

扁耳两对。每耳边饰辫纹，中有雷纹四个。

身有四道合范线。面沿露四段垫条痕。

C5·2507 号鼓

面径 48、身高 27.5、胸径 49.6、腰径 40.5、足径 47.5。

面一弦分晕，九晕：1. 太阳纹，十二芒，芒间坠形纹，芒穿至二晕；2. “[illegible]”字纹；3. “S”形勾头纹；4、8. 乳丁纹；5. 游旗纹（主纹）；6. 素晕；7. 栉纹；9. 如意云纹。

胸有乳丁纹、雷纹、如意云纹。腰上部有凸棱一道，下为雷纹、云纹。足部饰复线角形纹。

扁耳两对。每耳边饰辫纹，中有雷纹四个。

身有四道合范线。

C5·2501 号鼓

面径 51、身高 34、胸径 53、腰径 40、足径 53.5。

面一弦分晕，六晕：1. 太阳纹，十二芒，芒间模糊；2～4. 模糊；5. 翔鹭纹；6. 同心圆纹。

胸饰栉纹、同心圆纹、羽纹。足部饰复线角形纹。

扁耳两对，饰辫纹图案。每耳有两排长方孔。

身有两道合范线。

C5 · 2502 号鼓

面径 45. 2、身高 27. 1、胸径 46. 5、腰径 38. 5、足径 47。

面一弦分晕，十一晕：1. 太阳纹，十二芒，芒间坠形纹；2. 同心圆纹；3. 云纹；4、8、10. 素晕；5、7、11. 乳丁纹；6. 人、动物图像；9. 纹模糊。鼓边有四组同心圆纹夹雷纹，分布四方。

胸有乳丁纹、同心圆纹、雷纹、云纹。腰上部凸棱一道，下为同心圆纹、雷纹、云纹。足饰复线角形纹。

扁耳两对，耳边饰辫纹。

身有四道合范线。

8129/2：902 号鼓（藏北京大学历史系。下同）

来源不明（下同）。

面径 45. 4、身高 26. 8、胸径 47. 5、腰径 42、足径 46。

面一弦分晕，九晕：1. 太阳纹，十二芒，芒间坠形纹；2. “S”形勾头纹；3. 云纹；4、6、9. 乳丁纹、“寿”字纹与百花纹（主纹）；7. 百花纹（主纹）；8. 同心圆纹。

身有乳丁纹，腰上有凸棱一道，下饰云纹、百花纹等纹饰。

扁耳两对，边饰绳纹。

身有两道合范线。

8131/2：904 号鼓

面径 49. 5、身高 29、胸径 54. 3、腰径 46. 5、足径 51. 6。

面一弦分晕，十一晕：1. 太阳纹，十二芒，芒间坠形纹；2. “[illegible]”字纹；3. “S”形勾头纹；4、10. 乳丁纹；5、9. 栉纹；6. 游旗纹（主纹）；7、8. 素晕；11. 兽形云纹。

胸有乳丁纹、云纹、栉纹。腰上部凸棱一道，下为云纹、栉纹。足饰复线角形纹。

扁耳两对，每耳边饰辫纹，中有孔两个。

身有四道合范线。

音 1524 号鼓（藏文化部音乐研究所。下同）

上海博物馆调拨。

面径 47. 8、身高 29. 4、胸径 52、腰径 42. 3、足径 48. 5。

面一弦分晕，十晕：1. 太阳纹，十二芒夹坠形纹；2、4、5、7. 素晕；3、9. 乳丁纹；6. 游旗纹（主纹）；8. 栉纹；10. 缠枝纹。

胸有乳丁纹、缠枝纹。腰上部凸棱一道，下为四出钱纹。足饰复线角形纹。

扁耳两对。每耳边饰辫纹，中有两孔。

身有四道合范线。

音 039 号鼓

上海文物仓库调拨（下同）。

面径 43、身高 26. 1、胸径 45. 8、腰径 38. 5、足径 45. 5。

面一弦分晕，九晕：1. 太阳纹，十二芒夹坠形纹；2. 同心圆纹；3. 钱纹；4、8. 乳丁纹；5. 符箓纹（主纹）；6. 如意云纹；7. 素晕；9. 云纹。

胸有乳丁纹、云纹、钱纹。腰上部凸棱一道，下为云纹、钱纹。足饰复线角形纹。

扁耳两对。

身有两道合范线。

音 040 号鼓

面径 44. 2、身高 25. 8、胸径 44. 4、腰径 36. 6、足径 45. 7。

面一弦分晕，九晕：1. 太阳纹，十二芒夹坠形纹；2. 同心圆纹；3. 雷纹；4、8. 乳丁纹；5. 符箓纹（主纹）；6. 花朵纹；7. 素晕；9. 云纹。

胸有乳丁纹、雷纹、云纹。腰上部凸棱一道，下为云纹。足饰图案三角形纹。

扁耳两对，耳边饰辫纹。

身有两道合范线。

音 041 号鼓

面径 48、身高 26. 5、胸径 49. 3、腰径 41、足径 47。

面一弦分晕，九晕：1. 太阳纹，十二芒夹坠形纹，芒穿至三晕；2. “[illegible]”字纹；3. “S”形勾头纹；4、8. 乳丁纹；5. 游旗纹（主纹）；6. 素晕；7. 栉纹；9. 兽形云纹。

胸有乳丁纹、雷纹、云纹、栉纹。腰上部凸棱一道，下为云纹、雷纹。足饰复线角形纹。

扁耳两对。每耳边饰辫纹，中有雷纹，上有一圆孔。

身有四道合范线。面沿露四段垫条痕。

音 042 号鼓

面径 46. 7、身高 27、胸径 48、腰径 40. 5、足径 46. 5。

面一弦分晕，十一晕：1. 太阳纹，十二芒，芒间三角形图案；2、10. 乳丁纹；3. “S”形勾头纹；4. 雷纹；5、8、9. 素晕；6. 游旗纹（主纹）；7. 栉纹；11. 绹纹。

胸有乳丁纹、雷纹。腰上部凸棱一道，下为弦纹带。足饰复线角形纹。

扁耳两对。每耳饰辫纹五条，其中两耳上有一圆孔。

身有四道合范线。

音 043 号鼓

面径 48. 5、身高 27. 5、胸径 50. 9、腰径 42. 6、足径 48。

面一弦分晕，九晕：1. 太阳纹，十二芒夹坠形纹；2. “[illegible]”字纹；3. “S”形勾头纹；4、8. 乳丁纹；5. 游旗纹（主纹）；6. 素晕；7. 栉纹；9. 兽形云纹。

胸有乳丁纹、雷纹、如意云纹。腰上部凸棱一道，下为雷纹、云纹。足饰复线角形纹。

扁耳两对。每耳边饰辫纹，中有雷纹四个。

身有四道合范线。面沿露四段垫条痕。

音 044 号鼓

面径 49. 2、身高 27. 8、胸径 52. 3、腰径 47、足径 49. 8。

面一弦分晕，十一晕：1. 太阳纹，十二芒夹坠形纹，芒弧形凸起；2. “[illegible]”字纹；3. “S”形勾头纹；4、10. 乳丁纹；5、9. 栉纹；6. 游旗纹（主纹）；7、8. 素晕；11. 兽形云纹。

胸有乳丁纹、兽形云纹、如意云纹、栉纹、云纹。腰部凸棱一道，下为雷纹、云纹。足饰复线角形纹。

扁耳两对。每耳边饰辫纹，中有三孔。

身有四道合范线。面沿露四段垫条痕。

音 045 号鼓

面径 51. 5、身高 28. 3、胸径 52. 3、腰径 44、足径 50。

面二或一弦分晕，十晕：1. 太阳纹，十二芒夹坠形纹；2. “[illegible]”字纹；3、7. 素晕；4、9. 乳丁纹；5. 游旗纹；6. 雷纹；8. 栉纹；10. 云纹。

胸有乳丁纹、雷纹、云纹。腰上部凸棱一道，下为雷纹、云纹。足饰复线角形纹。

扁耳两对，耳边饰辫纹。

身有两道合范线。

音 070 号鼓

面径 51. 1、身高 27. 8、胸径 53、腰径 46、足径 50。

面一弦分晕，十一晕：1. 太阳纹，十二芒夹坠形纹，芒弧形凸起；2. “[illegible]”字纹；3. “S”形勾头纹；4、6. 乳丁纹；5、9. 栉纹；6. 游旗纹（主纹）；7、8. 素晕；11. 兽形云纹。

胸有乳丁纹、兽形云纹、如意云纹、栉纹、云纹。腰部凸棱一道，下为雷纹、云纹。足饰复线角形纹。

扁耳两对。每耳边饰辫纹，中有三孔。

身有四道合范线。面沿露四段垫条痕。

音 071 号鼓

面径 48. 5、身高 28. 6、胸径 51. 1、腰径 45. 5、足径 48. 8。

面一或二弦分晕，九晕：1. 太阳纹，十二芒，芒间三角形图案；2、6. 同心圆纹；3、8. 乳丁纹；4. 栉纹；5. 人字脚游旗纹（主纹）；7. 辫纹；9. 绹纹。

胸有乳丁纹、弦纹、栉纹。腰部凸棱一道，下为弦纹、云纹。足饰复线角形纹。

扁耳两对。每耳边饰绳纹，中有三孔。

身有四道合范线。

音 073 号鼓

面径 47. 5、身高 27. 9、胸径 50、腰径 45、足径 47. 6。

面一弦分晕，九晕：1. 太阳纹，十二芒夹坠形纹；2. “[illegible]”字纹；3、5、8. 乳丁纹；4. 栉纹；

6. 游旗纹（主纹）；7. 雷纹；9. 兽形云纹。

胸有乳丁纹、云纹、雷纹。腰上部凸棱一道，下为雷纹。足饰复线角形纹。

扁耳两对，耳边饰辫纹。

身有四道合范线。

音 074 号鼓

面径 47.1、身高 27.2、胸径 49.6、腰径 41.5、足径 47。

面一弦分晕，九晕：1. 太阳纹，十二芒夹坠形纹，芒穿至三晕；2. “[illegible]”字纹；3. “S”形勾头纹；4、8. 乳丁纹；5. 游旗纹（主纹）；6. 素晕；7. 栉纹；9. 兽形云纹。

胸有乳丁纹、雷纹、云纹、栉纹。腰上部凸棱一道，下为雷纹、云纹。足饰复线角形纹。

扁耳两对。每耳边饰辫纹，中有雷纹三个。

身有四道合范线。面沿露四段垫条痕。

音 075 号鼓

面径 46、身高 23、胸径 49.8、腰径 40.6、足径 45.5。

面一弦分晕，九晕：1. 太阳纹，十二芒夹坠形纹，芒穿至三晕；2. “[illegible]”字纹；3. “S”形勾头纹；4、8. 乳丁纹；5. 游旗纹（主纹）；6. 素晕；7. 栉纹；9. 兽形云纹。

胸有乳丁纹、如意云纹、雷纹、栉纹。腰上部凸棱一道，下为雷纹、“S”形勾头纹。足饰复线角形纹。

扁耳两对。每耳边饰辫纹，中有三雷纹，上有一孔。

身有四道合范线。面沿露四段垫条痕。

音 085 号鼓

面径 55.5、身高 29.2、胸径 53.3、腰径 47、足径 49.8。

面一弦分晕，十一晕：1. 太阳纹，十二芒，芒间素，芒弧形凸起；2. “[illegible]”字纹；3. 缠枝纹；4、10. 乳丁纹；5、9. 栉纹；6. 游旗纹（主纹）；7、8. 素晕；11. 兽形云纹。

胸有乳丁纹、云纹、雷纹、栉纹。腰上部凸棱一道，下为雷纹、云纹。足饰复线角形纹。

扁耳两对。每耳边饰辫纹，中有三雷纹。

身有四道合范线。面沿露四段垫条痕。

音 097 号鼓

购于北京。

面径 51.5、身高 28、胸径 54.7、腰径 48.7、足径 53.5。

面一弦分晕，十一晕：1. 太阳芒，十二芒，芒间三角形图案，芒弧形凸起；2. “[illegible]”字纹；3. “S”形勾头纹；4、10. 乳丁纹；5、9. 栉纹；6. 游旗纹（主纹）；7、8. 素晕；11. 兽形云纹。

胸有乳丁纹、云纹、栉纹。腰部凸棱一道，棱上下阴弦纹两道，下为雷纹、云纹。足饰复线角形纹。

扁耳两对。每耳边饰辫纹，中有三孔和四个雷纹。

身有四道合范线，另有纵线两条。

音144号鼓

来源不详（下同）。

面径46、身高27.4、胸径47.8、腰径40、足径45。

面一弦分晕，十一晕：1. 太阳纹，十二芒夹坠形纹；2. “酉”字纹；3. “S”形勾头纹；4、8、11. 乳丁纹；5、9. 栉纹；6. 游旗纹（主纹）；7. 素晕；10. 兽形云纹。

胸有乳丁纹、雷纹。腰上部凸棱一道，下为雷纹。足饰图案三角形纹。

扁耳两对，饰辫纹。

身有四道合范线。

音449－1

面径51、身高28.5、胸径52.7、腰径46.1、足径52.4。

面一弦分晕，十晕：1. 太阳纹，十二芒，芒间三角形图案；2. “酉”字纹；3. “S”形勾头纹；4、9. 乳丁纹；5、8. 栉纹；6. 游旗纹（主纹）；10. 兽形云纹。

胸有乳丁纹、云纹、栉纹。腰部凸棱一道，下为雷纹、云纹。足饰复线角形纹。

扁耳两对。每耳边饰绳纹，中有三孔。

身有四道合范线。

音0451－1号鼓

面径50.8、身高32.7、胸径53、腰径42.6、足径51.2。

面一弦分晕，九晕：1. 太阳纹，十二芒夹坠形（带旒）纹；2. “酉”字纹；3. 同心圆纹；4. 羽纹；5、8. 栉纹；6. 游旗纹（主纹）；7. 十二生肖纹（主纹）；9. 兽形云纹。

胸有乳丁纹、云纹、栉纹。腰部凸棱一道，下为雷纹、云纹。足饰复线角形纹。

扁耳两对。每耳边饰绳纹，中有三方孔。

身有四道合范线。

5·1181号鼓（藏首都博物馆筹备处。下同）

1954年征集于私人。

面径48.1、身高26.1、胸径48.7、腰径41.3、足径47.8。

面一或二弦分晕，十一晕：1. 太阳纹，十二芒夹坠形纹；2. “酉”字纹；3. “S”形勾头纹；4、7、10. 乳丁纹；5. 游旗纹（主纹）；6. 素晕；8. 栉纹；9、11. 雷纹。

胸皆饰雷纹。腰上部凸棱一道，下为雷纹。足饰复线角形纹。

扁耳两对，饰线纹。

身有两道合范线。

5·1183号鼓

面径45.6、身高26.6、胸径46.4、腰径38.2、足径46.4。

面一弦分晕，九晕：1. 太阳纹，十二芒夹坠形纹；2. “[illegible]”字纹；3. 同心圆纹；4、8. 乳丁纹；5. 游旗纹（主纹）；6. 辫纹；7. 雷纹；9. 兽形云纹。

胸有乳丁纹、如意云纹、辫纹。腰上部凸棱一道，下为雷纹。足饰图案（云纹）三角形纹，下有两道弦纹。

扁耳两对，耳边饰绳纹。

身有两道合范线。

5·1182 号鼓

1955 年东四区废品组收购。

面径 47、身高 26.3、胸径 49、腰径 40、足径 46.4。

面一弦分晕，九晕：1. 太阳纹，十二芒夹坠形纹；2. “[illegible]”字纹；3. “S”形勾头纹；4、8. 乳丁纹；5. 游旗纹（主纹）；6. 素晕；7. 栉纹；9. 兽形云纹。

胸有乳丁纹、如意云纹、雷纹、栉纹。腰上部凸棱一道，下为雷纹、云纹。足饰复线角形纹。

扁耳两对。每耳边饰绳纹，上有一孔。

身有四道合范线。面沿露四段垫条痕。

5·1184 号鼓

1956 年永外三元宫仓库拨交（下同）。

面径 47.3、身高 26.2、胸径 49、腰径 39.8、足径 46。

面一纹分晕，九晕：1. 太阳纹，十二芒夹坠形纹；2. “[illegible]”字纹；3. “S”形勾头纹；4、8. 乳丁纹；5. 栉纹；6. 游旗纹（主纹）；7. 十二生肖纹（主纹）；9. 兽形云纹。

胸有乳丁纹、云纹、雷纹、栉纹。腰上部凸棱一道，下为云纹、雷纹。足饰复线角形纹。

扁耳两对。每耳边饰绳纹，上有一孔。

身有四道合范线。

5·1185 号鼓

面径 45.7、身高 27.2、胸径 47、腰径 39、足径 46.7。

面一弦分晕，十晕：1. 太阳纹，十二芒夹坠形纹；2. 同心圆纹；3、9. 模糊；4. 素晕；5、7、10. 乳丁纹；6. 六鱼纹与同心圆纹（主纹）；8. 家畜纹。边沿有同心圆纹夹雷纹。

胸有乳丁纹、雷纹、如意云纹、同心圆纹。腰上部凸棱三道，下为云纹、同心圆纹、雷纹。足饰复线角形纹。

扁耳两对，耳边饰绳纹。

身有四道合范线。

5·1186 号鼓

1953 年北京市财政局实物库拨交。

面径 48、身高 26.5、胸径 48.3、腰径 39.6、足径 46.2。

面一、二或三弦分晕，九晕：1. 太阳纹，十二芒，芒间坠形纹；2、7. 云纹（主纹）；3. 雷纹

（主纹）；4. 波浪纹；5、8. 乳丁纹；6. 辫纹；9. 绹纹。

胸饰弦纹、云纹。腰上部凸棱一道，下为云纹、波浪纹。足饰复线角形纹。

扁耳两对，饰线纹。

身有四道合范线。

5·1187 号鼓

1957 年北京市房管所拨交（下同）。

面径 46.7、身高 25.2、胸径 50、腰径 40.9、足径 46.1。

面一弦分晕，九晕：1. 太阳纹，十二芒夹坠形纹；2. “[illegible]”字纹；3. “S”形勾头纹；4、8. 乳丁纹；5. 游旗纹（主纹）；6. 素晕；7. 栉纹；9. 兽形云纹。

胸有乳丁纹、如意云纹、雷纹、栉纹。腰上部凸棱一道，下为云纹、雷纹。足饰复线角形纹。

扁耳两对。每耳边饰辫纹，中有雷纹。

身有四道合范线。

5·1188 号鼓

面径 47.3、身高 26.1、胸径 50、腰径 41.7、足径 47.7。

面一弦分晕，九晕：1. 太阳纹，十二芒夹坠形纹，芒穿至三晕；2. “[illegible]”字纹；3. “S”形勾头纹；4、8. 乳丁纹；5. 游旗纹（主纹）；6. 素晕；7. 栉纹；9. 兽形云纹。

胸有乳丁纹、如意云纹、雷纹、栉纹。腰上部凸棱一道，下为雷纹、云纹。足饰复线角形纹。

扁耳两对。每耳边饰绳纹，上有一孔（一耳无孔）。

身有四道合范线。

宫 39764 号鼓（藏故宫博物院。下同）

1956 年征集于北京市。

面径 48.3、身高 27.3、胸径 50.9、腰径 42.8、足径 48.8。

面一弦分晕，十晕：1. 太阳纹，十二芒夹坠形纹；2. “[illegible]”字纹；3. “S”形勾头纹；4、8. 乳丁纹；5. 游旗纹（主纹）；6、7. 素晕；9. 栉纹；10. 兽形云纹。

胸有乳丁纹、雷纹、如意云纹、栉纹。腰上部凸棱一道，下为雷纹、云纹。足饰复线角形纹。

扁耳两对。每耳边饰绳纹，中有四雷纹。

身有四道合范线。面沿露四段垫条痕。

宫 40623 号鼓

广西壮族自治区博物馆送交。

面径 48.2、身高 26.3、胸径 50.9、腰径 41.8、足径 47.5。

面一弦分晕，九晕：1. 太阳纹，十二芒夹坠形纹；2. “[illegible]”字纹；3. “S”形勾头纹；4、8. 乳丁纹；5. 游旗纹（主纹）；6. 素晕；7. 栉纹；9. 兽形云纹。

胸有乳丁纹、如意云纹、雷纹、栉纹。腰上部凸棱一道，下为如意云纹、雷纹。足饰复线角形纹。

扁耳两对，耳边饰辫纹。

身有四道合范线。面沿露四段垫条痕。

宫 77167 号鼓

颐和园拨交（下同）。

面径 47.4、身高 28.5、胸径 49.5、腰径 43.6、足径 47.8。

面一弦分晕，九晕：1. 太阳纹，十二芒，芒间三角形图案；2、6. 同心圆纹；3、8. 乳丁纹；4. 栉纹；5. 人字脚游旗纹（主纹）；7. 辫纹；9. 绳纹。

胸有同心圆纹、乳丁纹、栉纹。腰上部凸棱一道，下为弦纹组、绹纹。足饰复线角形纹。

扁耳两对。

身有两道合范线，另有纵线两条。

宫 77169 号鼓

面径 47.6、身高 27.9、胸径 50、腰径 41.3、足径 47.5。

面一弦分晕，九晕：1. 太阳纹，十二芒夹坠形纹，芒穿至三晕；2. “卣”字纹；3. “S”形勾头纹；4、8. 乳丁纹；5. 游旗纹（主纹）；6. 素晕；7. 栉纹；9. 兽形云纹。

胸有乳丁纹、雷纹、如意云纹、栉纹。腰上部凸棱一道，下为雷纹、云纹。足饰复线角形纹。

扁耳两对，耳边饰辫纹。

身有四道合范线。面沿露四段垫条痕。

宫 77168 号鼓

储秀宫库房旧存。

面径 47.5、身高 26.5、胸径 49.8、腰径 41.8、足径 47.6。

面一弦分晕，九晕：1. 太阳纹，十二芒夹坠形纹；2. “卣”字纹；3. “S”形勾头纹；4、8. 乳丁纹；5. 游旗纹（主纹）；6. 素晕；7. 栉纹；9. 兽形云纹。

胸有乳丁纹、如意云纹、雷纹、栉纹。腰上部凸棱一道，下为雷纹、云纹。足饰复线角形纹。

扁耳两对，耳边饰绳纹。

身有四道合范纹。

宫 96732 号鼓

1956 年对外文委拨交。

面径 32.6、身高 19.1、胸径 32.9、腰径 27.5、足径 33.3。

面一或二弦分晕，十晕：1. 太阳纹，十二芒夹坠形纹，芒穿至四晕；2. “卣”字纹；3. 栉纹；4、8. 素晕；5、7、10. 乳丁纹；6. 人形、家畜、鸡、鱼、鹤、蛙、“二龙抱宝”等纹（主纹）；9. 雷纹。边沿有单个雷纹与草叶纹。

胸有乳丁纹、钱纹、雷纹、莲花纹，另在两耳间各踞蛙一只。腰上部凸棱一道，下为云纹。足饰复线角形纹。

扁耳两对。鼓背面有人物、房屋及鱼、龙、家畜等纹。

身有四道合范线，另有四条纵线。

宫 94194 号鼓

1958 年征集于北京市（下同）。

面径 45.2、身高 28.2、胸径 53、腰径 46.4、足径 49.7。

面一弦分晕，十一晕：1. 太阳纹，十二芒夹坠形纹；2. “[illegible]”字纹；3. “S”形勾头纹；4、9. 乳丁纹；5、10. 栉纹；6. 游旗纹（主纹）；7、8. 素晕；11. 兽形云纹。

胸有乳丁纹、兽形云纹、如意云纹、栉纹、云纹。腰上部凸棱一道，下为雷纹、云纹。足饰复线角形纹。

扁耳两对。

身有两道合范线，另有两条纵线。

宫 99902 号鼓

面径 49.4、身高 27.9、胸径 50.1、腰径 43.6、足径 48.4。

面一弦分晕，十一晕：1、2. 太阳纹，十二芒夹坠形纹，芒穿至四晕；3、5. 乳丁纹；4. 雷纹；6. 模糊；7. 四马纹（主纹）；8. 栉纹；9. 如意云纹；10. 素晕。

胸有人形、乳丁纹、雷纹、云纹。腰上部凸棱一道，下为云纹。足饰复线角形纹。

扁耳两对。

身有两道合范线，另有纵线两条。

宫 99903 号鼓

国家文物局拨交。

面径 33.4、身高 29.2、胸径 33.8、腰径 27.6、足径 33.8。

面一或二弦分晕，十晕：1. 太阳纹，十二芒夹坠形纹，芒穿至四晕；2. “[illegible]”字纹；3、9. 雷纹；4. 素晕；5、7、10. 乳丁纹；6. 石花纹（主纹）；8. 栉纹。边沿有同心圆纹夹雷纹四组。

胸有乳丁纹、同心圆纹、雷纹、“S”形勾头纹。腰上部凸棱一道，下为“S”形勾头纹、雷纹、同心圆纹。足饰复线角形纹。

扁耳两对。鼓背面有人形、房屋、鱼塘纹等。

身有两道合范线。

宫 127411 号鼓

1960 年征集于北京。

面径 47.4、身高 27.2、胸径 50.8、腰径 41.5、足径 47.8。

面一弦分晕，九晕：1. 太阳纹，十二芒夹坠形纹；2. “[illegible]”字纹；3. “S”形勾头纹；4、8. 乳丁纹；5. 游旗纹（主纹）；6. 素晕；7. 栉纹；9. 兽形云纹。

胸有乳丁纹、如意云纹、云纹、雷纹、栉纹。腰上部凸棱一道，下为雷纹、云纹。足饰复线角形纹。

扁耳两对。每耳边饰绳纹，上下各有两孔。

背面有八思巴文印纹两个。

身有四道合范线。

宫 168873 号鼓

文化部留守处拨交（下同）。

面径 50. 6 、身高 27. 6 、胸径 52. 8 、腰径 46. 4 、足径 51. 4 。

面一弦分晕，十一晕：1. 太阳纹，十二芒，芒间图案三角形纹；2. “[illegible]”字纹；3. “S”形勾头纹；4、10. 乳丁纹；5、9. 栉纹；6. 游旗纹（主纹）；7、8. 素晕；11. 兽形云纹。

胸有乳丁纹、如意云纹、云纹、栉纹。腰上部凸棱一道，下为云纹、雷纹。足饰复线角形纹。

扁耳两对。耳边饰辫纹，每耳上下各有一孔。

身有四道合范线。

宫 168874 号鼓

面径 46. 8 、身高 25. 8 、胸径 49. 5 、腰径 40. 8 、足径 46. 3 。

面一弦分晕，八晕：1. 太阳纹，十二芒夹坠形纹；2. “S”形勾头纹；3、7. 乳丁纹；4. 游旗纹（主纹）；5. 云纹；6. 栉纹；8. 兽形云纹。

胸有乳丁纹、如意云纹、雷纹、栉纹。腰上部凸棱一道，下为雷纹、云纹。足饰复线角形纹。

扁耳两对。

身有四道合范线。

宫 12652 号鼓

来源不详。

面径 47 、身高 26. 8 、胸径 49 、腰径 41 、足径 46. 8 。

面一弦分晕，九晕：1. 太阳纹，十二芒夹坠形纹，芒穿至三晕；2. “[illegible]”字纹；3. “S”形勾头纹；4、8. 乳丁纹；5. 游旗纹（主纹）；6. 素晕；7. 栉纹；9. 兽形云纹。

胸有乳丁纹、云纹、雷纹、栉纹。腰上部凸棱一道，下为雷纹、云纹。足饰复线角形纹。

扁耳两对。每耳边饰绳纹，上有一圆孔。

身有四道合范线。

民 8/15283 号鼓（藏中央民族学院。下同）

中央民族调查团征集于苗族地区。

面径 51. 9 、身高 29. 1 、胸径 53. 3 、腰径 41. 3 、足径 48. 9 。

面一弦分晕，十晕：1. 太阳纹，十二芒，芒间三角形图案；2. “[illegible]”字纹；3. “S”形勾头纹；4、10. 乳丁纹；5、9. 栉纹；6. 游旗纹（主纹）；7、8. 素晕；11. 兽形云纹。

胸有乳丁纹、云纹、栉纹。腰上部凸棱一道，下为雷纹、云纹。足饰复线角形纹。

扁耳两对。每耳边饰线纹，中有三孔。

身有四道合范线。面沿露四段垫条痕。

民 7/15292 号鼓

中央民族调查团征集于壮族地区。

面径 49. 2、身高 26. 1、胸径 51. 5、腰径 43、足径 49。

面一弦分晕，九晕：1. 太阳纹，十二芒夹坠形纹，芒穿至三晕；2. “[illegible]”字纹；3. “S”形勾头纹；4、8. 乳丁纹；5. 游旗纹（主纹）；6. 素晕；7. 栉纹；9. 兽形云纹。

胸有乳丁纹、如意云纹、雷纹、栉纹。腰上部凸棱一道，下为雷纹、栉纹。足饰复线角形纹。

扁耳两对。每耳边饰绳纹，中有一或两孔。

身有四道合范线。

民 47/15275 号鼓

来源不详（下同）。

面径 48. 2、身高 27、胸径 50. 3、腰径 42、足径 47. 3。

面一弦分晕，九晕：1. 太阳纹，十二芒夹坠形纹；2. “[illegible]”字纹；3. “S”形勾头纹；4、8. 乳丁纹；5. 游旗纹（主纹）；6. 素晕；7. 栉纹；9. 兽形云纹。

胸有乳丁纹、雷纹、栉纹。腰上部凸棱一道，下为云纹、雷纹。足饰复线角形纹。

扁耳两对。每耳边饰绳纹，中有雷纹。

身有四道合范线。面沿露四段垫条痕。

民 2/15277 号鼓

面径 50. 8、身高 27. 3、胸径 52、腰径 44. 8、足径 50. 7。

面一弦分晕，十一晕：1. 太阳纹，十二芒夹坠形纹，芒呈弧形凸起；2. “[illegible]”字纹；3. “S”形勾头纹；4、10. 乳丁纹；5、9. 栉纹；6. 游旗纹（主纹）；7、8. 素晕；11. 兽形云纹。

胸有乳丁纹、如意云纹、兽形云纹、雷纹、栉纹。腰上部凸棱一道，下为云纹、雷纹。足饰复线角形纹。

扁耳两对。每耳边饰绳纹，上下各有一孔。

身有四道合范线。面沿露四段垫条痕。

民 3/15278 号鼓

面径 50、身高 28、胸径 52. 7、腰径 46. 8、足径 50。

面一弦分晕，十一晕：1. 太阳纹，十二芒夹坠形纹（带旒）；2. “[illegible]”字纹；3. “S”形勾头纹；4、10. 乳丁纹；5、9. 栉纹；6. 游旗纹（主纹）；7、8. 素晕；11. 兽形云纹。

胸有乳丁纹、云纹、栉纹。腰部凸棱一道，下为云纹、雷纹。足饰复线角形纹。

扁耳两对。每耳边饰绳纹，中有三孔或三凹窝。

身有四道合范线。面沿露四段垫条痕。

民 4/15279 号鼓

面径 47. 2、身高 25. 8、胸径 49. 3、腰径 43、足径 40. 3。

面一弦分晕，十一晕：1. 太阳纹，十二芒夹坠形纹；2、10. 乳丁纹；3. 同心圆纹；4. “S”形勾头纹；5、7. 栉纹；6. 符箓纹（主纹）；8、9. 素晕；11. 绹纹。

胸有乳丁纹、雷纹、云纹。腰上部凸棱一道，下为云纹、雷纹。足饰复线角形纹。

扁耳两对，耳边饰绳纹。

身有四道合范线。

民 6/15281 号鼓

面径 47、身高 26、胸径 50.3、腰径 41.5、足径 47.3。

面一弦分晕，九晕：1. 太阳纹，十二芒夹坠形纹，芒穿至三晕；2. “⿷”字纹；3. “S”形勾头纹；4、8. 乳丁纹；5. 游旗纹（主纹）；6. 素晕；7. 栉纹；9. 兽形云纹。

胸有乳丁纹、如意云纹、雷纹、栉纹。腰上部凸棱一道，下为雷纹、云纹。足饰复线角形纹。

扁耳两对，耳边饰绳纹。

身有四道合范线。面沿露四段垫条痕。

民 1/15284 号鼓

面径 45、身高 28.5、胸径 54.1、腰残，足径 50。

面一弦分晕，十一晕：1. 太阳纹，十二芒夹坠形纹；2. “⿷”字纹；3. “S”形勾头纹；4、10. 乳丁纹；5、9. 栉纹；6. 游旗纹（主纹）；7、8. 素晕；11. 兽形云纹。

胸有乳丁纹、如意云纹、雷纹、栉纹。腰上部凸棱一道，下为雷纹、云纹。足饰复线角形纹。

扁耳两对。每耳边饰绳纹，中有雷纹。

身有四道合范线。面沿露四段垫条痕。

民 2/15290 号鼓

面径 46.4、身高 26、胸径 49.3、腰径 41、足径 46.5。

面一弦分晕，九晕：1. 太阳纹，十二芒夹心形纹，芒穿至三晕；2. “⿷”字纹；3. “S”形勾头纹；4、8. 乳丁纹；5. 游旗纹（主纹）；6. 素晕；7. 栉纹；9. 兽形云纹。

胸有乳丁纹、雷纹、如意云纹。腰上部凸棱一道，下为云纹、雷纹。足饰复线角形纹。

身有四道合范线。

民 8/15293 号鼓

面径 46.7、身高 26、胸径 49、腰径 40.9、足径 46。

面一弦分晕，九晕：1. 太阳纹，十二芒夹坠形纹，芒穿至三晕；2. “⿷”字纹；3. “S”形勾头纹；4、8. 乳丁纹；5. 游旗纹（主纹）；6. 素晕；7. 栉纹；9. 兽形云纹。

胸有乳丁纹、雷纹、云纹、栉纹。腰上部凸棱一道，下为雷纹、云纹。足饰复线角形纹。

扁耳两对。每耳边饰绳纹，中有雷纹，上有一孔。

身有四道合范线。面沿露四段垫条痕。

北流型：3 面

宫 77171 号鼓（藏故宫博物院。下同）

颐和园拨交。

面径 78.5、胸径 73.2、腰径 66.8，足部失。

面有两蛙，两两相对。三弦分晕，各弦距约相等（后简称为“等晕”）。九晕：1. 太阳纹，八芒间云纹，芒穿至二晕；2～9. 遍布云纹。

身三弦分晕。胸九晕：1～8. 雷纹填线纹；9. 半云填线纹。腰十四晕：1、13. 半云填线纹；2～12、14. 雷纹填线纹。

环耳两对，饰缠丝纹。

身有两道合范线。面、身露垫片痕。

宫 18721 号鼓

国家文物局拨交。

面径 79.7、身高 47、胸径 73.2、腰径 69.4、足径 79.4。

面有四蛙，两两相对。三弦分晕，等晕，九晕：1. 太阳纹，八芒，芒间云纹；2～9. 遍布云纹。

身三、二或一弦分晕。胸九、腰十四、足九晕，皆上下各一晕半云填线纹，中饰雷纹填线纹。

环耳两对，饰缠丝纹，各有脊线一道。

身有两道合范线。

音 0450 号鼓（藏文化部音乐研究所）

来源不详。

面径 103、胸径 98、腰径 90，足残失一段。

面有六蛙，两两相对。三弦分晕，除最外一晕余都等晕，八晕：1. 太阳纹，八芒，芒间雷纹填线纹；2～6、8. 雷纹填线纹；7. 雷纹填线纹上重四出钱纹。

身三弦分晕。胸九、腰十三、足残存五晕，皆饰雷纹填线纹。另有一侧腰部立虎一只（尾失）。

环耳两对，饰缠丝纹。

身有两道合范线。背面有模痕。

灵山型：6 面

资 08 号鼓（藏中国历史博物馆）

1953 年广西壮族自治区岑溪县城修路出土。

面径 90、身高 53、胸径 85.6、腰径 72.6、足径 88。

面有六蛙，两两相对。二或三弦分晕，九晕：1. 太阳纹，十二芒，芒间云纹；2、5、9. 波浪纹；3、7. “五铢”钱纹；4、6、8. 云纹。

身三弦分晕，等晕。胸五晕：1、4. 水波纹；2、5. 云纹；3. “五铢”钱纹。腰七晕：1、3、6. 水波纹；2、4、7. 云纹；5. “五铢”钱纹。足四晕：1、5. 水波纹；2. 云纹；3. “五铢”钱纹。

扁耳两对，饰辫纹图案。

身有两道合范线。

宫 40641 号鼓（藏故宫博物院。下同）

广西壮族自治区博物馆送交（下同）。

面径 98、身高 54.7、胸径 92.3、腰径 83.7、足径 99.4。

面有二累蹲蛙与四单蛙（皆三足）相间，顺时针环列。三弦分晕，十八晕：1. 太阳纹，八芒，芒间模糊；2、9、11、16、18. 席纹；3、8、14. 四出钱纹；4、7、10、13、15. 云纹；6、12、17. 圆钱纹；5. 半圆填线纹。

身三弦分晕。胸六晕：1. 四出钱纹；2、3、5. 雷纹；4. 圆钱纹；6. 席纹。腰九晕：1、9. 四出钱纹；2、4、7、8. 雷纹；3、6. 圆钱纹；5. 席纹。足七晕：1、2. 圆钱纹；3、6. 雷纹；4. 四瓣花纹；5、7. 席纹。

扁耳两对。每耳边饰乳丁纹，中饰辫纹。

身有两道合范线。面露垫片痕。足部内壁有小纽一对。

宫 40622 号鼓

面径 76、身高 47.1、胸径 73.5、腰径 66.8、足径 78。

面有六蛙，皆三足，逆时针环列。二弦分晕，十八晕：1. 太阳纹，八芒，芒间模糊，芒穿至四晕；2、18. 蝉纹；3、5、12. 连钱纹；4. 鸟纹（主纹）；6、14. 虫形纹；7. 雷纹填线纹；8、13. 席纹；9、11、15、17. 四出钱纹；10. 鸟形纹（主纹）；16. 变形羽人纹。

身二弦分晕。胸七晕：1. 蝉纹；2、6. 连钱纹；3、5. 四出钱纹；4. 兽面图案（主纹）；7. 四瓣花纹。腰八晕：1. 雷纹填线纹；2. 虫形纹；3、7. 席纹；4、6、8. 四出钱纹；5. 变形羽人纹（主纹）。足六晕：1、3. 钱纹；2、5. 虫形纹；4. 鸟纹（主纹）；6. 蝉纹。

扁耳两对，饰线纹。

身有两道合范线。

宫 102120 号鼓

1959 年征集于北京。

面径 79.7、身高 48.2、胸径 75、腰径 68.1、足径 77.3。

面有六蛙，皆三足，累蹲蛙与单蛙相间，逆时针环列。二弦分晕，十八晕：1. 太阳纹，十二芒，芒间连钱纹，芒穿至三晕；2、18. 蝉纹；3、13、17. 四瓣花纹；4、6、9、11、14、16. 四出钱纹；5、10、15. 鸟纹（主纹）；7. 席纹；8、12. 连钱纹。

身二弦分晕。胸七晕，腰九晕，足八晕，皆饰蝉纹、四瓣花纹、四出钱纹、连钱纹、兽面纹、虫形纹、席纹、鸟纹。

扁耳两对，饰羽纹。

身有两道合范线。面露垫片痕。

宫 135704 号鼓

1961 年征集于北京。

面径 80.8、身高 47.9、胸径 76.2、腰径 69.9、足径 79.6。

面有六蛙，皆三足，累蹲蛙与单蛙相间，逆时针环列。二弦分晕，十九晕：1. 太阳纹，十芒，芒间连钱纹，芒穿至三晕；2、19. 蝉纹；3、18. 四瓣花纹；4、16. 鸟纹（主纹）；5、9、11、15、17. 四出钱纹；6、8、12、14. 连钱纹；7、13. 席纹；10. 变形羽人纹（主纹）。

身二弦分晕。胸七晕：1. 蝉纹；2、6. 连钱纹；3、5. 四出钱纹；4. 鸟纹（主纹）；7. 兽面图案。腰九晕：1、9. 席纹；2、4. 连钱纹；3、5、7. 四出钱纹；6. 变形羽人纹（主纹）；8. 四瓣花纹。足八晕：1. 虫形纹；2、6. 连钱纹；3、5. 四出钱纹；4. 鸟纹（主纹）；7. 四瓣花纹；8. 蝉纹。

扁耳两对，饰羽纹。每耳有一孔。

身有两道合范线。面露垫片痕。

C5・3284 号鼓（藏中国历史博物馆）

1959 年上海文物仓库拨交。

面径 106.3、身高 63、胸径 102.7、腰径 92.5、足径 105。

面有六蛙（残失二），皆三足，逆时针环列。二弦分晕，十九晕：1. 太阳纹，十二芒，芒间钱纹、四瓣花纹；2、18. 蝉纹；3、7、9、11、13. 四出钱纹；4、8. 变形羽人纹（主纹）；5、10. 连钱纹；6、16. 席纹；12. 鸟形纹（主纹）；14、17. 虫形纹；15. 雷纹。

身二弦分晕。胸八晕：1. 蝉纹；2. 席纹；3. 虫形纹；4、6. 四出钱纹；5. 变形羽人纹（主纹）；7. 连钱纹；8. 四瓣花纹。腰九晕：1、7. 虫形纹；2、8. 连钱纹；3. 席纹；4、6. 四出钱纹；5. 变形羽人纹（主纹）；9. 四瓣花纹。足七晕：1. 席纹；2. 虫形纹；3、5. 四出钱纹；4. 变形羽人纹（主纹）；6. 连钱纹；7. 蝉纹。

扁耳两对，饰羽纹。下部各有方孔一个。

身有两道合范线。

西盟型：1 面

宫 129206 号鼓（藏故宫博物院）

1960 年征集于北京。

面径 64.3、身高 48.1、胸径 58、腰径 48、足径 52.4。

面有三累蹲蛙与一单蛙，逆时针环列。三或二弦分晕，二十二晕：1. 太阳纹，十二芒，芒间坠形纹与同心圆纹；2～5、17～20. 栉纹夹双行同心圆纹形成纹带；6、10、16. 雷纹填线纹；7、8、13、14. 翔鸟、定胜纹（主纹）；9、15. 鸟纹；11. 方格雷纹；12. 栉纹；21. 米粒纹；22. 雷纹（主纹）。边沿四方各有三朵团花纹，外绕一道辫纹。

胸六晕：1、6. 雷纹；2～5. 纹带（同鼓面纹带）。腰十晕：1、10. 雷纹填线纹；2～5、6～9. 纹带（同上）。足三晕：1. 同心圆加线纹；2. 雷纹填线纹；3. 栉纹。边沿有羽纹。

扁耳两对，均饰线纹，耳根成叉形。

浑铸，但身两侧有纵线两道。

上海市

（收录二百三十一面）

石寨山型：2 面

4753 号鼓（藏上海博物馆。下同）

来源不详（下同）。

面径 37. 5、身高 28、胸径 46. 1、腰径 35. 1、足径 48。

面一弦分晕，四晕：1 ~3. 模糊；4. 勾连雷纹。

胸上部、腰下部饰圆圈纹和锯齿纹夹羽纹纹带，胸下部饰圆点纹夹斜线角形图案纹带。腰上部被圆点纹夹双行勾连雷纹纹带纵分成十六个空格。足部素。

扁耳两对，素面。

身有两道合范线。有垫片痕。

24339 号鼓

面径 39. 3、身高 29. 5、胸径 44. 1、腰径 33. 1、足径 44. 5。

面一弦分晕，八晕：1. 太阳纹，十芒，芒间复线角形纹加圆圈纹；2. 点纹；3. 翔鹭纹（主纹）；4 ~8. 点纹与锯齿纹夹同心圆纹纹带。

胸上部饰纹带（同鼓面 4 ~8 晕），下部为划船纹，每船 4 ~5 人。腰上部被点纹夹锯齿纹、点纹夹羽纹两种纹带纵分为十格，内饰牛纹；下部饰点纹夹锯齿纹。足部素。

扁耳四个，间隔较疏，饰辫纹。

身有两道合范线。

冷水冲型：1 面

丂6682 号鼓

天钥路仓库拨交。

面径 50. 2、身高 30. 6、胸径 65. 3、腰径 46. 7、足径 51. 2。

面有四蛙（均失）。一弦分晕，十八晕：1. 太阳纹，十二芒，芒间坠形纹；2 ~5、13 ~16. 栉纹夹双行同心圆纹纹带；6、8、10、12、17、18. 素晕；7. 复线交叉纹；9. 变形羽人纹（主纹）；11. 变形翔鹭纹（主纹）。

胸及腰下部饰纹带（同鼓面纹带）。腰上部被同样纹带纵分为六格，格间素。足部素。

扁耳两对，饰辫纹图案。每耳上下各有一孔。

身有两道合范线。

遵义型：5 面

丐12055 号鼓

新城区仓库拨交。

面径 42.5、身高 27、胸径 44.2、腰径 37.3、足径 42。

鼓面纹多模糊，仅见太阳纹，十二芒夹坠形纹、变形羽人纹、变形翔鹭纹和定胜纹。

胸上部饰栉纹夹同心圆纹。腰同。足饰同心圆纹、栉纹、复线角形纹。

扁耳两对。每耳镂三小孔。

身有两道合范线。

丐12051 号鼓

征集于天钥路仓库。

面径 58.9、身高 41.3、胸径 56.7、腰径 43.3、足径 55。

面一弦分晕，十八晕：1. 太阳纹，十二芒夹坠形纹；2、7、9、11、13、18. 素晕；3～6. 栉纹夹同心圆纹纹带；10. 变形羽人纹（主纹）；12. 变形翔鹭纹（主纹）；14～17. 纹带（同 3～6 晕）。

胸上部和腰下部饰纹带（同面 3～6 晕）。腰被同样纹带纵分为六格，格中素。足饰圆心垂叶纹。

扁耳两对。每耳边饰辫纹，中镂两长方孔。

身有两道合范线。

丐12146 号鼓

征集于上海冶炼厂（下同）。

面径 56.3、身高 32.3、胸径 56.7、腰径 45.5，足残。

面一弦分晕，十三晕：1. 太阳纹，十二芒，芒间素；2～4. 栉纹夹同心圆纹纹带；5、7、8、9. 素晕；6. 变形羽人纹（主纹）；10～13. 纹带（同面 2～4 晕，但多一道同心圆纹）。

胸及腰下部饰纹带（同面 10～13 晕）。腰上部被同样纹带纵分为六格，格中素。足饰复线角形纹。

扁耳两对。每耳边饰辫纹，中有两小孔。

身有两道合范线。

丐12153 号鼓

面径 46.9、身高 30.5、胸径 49、腰径 42、足径 48.7。

鼓面纹多模糊，仅见游旗纹、翔鹭纹、定胜纹和栉纹。

身部纹已磨光。

扁耳两对。

身有两道合范线。

38236 号鼓

来源不详。

面径 69、胸径 66.9、腰径 55.7，足部残失。

面一弦分晕，十八晕：1. 太阳纹，十二芒，芒间坠形纹；2. 复线角形纹；3、4. 勾连云纹；5. 栉纹；6. 羽纹；7. 雷纹图案；8、10. 素晕；9. 变形羽人纹（主纹）；11. 变形翔鹭纹和定胜纹（主纹）；12 ~ 18. 羽纹、栉纹夹双行勾连云纹纹带。

胸部与腰下部饰纹带（同鼓面 12 ~ 18 纹带）。腰上部被同样纹带纵分成空格。

扁耳两对，耳边饰辫纹。每耳上下各镂一孔。

身有两道合范线。

麻江型：212 面

丂6588 号鼓

征集于上海冶炼厂（下同）。

面径 45.2、身高 26.8、胸径 47.1、腰径 39.5、足径 46。

面一弦分晕，九晕：1. 太阳纹，十二芒夹坠形纹；2. 雷纹；3. 同心圆纹；4、6、9. 乳丁纹；5. 人、畜、符箓、雷纹相间（主纹）；7. 钱纹；8. “S”形勾头纹。

胸有乳丁纹、雷纹、钱纹、云纹。腰上部凸棱一道，下为云纹、钱纹。足饰复线角形纹。

扁耳两对，耳边凸起。

身有两道合范线。

丂6589 号鼓

面径 49、身高 26.2、胸径 50、腰径 42.6、足径 48.4。

面一、二弦分晕，十一晕：1. 太阳纹，十二芒夹坠形纹；2. “[illegible]”字纹；3. “S”形勾头纹；4、6、10. 乳丁纹；5. 四龙献双印，印文为：“下簾遮红”（或“红簾遮户”），以及铭文：“万代进宝”、“永世家财”等（主纹）；7. 云纹；8. 素晕；9. 雷纹；11. 兽形云纹。

胸有乳丁纹、雷纹、兽形云纹。腰上部凸棱一道，下为雷纹、兽形云纹。足饰复线角形纹。

扁耳两对。每耳边饰绳纹，中为雷纹、“卐”纹、铭文（模糊）。

身有两道合范线。

丂6590 号鼓

面径 45.8、身高 25.3、胸径 43.5、腰径 37.5、足径 44。

面一弦分晕，九晕：1. 太阳纹，十二芒夹坠形纹；2、3. 雷纹；4、8. 乳丁纹；5. 荷锄人形纹 33

个（主纹）；6. 花朵纹；7. 素晕；9. 云纹。

胸有乳丁纹、云纹、雷纹。腰上部凸棱一道，下为雷纹、花草纹。足饰复线角形纹。

扁耳两对，耳边饰辫纹。

身有两道合范线。

丂6591 号鼓

面径 46. 8、身高 27、胸径 47. 7、腰径 39. 5、足径 45. 3。

面一、二弦分晕，九晕：1. 太阳纹，十二芒夹坠形纹；2. “[illegible]”字纹；3. “S”形勾头纹；4、8. 乳丁纹；5. 四龙与铭文：“道光十年建立”、“寿”、“万代进宝”、“永世家财”等（主纹）；6. 素晕；7. 云纹；9. 雷纹。

胸有乳丁纹、云纹、雷纹。腰上部凸棱一道，下为雷纹、云纹。足饰图案三角形纹。

扁耳两对。每耳中为雷纹、“百”、“卍”符号，耳边饰绳纹。

身有两道合范线。

丂6592 号鼓

面径 48、身高 26. 3、胸径 50、腰径 41. 7、足径 47。

面一弦分晕，九晕：1. 太阳纹，十二芒，芒间模糊，芒穿至三晕；2. “[illegible]”字纹；3. “S”形勾头纹；4、8. 乳丁纹；5. 游旗纹（主纹）；6. 素晕；7. 栉纹；9. 兽形云纹。

胸有乳丁纹、云纹、雷纹、栉纹。腰上部凸棱一道，下为雷纹、云纹。足饰复线角形纹。

扁耳两对。每耳边饰辫纹，中有小雷纹。

身有四道合范线。面沿露四段垫条痕。

丂6593 号鼓

面径 47. 9、身高 26. 6、胸径 49. 6、腰径 41、足径 48. 8。

面一、二弦分晕，八晕：1. 太阳纹，十二芒，芒间模糊；2、8. 云纹、乳丁纹；3. 游旗纹（主纹）；4、6. 云纹；5. “[illegible]”字纹、乳丁纹；7. 梅花图案、云纹。

胸有雷纹、云纹、符箓纹。腰上部凸棱一道，下为莲花纹、四瓣花纹、波浪纹。足饰云幔纹。

扁耳两对，饰线纹。

身有四道合范线。

丂6594 号鼓

面径 46. 3、身高 26. 2、胸径 49、腰径 41、足径 46. 7。

面一弦分晕，八晕：1. 太阳纹，十二芒夹坠形纹；2. “[illegible]”字形；3、6、8. 乳丁纹；4. 鱼、钱纹相间；5. 素晕；7. 龙、钱纹相间（主纹）。

胸有乳丁纹、云纹、雷纹、栉纹。腰上部凸棱一道，下为云纹、雷纹。足饰复线角形纹。

扁耳两对（残失一对），耳边饰绳纹。

身有四道合范线。

丂6595 号鼓

面径 48. 1、身高 26. 7、胸径 49. 3、腰径 41，足残。

面二弦分晕，十晕：1. 太阳纹，十二芒夹坠形纹；2. “酉”字纹；3. “S”形勾头纹；4、9. 乳丁纹；5. 云纹；6. 栉纹；7. 雷纹；8. “寿”字纹等（主纹）；10. 缠枝纹。鼓边有铭文：“道光五年建立”、“永世家财”、“万代进宝”。

胸有乳丁纹、雷纹、云纹。腰上部凸棱一道，下为云纹、雷纹、缠枝纹。足饰图案三角形纹。

扁耳两对。每耳边饰绳纹，中有雷纹、“卐”字纹。

身有两道合范线。另有两道纵线。

丂6596 号鼓

面径 47. 5、身高 27. 4、胸径 50、腰径 41. 4、足径 47. 4。

面一弦分晕，九晕：1. 太阳纹，十二芒夹坠形纹；2. “酉”字纹；3. 如意云纹；4、8. 乳丁纹；5. 游旗纹（主纹）；6. 素晕；7. 栉纹；9. 兽形云纹。

胸有乳丁纹、雷纹、云纹、栉纹。腰上部凸棱一道，下为雷纹、云纹。足饰复线角形纹。

扁耳两对，耳边饰辫纹。

身有四道合范线。面沿露四段垫条痕。

丂6597 号鼓

面径 32. 5、身高 19. 5、胸径 33. 4、腰径 27. 3、足径 33. 6。

面一、二弦分晕，九晕：1. 太阳纹，十二芒夹坠形纹；2、7. 同心圆纹；3. 雷纹；4、6、8. 乳丁纹；5. 菱格填花纹（主纹）。

胸有乳丁纹、云纹、同心圆纹。腰上部凸棱一道，下为云纹、同心圆纹。足饰复线角形纹。

扁耳两对，耳边饰辫纹。

身有两道合范线。

丂11998 号鼓

面径 50. 1、身高 28. 5、胸径 53. 4、腰径 46. 4、足径 52. 5。

面一弦分晕，十一晕：1. 太阳纹，十二芒，芒间模糊；2. “酉”字纹；3. “S”形勾头纹；4、11. 乳丁纹；5、9. 栉纹；6. 游旗纹（主纹）；7、8. 素晕；10. 兽形云纹。

胸有乳丁纹、云纹、栉纹。腰上部凸棱一道，下为雷纹、云纹。足饰复线角形纹。

扁耳两对。每耳中镂三小孔夹小雷纹、“卐”纹。

身有两道合范线。另有两道纵线。

丂11999 号鼓

面径 46. 7、身高 27. 2、胸径 48、腰径 40. 7、足径 47。

面一弦分晕，十晕：1. 太阳纹，十二芒夹坠形纹；2. 云纹；3. 雷纹；4、6、9. 乳丁纹；5. 双龙献“寿”、桃符、荷耙人、钱纹（主纹）；7. 钱纹；8. 素晕；10. 兽形云纹。

胸有乳丁纹、云纹、雷纹。腰上部凸棱一道，下为云纹、雷纹。足饰复线角形纹。

扁耳两对，耳边饰辫纹。

身有两道合范线。

丐12000 号鼓

面径 40、身高 31、胸径 54. 1、腰径 46. 1、足径 51。

面一弦分晕，除太阳纹十二芒及两晕的乳丁纹外，其余纹皆模糊。

胸纹模糊，仅见乳丁纹。腰上部饰兽形云纹、雷纹，中部凸棱一道，下为宝珠纹。足饰图案角形纹。

扁耳两对。每耳边饰辫纹，中有三孔。

身有两道合范线。另有两道纵线。

丐12001 号鼓

面径 43. 8、身高 25. 2、胸径 45. 5、腰径 37. 8、足径 45. 3。

面一弦分晕，九晕：1. 太阳纹，十二芒夹坠形纹；2、3. 云纹；4、6、9. 乳丁纹；5. 双龙献寿纹（主纹）；7. 雷纹；8. 素晕。

胸有乳丁纹、云纹。腰上部凸棱一道，下为云纹、雷纹。足饰复线角形纹。

扁耳两对。

身有两道合范线。

丐12002 号鼓

面径 46. 1、身高 26. 5、胸径 50. 6、腰径 42. 3、足径 48. 5。

面一弦分晕，十一晕：1. 太阳纹，十二芒，芒间模糊；2、3. 模糊；4、8、9. 素晕；5、7、10. 乳丁纹；6. 鱼纹（主纹）；11. 兽形云纹。

胸有乳丁纹、钱纹、雷纹、云纹。腰上部凸棱一道，下为云纹、雷纹。足饰复线角形纹。

扁耳两对。

身有两道合范线。

丐12003 号鼓

面径 45、身高 27. 3、胸径 47. 4、腰径 39. 5、足径 46. 5。

面一弦分晕，十一晕：1. 太阳纹，十二芒夹坠形纹；3、10. 同心圆纹；4、8. 素晕；5、7、11. 乳丁纹；6. 人、物、鱼纹（主纹）；9. 羊纹。

胸有乳丁纹、同心圆纹、雷纹、云纹。腰上部凸棱一道，下为云纹、同心圆纹、雷纹。足饰复线角形纹。

扁耳两对，耳边饰绳纹。

身有两道合范线。另有纵线两条。

丐12004 号鼓

面径 49、身高 26、胸径 49. 6、腰径 42. 6、足径 48. 6。

面一弦分晕，九晕：1. 太阳纹，十二芒夹坠形纹和兽形云纹；2. “卣”字纹；3、8. 乳丁纹；4. 游旗纹（主纹）；5. 素晕；6. 雷纹；7、9. 兽形云纹。

胸有乳丁纹、雷纹、兽形云纹。腰上部凸棱一道，下为雷纹、兽形云纹。足饰复线角形纹。

扁耳两对。每耳边饰绳纹，中有雷纹、“百”、“卍”字纹。

身有两道合范线。

丂12005 号鼓

面径 47. 8、身高 27. 7、胸径 48. 3、腰径 39. 3、足径 46. 5。

面二弦分晕，九晕：1. 太阳纹，十二芒夹坠形纹；2. “卣”字纹；3. “S”形勾头纹；4、6、8. 乳丁纹；5、7. 勾连云纹、棂花纹（主纹）；9. 兽形云纹。

胸有乳丁纹、云纹、雷纹。腰上部凸棱一道，下为雷纹、云纹。足饰复线角形纹。

扁耳两对。每耳边饰辫纹，中有“卍”字纹。

身有两道合范线。

丂12006 号鼓

面径 44. 3、身高 27、胸径 47、腰径 39、足径 44. 8。

面一弦分晕，十晕：1. 太阳纹，十二芒，芒间模糊；2. “卣”字纹；3. 菱格填花纹；4、8. 乳丁纹；5、7、10. 素晕；6. 游旗纹（主纹）；9. 菱格填花图案。

胸有乳丁纹、如意云纹、菱格填花纹。腰上部凸棱一道，下为菱格填花纹、勾连同心圆纹。足饰三角形图案。

扁耳两对，每耳边饰小雷纹。

身有四道合范线。

丂12007 号鼓

面径 48、身高 27. 7、胸径 50. 3、腰径 45. 2、足径 50。

面一或二弦分晕，九晕：1. 太阳纹，模糊；2、6. 同心圆纹；3、7. 乳丁纹；4. 雷纹填线纹；5. 游旗纹（主纹）；8. 辫纹；9. 兽形云纹。

胸纹模糊，仅见乳丁纹。腰上部凸棱一道，下为如意云纹。足饰复线角形纹。

扁耳两对，耳边饰辫纹。每耳有两小孔。

身有四道合范线。面沿露四段垫条痕。

丂12008 号鼓

面径 43、身高 25. 5、胸径 45. 8、腰径 38. 5、足径 45. 3。

面一弦分晕，九晕：1. 太阳纹，十二芒夹坠形纹；2. 同心圆纹；3. 雷纹；4、6、9. 乳丁纹；5. 符箓纹（主纹）；7. 素晕；8. 钱纹。

胸有乳丁纹、同心圆纹、雷纹、钱纹、云纹。腰上部凸棱一道，下为云纹、雷纹。足饰复线角形纹。

扁耳两对，耳边饰辫纹。

身有两道合范线。

丂12009 号鼓

面径 44、身高 25. 1、胸径 45. 5、腰径 37. 8、足径 45. 2。

面一弦分晕，九晕：1. 太阳纹，十二芒夹坠形纹；2. 云纹；3、8. 雷纹；4、6、9. 乳丁纹；5. 荷耙人形、牛、羊、猪、鹤、如意云纹等（主纹）；7. 素晕。

胸有乳丁纹、雷纹、云纹。腰上部凸棱一道，下为云纹、雷纹。足饰复线角形纹。

扁耳两对，耳边饰绳纹。

身有两道合范线。

丂12010 号鼓

面径 50. 8、身高 27. 4、胸径 53. 4、腰径 46. 8、足径 51. 9。

面一弦分晕，十一晕：1. 太阳纹，十二芒夹坠形纹；2. “[illegible]”字纹；3. “S”形勾头纹；4、10. 乳丁纹；5、9. 栉纹；6. 游旗纹（主纹）；7、8. 素晕；9. 栉纹；11. 兽形云纹。

胸有乳丁纹、云纹。腰上部饰栉纹、云纹，中部凸棱一道，下为雷纹、云纹。足饰复线角形纹。

扁耳两对。每耳边饰辫纹，上下各有一孔。

身有四道合范线。面沿露四段垫条痕。

丂12011 号鼓

面径 47. 6、身高 27、胸径 50. 3、腰径 40、足径 46. 5。

面一弦分晕，十晕：1. 太阳纹，十二芒夹坠形纹；2. “[illegible]”字纹；3. “S”形勾头纹；4、10. 乳丁纹；5、9. 栉纹；6. 游旗纹（主纹）；7、8. 素晕。

胸有乳丁纹、云纹、栉纹。腰上部凸棱一道，下为雷纹、云纹。足饰复线角形纹。

扁耳两对。每耳边饰辫纹，中镂三小孔。

身有两道合范线。另有纵线两条。

丂12012 号鼓

面径 47. 9、身高 25. 9、胸径 49. 6、腰径 41、足径 47。

面一、二或三弦分晕，十晕：1. 太阳纹，十二芒夹坠形纹；2、6、10. 乳丁纹；3. 云纹；4、7. “S”形勾头纹；5. 游旗纹（主纹）；8. 栉纹；9. 兽形云纹。

胸有乳丁纹、如意云纹、雷纹、云纹、栉纹。腰上部凸棱一道，下为云纹、雷纹。足饰复线角形纹。

扁耳两对，耳边饰绳纹。

身有四道合范线。

丂12013 号鼓

面径 46. 6、身高 30、胸径 50、腰径 42、足径 46. 8。

面一弦分晕，十二晕：1. 太阳纹，十二芒，芒间模糊；2. “S”形勾头纹；3、10. 栉纹；4、11. 乳丁纹；5、7、8、9. 模糊；6. 游旗纹（主纹）；12. 兽形云纹。

胸有乳丁纹、雷纹、缠枝纹。腰部凸棱一道，下为云纹、菱格填花纹。足饰图案三角形纹。

扁耳两对。每耳边饰辫纹，中镂三小孔。

身有四道合范线。

丂12014 号鼓

面径 47、身高 26、胸径 49.6、腰径 42、足径 48。

面一或二弦分晕，九晕：1. 太阳纹，十二芒，芒间模糊；2、5、9. 乳丁纹；3、4、7. 模糊；8. 兽形云纹。

胸有乳丁纹、如意云纹、云纹、雷纹。腰上部凸棱一道，下为雷纹、云纹。足饰复线角形纹。

扁耳两对，每耳饰粗弦纹三道。

身有四道合范线。

丂12015 号鼓

面径 48.4、身高 28.5、胸径 51.9、腰径 45.2、足径 48.9。

面一或二弦分晕，九晕：1. 太阳纹，十二芒，芒间模糊；2、4、7. 模糊；3、8. 乳丁纹；5. 人字脚游旗纹（主纹）；6. 同心圆纹；9. 绹纹。

胸有阴弦纹、乳丁纹、栉纹。腰上部凸棱一道，下为弦纹。足饰绹纹及复线角形纹。

扁耳两对。每耳边饰绳纹，中镂三小孔。

身有两道合范线。另有纵线两条。

丂12016 号鼓

面径 43、身高 25.2、胸径 45.9、腰径 38.2、足径 45。

面一弦分晕，九晕：1. 太阳纹，十二芒夹坠形纹；2. 同心圆纹；3、9. 云纹；4、8. 乳丁纹；5. 符箓纹（主纹）；6. 素晕；7. 雷纹。

胸有乳丁纹、云纹、雷纹。腰上部凸棱一道，下为云纹。足饰复线角形纹。

扁耳两对。

身有两道合范线。

丂12017 号鼓

面径 46.9、身高 25.9、胸径 49.6、腰径 40.4、足径 46.4。

面一弦分晕，八晕：1. 太阳纹，十二芒夹坠形纹；2、6. 菱格填花纹；3、7. 乳丁纹；4. 游旗纹（主纹）；5. 素晕；8. 波浪纹。

胸有乳丁纹、如意云纹、雷纹、栉纹。腰上部凸棱一道，下为兽形云纹、雷纹。足饰复线角形纹。

扁耳两对。每耳边饰绳纹，中有三个小雷纹。

身有四道合范线。

丂12018 号鼓

面径 47.4、身高 26.5、胸径 49.3、腰径 41.4、足径 48.3。

面一弦分晕，十一晕：1. 太阳纹，十二芒夹复线角形纹；2. 同心圆纹；3、4、6、8. 模糊；5、7、10. 乳丁纹；9. 如意云纹；11. 兽形云纹。另在耳上方的面沿各饰纹一组，每组由三个同心圆纹和一个雷纹组成。

胸有乳丁纹、同心圆纹、如意云纹、雷纹。腰上部凸棱一道，下为如意云纹、同心圆纹、雷纹。足饰三角形图案。

扁耳两对。每耳边饰绳纹，中有小雷纹。

身有两道合范线。另有纵线两条。

丂12019号鼓

面径51.9、身高27、胸径52.8、腰径45.2、足径51.3。

面一弦分晕，十一晕：1. 太阳纹，十二芒，芒间模糊；2. “[illegible]”字纹；3. “S”形勾头纹；4、10. 乳丁纹；5、9. 栉纹；6. 游旗纹（主纹）；7、8. 素晕；11. 兽形云纹。

胸有乳丁纹、云纹、栉纹。腰上部凸棱一道，下为雷纹、云纹。足饰复线角形纹。

扁耳两对，耳边饰辫纹。每耳中镂三孔。

身有四道合范线。

丂12020号鼓

面径50.5、身高33.5、胸径55.4、腰径47.4、足径54.4。

面一弦分晕，十二晕：1. 太阳纹，十二芒夹坠形纹；2. “S”形勾头纹；3. “[illegible]”字纹；4、10. 栉纹；5. 羽纹；6. 游旗纹（主纹）；7、8. 素晕；9、11. 云纹；12. 兽形云纹。

胸有乳丁纹、“[illegible]”字纹、云纹、栉纹。腰上部凸棱一道，下为云纹。足饰复线角形纹。

扁耳两对。每耳中镂三小孔，耳面饰线纹四条。

身有四道合范线。

丂12021号鼓

面径43.2、身高25.5、胸径46.1、腰径38.5、足径45.6。

面一弦分晕，九晕：1. 太阳纹，十二芒夹坠形纹；2. “S”形勾头纹；3. 雷纹；4、8. 乳丁纹；5. 符箓纹、心形纹（主纹）；6. 素晕；7. 同心圆纹；9. 兽形云纹。

胸有乳丁纹、同心圆纹、云纹、雷纹。腰上部凸棱一道，下为云纹、雷纹。足饰复线角形纹。

扁耳两对。

身有两道合范线。

丂12022号鼓

面径47.1、身高27.1、胸径48.3、腰径40.7、足径47.1。

面一弦分晕，十晕：1. 太阳纹，十二芒，芒间模糊；2. 雷纹；3. 钱纹；4、6、9. 乳丁纹；5. 符箓纹（主纹）；7. 素晕；8. 栉纹；10. 兽形云纹。

胸有乳丁纹、同心圆纹、如意云纹、兽形云纹。腰上部凸棱一道，下为如意云纹、宝珠纹、兽形云纹。足饰复线角形纹。

扁耳两对。每耳边饰辫纹，中有小雷纹。

身有两道合范线。

丂12023 号鼓

面径 47. 6、身高 26. 5、胸径 48、腰径 41、足径 47. 5。

面一弦分晕，十一晕：1. 太阳纹，十二芒夹坠形纹，芒穿至三晕；2. “S”形勾头纹；3、8. 云纹；4、7、10. 乳丁纹；5. 双龙献“寿”纹及“永世家财、万代进宝”铭文（主纹）；6. 素晕；9、11. 雷纹。

胸有乳丁纹、雷纹。腰上部凸棱一道，下为雷纹。足饰复线角形纹。

扁耳两对。

身有两道合范线。

丂12027 号鼓

面径 47. 9、身高 27、胸径 49. 6、腰径 41、足径 48. 8。

面一或二弦分晕，十三晕：1. 太阳纹，十二芒；2. 波浪纹；3、7. 乳丁纹；4. “寿”字纹（主纹）；5. 雷纹；6. 辫纹；8. 云纹；9. 素晕；10. 四瓣花纹；11. 云纹；12. 栉纹；13. 绹纹。

胸有复线角形纹、乳丁纹、四瓣花纹、“寿”字纹、云纹。腰上部凸棱一道，下为云纹、波浪纹。足饰云幔纹。

扁耳两对，耳边饰辫纹。

身有四道合范线。

丂12032 号鼓

面径 49、身高 27. 2、胸径 50. 9、腰径 43. 3、足径 49. 7。

面一弦分晕，十一晕：1. 太阳纹，十二芒夹坠形纹；2. “[illegible]”字纹；3、9. 素晕；4、10. 乳丁纹；5. 游旗纹（主纹）；6. 兽形云纹；7. 雷纹；8. 栉纹；10. 雷纹图案。

胸有乳丁纹、雷纹、云纹。腰上部凸棱一道，下为雷纹、云纹。足饰复线角形纹。

扁耳两对，耳边饰绳纹。

身有两道合范线。另有两条纵线。

丂12036 号鼓

面径 48. 8、身高 24. 7、胸径 50、腰径 42. 6、足径 48. 2。

面一弦分晕，十四晕：1. 太阳纹，十二芒夹坠形纹；2、8. 栉纹；3、12. 乳丁纹；4、7、11. 云纹；5. 游旗纹（主纹）；6. 雷纹；9、14. 素晕；13. 绹纹。

胸饰弦纹五道。腰上部凸棱一道，下为雷纹一道。足饰复线角形纹。

扁耳两对，耳边饰绳纹。

身有四道合范线。

丂12040 号鼓

面径 47. 6、身高 27. 5、胸径 50. 3、腰径 41. 7、足径 47. 6。

面一弦分晕，九晕：1. 太阳纹，十二芒夹坠形纹；2. “酉”字纹；3. 如意云纹；4、8. 乳丁纹；5. 游旗纹（主纹）；6. 素晕；7. 栉纹；9. 兽形云纹。

胸有乳丁纹、云纹、雷纹。腰上部凸棱一道，下为雷纹、云纹。足饰复线角形纹。

扁耳两对。每耳边饰辫纹，中有雷纹。

身有四道合范线。面沿露四段垫条痕。

万12045号鼓

面径47.5、身高27.5、胸径50.3、腰径41.4、足径47.9。

面一弦分晕，九晕：1. 太阳纹，十二芒夹坠形纹，芒穿至三晕；2. “酉”字纹；3. “S”形勾头纹；4、8. 乳丁纹；5. 游旗纹（主纹）；6. 素晕；7. 栉纹；9. 兽形云纹。

胸有乳丁纹、云纹、雷纹、栉纹。腰上部凸棱一道，下为云纹、雷纹。足饰复线角形纹。

扁耳两对。每耳边饰辫纹，中有小雷纹。

身有四道合范线。面沿露四段垫条痕。

万12048号鼓

面径46.7、身高27.9、胸径49.6、腰径43.6、足径46。

面一、二弦分晕，九晕：1. 太阳纹，十二芒夹坠形纹；2、6. 同心圆纹；3、8. 乳丁纹；4. 栉纹；5. 人字脚游旗纹（主纹）；7. 辫纹；9. 绹纹。

胸有乳丁纹、栉纹。腰上部凸棱一道。足饰绹纹与复线角形纹。

扁耳两对。每耳边饰绳纹，中镂三小孔。

身有两道合范线。另有纵线两条。

万12063号鼓

面径45.3、身高25.3、胸径46.1、腰径38.5、足径45.9。

面二弦分晕，九晕：1. 太阳纹，十二芒夹坠形纹；2. “酉”字纹；3. 栉纹；4、6、8. 乳丁纹；5. 双龙献“寿”、牛、羊、鹤、荷耙人形纹等（主纹）；7. 游旗纹（主纹）；9. 兽形云纹。

胸有乳丁纹、云纹、雷纹。腰上部凸棱一道，下为雷纹。足饰图案三角形纹。

扁耳两对，耳边饰辫纹。

身有四道合范线。

万12064号鼓

面径47、身高27、胸径48.7、腰径40.1、足径48。

面一或二弦分晕，十晕：1. 太阳纹，十二芒夹坠形纹；2. “酉”字纹；3. 花草纹；4、6、9. 乳钉纹；5. 双龙献“寿”与铭文“万代进宝”、“永世家财”、“道光年建立”等（主纹）；7. 雷纹；8. 云纹；10. 兽形云纹。

胸有乳丁纹、雷纹、云纹。腰上部凸棱一道，下为雷纹、云纹。足饰复线角形纹。

扁耳两对，耳边饰辫纹。

身有两道合范线。

丂12065号鼓

面径47、身高27、胸径48.3、腰径39.8、足径46.3。

面一或二弦分晕，九晕：1. 太阳纹，十二芒夹坠形纹；2. “[illegible]”字纹；3. 素晕；4、6、8. 乳丁纹；5. 双龙献“寿”与铭文“永世家财”、“道光年建”等（主纹）；7. 云纹；9. 雷纹。

胸有乳丁纹、雷纹、云纹。腰上部凸棱一道，下为雷纹、云纹。足饰复线角形纹。

扁耳两对，耳边饰辫纹。

身有两道合范线。

丂12066号鼓

面径47.2、身高27.5、胸径48.7、腰径39.6、足径46.8。

面二或一弦分晕，九晕：1. 太阳纹，十二芒夹坠形纹；2. “[illegible]”字纹；3. 三角形图案；4、6、8. 乳丁纹；5. 双龙献“寿”及铭文“永世家财”、“万代进宝”；7. 游旗纹（主纹）；9. 兽形云纹。

胸有乳丁纹、云纹、雷纹。腰上部凸棱一道，下为雷纹、云纹。足饰复线角形纹。

扁耳两对。每耳边饰辫纹，中有小雷纹。

身有四道合范线。

丂12067号鼓

面径47.6、身高26、胸径50、腰径41、足径47.5。

面一弦分晕，九晕：1. 太阳纹，十二芒夹坠形纹，芒穿至三晕；2. “[illegible]”字纹；3. “S”形勾头纹；4、8. 乳丁纹；5. 游旗纹（主纹）；6. 素晕；7. 栉纹；9. 兽形云纹。

胸有乳丁纹、雷纹、勾连云纹、栉纹。腰上部凸棱一道，下为雷纹、云纹。足饰复线角形纹。

扁耳两对。每耳中镂三小孔，并夹小雷纹。

身有四道合范线。

丂12068号鼓

面径52.6、身高27.8、胸径53.4、腰径46.8、足径51.5。

面一弦分晕，十一晕：1. 太阳纹，十二芒夹坠形纹；2. “[illegible]”字纹；3. “S”形勾头纹；4、10. 乳丁纹；5、9. 栉纹；6. 游旗纹（主纹）；7、8. 素晕；11. 兽形云纹。

胸有乳丁纹、云纹、雷纹、栉纹。腰上部凸棱一道，下为雷纹、云纹。足饰复线角形纹。

扁耳两对。每耳边饰辫纹，中镂两孔。

身有四道合范线。

丂12069号鼓

面径46.1、身高26.5、胸径49、腰径41、足径47.5。

面一弦分晕，十晕：1. 太阳纹，十二芒夹坠形纹；2. 同心圆纹；3. 素晕；4、6、9. 乳丁纹；5. 雷纹（主纹）；7. 牛纹（八牛）；8. 雷纹、六角纹、小云纹。

胸有乳丁纹、云纹、同心圆纹、雷纹。腰上部凸棱一道，下为云纹、雷纹。足饰复线角形纹。

扁耳两对，耳边饰辫纹。

身有两道合范线。

丐12070 号鼓

面径 46.7、身高 25.6、胸径 50、腰径 40.7、足径 46.4。

面一弦分晕，十晕：1. 太阳纹，芒模糊；2. 模糊；3. “S”形勾头纹；4、10. 乳丁纹；5. 游旗纹（主纹）；6. 云纹；7. 素晕；8. 栉纹；9. 兽形云纹。

胸有乳丁纹、云纹、雷纹、栉纹。腰上部凸棱一道，下为云纹、雷纹。足饰复线角形纹。

扁耳两对，耳边饰辫纹。

身有四道合范线。

丐12071 号鼓

面径 52.5、身高 27.5、胸径 55.4、腰径 47.7、足径 52。

面一弦分晕，十一晕：1. 太阳纹，十二芒夹坠形纹；2、3、7、8. 模糊；4、10. 乳丁纹；5、9. 栉纹；6. 游旗纹（主纹）；11. 如意云纹。

胸有如意云纹、锁形纹、栉纹、字形纹。腰上部凸棱一道，下为雷纹、字形纹。足饰复线角形纹。

扁耳两对。耳边饰绳纹，中镂三孔。

身有两道合范线。另有两条纵线。

丐12072 号鼓

面径 47.2、身高 27、胸径 50.6、腰径 41.7、足径 47.5。

面一弦分晕，九晕：1. 太阳纹，十二芒夹坠形纹，芒穿至二晕；2. “卍”字纹；3. “S”形勾头纹；4、8. 乳丁纹；5. 游旗纹（主纹）；6. 素晕；7. 栉纹；9. 兽形云纹。

胸有如意云纹、“S”形勾头纹、雷纹、栉纹。腰上部凸棱一道，下为云纹、雷纹、栉纹。足饰复线角形纹。

扁耳两对。每耳边饰绳纹，中镂两孔。

身有四道合范线。

丐12073 号鼓

面径 42.9、身高 25.4、胸径 45.5、腰径 38.2、足径 45.4。

面一弦分晕，九晕：1. 太阳纹，十二芒夹坠形纹；2、7、8. 云纹；3. 雷纹；4、6. 乳丁纹；5. 符箓纹（主纹）；9. 乳丁纹与同心圆纹。

胸有乳丁纹、雷纹、同心圆纹、云纹。腰上部凸棱一道，下为钱纹、云纹、同心圆纹。足饰复线角形纹。

扁耳两对（失一对）。

身有两道合范线。

丐12074 号鼓

面径 50、身高 26.9、胸径 51.5、腰径 43、足径 49.3。

面一或二弦分晕，十晕：1. 太阳纹，十二芒夹坠形纹；2、6、10. 乳丁纹；3. 同心圆纹；4. 符箓纹（主纹）；5、8. 素晕；7. 缠枝纹；9. 鱼、蟹、虾、蝌蚪纹。

胸有乳丁纹、雷纹、缠枝纹。腰上部凸棱一道，下为雷纹、缠枝纹。足饰复线角形纹。

扁耳两对。每耳边饰辫纹，中镂三小孔。

身有两道合范线。另有两条纵线。

丂12075号鼓

面径46.3、身高25.8、胸径47.7、腰径40.3、足径46.2。

面一弦分晕，十晕：1. 太阳纹，十二芒夹坠形纹；2. “[illegible]”字纹；3、6. 素晕；4、9. 乳丁纹；5. 游旗纹（主纹）；7. 栉纹；8. 雷纹；10. 兽形云纹。

胸有乳丁纹、云纹、雷纹。腰上部凸棱一道，下为云纹、雷纹。足饰复线角形纹。

扁耳两对，耳边饰辫纹。

身有两道合范线。另有两条纵线。

丂12076号鼓

面径47.2、身高25.7、胸径49.3、腰径41.7、足径47.4。

面一弦分晕，九晕：1. 太阳纹，十二芒夹坠形纹，芒穿至三晕；2. “[illegible]”字纹；3. “S”形勾头纹；4、9. 乳丁纹；5. 游旗纹（主纹）；7. 栉纹；8. 雷纹；10. 兽形云纹。

胸有乳丁纹、如意云纹、雷纹、栉纹。腰上部凸棱一道，下为雷纹、云纹。足饰复线角形纹。

扁耳两对。每耳边饰辫纹，中有小雷纹。

身有四道合范线。

丂12077号鼓

面径49、身高28、胸径52.2、腰径49、足径52.4。

面一、二或三弦分晕，九晕：1. 太阳纹，十二芒，芒间模糊；2、6. 同心圆纹；3. 模糊；4、8. 乳丁纹；5. 人字脚游旗纹（主纹）；7. 辫纹；9. 绹纹。

胸仅有乳丁纹一周。腰部凸棱一道。足饰绹纹及复线角形纹。

扁耳两对。每耳边饰绳纹，上下各有一孔。

身有四道合范线。另有零星垫钉孔。

丂12078号鼓

面径46.8、身高26.2、胸径49、腰径41、足径46.5。

面一弦分晕，九晕：1. 太阳纹，十二芒夹坠形纹；2. “[illegible]”字纹；3. “S”形勾头纹；4、8. 乳丁纹；5. 游旗纹（主纹）；6. 素晕；7. 栉纹；9. 兽形云纹。

胸有乳丁纹、云纹、雷纹、栉纹。腰上部凸棱一道，下为云纹、雷纹。足饰复线角形纹。

扁耳两对，耳边饰辫纹。

身有四道合范线。

丂12079号鼓

面径47.7、身高26.3、胸径48.3、腰径41.4、足径41.7。

面一弦分晕，十一晕：1. 太阳纹，十二芒夹坠形纹，芒穿至二晕；2、8、9. 云纹；3、11. 雷纹；4、6、10. 乳丁纹；5. 游旗纹（主纹）。

胸饰雷纹。腰上部凸棱一道，下为雷纹。足饰复线角形纹。

扁耳两对，饰弦纹。

身有两道合范线。

丂12080号鼓

面径50、身高26.6、胸径51.9、腰径43.9、足径50.3。

面一弦分晕，十一晕：1. 太阳纹，十二芒夹坠形纹，芒穿至四晕；2. "酉"字纹；3、6、9. 素晕；4、10. 乳丁纹；5. 游旗纹（主纹）；7. 雷纹；8. 栉纹；11. 兽形云纹。

胸有乳丁纹、雷纹、云纹。腰上部凸棱一道，下为雷纹、云纹。足饰复线角形纹。

扁耳两对，耳边饰绳纹。

身有两道合范线。另有两条纵线。

丂12081号鼓

面径48.7、身高27.5、胸径49.6、腰径40.3、足径48.2。

面一弦分晕，十二晕：1. 太阳纹，十二芒，芒间模糊；2. 同心圆纹；3、11. 乳丁纹；4、7、8、10. 素晕；5. 栉纹；6. 辫纹；9. 模糊；12. 复线角形纹。

胸、足部各饰粗弦纹两组。腰部圆凸棱一道。

扁耳两对，耳边饰辫纹。

身有四道合范线。

丂12082号鼓

面径46.8、身高28.5、胸径48.3、腰径40.7、足径46.2。

面一弦分晕，十二晕：1. 太阳纹，十二芒夹坠形纹；2. "酉"字纹；3、11. 乳丁纹；4、8. 素晕；5、10. 云纹；6. 角形填线云纹图案；7. 栉纹；9. 游旗纹（主纹）。

胸有乳丁纹、栉纹、雷纹。足部素。

扁耳两对。每耳中镂两孔。

身有四道合范线。

丂12083号鼓

面径50.1、身高26.9、胸径51.5、腰径44.2、足径50.8。

面一弦分晕，十一晕：1. 太阳纹，十二芒夹坠形纹，芒穿至四晕；2. "酉"字纹；3、9. 素晕；4、6、10. 乳丁纹；5. 游旗纹（主纹）；7. 雷纹；8. 栉纹。

胸有乳丁纹、云纹、雷纹。腰上部凸棱一道，下为雷纹、云纹。足饰复线角形纹。

扁耳两对，耳边饰辫纹。

身有四道合范线。面沿露四段垫条痕。

丂12084 号鼓

面径 48. 2、身高 27、胸径 50. 9、腰径 43、足径 48. 3。

面一弦分晕，九晕：1. 太阳纹，十二芒夹坠形纹，芒穿至三晕；2. “卣”字纹；3. “S”形勾头纹；4、8. 乳丁纹；5. 游旗纹；6. 素晕；7. 栉纹；9. 兽形云纹。

胸有乳丁纹、雷纹、如意云纹、栉纹。腰上部凸棱一道，下为雷纹、云纹。足饰复线角形纹。

扁耳两对。每耳边饰绳纹，中有小孔一个、小雷纹四个。

身有四道合范线。

丂12085 号鼓

面径 47. 3、身高 26. 9、胸径 49、腰径 41. 4、足径 48. 1。

面一弦分晕，十一晕：1. 太阳纹，十二芒夹坠形纹；2. 同心圆纹；3、9. 雷纹；4、8、10. 素晕；5、7、11. 乳丁纹；6. 人物符箓纹（主纹）。边沿有同心圆纹夹雷纹四组。

胸有乳丁纹。腰部凸棱一道。足饰复线角形纹，余皆模糊。

扁耳两对，耳边饰辫纹。

身有两道合范线。另有两条纵线。

丂12086 号鼓

面径 49. 7、身高 27. 5、胸径 51. 2、腰径 43. 3、足径 48. 8。

面一弦分晕，八晕：1. 太阳纹，十二芒，芒间模糊；2. 小乳丁纹（组成“品”形）；3. 莲瓣纹；4. 乳丁纹；5. 缠枝纹（主纹）；6. 圆圈纹；7. 模糊；8. 雷纹。

胸有乳丁纹、弦纹。腰有圆凸棱一道，棱饰脊线。足饰弦纹。

扁耳两对，饰阴线纹。

身有两道合范线。另有两条纵线。

丂12087 号鼓

面径 48. 1、身高 26. 5、胸径 48. 7、腰径 39. 8、足径 46. 2。

面一、二、三弦分晕，九晕：1. 太阳纹，十二芒，芒间模糊；2、5、8. 乳丁纹；3、7. “寿”字纹、菱格填花纹（主纹）；6. 波浪纹；9. 绹纹。

胸有云纹、缠枝纹。腰上部凸棱一道，下为云纹、波浪纹。足饰复线角形纹。

扁耳两对。

身有四道合范线。

丂12088 号鼓

面径 46. 4、身高 26. 9、腰径 49、腰径 41. 4、足径 47. 5。

面一弦分晕，十晕：1. 太阳纹，十二芒，芒间三角形图案；2. 同心圆纹；3、7. 素晕；4、6、

10. 乳丁纹；5. 人形、鱼、牛马纹等（主纹）；8. 雷纹；9. 云纹。

胸有乳丁纹、同心圆纹、雷纹、云纹。腰上部凸棱一道，下为云纹、雷纹。足饰复线角形纹。

扁耳两对，耳边饰辫纹。

身有两道合范线。

丂12089 号鼓

面径 47. 8、身高 26. 4、胸径 49、腰径 42、足径 47. 6。

面一弦分晕，十一晕：1. 太阳纹，十二芒夹坠形纹，芒穿至三晕；2. “[illegible]”字纹；3. “S”形勾头纹；4、11. 乳丁纹；5. 游旗纹（主纹）；6. 兽形云纹；7. 素晕；8. 栉纹；9、10. 雷纹。

胸与腰下部皆饰雷纹。腰上部凸棱一道。足饰复线角形纹。

扁耳两对。每耳中有“[illegible]”、“卐”字符号与小雷纹，耳边饰绳纹。

身有两道合范线。

丂12090 号鼓

面径 47、身高 26. 8、胸径 50、腰径 41. 4、足径 47. 5。

面一弦分晕，九晕：1. 太阳纹，十二芒夹坠形纹，芒穿至三晕；2. “[illegible]”字纹；3. 如意云纹；4、8. 乳丁纹；5. 游旗纹（主晕）；6. 素晕；7. 栉纹；9. 兽形云纹。

胸有乳丁纹、云纹、雷纹、栉纹。腰上部凸棱一道，下为云纹、雷纹。足饰复线角形纹。

扁耳两对。每耳边饰辫纹，中有雷纹。

身有四道合范线。面沿露四段垫条痕。

丂12091 号鼓

面径 48、身高 26. 1、胸径 49. 3、腰径 41. 7、足径 47. 4。

面一弦分晕，十一晕：1. 太阳纹，十二芒夹坠形纹；2. “[illegible]”字纹；3. “S”形勾头纹；4、6、10. 乳丁纹；5. 游旗纹（主纹）；6. 另有雷纹；7. 缠枝纹；8. 素晕；9. 云纹；11. 兽形云纹。

胸有乳丁纹、雷纹、云纹。腰上部凸棱一道，下为雷纹、云纹。足饰复线角形纹。

扁耳两对。每耳中有“百”、“卍”纹，耳边饰绳纹。

身有两道合范线。

丂12092 号鼓

面径 47. 6、身高 26、胸径 49. 3、腰径 41. 7、足径 48. 1。

面一弦分晕，十一晕：1. 太阳纹，十二芒夹坠形纹；2. “[illegible]”字纹；3. “S”形勾头纹；4、10. 乳丁纹；5. 游旗纹（主纹）；6. 云纹；7、11. 兽形云纹；8. 绹纹；9. 雷纹。

胸有乳丁纹、云纹、雷纹。腰上部凸棱一道，下为雷纹、云纹。足饰复线角形纹。

扁耳两对，耳边饰辫纹。

身有四道合范线。

丂12093 号鼓

面径 50、身高 27、胸径 51. 5、腰径 44. 8、足径 50. 4。

面一弦分晕，十一晕：1. 太阳纹，十二芒夹坠形纹；2. “[illegible]”字纹；3、9. 素晕；4、6、10. 乳丁纹；5. 游旗纹（主纹）；7. 雷纹；8. 栉纹；11. 兽形云纹。

胸有乳丁纹、雷纹、云纹。腰上部凸棱一道，下为云纹、雷纹。足饰复线角形纹。

扁耳两对，耳边饰绳纹。

身有两道合范线。另有两条纵线。

丂12094号鼓

面径46.4、身高25.9、胸径50.3、腰径41、足径46.7。

面一弦分晕，十晕：1. 太阳纹，十二芒夹坠形纹；2、8. 云纹；3. “S”形勾头纹；4、7、10. 乳丁纹；5. 游旗纹（主纹）；6. 栉纹；9. 兽形云纹。

胸有乳丁纹、如意云纹、雷纹、栉纹。腰上部凸棱一道，下为雷纹、云纹。足饰复线角形纹。

扁耳两对，耳边饰绳纹。

身有四道合范线。

丂12095号鼓

面径46.8、身高27、胸径48.3、腰径40.7、足径47.7。

面一弦分晕，十晕：1. 太阳纹，十二芒夹坠形纹；2、7、8. 素晕；3. 钱纹；4、6、9. 乳丁纹；5. 符箓纹（主纹）。

胸有乳丁纹、云纹。腰上部凸棱一道，下为云纹。足饰复线角形纹。

扁耳两对，耳边饰辫纹。

身有两道合范线。

丂12096号鼓

面径49.8、身高27、胸径52.2、腰径43.9、足径49.4。

面一弦分晕，十晕：1. 太阳纹，十二芒夹坠形纹，芒穿至四晕；2. “[illegible]”字纹；3、6、9. 素晕；4、8. 乳丁纹；5. 游旗纹（主纹）；7. 栉纹；10. 兽形云纹。

胸有乳丁纹、雷纹、云纹。腰上部凸棱一道，下为云纹、雷纹。足饰复线角形纹。

扁耳两对，耳边饰辫纹。

身有四道合范线。

丂12097号鼓

面径49.7、身高28.2、胸径52.8、腰径42.5、足径49.4。

面一弦分晕，十晕：1. 太阳纹，十二芒，芒间模糊；2. “[illegible]”字纹；3. “S”形勾头纹；4、10. 乳丁纹；5、7、8. 素晕；6. 游旗纹（主纹）；9. 栉纹。

胸有乳丁纹、云纹。腰上部凸棱一道。足饰复线角形纹，余皆模糊。

扁耳两对。每耳边饰辫纹，中镂三孔。

身有两道合范线。另有两条纵线。

丂12098 号鼓

面径 47.6、身高 26.2、胸径 49、腰径 41.4、足径 47.5。

面一弦分晕，十一晕：1. 太阳纹，十二芒夹坠形纹，芒穿至三晕；2. “𠮛”字纹；3. “S”形勾头纹；4、7、10. 乳丁纹；5、9、11. 雷纹（主纹）；6. 素晕；8. 栉纹。

胸饰雷纹。腰上部凸棱一道，下为雷纹、兽形云纹。足饰复线角形纹。

扁耳两对。每耳边饰绳纹，中有“卍”纹、雷纹。

身有两道合范线。另有两条纵线。

丂12099 号鼓

面径 47.4、身高 27.5、胸径 49.3、腰径 41.7、足径 48。

面一弦分晕，七晕：1. 太阳纹，十二芒，芒间模糊；2、7. 乳丁纹；3、5. 缠枝纹；4. 人字脚游旗纹（主纹）；6. 连弧纹。

胸有栉纹、缠枝纹。腰上部圆凸棱一道，下为云纹。足饰复线角形纹。

扁耳两对，耳边饰辫纹。

身有两道合范线。另有两条纵线。

丂12100 号鼓

面径 47.3、身高 25.5、胸径 49.6、腰径 41、足径 47.3。

面一弦分晕，十晕：1. 太阳纹，十二芒夹坠形纹；2. “𠮛”字纹；3. “S”形勾头纹；4、7、10. 乳丁纹；5. 游旗纹（主纹）；6. 素晕；8. 栉纹；9. 兽形云纹。

胸有乳丁纹、云纹、雷纹、栉纹。腰上部凸棱一道，下为雷纹、云纹。足饰复线角形纹。

扁耳两对，耳边饰辫纹。

身有四道合范线。

丂12101 号鼓

面径 47.5、身高 27.5、胸径 50、腰径 43.6、足径 48.3。

面一弦分晕，九晕：1. 太阳纹，十二芒夹坠形纹；2. “𠮛”字纹；3. 雷纹；4、8. 乳丁纹；5. 云纹；6. 四鱼、十二生肖纹（主纹）；7. 栉纹；9. 兽形云纹。

胸与腰下部为云纹夹栉纹。腰上部凸棱一道。足饰复线角形纹。

扁耳两对，每耳边饰辫纹。

身有四道合范线。

丂12102 号鼓

面径 49、身高 25.5、胸径 49.3、腰径 42.6、足径 47.6。

面一弦分晕，九晕：1. 太阳纹，十二芒夹坠形纹，芒穿至三晕；2. “𠮛”字纹；3. “S”形勾头纹；4. 游旗纹（主纹）；5、8. 乳丁纹；6. 雷纹；7、9. 兽形云纹。

胸有乳丁纹、雷纹、兽形云纹。腰上部凸棱一道，下为兽形云纹、雷纹。足饰复线角形纹。

扁耳两对。每耳边饰绳纹，中有“百”、“卍”形纹。

身有两道合范线。

丂12103 号鼓

面径 47.3、身高 26.7、胸径 49.3、腰径 42、足径 48。

面一弦分晕，十一晕：1. 太阳纹，十二芒夹坠形纹；2. 同心圆纹；3. 雷纹；4、8. 素晕；5、7、10. 乳丁纹；6. 人物、游旗纹（主纹）；9、11. 兽形云纹。鼓边有四组印记、同心圆纹夹雷纹纹组。

胸有乳丁纹、同心圆纹、雷纹、云纹。腰上部凸棱一道，下为同心圆纹。足饰复线角形纹。

扁耳两对，耳边饰辫纹。

背面有线画棕榈树、飞鸟、榕树、牛、猪等纹一周。

身有两道合范线。另有两条纵线。

丂12104 号鼓

面径 44.4、身高 25.3、胸径 45.8、腰径 37、足径 46.2。

面一弦分晕，九晕：1. 太阳纹，十二芒夹坠形纹；2. 钱纹；3. 雷纹；4、6、9. 乳丁纹；5. 家禽、猪、狗、牛纹等（主纹）；7. 鱼纹；8. 同心圆纹。

胸有乳丁纹、云纹、雷纹。腰上部凸棱一道，下为雷纹、云纹、花卉纹。足饰复线角形纹。

扁耳两对，耳边饰辫纹。

身有四道合范线。

丂12105 号鼓

面径 48、身高 28.3、胸径 51.9、腰径 46.1、足径 48.6。

面一弦分晕，十二晕：1. 太阳纹，十二芒，芒间素；2、6. 同心圆纹；3、10. 乳丁纹；4. 栉纹；5. 游旗纹（主纹）；7、9、12. 素晕；11. 兽形云纹。

胸有同心圆纹、乳丁纹、栉纹。腰上部凸棱一道，下模糊。足饰复线角形纹。

扁耳两对。每耳边饰辫纹，中镂两孔。

身有两道合范线。另有两条纵线。

丂12106 号鼓

面径 48.2、身高 27、胸径 49.3、腰径 40.7、足径 46.5。

面二弦分晕，十晕：1. 太阳纹，十二芒夹坠形纹，芒穿至三晕；2. “[illegible]”字纹；3. “S”形勾头纹；4、9. 乳丁纹；5. 云纹（主纹）；6. 栉纹；7. 雷纹；8. 缠枝纹。

胸有乳丁纹、雷纹、云纹。腰上部凸棱一道，下为云纹、雷纹、缠枝纹。足饰复线角形纹。

扁耳两对。每耳边饰绳纹，中有“卐”纹、小雷纹。

身有两道合范线。

丂12107 号鼓

面径 49.6、身高 26.4、胸径 50.6、腰径 42、足径 48.8。

面一弦分晕，十二晕：1. 太阳纹，十二芒夹坠形纹；2. “S”形勾头纹；3、11. 乳丁纹；4. 雷纹；5. 符箓纹（主纹）；6、9. 栉纹；7、8、12. 素晕；10. 兽形云纹。

胸有乳丁纹、云纹、雷纹。腰上部凸棱一道，下为雷纹、云纹。足饰复线角形纹。

扁耳两对，耳边饰辫纹。

身有四道合范线。

丂12108 号鼓

面径 44. 1、身高 25. 3、胸径 44. 8、腰径 37、足径 44. 2。

面一弦分晕，九晕：1. 太阳纹，十二芒夹坠形纹，芒穿至三晕；2. 同心圆纹；3. 雷纹；4、8. 乳丁纹；5. 符箓、荷耙人形、坠形纹相间（主纹）；6. 素晕；7. 花朵纹；9. 兽形云纹。

胸有乳丁纹、云纹、雷纹。腰上部凸棱一道，下为云纹、雷纹。足饰复线角形纹。

扁耳两对，耳边饰辫纹。

身有两道合范线。

丂12109 号鼓

面径 47. 4、身高 27. 6、胸径 49、腰径 39. 2、足径 47. 3。

面一弦分晕，十晕：1. 太阳纹，十二芒夹坠形纹；2. “[illegible]”字纹；3、6. 素晕；4、9. 乳丁纹；5. 游旗纹（主纹）；7. 栉纹；8. 雷纹。

胸有乳丁纹、云纹、雷纹。腰上部凸棱一道，下为雷纹、云纹。足饰复线角形纹。

扁耳两对，耳边饰辫纹。

身有两道合范线。

丂12110 号鼓

面径 46. 7、身高 26、胸径 50、腰径 41. 4、足径 46. 5。

面一弦分晕，十晕：1. 太阳纹，十二芒夹坠形纹；2. “[illegible]”字纹；3、10. 乳丁纹；4. “S”形勾头纹；5. 游旗纹（主纹）；6. 菱格填花纹；7. 栉纹；8. 雷纹；9. 兽形云纹。

胸有乳丁纹、云纹、雷纹、栉纹。腰上部凸棱一道，下为雷纹、云纹。足饰复线角形纹。

扁耳两对。每耳边饰绳纹，中有小雷纹。

身有四道合范线。

丂12111 号鼓

面径 47、身高 25. 8、胸径 50、腰径 42、足径 46. 5。

面一弦分晕，九晕：1. 太阳纹，十二芒夹坠形纹；2. “[illegible]”字纹；3. “S”形勾头纹；4、8. 乳丁纹；5. 游旗纹（主纹）；6. 素晕；7. 栉纹；9. 兽形云纹。

胸有乳丁纹、云纹、雷纹、栉纹。腰上部凸棱一道，下为雷纹、云纹。足饰复线角形纹。

扁耳两对。每耳边饰辫纹，中有小雷纹，上下镂两小孔。

身有四道合范线。面沿露四段垫条痕。

丂12112号鼓

面径46.3、身高27.8、胸径47.7、腰径38.8、足径46。

面一弦分晕，十晕：1. 太阳纹，十二芒夹坠形纹；2. “[illegible]”字纹；3、9. 乳丁纹；4、6. 素晕；5. 游旗纹（主纹）；7. 栉纹；8. 雷纹；10. 兽形云纹。

胸有乳丁纹、云纹、雷纹。腰上部凸棱一道，下为雷纹、云纹。足饰复线角形纹。

扁耳两对，耳边饰辫纹。

身有两道合范线。

丂12113号鼓

面径47.1、身高26.5、胸径47.7、腰径38.8、足径45.5。

面一或二弦分晕，七晕：1. 太阳纹，十二芒夹坠形纹；2、5及鼓边. 乳丁纹；3. 雷纹；4. 变形游旗纹（主纹）；6. 符箓纹；7. 波浪纹。

胸有乳丁纹、雷纹。腰上部凸棱一道，下为角形纹、人形纹、符箓纹。足饰复线角形纹。

扁耳两对，饰粗线纹。

身有四道合范线。

丂12114号鼓

面径47.8、身高26、胸径48.7、腰径41、足径47.8。

面一弦分晕，十一晕：1. 太阳纹，十二芒夹坠形纹，芒穿至三晕；2. “[illegible]”字纹；3. “S”形勾头纹；4、7、10. 乳丁纹；5. 双龙献“寿”与铭文“永世家财”、“万代进宝”（主纹）；6、8. 云纹；9. 兽形云纹；11. 雷纹。

胸有乳丁纹、雷纹。腰上部凸棱一道，下为雷纹。足饰复线角形纹。

扁耳两对，饰粗线纹。

身有两道合范线。

丂12115号鼓

面径50、身高27、胸径51.2、腰径43.9、足径49.8。

面一弦分晕，十一晕：1. 太阳纹，十二芒夹坠形纹，芒穿至三晕；2. “[illegible]”字纹；3. 素晕；4、6、10. 乳丁纹；5. 游旗纹（主纹）；7. 云纹；8. 雷纹；9. 栉纹；11. 兽形云纹。

胸有乳丁纹、雷纹、云纹。腰上部凸棱一道，下皆雷纹。足饰复线角形纹。

扁耳两对，耳边粗绳纹。

身有两道合范线。另有纵线两条。身有漏洞。

丂12116号鼓

面径44.9、身高26、胸径49.6、腰径42.6、足径48.5。

面一弦分晕，九晕：1. 太阳纹，十二芒夹坠形纹；2. “[illegible]”字纹；3、5、8. 乳丁纹；4. 游旗纹（主纹）；6. 云纹；7. 雷纹；9. 兽形云纹。

胸有乳丁纹、雷纹、云纹。腰上部凸棱一道，下为雷纹、云纹。足饰复线角形纹。

扁耳两对。每耳边饰绳纹，中有“卐”字纹、雷纹。

身有两道合范线。

石12117号鼓

面径50.1、身高26.7、胸径51.9、腰径43.9、足径50.1。

面一弦分晕，九晕：1. 太阳纹，十二芒夹坠形纹；2. “酉”字纹；3、6. 素晕；4、9. 乳丁纹；5. 游旗纹（主纹）；7. 雷纹；8. 栉纹。

胸有乳丁纹、雷纹、云纹。腰上部凸棱一道，下为雷纹、云纹。足饰复线角形纹。

扁耳两对，耳边饰辫纹。

身有四道合范线。

石12118号鼓

面径51、身高27.9、胸径53.8、腰径45.5、足径50。

面一弦分晕，十一晕：1. 太阳纹，十二芒，芒间模糊；2. “酉”字纹；3. “S”形勾头纹；4、10. 乳丁纹；5、9. 栉纹；6. 游旗纹（主纹）；7、8. 素晕；11. 兽形云纹。

胸有乳丁纹、栉纹、云纹。腰上部凸棱一道，下为雷纹、云纹。足饰复线角形纹。

扁耳两对。每耳边饰辫纹，中有三小孔夹小雷纹。

身有两道合范线。另有纵线两条。

石12119号鼓

面径48.4、身高28、胸径50.3、腰径40.4、足径46.2。

面一弦分晕，九晕：1. 太阳纹，十二芒，芒间模糊；2. 栉纹；3、6. 缠枝纹（主纹）；4. 雷纹；5、8. 乳丁纹；7. “十”字形纹；9. 波浪纹。

胸有乳丁纹、复线角形纹、缠枝纹、雷纹。腰上部凸棱一道，下为栉纹、角形纹、水波纹。足饰乳丁纹一周。

扁耳两对，饰粗线纹。

身有两道合范线。另有纵线两条。

石12120号鼓

面径45.7、身高27.2、胸径47.4、腰径39.5、足径46.8。

面一弦分晕，十晕：1. 太阳纹，十二芒，芒间模糊；2. 同心圆纹；3、7、9. 素晕；4、6、10. 乳丁纹；5. 石花纹；8. 兽形云纹。边沿有四组纹饰，每组为雷纹、同心圆纹与人形纹相间。

胸有乳丁纹、同心圆纹、雷纹、如意云纹。腰上部凸棱一道，下为同心圆纹、雷纹、云纹。足饰图案三角形纹。

扁耳两对，耳边饰绳纹。

身有四道合范线。

丂12121 号鼓

面径 43. 2、身高 28. 2、胸径 45. 5、腰径 37. 3、足径 44. 7。

面一弦分晕，九晕：1. 太阳纹，十二芒夹坠形纹，芒穿至三晕；2、7. 同心圆纹；3. 素晕；4、8. 乳丁纹；5. 游旗纹（主纹）；6. 雷纹；9. 兽形云纹。

胸有乳丁纹、云纹、雷纹、钱纹。腰上部凸棱一道，下为云纹、雷纹。足饰复线角形纹。

扁耳两对，耳边饰辫纹。

身有四道合范线。

丂12122 号鼓

面径 47. 2、身高 26. 6、胸径 48. 3、腰径 40. 7、足径 47. 2。

面一、二或四弦分晕，八晕：1. 太阳纹，十二芒，芒间素；2、5、8. 乳丁纹；3. 栉纹、云纹；4. 云纹（主纹）；6. 辫纹；7. 波浪纹。

自胸至足饰弦纹五组，腰上部凸棱一道。

扁耳两对。

身有四道合范线。

丂12123 号鼓

面径 49. 3、身高 27. 8、胸径 52. 5、腰径 44. 5、足径 49. 5。

面二弦分晕，十二晕：1. 太阳纹，十一芒夹坠形纹；2. “卣”字纹；3. “S”形勾头纹；4、10. 乳丁纹；5、9. 栉纹；6. 游旗纹（主纹）；7、8. 素晕；11. 兽形云纹。鼓边有雷纹四个。

胸有乳丁纹、雷纹、云纹、栉纹。腰上部凸棱一道，下为雷纹、云纹。足饰复线角形纹。

扁耳两对，耳边饰辫纹。

身有四道合范线。

丂12124 号鼓

面径 47. 4、身高 26. 9、胸径 50. 9、腰径 45. 8、足径 47. 6。

面一或二弦分晕，九晕：1. 太阳纹，十二芒，芒间模糊；2、6. 同心圆纹；3、7. 模糊；4、8. 乳丁纹；5. 游旗纹（主纹）；9. 绹纹。

胸有乳丁纹、同心圆纹。腰中部凸棱一道，下为绹纹。足饰复线角形纹。

扁耳两对。每耳边饰辫纹，中镂三小孔。

身有四道合范线。

丂12125 号鼓

面径 50、身高 29. 2、胸径 52. 5、腰径 43. 6、足径 50. 2。

面一弦分晕，十一晕：1. 太阳纹，十二芒夹坠形纹；2. “卣”字纹；3. “S”形勾头纹；4、10. 乳丁纹；5、9. 栉纹；6. 游旗纹（主纹）；7、8. 素晕；11. 兽形云纹。

胸有乳丁纹、云纹、雷纹、栉纹。腰上部凸棱一道，下为栉纹、雷纹、云纹。足饰复线角形纹。

扁耳两对，耳边饰辫纹。

身有四道合范线。面沿露四段垫条痕。

丂12126 号鼓

面径 46.8、身高 25.6、胸径 47.4、腰径 40.7、足径 45。

面一弦分晕，九晕：1. 太阳纹，十二芒夹坠形纹；2、5、9. 乳丁纹；3. “⿶凵工”字纹；4. “S”形勾头纹；6. 栉纹；7. 云纹；8. 线游旗纹（主纹）。

胸有乳丁纹、如意云纹、雷纹、兽形云纹。腰上部凸棱一道，下为云纹、雷纹、兽形云纹。足饰复线角形纹。

扁耳两对，耳边饰辫纹。

身有四道合范线。另有漏洞数个。

丂12127 号鼓

面径 52.5、身高 27.1、胸径 54.4、腰径 46.1、足径 50。

面一弦分晕，五晕：1. 太阳纹，十二芒，芒间素；2、5. 乳丁纹；3. 雷纹；4. 模糊。

胸有乳丁纹、弦纹两道。腰上部凸棱一道，棱上下饰弦纹。足饰弦纹两道。

扁耳两对，耳边饰绳纹。

身有两道合范线。另有两条纵线。

丂12128 号鼓

面径 47.9、身高 27、胸径 49.3、腰径 39.5、足径 47.8。

面一弦分晕，九晕：1. 太阳纹，十二芒夹坠形纹；2. “⿶凵工”字纹；3、6. 素晕；4、8. 乳丁纹；5. 云纹与“寿”字、“希吕氏记”印文等（主纹）；7. 雷纹；9. 兽形云纹。

胸有乳丁纹、雷纹。腰上部凸棱一道，下为兽形云纹、雷纹。足饰图案三角形纹。

扁耳两对，耳边饰辫纹。

身有两道合范线。另有两条纵线。

丂12129 号鼓

面径 43.3、身高 24.6、胸径 44.5、腰径 36.3、足径 43.3。

面一弦分晕，十一晕：1. 太阳纹，十二芒夹坠形纹，芒穿至三晕；2. “⿶凵工”字纹；3. 同心圆纹；4、8、10. 素晕；5、7、11. 乳丁纹；6. 游旗纹（主纹）；9. 绹纹。鼓边有四组花纹，每组有雷纹、钱纹、同心圆纹。

胸有乳丁纹、钱纹、雷纹、“S”形勾头纹。腰上部凸棱一道，下为“S”形勾头纹、雷纹。足饰复线角形纹。

扁耳两对，耳边饰辫纹。

身有两道合范线。

丂12130 号鼓

面径 47.9、身高 27、胸径 49、腰径 40.4、足径 47.3。

面一、二、三弦分晕，七晕：1. 太阳纹，十二芒，芒间素；2、5 及鼓边．乳丁纹；3、4. “卍”形纹；6. “卍”形纹、雷纹、波浪纹等（主纹）；7. 雷纹、波浪纹。

胸有一周乳丁纹。腰上部凸棱一道，下为两道弦纹。足饰复线角形纹。

扁耳两对，耳面饰弦纹四道。

身有四道合范线。

丂12131 号鼓

面径 49.8、身高 25.5、胸径 50、腰径 43、足径 48。

面一弦分晕，九晕：1. 太阳纹，十二芒夹坠形纹；2. “酉”字纹；3. “S”形勾头纹；4. 游旗纹（主纹）；5、8. 乳丁纹；6. 云纹；7. 雷纹；9. 兽形云纹。

胸有乳丁纹、雷纹、云纹。腰上部凸棱一道，下为云纹。足饰复线角形纹。

扁耳两对。每耳中饰小雷纹、“卍”纹，耳边饰辫纹。

身有两道合范线。

丂12132 号鼓

面径 47.7、身高 27.3、胸径 50、腰径 43.3、足径 48.3。

面一弦分晕，九晕：1. 太阳纹，十二芒夹坠形纹；2、5、8. 乳丁纹；3. 栉纹；4. “S”形勾头纹；6. 家畜、家禽、龙、虾纹（主纹）；7. 雷纹；9. 兽形云纹。

胸有乳丁纹、兽形云纹、回纹。腰上部凸棱一道，下为雷纹、兽形云纹。足饰复线角形纹。

扁耳两对。

身有四道合范线。内壁有纵线数条。

丂12133 号鼓

面径 47.5、身高 27.5、胸径 49.6、腰径 41.4、足径 46.8。

面一、二弦分晕，九晕：1. 太阳纹，十二芒夹十二支文；2、6、9. 乳丁纹；3. 蔓草纹；4. 缠枝纹；5. 斜雷纹；7. 人字脚游旗纹（主纹）；8. 雷纹。

胸有乳丁纹、缠枝纹、四瓣花纹、菱格填花纹。腰上部凸棱一道，下为云纹、菱角纹。足饰角形纹、雷纹各一周。

扁耳两对，耳边饰粗线纹。

身有四道合范线。

丂12134 号鼓

面径 48.5、身高 26、胸径 49.3、腰径 41.7、足径 48。

面一弦分晕，十一晕：1. 太阳纹，十二芒夹坠形纹；2. “酉”字纹；3. “S”形勾头纹；4、6、10. 乳丁纹；5. 游旗纹（主纹）；7、9、11. 云纹；8. 素晕。

胸有乳丁纹、云纹、雷纹。腰上部凸棱一道，下为雷纹、云纹。足饰复线角形纹。

扁耳两对，耳边饰辫纹。

身有四道合范线。

丂12135 号鼓

面径 48.3、身高 26.5、胸径 50、腰径 41.4、足径 46.9。

面一弦分晕，十四晕：1. 太阳纹，十二芒夹坠形纹；2、7、12. 栉纹；3、13. 乳丁纹；4、9. 缠枝纹；5. 符箓纹（主纹）；6. 锁形纹；8. 雷纹；10、11. 素晕；14. 绹纹。

胸有乳丁纹、弦纹、栉纹。腰上部凸棱一道，下为雷纹、缠枝纹。足饰复线角形纹。

扁耳两对，饰羽纹。

身有两道合范线。另有两条纵线，并有零星垫片孔。

丂12136 号鼓

面径 48.4、身高 27、胸径 49、腰径 40.7、足径 46.3。

面一、二弦分晕，十晕：1. 太阳纹，十二芒夹坠形纹，芒穿至三晕；2. “[illegible]”字纹；3. “S”形勾头纹；4、7、9. 乳丁纹；5. 棂花纹；6. 兽形云纹；8. 云纹；10. 雷纹。

胸有乳丁纹、雷纹、兽形云纹。腰上部凸棱一道，下为云纹、缠枝纹。足饰图案三角形。

扁耳两对。每耳两边饰绳纹，中有小雷纹、“卍”字纹。

身有两道合范线，另有两条纵线。

丂12137 号鼓

面径 50.3、身高 28.6、胸径 54.1、腰径 47.4、足径 51.2。

面一弦分晕，十一晕：1. 太阳纹，十二芒夹坠形纹；2. “[illegible]”字纹；3. “S”形勾头纹；4、10. 乳丁纹；5、9. 栉纹；6. 游旗纹（主纹）；7、8. 素晕；11. 兽形云纹。

胸有乳丁纹、云纹、栉纹。腰上部凸棱一道，下为雷纹、云纹。足饰复线角形纹。

扁耳两对，耳边饰绳纹。

身有两道合范线，另有两条纵线。

丂12138 号鼓

面径 45.5、身高 27.3、胸径 47.1、腰径 39.8，足残。

面二弦分晕，八晕：1. 太阳纹，十二芒，芒间模糊；2、5、8. 乳丁纹；3. 绹纹；4. 云纹；6. 云纹（主纹）；7. 波浪纹。

胸有乳丁纹、雷纹、云纹。腰上部凸棱一道，下为一道雷纹。足饰复线角形纹。

扁耳两对，耳边饰辫纹。

身有四道合范线。

丂12139 号鼓

面径 46.9、身高 25.9、胸径 50、腰径 41.4、足径 47。

面一弦分晕，十晕：1. 太阳纹，十二芒夹坠形纹；2. “[illegible]”字纹；3. “S”形勾头纹；4、7、10. 乳丁纹；5. 游旗纹（主纹）；6、8. 云纹；9. 兽形云纹。

胸有乳丁纹、如意云纹、雷纹、栉纹。腰上部凸棱一道，下为雷纹、云纹。足饰复线角形纹。

扁耳两对，耳边饰辫纹。

身有四道合范线。

丂12140 号鼓

面径 45. 5、身高 25. 7、胸径 46. 1、腰径 38. 2、足径 44. 5。

面一、二、三弦分晕，八晕：1. 太阳纹，十二芒，芒间素；2、5、8. 乳丁纹；3. 勾连云纹；4、7. 雷纹；6. 游旗纹（主纹）。鼓边有同心圆纹。

胸有勾连云纹、雷纹。腰上部凸棱一道，下为雷纹。足饰复线角形纹、同心圆纹。

扁耳两对，耳边饰辫纹。

身有四道合范线。

丂12141 号鼓

面径 47. 3、身高 26. 5、胸径 48. 7、腰径 40. 6、足径 46. 3。

面一至四弦分晕，七晕：1. 太阳纹，十二芒，芒间素；2、5 及面缘．乳丁纹；3、6. 缠枝纹；4. 人字脚游旗纹（主纹）；7. 梅花与六边格几何形状。

胸有乳丁纹、菱格填花纹、雷纹。腰上部凸棱一道，下为雷纹。足饰图案三角形纹。

扁耳两对，耳边饰绳纹。

身有四道合范线。

丂12142 号鼓

面径 46. 3、身高 24. 8、胸径 47. 1、腰径 40. 7、足径 46。

面一、二、三弦分晕，八晕：1. 太阳纹，十二芒，芒间素；2、5、8. 乳丁纹；3. 绹纹；4、7. 雷纹；6. 游旗纹（主纹）。

胸有乳丁纹、绹纹与雷纹。腰上部凸棱一道，下为雷纹。足饰复线角形纹夹同心圆纹。

扁耳两对。每耳饰线纹四条。

身有四道合范线。

丂12143 号鼓

面径 51、身高 27. 7、胸径 53. 1、腰径 47. 1、足径 52。

面一弦分晕，十晕：1. 太阳纹，十二芒，芒间素；2. 模糊；3、10. 兽形云纹；4、9. 乳丁纹；5、8. 栉纹；6. 游旗纹（主纹）；7. 十二生肖纹（主纹）。

胸有乳丁纹、兽形云纹、如意云纹、栉纹。腰上部凸棱一道，下为云纹、雷纹。足饰复线角形纹。

扁耳两对。每耳中镂孔三个，孔间饰雷纹，耳边饰辫纹。

身有两道合范线。另有两条纵线，内壁零星露出垫片。

丂12144 号鼓

面径 47. 9、身高 26. 7、胸径 48. 3、腰径 39. 2、足径 46. 2。

面二弦分晕，十晕：1. 太阳纹，十二芒夹坠形纹；2、6、10. 乳丁纹；3. “[illegible]”字纹；4. 栉纹；

5. 变形游旗纹（主纹）；7. 雷纹；8. 菱格填花纹；9. 波浪纹。

胸有乳丁纹、雷纹、曲折线纹图案。腰上部凸棱一道，下为雷纹、波浪纹。足饰复线角形纹。

扁耳两对，耳边饰线纹。

身有四道合范线。

丂12145 号鼓

面径 47、身高 26. 8、胸径 48、腰径 38. 5、足径 45. 3。

面一、二、三弦分晕，八晕：1. 太阳纹，十二芒，芒间素；2、5、8. 乳丁纹；3. “卍”形纹（主纹）；4. 云纹；6. 栉纹；7. 角形填线纹。

胸素。腰上部凸棱一道，棱上下饰弦纹。足饰“卐”形纹和弦纹。

扁耳两对。

身有四道合范线。

丂12147 号鼓

面径 47. 5、身高 27. 6、胸径 48、腰径 39. 2、足径 46. 8。

面一或二、三弦分晕，十晕：1. 太阳纹，十二芒夹坠形纹；2. “[illegible]”字纹；3、7. 素晕；4、9. 乳丁纹；5. 游旗纹（主纹）；6. 栉纹；8. 雷纹；10. 兽形云纹。

胸有兽形云纹、雷纹。腰上部凸棱一道，下为兽形云纹、雷纹、云纹。足饰复线角形纹。

扁耳两对，耳边饰绳纹。

身有两道合范线。

丂12149 号鼓

面径 47. 3、身高 26. 6、胸径 49、腰径 41. 4、足径 48. 2。

面一弦分晕，九晕：1. 太阳纹，十二芒，芒间模糊；2、3、7、8. 模糊；4、6、9. 乳丁纹；5. 宝相花纹（主纹）。

鼓身模糊。

扁耳两对。

身有两道合范线。

丂12150 号鼓

面径 48. 4、身高 27、胸径 50. 9、腰径 44. 8、足径 48. 4。

面一弦分晕，十一晕：1. 太阳纹，十二芒夹坠形纹；2、9. 同心弦纹；3、6. 乳丁纹；4. 栉纹；5. 游旗纹（主纹）；7. 辫纹；8、10. 素晕；11. 兽形云纹。

胸有乳丁纹、弦纹。腰上部凸棱一道，下为弦纹、云纹。足饰复线角形纹。

扁耳两对。每耳中有两孔，耳边饰辫纹。

身有四道合范线。面沿露四段垫条痕。

丂12152 号鼓

面径 47. 3、身高 27. 7、胸径 50. 3、腰径 43. 6、足径 48. 5。

面一弦分晕，九晕：1. 太阳纹，十二芒夹坠形纹；2. 模糊；3. 雷纹；4、8. 乳丁纹；5、9. 云纹；6. 十二生肖夹云纹（主纹）；7. 栉纹。边有四雷纹。

胸有乳丁纹、云纹。腰上部凸棱一道，下为云纹。足饰复线角形纹。

扁耳两对，耳边饰辫纹。

身有四道合范线。面沿露四段垫条痕。

丂12154 号鼓

面径 46. 3、身高 26、胸径 49、腰径 41、足径 46. 5。

面一弦分晕，九晕：1. 太阳纹，十二芒夹坠形纹；2. "酉"字纹；3. "S"形勾头纹；4、8 及鼓边．乳丁纹；5. 游旗纹（主纹）；6. 素晕；7. 栉纹；9. 兽形云纹。

胸有乳丁纹、如意云纹、雷纹、栉纹。腰上部凸棱一道，下为雷纹、云纹。足饰复线角形纹。

扁耳两对。每耳边饰绳纹，中有三小雷纹。

身有四道合范线。

丂12155 号鼓

面径 47. 2、身高 26. 2、胸径 49. 3、腰径 41. 4、足径 46. 6。

面一弦分晕，九晕：1. 太阳纹，十二芒夹坠形纹；2. "酉"字纹；3. "S"形勾头纹；4、8. 乳丁纹；5. 游旗纹（主纹）；6. 素晕；7. 栉纹；9. 兽形云纹。

胸有乳丁纹、云纹、雷纹、栉纹。腰上部凸棱一道，下为雷纹、云纹。足饰复线角形纹。

扁耳两对。每耳上下各有一孔，边饰绳纹。

身有四道合范线。面沿露四段垫条痕。

丂12176 号鼓

面径 51、身高 27. 5、胸径 53. 4、腰径 45. 2、足径 50. 5。

面一弦分晕，十一晕：1. 太阳纹，十二芒夹坠形纹；2. "酉"字纹；3. "S"形勾头纹；4、10. 乳丁纹；5、9. 栉纹；6. 游旗纹；7、8. 素晕；11. 兽形云纹。

胸有乳丁纹、如意云纹、兽形云纹、雷纹、云纹、栉纹。腰上部凸棱一道，下为雷纹、云纹。足饰复线角形纹。

扁耳两对。每耳两边饰绳纹，中镂小孔两个。

身有四道合范线。

丂23634 号鼓

面径 47、身高 27. 4、胸径 47. 7、腰径 38. 8、足径 45. 8。

面二或三弦分晕，九晕：1. 太阳纹，十二芒夹图案三角形；2、5、8. 乳丁纹；5、9. 同心圆纹；4. 菱格填花纹；6. 游旗纹（主纹）；7. 雷纹。

胸有乳丁纹、雷纹。腰上部凸棱一道，下为雷纹、三角形图案。足饰弦纹三道。

扁耳两对，耳边饰辫纹。

身有四道合范线。

丂12024 号鼓

上海文物仓库拨交（下同）。

面径 50、身高 28、胸径 52.5，腰、足残。

面一弦分晕，十一晕：1. 太阳纹，十二芒夹坠形纹；2. “[illegible]”字纹；3. “S”形勾头纹；4、10. 乳丁纹；5、9. 栉纹；6. 十二生肖（主纹）；7、8. 素晕；11. 兽形云纹。

胸有乳丁纹、云纹、雷纹、栉纹。腰上部凸棱一道，下为雷纹、云纹。足饰复线角形纹。

扁耳两对。

身有四道合范线。

丂12025 号鼓

面径 50、身高 27.8、胸径 53.4、腰径 44.5、足径 50。

面一弦分晕，十一晕：1. 太阳纹，十二芒夹坠形纹；2. “[illegible]”字纹；3. “S”形勾头纹；4、10. 乳丁纹；5、9. 栉纹；6. 游旗纹；7、8. 素晕；11. 兽形云纹。

胸为乳丁纹、云纹、雷纹、栉纹。腰上部凸棱一道，下为雷纹、云纹。足饰复线角形纹。

扁耳两对。每耳中饰小雷纹，耳边饰辫纹。

身有四道合范线。面沿露四段垫条痕。

丂12026 号鼓

面径 46.9、身高 25.9、胸径 49.3、腰径 40.7、足径 46.4。

面一弦分晕，九晕：1. 太阳纹，十二芒夹坠形纹；2. “[illegible]”字纹；3. “S”形勾头纹；4、8. 乳丁纹；5. 游旗纹（主纹）；6. 素晕；7. 栉纹；9. 兽形云纹。

胸有乳丁纹、云纹、雷纹、栉纹。腰上部凸棱一道，下为雷纹、云纹。足饰复线角形纹。

扁耳两对。耳边饰辫纹。

身有四道合范线。

丂12030 号鼓

面径 48.3、身高 25.7、胸径 51.5、腰径 43.3、足径 48.5。

面一弦分晕，九晕：1. 太阳纹，十二芒夹坠形纹，芒穿至三晕；2. “[illegible]”字纹；3. “S”形勾头纹；4、8. 乳丁纹；5. 游旗纹（主纹）；6. 素晕；7. 栉纹；9. 兽形云纹。

胸有乳丁纹、如意云纹、雷纹、云纹。腰上部凸棱一道，下为菱格填花纹、雷纹、云纹。足饰复线角形纹。

扁耳两对。每耳中镂两小孔，孔间夹小雷纹，耳边饰绳纹。

身有四道合范线。

丂12031 号鼓

面径 46、身高 26.5、胸径 50.3、腰径 41、足径 46.6。

面一弦分晕，十晕：1. 太阳纹，十二芒，芒间纹模糊；2. “[illegible]”字纹；3. “S”形勾头纹；4、7、

10. 乳丁纹；5. 游旗纹（主纹）；6. 栉纹；8. 云纹；9. 兽形云纹。

胸有乳丁纹、如意云纹、雷纹、栉纹。腰上部凸棱一道，下为雷纹、云纹。足饰复线角形纹。

扁耳两对，耳边饰绳纹。

身有四道合范线。

丂12033 号鼓

面径 48.3、身高 27、胸径 50.9、腰径 42.3、足径 48.5。

面一弦分晕，九晕：1. 太阳纹，十二芒夹坠形纹，芒穿至三晕；2. “卣”字纹；3. “S”形勾头纹；4、8. 乳丁纹；5. 游旗纹（主纹）；6. 素晕；7. 栉纹；9. 兽形云纹。

胸有乳丁纹、雷纹、如意云纹、栉纹。腰上部凸棱一道，下为雷纹、云纹。足饰复线角形纹。

扁耳两对。每耳中镂两小孔，饰雷纹，耳边饰绳纹。

身有四道合范线。

丂12034 号鼓

面径 47.4、身高 26.6、胸径 49、腰径 41.7、足径 48.8。

面一弦分晕，十晕：1. 太阳纹，十二芒夹坠形纹；2. 同心圆纹；3、7. 雷纹；4、6、9. 乳丁纹；5. 符箓纹、“寿”字纹（主纹）；8、10. 云纹。

胸有乳丁纹、云纹、同心圆纹、菱格填花纹。腰上部凸棱一道，下为云纹、同心圆纹、菱格填花纹。足饰复线角形纹。

扁耳两对，耳边饰辫纹。

身有两道合范线。

丂12041 号鼓

面径 49.8、身高 28.2、胸径 52.8、腰径 46.8、足径 50。

面一弦分晕，十一晕：1. 太阳纹，十二芒夹坠形纹；2. “卣”字纹；3. “S”形勾头纹；4、10. 乳丁纹；5、9. 栉纹；6. 游旗纹（主纹）；7、8. 素晕；11. 兽形云纹。

胸有乳丁纹、云纹、栉纹。腰上部凸棱一道，下为云纹、雷纹。足饰复线角形纹。

扁耳两对。每耳中镂三孔，边饰绳纹。

身有四道合范线。面沿露四段垫条痕。

丂12049 号鼓

新城区仙乐仓库拨交（下同）。

面径 46、身高 25.5、胸径 49.6、腰径 40.4、足径 46.6。

面一弦分晕，九晕：1. 太阳纹，十二芒夹坠形纹，芒穿至三晕；2. “卣”字纹；3. “S”形勾头纹；4、8. 乳丁纹；5. 游旗纹（主纹）；6. 素晕；7. 栉纹；9. 兽形云纹。

胸有乳丁纹、雷纹、云纹、栉纹。腰上部凸棱一道，下为雷纹、云纹。足饰复线角形纹。

扁耳两对。每耳中镂一孔，边饰辫纹。

身有四道合范线。

丂12053 号鼓

面径 46.8、身高 26.2、胸径 50.3、腰径 41.4、足径 46.4。

面一弦分晕，九晕：1. 太阳纹，十二芒夹坠形纹，芒穿至三晕；2. “[illegible]”字纹；3. “S”形勾头纹；4、8. 乳丁纹；5. 游旗纹（主纹）；6. 素晕；7. 栉纹；9. 兽形云纹。

胸有乳丁纹、雷纹、如意云纹、栉纹。腰上部凸棱一道，下为云纹、雷纹。足饰复线角形纹。

扁耳两对。每耳中镂两个小孔，边饰辫纹。

身有四道合范线。面沿露四段垫条痕。

丂12054 号鼓

面径 50.8、身高 27.5、胸径 55.7、腰径 49、足径 52。

面一弦分晕，八晕：1. 太阳纹，十二芒，芒间模糊；2、3、5、7、8. 模糊；4. 人字脚游旗纹（主纹）；6. 十二生肖纹。

胸有同心圆纹、栉纹、复线角形纹。腰上部凸棱一道，下为同心圆纹、云纹。足饰复线角形纹。

扁耳两对。每耳上下各镂一小孔，耳边饰绳纹。

身有四道合范线。另有零星垫钉脱落孔。

丂12056 号鼓

面径 47、身高 27.3、胸径 48.3、腰径 39.2、足径 45。

面一或二、三弦分晕，七晕：1. 太阳纹，十二芒，芒间素；2、4、7. 乳丁纹；3. 角形纹；5. 菱格纹；6. 栉纹。

通体弦纹，腰上凸起宽带一条。

扁耳两对。每耳饰细线纹两道。

身有四道合范线。

丂12060 号鼓

面径 50.7、身高 28、胸径 52.5、腰径 46.8、足径 52.2。

面一弦分晕，十一晕：1. 太阳纹，十二芒夹坠形纹；2. 模糊；3. “S”形勾头纹；4、10. 乳丁纹；5、9. 栉纹；6. 游旗纹（主纹）；7、8. 素晕；11. 兽形云纹。

胸有乳丁纹、云纹、栉纹。腰上部凸棱一道，下为雷纹、云纹。足饰复线角形纹。

扁耳两对。每耳中镂三孔，边饰辫纹。

身有四道合范线。

丂12175 号鼓

面径 45.9、身高 25.7、胸径 49.6、腰径 40.7、足径 46.3。

面一弦分晕，九晕：1. 太阳纹，十二芒夹坠形纹，芒穿至三晕；2. “[illegible]”字纹；3. “S”形勾头纹；4、8. 乳丁纹；5. 游旗纹（主纹）；6. 素晕；7. 栉纹；9. 兽形云纹。

胸有乳丁纹、如意云纹、雷纹、栉纹。腰上部凸棱一道，下为雷纹、云纹。足饰复线角形纹。

扁耳两对。

身有四道合范线。

丂24064 号鼓

面径 46.8、身高 27.1、胸径 48、腰径 42、足径 46.8。

面二、三、四弦分晕，九晕：1. 太阳纹，十二芒间夹三角形图案；2. 栉纹；3. 雷纹；4、8. 乳丁纹；5. 游旗纹（主纹）；6、9. 素晕；7. 复线角形纹与十字布局乳丁纹。

胸有阴线刻画：梅花鹿与灵芝、仙草，奔马与激流、花蕊等纹。腰上部凸棱一道，下为弦纹。足饰复线角形纹与弦纹。

扁耳两对。

身有四道合范线。

丂24065 号鼓

面径 47.9、身高 26.2、胸径 49、腰径 41.1、足径 47.7。

面一弦分晕，十晕：1. 太阳纹，十二芒夹坠形纹，芒穿至三晕；2. “[illegible]”字纹；3. “S”形勾头纹；4、9. 乳丁纹；5. 游旗纹（主纹）；6. 兽形云纹；7. 素晕；8. 栉纹；10. 雷纹。

胸有雷纹、兽形云纹。腰上部凸棱一道，下为雷纹、兽形云纹。足饰复线角形纹。

扁耳两对。每耳中有“卍”字纹，边饰绳纹。

身有四道合范线。

丂12037 号鼓

复兴岛仓库拨交（下同）。

面径 51.7、身高 28.2、胸径 53.8、腰径 46.8、足径 52.4。

面一弦分晕，十晕：1. 太阳纹，十二芒夹坠形纹；2. “[illegible]”字纹；3. “S”形勾头纹；4、9. 乳丁纹；5、8. 栉纹；6. 游旗纹；7. 素晕；10. 兽形云纹。

胸有乳丁纹、云纹、栉纹。腰上部凸棱一道，下为雷纹、云纹。足饰复线角形纹。

扁耳两对。每耳中镂三小孔，边饰绳纹。

身有四道合范线。

丂12038 号鼓

面径 46.4、身高 26.1、胸径 49、腰径 41、足径 47.1。

面一弦分晕，九晕：1. 太阳纹，十二芒夹坠形纹；2. “[illegible]”字纹；3. 如意云纹；4、8. 乳丁纹；5. 游旗纹（主纹）；6. 素晕；7. 栉纹；9. 兽形云纹。

胸有乳丁纹、云纹、雷纹、栉纹。腰上部凸棱一道，下模糊。足饰复线角形纹。

扁耳两对，耳边饰辫纹。

身有四道合范线。

丂12039 号鼓

面径 46.9、身高 26.5、胸径 49.6、腰径 41、足径 47.2。

面一弦分晕，九晕：1. 太阳纹，十二芒夹坠形纹，芒穿至三晕；2. “[illegible]”字纹；3. “S”形勾头纹；4、8. 乳丁纹；5. 游旗纹（主纹）；6. 素晕；7. 栉纹；9. 兽形云纹。

胸有乳丁纹、雷纹、如意云纹、栉纹。腰上部凸棱一道，下为云纹、雷纹。足饰复线角形纹。

扁耳两对。每耳中镂两小孔，孔间有小雷纹，耳边饰绳纹。

身有四道合范线。面沿露四段垫条痕。

丂12042号鼓

面径48.3、身高27.2、胸径50.9、腰径42.3、足径48.3。

面一弦分晕，九晕：1. 太阳纹，十二芒夹坠形纹，芒穿至三晕；2. “[illegible]”字纹；3. “S”形勾头纹；4、8. 乳丁纹；5. 游旗纹（主纹）；6. 素晕；7. 栉纹；9. 兽形云纹。

胸饰乳丁纹、雷纹、如意云纹、栉纹。腰上部凸棱一道，下为雷纹、云纹。足饰复线角形纹。

扁耳两对。每耳中镂条形孔两个，耳边饰绳纹。

身有四道合范线。面沿露四段垫条痕。

丂12156号鼓

面径46.7、身高26、胸径50、腰径41、足径46.8。

面一弦分晕，九晕：1. 太阳纹，十二芒夹坠形纹，芒穿至三晕；2. “[illegible]”字纹；3. “S”形勾头纹；4、8. 乳丁纹；5. 游旗纹（主纹）；6. 素晕；7. 栉纹；9. 兽形云纹。

胸有乳丁纹、如意云纹、雷纹、栉纹。腰上部凸棱一道，下为雷纹、云纹。足饰复线角形纹。

扁耳两对。每耳中有小雷纹，耳边饰辫纹。

身有四道合范线。

丂12157号鼓

面径50.3、身高26.5、胸径51.5、腰径43、足径49。

面一、二弦分晕，九晕：1. 太阳纹，十二芒夹三角形图案；2、9. 云纹；3、8. 乳丁纹；4. 符箓纹（主纹）；5. 雷纹；6. 栉纹；7. 鱼、虾、蟹、蝌蚪等纹。

胸有乳丁纹、云纹。腰上部凸棱一道，下为云纹、雷纹、波浪纹。足饰复线角形纹。

扁耳两对，耳边饰绳纹。

身有四道合范线。

丂12158号鼓

面径47.1、身高25.6、胸径49.6、腰径41.4、足径47。

面一弦分晕，九晕：1. 太阳纹，十二芒夹坠形纹，芒穿至三晕；2. “[illegible]”字纹；3. “S”形勾头纹；4、8. 乳丁纹；5. 游旗纹（主纹）；6. 素晕；7. 栉纹；9. 兽形云纹。

胸有乳丁纹、云纹、雷纹、栉纹。腰上部凸棱一道，下为雷纹、云纹。足饰复线角形纹。

扁耳两对。每耳中有小雷纹，耳边饰辫纹。

身有四道合范线。面沿露四段垫条痕。

丂12159 号鼓

面径 48.3、身高 27、胸径 50.9、腰径 42.3、足径 48.3。

面一弦分晕，九晕：1. 太阳纹，十二芒夹坠形纹；2. “酉”字纹；3. “S”形勾头纹；4、8. 乳丁纹；5. 游旗纹（主纹）；6、7. 素晕；9. 兽形云纹。

胸有乳丁纹、雷纹、云纹、栉纹。腰上部凸棱一道，下为雷纹、云纹。足饰复线角形纹。

扁耳两对。每耳有一孔，耳边饰辫纹。

身有四道合范线。

丂12160 号鼓

面径 47、身高 26、胸径 49.6、腰径 41.7、足径 46.6。

面一弦分晕，九晕：1. 太阳纹，十二芒夹坠形纹，芒穿至三晕；2. “酉”字纹；3. “S”形勾头纹；4、8. 乳丁纹；5. 游旗纹（主纹）；6. 素晕；7. 栉纹；9. 兽形云纹。

胸有乳丁纹、如意云纹、雷纹、栉纹。腰上部凸棱一道，下为雷纹、云纹。足饰复线角形纹。

扁耳两对。每耳上下各镂一小孔，中有小雷纹，耳边饰辫纹。

身有四道合范线。

丂12161 号鼓

面径 50.2、身高 28、胸径 49、腰径 46.1、足径 51.5。

面一弦分晕，十晕：1. 太阳纹，十二芒夹坠形纹；2. “酉”字纹；3. “S”形勾头纹；4、9. 乳丁纹；5、8. 栉纹；6. 游旗纹（主纹）；7. 十二生肖纹（主纹）；10. 兽形云纹。

胸有乳丁纹、云纹、栉纹、符箓纹。腰上部凸棱一道，下为雷纹、符箓纹。足饰复线角形纹。

扁耳两对。每耳上下各镂一孔，耳边饰辫纹。

身有四道合范线。面沿露四段垫条痕。

丂12162 号鼓

面径 47.8、身高 25.8、胸径 49.6、腰径 41.7、足径 47.1。

面一弦分晕，九晕：1. 太阳纹，十二芒夹坠形纹；2. “酉”字纹；3. “S”形勾头纹；4、8. 乳丁纹；5. 游旗纹（主纹）；6. 素晕；7. 栉纹；9. 兽形云纹。

胸有乳丁纹、云纹、雷纹、栉纹。腰上部凸棱一道，下为雷纹、云纹。足饰复线角形纹。

扁耳两对。每耳中有两小雷纹，耳边饰辫纹。

身有四道合范线。

丂12163 号鼓

面径 50.3、身高 28.8、胸径 53.8、腰径 44.5、足径 50。

面一弦分晕，十一晕：1. 太阳纹，十二芒夹坠形纹；2. “酉”字纹；3. “S”形勾头纹；4、10. 乳丁纹；5、9. 栉纹；6. 游旗纹（主纹）；7、8. 素晕；11. 兽形云纹。

胸有乳丁纹、如意云纹、兽形云纹、雷纹、栉纹。腰上部凸棱一道，下为雷纹、兽形云纹。足饰复线角形纹。

扁耳两对，耳边饰辫纹。

身有四道合范线。

5 12164 号鼓

面径 37.5、身高 26.2、胸径 49.6、腰径 41.4、足径 47。

面一弦分晕，九晕：1. 太阳纹，十二芒夹坠形纹，芒穿至三晕；2. "卣"字纹；3. "S"形勾头纹；4、8. 乳丁纹；5. 游旗纹（主纹）；7. 栉纹；9. 兽形云纹。

胸有乳丁纹、雷纹、如意云纹、栉纹。腰上部凸棱一道，下为云纹、雷纹。足饰复线角形纹。

扁耳两对。每耳中有小雷纹，耳边饰绳纹。

身有四道合范线。

5 12165 号鼓

面径 47.8、身高 26.1、胸径 51.5、腰径 43、足径 50.4。

面一弦分晕，十晕：1. 太阳纹，十二芒夹坠形纹，芒穿至三晕；2. "卣"字纹；3. "S"形勾头纹；4、9. 乳丁纹；5、8. 栉纹；6. 游旗纹（主纹）；7. 十二生肖纹；10. 兽形云纹。

胸有乳丁纹、兽形云纹、如意云纹、栉纹。腰上部凸棱一道，下为云纹、雷纹。足饰复线角形纹。

扁耳两对，耳边饰绳纹。每耳中为小雷纹四个，间小孔一个、凹窝两个。

身有两道合范线。另有两条纵线，并有零星垫片孔。

5 12166 号鼓

面径 49.5、身高 26.7、胸径 51.5、腰径 43、足径 50。

面一弦分晕，十一晕：1. 太阳纹，十二芒夹三角形图案；2. 火焰纹；3、11. 乳丁纹；4、9. 栉纹；5. 符箓纹（主纹）；6、8. 云纹；7. 同心圆纹；10. 素晕。

胸有乳丁纹、云纹、雷纹。腰上部凸棱一道，下为雷纹。足饰复线角形纹。

扁耳两对，耳边饰辫纹。

身有四道合范线。

5 12167 号鼓

面径 47.8、身高 27.2、胸径 50.6、腰径 45.6、足径 49.4。

面一、二弦分晕，十晕：1. 太阳纹，十二芒夹坠形纹；2. "卣"字纹；3、6. 素晕；4、9. 乳丁纹；5. 游旗纹（主纹）；7. 雷纹；8. 栉纹；10. 兽形云纹。

胸有乳丁纹、云纹、雷纹。腰上部凸棱一道，下为雷纹。足饰复线角形纹。

扁耳两对，耳边饰辫纹。

身有四道合范线。

5 12168 号鼓

面径 38.3、身高 24.5、胸径 39.2、腰径 31.3、足径 36.8。

面一弦分晕，九晕：1. 太阳纹，十二芒夹坠形纹，芒穿至三晕；2. “[illegible]”字纹；3. “S”形勾头纹；4、8. 乳丁纹；5. 栉纹；6. 游旗纹；7. 十二生肖纹（主纹）；9. 兽形云纹。

胸有乳丁纹、云纹、雷纹、栉纹。腰上部凸棱一道，下为云纹、雷纹。足饰复线角形纹。

扁耳两对，耳边饰辫纹。

身有两道合范线。

丂12169 号鼓

面径 47、身高 26.2、胸径 49、腰径 41、路径 46.2。

面一弦分晕，九晕：1. 太阳纹，十二芒夹坠形纹，芒穿至三晕；2. “[illegible]”字纹；3. “S”形勾头纹；4、8. 乳丁纹；5. 游旗纹（主纹）；6. 素晕；7. 栉纹；9. 兽形云纹。

胸有乳丁纹、雷纹、兽形云纹、如意云纹、栉纹。腰上部凸棱一道，下为雷纹、云纹。足饰复线角形纹。

扁耳两对，耳边饰绳纹。

身有四道合范线。

丂12170 号鼓

面径 48.1、身高 28.5、胸径 52.5、腰径 42.6、足径 49.1。

面一弦分晕，九晕：1. 太阳纹，十二芒夹坠形纹；2. “[illegible]”字纹；3、9. 乳丁纹；4. 栉纹；5、7. 素晕；6. 游旗纹（主纹）；8. 兽形云纹。

胸有乳丁纹、栉纹、云纹。腰上部凸棱一道，下为云纹、雷纹。足饰复线角形纹。

扁耳两对，耳边饰辫纹。每耳中有三小孔。

身有四道合范线。

丂12171 号鼓

面径 47.8、身高 26、胸径 49.6、腰径 41.7、足径 47.3。

面一弦分晕，九晕：1. 太阳纹，十二芒夹坠形纹，芒穿至三晕；2. “[illegible]”字纹；3. “S”形勾头纹；4、8. 乳丁纹；5. 游旗纹（主纹）；6. 素晕；7. 栉纹；9. 兽形云纹。

胸有乳丁纹、如意云纹、雷纹、栉纹。腰上部凸棱一道，下为菱格填花纹图案、云纹。足饰复线角形纹。

扁耳两对。每耳上下各镂一小孔，中填小雷纹，耳边饰绳纹。

身有四道合范线。

丂12172 号鼓

面径 47.7、身高 27.5、胸径 50、腰径 43、足径 48.4。

面一弦分晕，九晕：1. 太阳纹，十二芒夹坠形纹；2. “[illegible]”字纹；3、7. 栉纹；4、8. 乳丁纹；5. 云纹；6. 游旗、六畜、松树等纹（主纹）；9. 兽形云纹。另边有四个雷纹。

胸有乳丁纹、云纹、栉纹。腰上部凸棱一道，下为栉纹、云纹。足饰复线角形纹。

扁耳两对，耳边饰辫纹。

身有四道合范线。面沿露四段垫条痕。

丂12173号鼓

面径50、身高26.8、胸径51.9、腰径44.2、足径50.5。

面一弦分晕，十晕：1. 太阳纹，十二芒夹坠形纹；2. “[illegible]”字纹；3、6. 素晕；4、9. 乳丁纹；5. 游旗纹（主纹）；7. 雷纹；10. 兽形云纹。

胸有乳丁纹、雷纹、云纹。腰上部凸棱一道，下为雷纹、云纹。足饰复线角形纹。

扁耳两对，耳边饰绳纹。

身有两道合范线。另有两条纵线。

丂12174号鼓

面径31.6、身高19.9、胸径33.1、腰径29、足径32.2。

面一弦分晕，九晕：1. 太阳纹，十二芒夹十二支纹；2. 同心圆纹；3、8. 乳丁纹；4. 栉纹；5. 十二生肖纹（主纹）；6. 经杖纹；7. 素晕；9. “S”形勾头纹。

胸有奔马图、同心圆纹、如意云纹、云纹、栉纹。腰上部凸棱一道，下为云纹、“S”形勾头纹。足饰复线角形纹。

扁耳两对，耳边饰线纹两道。

身有四道合范线。

丂6683号鼓

天钥桥路仓库拨交。

面径51.2、身高26、胸径51.9、腰径43、足径48.8。

面一弦分晕，十一晕：1. 太阳纹，十二芒夹坠形纹，芒穿至四晕；2、3、9. “S”形勾头纹；4、8. 栉纹；5、7、10. 乳丁纹；6. 人物、花草纹等（主纹）；11. 兽形云纹。

胸有乳丁纹、雷纹、人形纹。腰上部凸棱一道，下为兽形云纹、雷纹。足饰复线角形纹。

扁耳两对，耳边饰绳纹。

背面有细线刻纹：庄园、鱼塘、花草、雷纹等。

身有两道合范线。另有两条纵线。

丂12035号鼓

闸北仓库拨交。

面径50.7、身高27.5、胸径53.1、腰径46.8、足径51.6。

面一弦分晕；十一晕：1. 太阳纹，十二芒夹坠形纹；2. “[illegible]”字纹；3. “S”形勾头纹；4、10. 乳丁纹；5、9. 栉纹；6. 游旗纹（主纹）；7、8. 素晕；11. 兽形云纹。

胸有乳丁纹、兽形云纹、如意云纹、雷纹、云纹、栉纹。腰上部凸棱一道，下为雷纹、云纹。足饰复线角形纹。

扁耳两对。每耳中镂两小孔，耳边饰绳纹。

身有四道合范线。

丂12047 号鼓

威海卫路仓库拨交。

面径 46.8、身高 20.9、胸径 49.6、腰径 40.7、足径 47。

面一弦分晕，八晕：1. 太阳纹，十二芒夹坠形纹；2. 如意云纹；3、7. 乳丁纹；4. 游旗纹（主纹）；5. 素晕；6. 栉纹；8. 兽形云纹。

胸有乳丁纹、云纹、雷纹、栉纹。腰上部凸棱一道，下为云纹、雷纹。足饰复线角形纹。

扁耳两对，耳边饰辫纹。

身有四道合范线。

丂12050 号鼓

秣陵路仓库拨交。

面径 48.3、身高 26.3、胸径 50.9、腰径 43、足径 48.8。

面一弦分晕，九晕：1. 太阳纹，十二芒夹坠形纹，芒穿至三晕；2. “卣”字纹；3. “S”形勾头纹；4、8. 乳丁纹；5. 游旗纹（主纹）；6. 素晕；7. 栉纹；9. 兽形云纹。

胸有乳丁纹、雷纹、云纹、栉纹。腰上部凸棱一道，下为雷纹、云纹。足饰复线角形纹。

扁耳两对。每耳中有小雷纹，边饰绳纹。

身有四道合范线。面沿露四段垫条痕。

丂12057 号鼓

杭州路仓库拨交。

面径 47.8、身高 28、胸径 50.3、腰径 42、足径 47.5。

面一弦分晕，九晕：1. 太阳纹，十二芒夹坠形纹；2. “卣”字纹；3. 如意云纹；4、8. 乳丁纹；5. 游旗纹（主纹）；6. 素晕；7. 栉纹；9. 兽形云纹。

胸有乳丁纹、云纹、雷纹、栉纹。腰上部凸棱一道，下为雷纹、云纹。足饰复线角形纹。

扁耳两对。每耳中有小雷纹，边饰辫纹。

身有四道合范线。面沿露四段垫条痕。

丂12058 号鼓

长宁区中山西路仓库拨交（下同）。

面径 50.3、身高 27.1、胸径 51.5、腰径 44.2、足径 50.8。

面一弦分晕，十一晕：1. 太阳纹，十二芒夹坠形纹；2. “卣”字纹；3. “S”形勾头纹；4、10. 乳丁纹；5、9. 栉纹；6. 游旗纹（主纹）；7. 十二生肖纹；8. 素晕；11. 兽形云纹。

胸有乳丁纹、云纹、雷纹、栉纹。腰上部凸棱一道，下为云纹、雷纹。足饰复线角形纹。

扁耳两对，耳边饰辫纹。每耳中饰雷纹，上耳一小孔。

身有四道合范线。

丂12062 号鼓

面径 51、身高 27.8、胸径 54.1、腰径 46.4、足径 51.3。

面一弦分晕，十晕：1. 太阳纹，十二芒夹坠形纹；2. “𠙶”字纹；3. “S”形勾头纹；4、9. 乳丁纹；5、8. 栉纹；6. 游旗纹（主纹）；7. 十二生肖纹（主纹）；10. 兽形云纹。

胸有乳丁纹、兽形云纹、如意云纹、栉纹。腰上部凸棱一道，下为云纹、雷纹。足饰复线角形纹。

扁耳两对，耳边饰辫纹。每耳中镂三孔。

身有两道合范线，另有两条纵线。

丂12148 号鼓

面径 51、身高 27.5、胸径 53.8、腰径 45.5、足径 50.5。

面一或二弦分晕，十一晕：1. 太阳纹，十二芒夹坠形纹；2. “𠙶”字纹；3. “S”形勾头纹；4、10. 乳丁纹；5、9. 栉纹；6. 游旗纹（主纹）；7、8. 素晕；11. 兽形云纹。

胸有乳丁纹、如意云纹、兽形云纹、雷纹、云纹、栉纹。腰上部凸棱一道，下为菱格填花纹、雷纹、云纹。足饰复线角形纹。

扁耳两对，耳边饰辫纹。每耳下各有一孔。

身有四道合范线。面沿露四段垫条痕。

丂12059 号鼓

广元仓库拨交。

面径 51、身高 27.9、胸径 53.1、腰径 44.2、足径 50。

面一弦分晕，十一晕：1. 太阳纹，十二芒夹坠形纹；2. “𠙶”字纹；3. “S”形勾头纹；4、10. 乳丁纹；5、9. 栉纹；6. 游旗纹；7、8. 素晕；11. 兽形云纹。

胸有乳丁纹、兽形云纹、如意云纹、栉纹。腰上部凸棱一道，下为雷纹、云纹。足饰复线角形纹。

扁耳两对，耳边饰羽纹。每耳中镂三小方孔。

身有两道合范线。另有两条纵线。

丂12151 号鼓

瞿真人路仓库拨交。

面径 50.3、身高 27.5、胸径 51.9、腰径 47.1、足径 51.9。

面一弦分晕，十一晕：1. 太阳纹，十二芒夹坠形纹；2. “𠙶”字纹；3、11. 兽形云纹；4、10. 乳丁纹；5、9. 栉纹；6. 游旗纹（主纹）；7、8. 素晕。

胸有乳丁纹、兽形云纹、如意云纹、栉纹、云纹。腰上部凸棱一道，下为雷纹、云纹。足饰复线角形纹。

扁耳两对，耳边饰辫纹。每耳中镂三小孔，孔间小雷纹。

身有两道合范线。另有两条纵线。

丂24109 号鼓

何家角仓库拨交。

面径 49、身高 28.4、胸径 52.2、腰径 41.4、足径 46.4。

面一弦分晕，十一晕：1. 太阳纹，十二芒夹坠形纹，芒穿至二晕；2. “𠙶”字纹；3. “S”形勾头纹；4、10. 乳丁纹；5、9. 栉纹；6. 游旗纹；7、8. 素晕；11. 兽形云纹。

胸有乳丁纹、兽形云纹、“⋈”形纹、云纹、栉纹。腰上部凸棱一道，下为云雀纹。足饰复线角形纹。

扁耳两对，耳边饰辫纹。每耳中镂三小孔。

身有两道合范线。另有两条纵线。

丂22360号鼓

愚园路回收站拨交。

面径48.6、身高27.5、胸径50.6、腰径43.6、足径49.5。

面一弦分晕，十晕：1. 太阳纹，十二芒夹坠形纹，芒穿至三晕；2. “[illegible]”字纹；3、6. 素晕；4、9. 乳丁纹；5. 游旗纹（主纹）；7. 雷纹；8. 栉纹；10. 兽形云纹。

胸有云纹、雷纹。腰上部凸棱一道，下为雷纹、云纹。足饰复线角形纹。

扁耳两对，耳边饰绳纹。

身有四道合范线。

丂12028号鼓

江宁区委拨交。

面径50、身高28.3、胸径53.8、腰径44.8、足径50.5。

面一弦分为晕，十一晕：1. 太阳纹，十二芒夹坠形纹；2. “[illegible]”字纹；3. “S”形勾头纹；4、10. 乳丁纹；5、9. 栉纹；6. 游旗纹（主纹）；7、8. 素晕；11. 兽形云纹。

胸有乳丁纹、云纹、雷纹、栉纹。腰上部凸棱一道，下为雷纹、云纹。足饰复线角形纹。

扁耳两对，耳边饰辫纹。

身有四道合范线。面沿露四段垫条痕。

丂12029号鼓

合营联合制尺厂拨交。

面径47.3、身高27.3、胸径50.3、腰径41、足径46.8。

面一弦分晕，九晕：1. 太阳纹，十二芒夹坠形纹；2. “[illegible]”字纹；3. “S”形勾头纹；4、8. 乳丁纹；5. 游旗纹；6. 云纹；7. 栉纹；9. 兽形云纹。

胸有乳丁纹、雷纹、如意云纹、云纹、栉纹。腰上部凸棱一道，下为雷纹、云纹。足饰复线角形纹。

扁耳两对。每耳中有小雷纹，边饰绳纹。

身有四道合范线。

丂12044号鼓

徐汇区淮海路五居委会送交。

面径45、身高29、胸径48.7、腰径37.5、足径44。

面一弦分晕，十晕：1. 太阳纹，十二芒夹坠形纹；2、5、9. 栉纹；3. “S”形勾头纹；4、9. 同心圆纹；6. 游旗纹（主纹）；7、8. 素晕；10. 兽形云纹。

胸纹模糊。腰上部凸棱一道，下为云纹。足饰复线角形纹。

扁耳两对，耳边饰线纹。每耳中镂三小孔。

身有四道合范线。

丂12052 号鼓

闽北区废旧金属业务部拨交。

面径 34.7、身高 24、胸径 51、腰径 42.3、足径 47.7。

面一弦分晕，十四晕：1. 太阳纹，十二芒夹坠形纹；2、13. 乳丁纹；3、9. 栉纹；4、7. 云纹；5、8、10、11. 素晕；6. 符箓纹（主纹）；12. 同心圆纹；14. 绹纹。

胸有弦纹、乳丁纹。腰上部凸棱一道，下为云纹。足饰复线角形纹与云纹。

扁耳两对。

身有四道合范线。

丂12046 号鼓

文建中学送交。

面径 47.5、身高 26.8、胸径 49.6、腰径 42、足径 47.5。

面一弦分晕，九晕：1. 太阳纹，十二芒夹坠形纹；2. “凷”字纹；3. “S”形勾头纹；4、8. 乳丁纹；5. 游旗纹（主纹）；6. 素晕；7. 栉纹；9. 兽形云纹。

胸有乳丁纹、雷纹、如意云纹、栉纹。腰上部凸棱一道，下为雷纹、云纹。足饰复线角形纹。

扁耳两对。每耳中有小雷纹，边饰绳纹。

身有四道合范线。

丂22314 号鼓

征集于华丰铸字制模厂（下同）。

面径 47、身高 25.8、胸径 50.3、腰径 41、足径 47。

面一弦分晕，九晕：1. 太阳纹，十二芒夹坠形纹，芒穿至三晕；2. “凷”字纹；3. “S”形勾头纹；4、8. 乳丁纹；5. 游旗纹（主纹）；6. 素晕；7. 栉纹；9. 兽形云纹。

胸有乳丁纹、雷纹、如意云纹、栉纹。腰上部凸棱一道，下为雷纹、云纹。足饰复线角形纹。

扁耳两对。每耳中有小雷纹，边饰绳纹。

身有两道合范线。

丂22315 号鼓

面径 46.9、身高 27、胸径 50、腰径 41.1、足径 47.7。

面一弦分晕，九晕：1. 太阳纹，十二芒夹坠形纹；2. “凷”字纹；3. “S”形勾头纹；4、8. 乳丁纹；5. 游旗纹（主纹）；6. 素晕；7. 栉纹；9. 兽形云纹。

胸有乳丁纹、雷纹、云纹、栉纹。腰上部凸棱一道，下为雷纹、云纹。足饰复线角形纹。

扁耳两对。每耳中有小雷纹，边饰辫纹。

身有四道合范线。面沿露四段垫条痕。

丂22316 号鼓

面径 50、身高 26.7、胸径 52.2、腰径 44.2、足径 50.4。

面一弦分晕，十一晕：1. 太阳纹，十二芒夹坠形纹；2、4、7. 素晕；3. "卣"字纹；5、10. 乳丁纹；6. 游旗纹与铭文"寿"、"长命富贵"等（主纹）；8. 雷纹；9. 栉纹；11. 兽形云纹。

胸有乳丁纹、雷纹、云纹。腰上部凸棱一道，下为雷纹、云纹。足饰复线角形纹。

扁耳两对，耳边饰绳纹。

身有四道合范线。

丂22317 号鼓

面径 49.6、身高 28.6、胸径 52.2、腰径 46.6、足径 50.6。

面一弦分晕，十一晕：1. 太阳纹，十二芒夹坠形纹；2. "卣"字纹；3. "S"形勾头纹；4、10. 乳丁纹；5、9. 栉纹；6. 游旗纹（主纹）；7、8. 素晕；11. 如意云纹。

胸有乳丁纹、如意云纹、栉纹、云纹。腰上部凸棱一道，下为雷纹、云纹。足饰复线角形纹。

扁耳两对，耳边饰辫纹。每耳中镂三小孔。

身有两道合范线。另有纵线两条和零星的垫片痕。

丂22318 号鼓

面径 47.5、身高 26.2、胸径 50、腰径 41.7、足径 47.1。

面一弦分晕，九晕：1. 太阳纹，十二芒夹坠形纹，芒穿至三晕；2. "卣"字纹；3. "S"形勾头纹；4、8. 乳丁纹；5. 游旗纹（主纹）；6. 素晕；7. 栉纹；9. 兽形云纹。

胸有乳丁纹、雷纹、如意云纹、栉纹。腰上部凸棱一道，下为云纹、雷纹。足饰复线角形纹。

扁耳两对，耳边饰辫纹。每耳上下各镂一孔，中有小雷纹。

身有四道合范线。

丂12051 号鼓

购于上海市民（下同）。

面径 46.8、身高 28.4、胸径 50.9、腰径 44.2、足径 47.8。

面一、二弦分晕，九晕：1. 太阳纹，十二芒，芒间模糊；2、3、6、7. 模糊；4、8. 乳丁纹；5. 人字脚游旗纹（主纹）；9. 绹纹。

胸有乳丁纹、弦纹。腰上部凸棱一道，下为"☰"卦纹。足饰绹纹与复线角形纹。

扁耳两对，耳边饰绳纹。每耳中镂三小孔。

身有两道合范线。另有两条纵线。

丂70218 号鼓

面径 47.5、身高 28.7、胸径 50.5、腰径 45.2、足径 47.3。

面一、二弦分晕，九晕：1. 太阳纹，十二芒，芒间模糊；2、6. 同心圆纹；3. 栉纹；4、8. 乳丁纹；5. 人字脚游旗纹（主纹）；7. 羽纹；9. 绹纹。

胸有乳丁纹、弦纹。腰部凸棱一道。足饰波浪纹、绹纹及复线角形纹。

扁耳两对，耳边饰绳纹。每耳中镂三小孔。

身有两道合范线。另有两条纵线。

丂70219 号鼓

面径 47. 8、身高 26. 4、胸径 51. 2、腰径 42. 6、足径 47. 8。

面一弦分晕，九晕：1. 太阳纹，十二芒夹复线角形纹；2. “[illegible]”字纹；3. “S”形勾头纹；4、8. 乳丁纹；5. 游旗纹（主纹）；6. 素晕；7. 栉纹；9. 兽形云纹。

胸有乳丁纹、雷纹、如意云纹、栉纹。腰上部凸棱一道，下为云纹、雷纹。足饰复线角形纹。

扁耳两对。每耳中有三个小雷纹，耳边饰绳纹。

身有四道合范线。

丂10168 号鼓

来源不详（下同）。

面径 37. 5、身高 27. 3、胸径 50、腰径 41、足径 46。

面一弦分晕，九晕：1. 太阳纹，十二芒夹坠形纹；2. “[illegible]”字纹；3、6、9. 乳丁纹；4. 游旗纹（主纹）；5. 栉纹；7. “S”形勾头纹；8. 兽形云纹。

胸有乳丁纹、如意云纹、雷纹、菱格填花纹、栉纹。腰上部凸棱一道，下为菱格填花纹、雷纹。足饰垂叶形纹。

扁耳两对。每耳中饰小雷纹，上有小孔一个，耳边饰辫纹。

身有四道合范线。

丂10169 号鼓

面径 48、身高 27、胸径 50. 8、腰径 42、足径 47。

面一弦分晕，九晕：1. 太阳纹，十三芒夹坠形纹；2. “[illegible]”字纹；3. “S”形勾头纹；4、8. 乳丁纹；5. 游旗纹（主纹）；6. 素晕；7. 栉纹；9. 兽形云纹。

胸有乳丁纹、云纹、雷纹、栉纹。腰上部凸棱一道，下为雷纹、云纹。足饰复线角形纹。

扁耳两对。每耳上有一小孔，边饰辫纹，中有小雷纹。

身有四道合范线。面沿露四段垫条痕。

丂10191 号鼓

面径 47、身高 25. 3、胸径 49、腰径 42. 6、足径 47。

面一弦分晕，九晕：1. 太阳纹，十二芒夹坠形纹；2. “[illegible]”字纹；3. “S”形勾头纹；4、8. 乳丁纹；5. 游旗纹（主纹）；6. 素晕；7. 栉纹；9. 兽形云纹。

胸有乳丁纹、如意云纹、雷纹、栉纹。腰上部凸棱一道，下为雷纹、云纹。足饰复线角形纹。

扁耳两对。每耳中有小雷纹，边饰绳纹。

身有四道合范线。

丂10199号鼓

面径45、身高25.5、胸径47.7、腰径39、足径45。

面一弦分晕，十晕：1. 太阳纹，十二芒夹坠形纹；2. “酉”字纹；3. “S”形勾头纹；4、7、10. 乳丁纹；5. 游旗纹（主纹）；6. 素晕；8. 栉纹；9. 兽形云纹。

胸有乳丁纹、如意云纹、雷纹、栉纹。腰上部凸棱一道，下为雷纹、云纹。足饰复线角形纹。

扁耳两对。每耳中有小雷纹，边饰辫纹。

身有四道合范线。

丂10200号鼓

面径49、身高26、胸径50、腰径43、足径47.7。

面一弦分晕，九晕：1. 太阳纹，十二芒夹坠形纹；2. “酉”字纹；3. “S”形勾头纹；4. 云纹（主纹）；5. 乳丁纹；6. 雷纹；7. 如意云纹；8. 素晕；9. 兽形云纹。

胸有乳丁纹、雷纹、云纹。腰上部凸棱一道，下为云纹、雷纹。足饰复线角形纹。

扁耳两对。每耳中有雷纹、“卍”字纹，边饰辫纹。

身有两道合范线。

丂10728号鼓

面径49.2、身高25.6、胸径49.6、腰径42.6、足径47.5。

面一弦分晕，九晕：1. 太阳纹，十二芒夹坠形纹；2. “酉”字纹；3. “S”形勾头纹；4. 云纹（主纹）；5、8. 乳丁纹；6、7. 云纹；9. 兽形云纹。

胸有乳丁纹、雷纹、云纹。腰上部凸棱一道，下为雷纹、云纹。足饰复线角形纹。

扁耳两对。每耳中饰小雷纹、“卐”纹，耳边饰辫纹。

身有两道合范线。

丂10729号鼓

面径51.3、身高27、胸径53.1、腰径49.3、足径53.4。

面一弦分晕，十一晕：1. 太阳纹，十二芒夹坠形纹；2. “酉”字纹；3、11. 兽形云纹；4、10. 乳丁纹；5、9. 栉纹；6. 游旗纹（主纹）；7、8. 素晕。

胸有兽形云纹、如意云纹、栉纹、云纹。腰上部凸棱一道，下为雷纹、云纹。足饰复线角形纹。

扁耳两对。每耳中镂小方孔三个，孔间小雷纹，耳边饰绳纹。

身有两道合范线。另有两条纵线。

丂17708号鼓

面径46.8、身高26.3、胸径48.7、腰径41、足径47.3。

面一、二弦分晕，八晕：1. 太阳纹，十二芒夹三角形图案；2、5、8. 乳丁纹；3. 三角形图案；4. 辫纹；6. 栉纹；7. 缠枝纹。

胸有乳丁纹、“S”形勾头纹、栉纹、波纹、绹纹。腰上部凸棱一道，下为网纹、勾连曲尺纹。足饰复线角形纹。

扁耳两对。

身有四道合范线。

丂17709 号鼓

面径 47. 7、身高 27、胸径 49、腰径 40. 3、足径 47。

面一或二、三弦分晕，七晕：1. 太阳纹，十二芒夹三个云纹；2、5、7. 乳丁纹；3. 波纹；4. 缠枝纹；6. 同心圆纹与变形游旗纹（主纹）。鼓边有同心圆纹。

胸有乳丁纹、雷纹。腰上部凸棱一道，下为雷纹。足饰复线角形纹。

扁耳两对，耳边饰线纹四道。

身有四道合范线。

丂17710 号鼓

面径 32. 3、身高 19. 3、胸径 33. 2、腰径 27. 3、足径 33. 3。

面一弦分晕，中央残破，剩八晕：仅见绹纹、乳丁纹、宝相花、缠枝花等纹。

胸有乳丁纹、雷纹、同心圆纹、如意云纹。腰上部凸棱一道，下为雷纹、如意云纹。足饰复线角形纹。

扁耳两对。

身有两道合范线。

丂17848 号鼓

面径 51、身高 29、胸径 53. 8、腰径 42、足径 49。

面一弦分晕，十晕：1. 太阳纹，十二芒夹坠形纹；2. “[illegible]”字纹；3. “S”形勾头纹；4、9. 乳丁纹；5、8. 栉纹；6. 游旗纹（主纹）；7. 十二生肖纹；10. 兽形云纹。

胸有兽形云纹、乳丁纹、如意云纹、栉纹。腰上部凸棱一道，下为云纹、雷纹。足饰复线角形纹。

扁耳两对。每耳上下各镂一小方孔。

身有两道合范线。另有两条纵线。面沿露四段垫条痕。

丂22361 号鼓

面径 49. 8、身高 27. 1、胸径 52. 2、腰径 46. 4、足径 51. 4。

面一弦分晕，十一晕：1. 太阳纹，十二芒夹坠形纹；2. “[illegible]”字纹；3. “S”形勾头纹；4、10. 乳丁纹；5、9. 栉纹；6. 游旗纹（主纹）；7、8. 素晕；11. 兽形云纹。

胸有乳丁纹、兽形云纹、如意云纹、雷纹、栉纹。腰上部凸棱一道，下为雷纹、云纹。足饰复线角形纹。

扁耳两对。每耳上有一小孔，边饰绳纹。

身有四道合范线。

丂23298 号鼓

面径 31. 5、身高 21. 2、胸径 32. 8、腰径 27. 3、足径 31. 4。

面一弦分晕，七晕：1. 太阳纹，十二芒夹坠形纹；2. “[illegible]”字纹；3. “S”形勾头纹；4、6. 乳丁纹；5. 游旗纹（主纹）；7. 兽形云纹。

胸有云纹、乳丁纹、雷纹、栉纹。腰上部凸棱一道，下为雷纹、云纹。足饰复线角形纹。

扁耳两对。每耳上有一孔，耳边饰辫纹。

身有四道合范线。

丂25720 号鼓

面径 45.8、身高 26、胸径 49.6、腰径 40.3、足径 46.2。

面一弦分晕，九晕：1. 太阳纹，十二芒夹坠形纹，芒穿至三晕；2. “[illegible]”字纹；3. “S”形勾头纹；4、8. 乳丁纹；5. 游旗纹（主纹）；6. 素晕；7. 栉纹；9. 兽形云纹。

胸有乳丁纹、如意云纹、雷纹、栉纹。腰上部凸棱一道，下为雷纹、云纹。足饰复线角形纹。

扁耳两对。每耳上下镂三小孔，边饰绳纹。

身有四道合范线。

丂25721 号鼓

面径 46.6、身高 25.2、胸径 49.3、腰径 41、足径 46。

面一弦分晕，九晕：1. 太阳纹，十二芒夹坠形纹；2. “[illegible]”字纹；3. “S”形勾头纹；4、8. 乳丁纹；5. 游旗纹（主纹）；6. 素晕；7. 栉纹；9. 兽形云纹。

胸有乳丁纹、如意云纹、雷纹、栉纹。腰上部凸棱一道，下为雷纹、云纹。足饰复线角形纹。

扁耳两对。每耳上有小方孔一个，中饰小雷纹，耳边饰绳纹。

身有四道合范线。

北流型：5 面

丂38235 号鼓

1962 年贵县蒙垌大队尿岗堆岭嘴出土。

面径 77.2、身高 44.5、胸径 71、腰径 65.6、足径 76。

面有四蛙，逆时针环列。三弦分晕，六等晕：1. 太阳芒，八芒，芒间云纹；2、3. 云纹；4 ~ 6. 雷纹。

身三弦分晕。胸九、腰十三、足十晕，均为云纹与雷纹填线纹相间。

环耳两对。

身有两道合范线。

丂12043 号鼓

征集于上海冶炼厂。

面径 62.3，身皆残失。

面有四蛙，逆时针环列。三弦分晕，五等晕：1. 太阳纹，八芒；芒间和其余各晕皆遍布细雷纹。

身仅存胸部一块，饰雷纹与云纹相间。

丂6597 号鼓

来源不详（下同）。

面径 145、身高 78. 8、胸径 137. 2、腰径 127. 4，足残。

面有大小相负累蹲蛙四，两两相对，蛙四足，皆有三趾纹。三弦分晕，九等晕：1. 太阳纹，八芒，芒间雷纹；2 ~ 8. 雷纹；9. 雷纹填线纹。

身三弦分晕。胸十一、腰十六、足十晕，均为雷纹填线纹与云纹逐层相间。一侧耳下方的足部立骑士一骑。

大环耳两对，皆饰缠丝纹，背有双脊线，耳根有三趾纹。另有小环耳一对，饰缠丝纹，背为单脊线。

身有两道合范线。

丂38234 号鼓

面径 82. 7、身高 48. 5、胸径 77. 7、腰径 70. 3、足径 82. 5。

面有四蛙，逆时针环列。三弦分晕，六等晕：1. 太阳纹，八芒；2 ~ 5. 模糊；6. 复线角形填线纹。

身三弦分晕。胸七、腰九、足六晕，均为角形填线纹或雷纹填线纹与云纹相间。

环耳两对。

身有两道合范线。

丂38237 号鼓

面径 67. 2、身高 36. 8、胸径 64. 3、腰径 54. 4、足径 65. 3。

面有四蛙，逆时针环列。三弦分晕，六等晕：1. 晕中为太阳纹，八芒，各晕均饰细雷纹。

身三弦分晕。胸、腰、足各七晕，皆以云纹、雷纹逐晕相间。

环耳两对。

身有四道合范线。

灵山型：4 面

丂930 号鼓

来源不详（下同）。

面径 79. 5、身高 46. 7、胸径 43. 3、腰径 36. 6、足径 75. 5。

面有累蹲蛙六（皆三足），逆时针环列。二、三弦分晕，十八晕：1. 太阳纹，十芒，芒间连钱纹；2、18. 蝉纹；3、7、17. 四瓣花纹；4、6、9、11、14、16. 四出钱纹；5、10、15. 鸟纹（主纹）；8、12. 连钱纹；13. 席纹。

身三弦分晕。胸七晕：1. 蝉纹；2. 四瓣花纹；3、5. 钱纹；4. 鸟纹（主纹）；6. 连钱纹；

7. 虫纹。腰九晕：1. 席纹；2、8. 四瓣花纹；3、7. 连钱纹；4、6. 钱纹；5. 鸟纹（主纹）；9. 虫形纹。足七晕：1、7. 四瓣花纹；2、6. 连钱纹；3、5. 钱纹；4. 鸟纹（主纹）。

扁耳两对，饰羽纹图案。

身有两道合范线。

丂10198 号鼓

面径 80、身高 48.1、胸径 75.8、腰径 68.8、足径 76.7。

面有六蛙，皆三足，累蹲蛙与单蛙相间，逆时针环列。二弦分晕，十八晕：1. 太阳纹，十芒，芒间连钱纹；2、18. 蝉纹；3、7、17. 四瓣花纹；4、6、9、11、14、16. 四出钱纹；5、10、15. 鸟纹（主纹）；8、12. 连钱纹；13. 席纹。

鼓身纹模糊，能见者均同鼓面。

扁耳两对，饰篮纹。

身有两道合范线。

丂17583 号鼓

面径 80、胸径 76.1、腰径 70，足残失。

面有六蛙，皆三足，累蹲蛙与单蛙相间，逆时针环列。一、二、三弦分晕，二十晕：1. 太阳纹，十芒，芒间四瓣花纹，芒穿至三晕；其余纹模糊，隐约见有四出钱纹、鸟纹。

身纹模糊，仅见有四出钱纹、变形羽人纹。

扁耳两对，饰羽纹。

身有两道合范线。

丂35010 号鼓

面径 88.5、身高 53.7、胸径 87、腰径 78、足径 91。

面有六蛙，皆三足，累蹲蛙与单蛙相间，逆时针环列。二弦分晕，二十一晕：1. 太阳纹，十芒夹四瓣花纹，芒穿至五晕；2、21. 蝉纹；3、12. 雷纹；4、6、8、10、13、15、18、20. 四出钱纹；5. 鸟纹；7. 四瓣花纹；9、14. 鸟形纹（主纹）；11. 席纹；16. 连钱纹；17. 虫形纹；19. 变形羽人纹（主纹）。

身二弦分晕。胸八晕：1. 蝉纹；2、4、6、8. 钱纹；3. 虫形纹；5. 兽面图案（主纹）；7. 雷纹。腰九晕：1、5、7、9. 钱纹；2. 雷纹；3. 四瓣花纹；4. 席纹；6. 兽面图案（主纹）。足七晕：1、4、6. 钱纹；2. 虫形纹；3. 连钱纹；5. 鸟纹（主纹）；7. 蝉纹。一侧耳下方足部立水鸟一只。

扁耳两对，饰竖线纹六组。

身有两道合范线。

西盟型：2 面

丂17707 号鼓

来源不详（下同）。

面径 65. 9、身高 51，胸、腰、足残缺。

面有三层累蹲蛙四组，逆时针环列。三弦分晕，十七晕：1. 太阳纹，十二芒，芒间模糊，仅见有波纹；2、3、10. 钱纹、团花纹；4、11. 米粒纹；5、15. 鸟纹；6、12. 雷纹；7、16. 勾连雷纹；8、9、13、14. 翔鸟纹、定胜纹（主纹）；17. 素晕。

胸五晕：1. 栉纹；2. 米粒纹；3. 钱纹；4. 菱形图案；5. 羽纹、波浪纹。腰十一晕：1. 波浪纹；2、10. 菱形图案；3、8、9. 钱纹、团花纹；5、7. 栉纹；11. 羽纹和波浪纹。足四晕：1. 羽纹、波浪纹；2、3. 钱纹；4. 菱形图案。足沿有八道弦纹和一道辫纹。

另在腰、足间饰立体、浮雕三组：第 1 组在左鼓耳下方，为蛤蚧、狗、马、牛、象和两株棕树，树下各有一小动物；第 2 组在右耳下方，为一黄鼠狼；第 3 组在前方足部，也是一黄鼠狼。

细腰扁耳两对，耳根皆成叉形。均饰辫纹。

浑铸，身有四条竹篾纹。

丂33625 号鼓

面径 72. 5、身高 53、胸径 66. 5、腰径 55. 4、足径 56. 6。

面有累蹲蛙四，逆时针环列。一、三、四弦分晕，二十晕：1. 太阳纹，十六芒夹圆孔钱纹、团花纹；2、4、19. 栉纹；3、5、7、10、11、12、15、17、19. 钱纹、团花纹；6、13. 雷纹；8、16. 翔鸟纹（主纹）；9、14. 鸟纹、钱纹、菱形纹（主纹）；20. 素晕。边饰羽纹。

胸五晕：1. 米粒纹；2、4. 钱纹；3. 栉纹；5. 羽纹。腰十晕：1、3、5、7、9. 钱纹、团花纹；2、8. 米粒纹；4、6. 栉纹；10. 羽纹。足五晕：1. 羽纹；2. 栉纹；3、5. 钱纹；4. 米粒纹。

另在腰、足部前方浮雕玉树，树干上饰立体象三、螺二、蛇一，在后方及两侧饰纵行钱纹两条。

细腰扁耳两对，耳根皆成叉形。均饰辫纹。

浑铸，身有四组纵线纹。

江苏省

（收录十五面）

冷水冲型：1 面

3·467 号鼓（藏南京博物院）

来源不详。

面径 51.1、胸径 48.7、腰径 38，足部残失。

面有四蛙和两组小动物造型，均丢失。一弦分晕，十七晕：1. 太阳纹，十二芒，芒间坠形纹；2、10. 席纹；3～6、12～15. 栉纹夹双行勾连同心圆纹纹带；7. 复线交叉纹；8. 羽纹；9. 变形羽人纹（主纹）；11. 翔鹭纹（主纹）；16、17. 眼纹。

胸上部饰席纹、羽纹和纹带（同鼓面纹带），中、下部为两行相背变形船纹，船底间隔羽纹一道。腰上部为变形羽人图案，下为席纹、纹带（同上纹带）、细方格纹、羽纹。足部仅残留羽纹一周。

扁耳两对，饰辫纹图案。每耳上下各有一方孔。

身有两道合范线。胸内壁两侧共有半环纽两对。鼓身零星露垫片痕。

遵义型：1 面

3·459 号鼓

1955 年泰州大林桥南街群众捐献。

面径 57、身高 29.7、胸径 57.3、腰径 45.2，足下部被锯去一小段。

面一或二弦分晕，十晕，有主次：1. 太阳纹，十二芒，芒间坠形纹；2. “[illegible]”字纹；3. 游旗纹（主纹）；4. 葫芦纹；5. 翔凤纹（主纹）；7. 栉纹；6、8、9、10. 云纹。

胸部花纹七层：1、2. 云纹；3、5、7. 勾连同心圆纹；4、6. 栉纹。腰部四周饰悬山四开间屋纹。足部仅余一道栉纹夹同心圆纹纹带。

扁耳两对，饰辫纹图案。

身有四道合范线。

麻江型：11 面

3·461 号鼓（藏南京博物院。下同）

1955 年江苏省党校拨交。

面径 51.3、身高 28.5、胸径 52.3、腰径 44.6、足径 51。

面一弦分晕（一晕二弦），十晕：1. 太阳纹，十二芒，芒呈弧形凸起，芒间坠形纹；2. “酉”字纹；3、6. 素晕；4、9. 乳丁纹；5. 游旗纹；7. 雷纹；8. 栉纹；10. 兽形云纹。

胸有乳丁纹、云纹、雷纹。腰上部凸棱一道，下为雷纹。足饰复线角形纹。

扁耳两对，耳边饰绳纹。

身有四道合范线。

3·460 号鼓

南京土产公司拨交（下同）。

面径 50.8、身高 29、胸径 54.1、腰径 45.2、足径 33。

面一弦分晕，十一晕：1. 太阳纹，十二芒夹坠形纹；2. “酉”字纹；3. “S”形勾头纹；4、10. 乳丁纹；5、9. 栉纹；6. 游旗纹（主纹）；7、8. 素晕；11. 兽形云纹。

胸部有乳丁纹、云纹、雷纹、栉纹。腰上部凸棱一道，下为云纹、雷纹。足饰复线角形纹。

扁耳两对（一残失），耳边饰辫纹。

身有四道合范线。

3·462 号鼓

面径 50、身高 27.8、胸径 52.5、腰径 46.5、足径 50.6。

面一弦分晕，十一晕：1. 太阳纹，十二芒夹坠形纹；2. “酉”字纹；3. “S”形勾头纹；4、10. 乳丁纹；5、9. 栉纹；6. 游旗纹（主纹）；7、8. 素晕。

胸有乳丁纹、云纹、雷纹、栉纹。腰上部凸棱一道，下为雷纹、云纹。足饰复线角形纹。

扁耳两对。每耳上下有小孔，边饰绳纹。

身有两道合范线。

3·463 号鼓

面径 49.7、身高 27.8、胸径 51.9、腰径 44.5、足径 51.2。

面一弦分晕，十一晕：1. 太阳纹，十二芒，芒间坠形纹，芒穿至二晕；2. “酉”字纹；3. “S”形勾头纹；4、10. 乳丁纹；5、9. 栉纹；6. 游旗纹（主纹）；7、8. 素晕；11. 兽形云纹。

胸有乳丁纹、兽形云纹、如意云纹、栉纹。腰上部凸棱一道，下为雷纹、云纹。足饰复线角形纹。

扁耳两对。每耳中有方窝三个，边饰绳纹。

身有两道合范线。另有两条纵线，并零星露出垫片痕。

3·466 号鼓

面径 47. 5、身高 27、胸径 50. 3、腰径 47. 1、足径 50. 7。

面一、二弦分晕，九晕：1. 太阳纹，十二芒，芒间素，芒尖分叉；2、6. 同心圆纹；3、7. 乳丁纹；4. 栉纹；5. 人字脚游旗纹；8. 辫纹；9. 绹纹。

胸有乳丁纹、同心圆纹。腰上部凸棱一道，下为宝角纹一周。足饰绹纹及图案三角形纹。

扁耳两对。每耳中有长方孔两个，边饰绳纹。

身有两道合范线。面沿露四段垫条痕。

3·465 号鼓

面径 46. 8、身高 28、胸径 47. 7、腰径 41. 8、足径 47。

面沿有蛙两只（失一），头向中心。一、二、三或四弦分晕，九晕：1. 太阳纹，十二芒，芒间三角形图案；2、4、8. 乳丁纹；3. 雷纹；5. 宝相花纹；6. “S”形勾头纹；7. “卍”字图案；9. 素条一道。

胸有乳丁纹、宝相花纹、雷纹。腰上部凸棱一道，下为“S”形勾头纹、雷纹。足饰三角形图案。

扁耳两对。每耳边饰辫纹，中有雷纹。

身有四道合范线。

3·468 号鼓

面径 48. 2、身高 26. 2、胸径 50、腰径 41. 7、足径 48。

面一弦分晕，十一晕：1. 太阳纹，十二芒间坠形纹；2. “[illegible]”字纹；3. “S”形勾头纹；4、10. 乳丁纹；5、9. 栉纹；6. 游旗纹（主纹）；7. 十二生肖纹（主纹）；8. 素晕；11. 兽形云纹。

胸有乳丁纹、如意云纹、兽形云纹、云纹、雷纹、栉纹。腰上部凸棱一道，下为云纹、雷纹。足饰复线角形纹。

扁耳两对。每耳边饰绳纹，中有三孔，间以雷纹四个。

身有四道合范线。

3·469 号鼓

面径 45. 8、身高 26. 1、胸径 46. 8、胸径 40. 4、足径 46. 1。

面一或二弦分晕，十一晕：1. 太阳纹，十二芒，芒间三角形图案；2、7 与鼓边 . 乳丁纹；3、10. 同心圆纹；4. 栉纹；5. 人字脚游旗纹（主纹）；6、9. 雷纹；8. 素晕；11. 绹纹。

胸有乳丁纹、同心圆纹、雷纹。腰上部凸棱一道，下为如意云纹、菱格四瓣花纹、雷纹。足饰图案三角形纹。

扁耳两对，耳中饰雷纹。

身有四道合范线。

3·470 号鼓

面径 45. 5、身高 25. 5、胸径 46、腰径 37. 9、足径 45。

面一、二或三弦分晕，八晕：1. 太阳纹，十二芒，芒间素；2、5、8. 乳丁纹；3. 桃、荷、菊、梅四季花纹（主纹）；4、7. 雷纹；6. 弓、箭、锤、斧、钺、螺、鳝、鱼、荷花、如意、宝珠、角号、珊瑚、元宝等杂纹（主纹）。

胸有乳丁纹、云纹、雷纹。腰上部凸棱一道，下为雷纹。足饰复线角形纹。

扁耳两对，饰线纹。

身有两道合范线。

3·464 号鼓

1953 年南京下关废铜仓库拨交。

面径 50.5、身高 26.4、胸径 52.5、腰径 44.6、足径 50.2。

面一弦分晕，十一晕：1. 太阳纹，十二芒夹坠形纹；2. “[illegible]”字纹；3. “S”形勾头纹；4、10. 乳丁纹；5、7. 栉纹；6. 游旗纹（主纹）；8、9. 素晕；11. 兽形云纹。

胸有乳丁纹、云纹、雷纹。腰上部凸棱一道，下为栉纹、雷纹、云纹。足饰复线角形纹。

扁耳两对。每耳有一孔，中为雷纹，边饰绳纹。

身有四道合范线。面沿露四段垫条痕。

3·471 号鼓

1953 年征集于南京废铜仓库。

面一弦分晕（第一晕双弦），十晕：1. 太阳纹，十二芒，芒间三角形图案，芒穿至晕；2. “[illegible]”字纹；3. 雷纹；4、8. 素晕；5、7、10. 乳丁纹；6. 变形游旗纹（主纹）；9. 栉纹。边沿四方有四钱纹。

胸有乳丁纹、钱纹、雷纹、宝珠纹。腰上部凸棱一道，下为宝珠纹、雷纹。足饰复线角形纹。

扁耳两对，耳边饰辫纹。

身有四道合范线。

灵山型：2 面

3·457 号鼓（藏南京市博物馆。下同）

来源不详（下同）。

面径 89.4、身高 52、腰径 87、腰径 67.5、足径 89.3。

面有六蛙，皆三足累蹲蛙，顺时针环列。三弦分晕，十三晕：1. 太阳纹，七芒，芒间雷纹、四瓣花纹；2、6、10、13. 四出钱纹（方孔填“十”字纹）；3、5、7、9、11. 云纹（主纹）；4、8、12. 半圆填线纹。

身三弦分晕。胸六晕：1、4. 四出钱纹；2. 云纹；3、6. 云纹和雷纹；5. 雷纹。腰八晕：1、7. 雷纹；2、4. 四瓣花纹；3. 云纹；5. 四出钱纹；6. 云纹填线纹；8. 钱纹。足六晕：1. 雷纹；2. 四出钱纹；3. 半圆填线纹；4、5、6. 四瓣花纹加四出钱纹。

扁耳两对，饰辫纹。每耳上下各有一孔。

身有两道合范线。面露垫片痕。

3·458号鼓

面径80、身高48.9、胸径76.1、腰径69.1、足径81。

面有六蛙，皆三足（中一蛙特小），逆时针环列。三弦分晕，十一晕：1. 太阳纹，八芒，芒间雷纹；2、9. 虫形纹；3、4、7. 雷纹；5、10. 四出钱纹；6、8. 四瓣花纹；11. 素晕。

身三弦分晕。胸七、腰十、足七晕，大致为席纹、半圆或半圆填线纹层层相间环列。

环耳两对，饰缠枝纹。

身有两道合范线。并露零星垫片痕。背面有模痕。

浙江省

（收录六面）

冷水冲型：1 面

浙 003 号鼓（藏浙江省博物馆。下同）

来源不详（下同）。

面径 66.5、胸径 64.6、腰径 50.9，足残失。

面一弦分晕，十七晕：1. 残破；2～7. 水波纹和栉纹夹双行同心圆纹组成纹带；8. 雷纹；9、11、13、17. 水波纹；10. 变形羽人纹（主纹）；12. 变形翔鹭纹（主纹）；14、16. 眼纹。

胸上部饰纹带（同鼓面 2～7），下为两层相背变形船纹。腰上部饰变形羽人图案，下饰纹带与胸相似，但多水波纹和细方格纹图案。

扁耳两对，饰辫纹图案。每耳有长方孔两个。

身有两道合范线。

麻江型：2 面

浙 001 号鼓

面径 50、身高 27.6、胸径 51.9、腰径 44.5、足径 49.9。

面一弦分晕，十一晕：1. 太阳纹，十二芒夹坠形纹；2. “[illegible]”字纹；3. “S”形勾头纹；4、10. 乳丁纹；5、9. 栉纹；6. 游旗纹；7、8. 素晕；11. 兽形云纹。

胸有乳丁纹、云纹、雷纹、栉纹。腰上部凸棱一道，下为雷纹、云纹。足饰复线角形纹。

扁耳两对。每耳两孔。

身有四道合范线。面露四段垫条痕。

浙 002 号鼓

面径 50、身高 27.8、胸径 53.1、腰径 46.8、足径 49.5。

面一弦分晕，十一晕：1. 太阳纹，十二芒夹坠形纹；2. “[illegible]”字纹；3. “S”形勾头纹；4、10. 乳丁纹；5、9. 栉纹；6. 游旗纹（主纹）；7、8. 素晕；11. 兽形云纹。

胸有乳丁纹、云纹、栉纹。腰上部凸棱一道，下为雷纹、云纹。足饰复线角形纹。

扁耳两对。每耳有方形窝三个。

身有四道合范线。面露四段垫条痕。

北流型：2 面

浙 004 号鼓

面径 84.2、身高 48、胸径 79.1、腰径 73.5、足径 84.4。

面有四小蛙，两两相对（一蛙已残失）。三弦分晕，七等晕：1. 太阳纹，八芒；余纹皆模糊。

胸部十晕，腰部十三晕，足部九晕，皆通饰云纹。

环耳两对（一耳已残失）。

身有两道合范线。

浙 005 号鼓

面径 134、胸径 125.7，腰以下残失。

面有四蛙，两两相对。三弦分晕，等晕：1. 太阳纹，八芒，芒间云纹；其余各晕通饰云纹。

胸部模糊不清。

身有两道合范线。

异型：1 面

浙 006 号鼓

面径 15.2、身高 7.5，胸、腰残破，足径 13.6。

面二单蛙与二累蹲蛙相间，顺时针环列。花纹四圈：1. 素纹；2. ㄹ纹；3. 雷纹；4. 缠枝花纹。

胸部一道雷纹，腰部一道缠枝花纹，足部一道蝉纹。

扁耳一对，饰辫纹。

浑铸。

湖北省

（收录六面）

冷水冲型：1 面

鄂 006 号鼓（藏湖北省博物馆）

来源不详。

面径 101.7、身高 71.4、胸径 106.7、腰径 88.5、足径 105.7。

面有四蛙，逆时针环列。一或二弦分晕，十一晕：1. 太阳纹，十二芒，芒间坠形纹；2 ~ 5. 勾连同心圆纹与栉纹相间组成纹带；6. 复线交叉纹；7. 变形羽人纹（主纹）；8. 变形翔鹭纹；9 ~ 11. 栉纹夹勾连同心圆纹组成纹带。

胸上部饰一道栉纹和一道勾连同心圆纹，下为六只变形船纹。腰上部被羽纹纹带纵分为十格，格中为变形羽人图案，下部饰纹带（同鼓面 9 ~ 11 晕）。足上部一道雷纹，下饰八棵芭蕉树纹。

扁耳两对，饰辫纹。每耳有长方孔二。

身有两道合范线。并零星露垫片痕。

麻江型：4 面

鄂 004 号鼓（藏湖北省博物馆。下同）

郧西县文化馆送交。

面径 43、身高 24.8、胸径 44、腰径 36.6、足径 44.2。

面一弦分晕，十晕：1. 太阳纹，十二芒，芒间复线三角纹，芒穿至四晕；2. 同心圆纹；3. 素晕；4、7、10. 乳丁纹；5、人形纹、动物纹（主纹）；6. 辫纹；8. 如意云纹；9. 栉纹。鼓边的四方散布人形纹、家畜纹。

胸部有乳丁纹、如意云纹、雷纹、菱格填花纹。腰上部凸棱一道，下为菱格填花纹、辫纹、雷纹。足饰复线角形纹。

扁耳两对，耳边饰辫纹。

背面有雷纹印记一个。

身有两道合范线。

鄂 001 号鼓

来源不详（下同）。

面径 46.4、身高 25、胸径 48.4、腰径 40.8、足径 46.5。

面一弦分晕，十晕：1. 太阳纹，十二芒夹坠形纹；2. “[illegible]”字纹；3. “S”形勾头纹；4、7、10. 乳丁纹；5. 游旗纹（主纹）；6. 云纹；8. 栉纹；9. 兽形云纹。

胸有乳丁纹、如意云纹、云纹、雷纹、栉纹。腰上部凸棱一道，下为雷纹、云纹。足饰复线角形纹。

扁耳两对，耳边饰绳纹。

身有四道合范线。

鄂 002 号鼓

面径 47.2、身高 25.7、胸径 48.7、腰径 41、足径 46.5。

面一弦分晕，九晕：1. 太阳纹，十二芒夹坠形纹，芒穿至二晕；2. “[illegible]”字纹；3. 兽形云纹；4、8. 乳丁纹；5. 栉纹；6. 游旗纹（主纹）；7. 素晕；9. “S”形勾头纹。

胸有乳丁纹、云纹、兽形云纹、雷纹、栉纹。腰上部凸棱一道，下为雷纹、云纹、兽形云纹。足饰复线角形纹。

扁耳两对。每耳边饰绳纹，中有雷纹两个，耳上有一长方孔。其中两耳下有孔一个。

身有四道合范线。

鄂 003 号鼓

面径 47.1、身高 27、胸径 50、腰径 41.4、足径 47.8。

面一弦分晕，九晕：1. 太阳纹，十二芒夹坠形纹，芒穿至三晕；2. “[illegible]”字纹；3. “S”形勾头纹；4、8. 乳丁纹；5. 游旗纹（主纹）；6. 素晕；7. 栉纹；9. 兽形云纹。

胸有乳丁纹、雷纹、云纹、栉纹。腰上部凸棱一道，下为雷纹、云纹。足饰复线角形纹。

扁耳两对。每耳边饰绳纹，中有雷纹三个。另一耳有一孔。

身有四道合范线。面沿露四段垫条痕。

灵山型：1 面

鄂 005 号鼓（藏湖北省博物馆）

来源不详。

面径 80.4、胸径 77.7、腰径 68.3，足部残失。

面有六蛙，皆三足，累蹲蛙与单蛙相间，逆时针环列。二弦分晕，十七晕：1. 太阳纹，十芒，芒间为线纹、蝉纹，芒穿至二晕，芒尖分叉；2、17. 蝉纹；3、5、8、10、13、15. 四出钱纹；4. 鸟纹（主纹）；6、12. 虫形纹；7. 席纹；9. 鸟形纹；11. 连钱纹；14. 变形羽人纹（主纹）；16. 四瓣花纹。

身二弦分晕。胸九晕：1. 蝉纹；2. 雷纹填线纹；3. 虫形纹；4、6. 四出钱纹；5. 兽面图案（主纹）；7. 栉纹；8. 连钱纹；9. 四瓣花纹。腰八晕：1、7. 四瓣花纹；2、6. 虫形纹；3、5. 四出钱纹；4. 变形羽人纹（主纹）；8. 连钱纹。

扁耳两对，饰辫纹。

身有两道合范线。背面有变形模痕两块。

湖南省

（收录二十七面）

冷水冲型：1 面

汉［八］2∶12 号鼓（藏湖南省博物馆）

来源不详。

仅余两残片：

面中心太阳纹十二芒，芒间坠形纹。主晕有二：一饰变形羽人纹，一饰变形翔鹭纹、定胜纹。另有同心圆纹、栉纹组成的纹带。

身仅见同心圆纹、栉纹组成的纹带。

麻江型：23 面

汉［八］2∶5 号鼓（藏湖南省博物馆。下同）

征集于长沙废铜厂（下同）。

面径 50.2、身高 28.2、胸径 53.8、腰径 45、足径 50.1。

面一弦分晕，十一晕：1. 太阳纹，十二芒夹坠形纹；2. “酉”字纹；3. “S”形勾头纹；4、10. 乳丁纹；5、9. 栉纹；6. 游旗纹（主纹）；7、8. 素晕；11. 兽形云纹。

胸有乳丁纹、云纹、雷纹、栉纹。腰上部凸棱一道，下为云纹、雷纹。足饰复线角形纹。

扁耳两对，耳边饰绳纹。

身有四道合范线。面沿露四段垫条痕。

唐［八］5∶2 号鼓

面径 50、身高 28.1、胸径 53.3、腰径 46.8、足径 51。

面一弦分晕，十晕：1. 太阳纹，十二芒夹坠形纹；2. “酉”字纹；3、8. 栉纹；4、9. 乳丁纹；5. “S”形勾头纹；6. 游旗纹（主纹）；7. 十二生肖纹（主纹）；10. 兽形云纹。

胸有乳丁纹一、云纹、栉纹。腰上部凸棱一道，下为雷纹、云纹。足饰复线角形纹。

扁耳两对（一对残失）。

身有四道合范线。

宋［八］1∶2号鼓

面径50.2、身高27、胸径50.1、腰径44.5、足径50.2。

面一弦分晕，十一晕：1. 太阳纹，十二芒夹坠形纹；2.“[illegible]”字纹；3.“S”形勾头纹；4、10. 乳丁纹；5、9. 栉纹；6. 游旗纹（主纹）；7、8. 素晕；11. 兽形云纹。

胸有乳丁纹、如意云纹、兽形云纹、雷纹、云纹、栉纹。腰上部凸棱一道，下为云纹、雷纹。足饰复线角形纹。

扁耳两对。每耳两边饰绳纹，上下耳根各有圆孔一个。

身有四道合范线。

宋［八］1∶8号鼓

面径46.2、身高26、胸径46.4、腰径40.4、足径46.2。

面一或二弦分晕，十二晕：1. 太阳纹，十二芒，芒间三角形图案；2、7、12. 乳丁纹；3、11. 同心圆纹；4. 绹纹；5. 人字脚游旗纹（主纹）；6、9. 雷纹；8. 辫纹；10. 栉纹。

胸有乳丁纹、同心圆纹、雷纹。腰上部凸棱一道，下为缠枝纹、如意云纹、雷纹。足饰图案三角形纹。

扁耳两对，耳边饰绳纹。

身有四道合范线。

宋［八］1∶11号鼓

面径47.4、身高26.5、胸径48.7、腰径41.8、足径46.4。

面一、二或三弦分晕，八晕：1. 太阳纹，十二芒夹三角形图案；2、5、8. 乳丁纹；3. 兽形云纹；4. 游旗纹（主纹）；6. 缠枝纹；7. 双层“S”形勾头纹。

胸有乳丁纹、兽形云纹、如意云纹、云纹、栉纹。腰上部凸棱一道，下为雷纹、栉纹、云纹。足饰图案三角形纹。

扁耳两对，耳边饰绳纹。

身有四道合范线。

宋［八］1∶13号鼓

面径46.6、身高27.5、胸径48.4、腰径39.5、足径47。

面一、二或三弦分晕，八晕：1. 太阳纹，十二芒，芒间素；2、5、8. 乳丁纹；3. 复线角形纹（主纹）；4、6. 云纹；7. 栉纹。

胸有乳丁纹、雷纹。腰上部凸棱一道，下为云纹、波浪纹。足饰复线角形纹。

扁耳两对，每耳饰粗线纹四条。

身有四道合范线。

宋［八］1∶14号鼓

面径47.3、身高26.6、胸径48.7、腰径40.4、足径46。

面二、三或四弦分晕，六晕：1. 太阳纹，十二芒，芒间素；2. 乳丁纹；3. 菱格填花纹；4. 棂花图案；5. 缠枝纹与乳丁纹；6. 梅花图案与乳丁纹（主纹）。

胸有乳丁纹、菱格填花纹、雷纹。腰上部凸棱一道，下为菱格填花纹、雷纹。足饰图案三角形纹。

扁耳两对，耳边饰绳纹。

身有四道合范线。

进［八］9：2号鼓

面径45.5、身高25.7、胸径45.9、腰径37.9、足径44.8。

面一、二或三弦分晕，八晕：1. 太阳纹，十二芒，芒间素；2、5、8. 乳丁纹；3、7. 雷纹；4. 四季花纹；6. 法宝纹。鼓边有一周同心圆纹。

胸部有乳丁纹、绹纹与如意云纹、雷纹图案。腰上部凸棱一道，下为雷纹图案。足饰复线角形纹。

扁耳四个，成三角形布局（一方两耳，另两方各一耳），每耳饰凸线纹四道。

身有四道合范线。背面有阴弦纹两道。

汉［八］2：4号鼓

来源不详（下同）。

面径50.6、身高29、胸径54.1，腰、足部残破。

面一弦分晕，十一晕：1. 太阳纹，十二芒，芒呈弧形凸起，芒间模糊；2. “□”字纹；3. “S”形勾头纹；4、10. 乳丁纹；5、9. 栉纹；6. 游旗纹（主纹）；7、8. 素晕；11. 云纹。

胸有乳丁纹、如意云纹、云纹、雷纹、栉纹。腰上部凸棱一道，下为雷纹、云纹。足饰复线角形纹。

扁耳两对，耳边饰绳纹。

身有四道合范线。

汉［八］2：6号鼓

面径47.6、身高26.3、胸径49、腰径41.2、足径47.4。

面一弦分晕，十一晕：1. 太阳纹，十二芒，芒间坠形纹，芒穿至二晕；2. “□”字纹；3. “S”形勾头纹；4、7、10. 乳丁纹；5. 游旗纹（主纹）；6、8. 云纹；9、11. 雷纹。

胸有乳丁纹、雷纹。腰上部凸棱一道，下为雷纹。足饰复线角形纹。

扁耳两对，耳边饰绳纹。

身有两道合范线。鼓面有粗弦纹一周。

唐［八］5：1号鼓

面径50.8、身高29.8、胸径54、腰径47.1、足径52.6。

面有四蛙（一失），皆后人作伪嵌上的。一弦分晕，十晕：1. 太阳纹，十二芒，芒间三角形图案；2. “□”字纹；3. 云纹；4、9. 乳丁纹；5、8. 栉纹；6. 游旗纹（主纹）；7. 十二生肖纹（主纹）；10. 兽形云纹。

胸有乳丁纹、兽形云纹、如意云纹、栉纹、云纹。腰上部凸棱一道，下为雷纹、云纹。足饰复线角形纹。

扁耳两对。每耳两边饰辫纹，中有方孔三个。

身有四道合范线。

唐［八］5∶3 号鼓

面径 51.2、身高 28、胸径 53.2、腰径 47、足径 51.8。

面一弦分晕，十晕：1. 太阳纹，十二芒夹坠形纹；2. “酉”字纹；3、9. 乳丁纹；4、10. 云纹；5、8. 栉纹；6. 游旗纹（主纹）；7. 十二生肖纹（主纹）。

胸有乳丁纹、云纹、栉纹。腰上部凸棱一道，下为雷纹、云纹。足饰复线角形纹。

扁耳两对，每耳有三孔。

身有四道合范线。

宋［八］1∶1 号鼓

面径 51.8、身高 28、胸径 54.1、腰径 47.8、足径 52.5。

面一弦分晕，十一晕：1. 太阳纹，十二芒夹坠形纹；2. “酉”字纹；3. “S”形勾头纹；4、10. 乳丁纹；5、9. 栉纹；6. 游旗纹（主纹）；7、8. 素晕；11. 兽形云纹。

胸有乳丁纹、云纹、雷纹、栉纹。腰上部凸棱一道，下为云纹、雷纹。足饰复线角形纹。

扁耳两对。每耳两边饰绳纹，中有两孔。

身有四道合范线。面沿露四段垫条痕。

宋［八］1∶3 号鼓

面径 51、身高 27.5、胸径 52.5、腰径 45.2、足径 49。

面一弦分晕，十一晕：1. 太阳纹，十二芒夹坠形纹，芒尖分叉；2. “酉”字纹；3. “S”形勾头纹；4、10. 乳丁纹；5、9. 栉纹；6. 游旗纹（主纹）；7、8. 素晕；11. 兽形云纹。

胸有乳丁纹、云纹、雷纹、栉纹。腰上部凸棱一道，下为云纹、雷纹。足饰复线角形纹。

扁耳两对，耳边饰绳纹。

身有四道合范线。

宋［八］1∶4 号鼓

面径 47、身高 25.7、胸径 50、腰径 40.1、足径 46.3。

面一弦分晕，十晕：1. 太阳纹，十二芒夹坠形纹；2. “酉”字纹；3. “S”形勾头纹；4、7、10. 乳丁纹；5. 游旗纹（方纹）；6. 菱格填花纹；8. 栉纹；9. 兽形云纹。

胸有乳丁纹、如意云纹、雷纹、栉纹。腰上部凸棱一道，下为雷纹、云纹。足饰复线角形纹。

扁耳两对。每耳两边饰绳纹，中有雷纹三个。

身有四道合范线。

宋［八］1∶5 号鼓

面径 50.8、身高 26.5、胸径 52.3、腰径 44.4、足径 50.2。

面一弦分晕，十晕：1. 太阳纹，十二芒夹坠形纹，芒穿至四晕；2. “[illegible]”字纹；3. 素晕；4、6、9. 乳丁纹；5. 游旗纹（主纹）；7. 栉纹；8. 雷纹；10. 云纹。

胸有乳丁纹、云纹、雷纹。腰上部凸棱一道，下为雷纹、云纹。足饰复线角形纹。

扁耳两对，耳边饰绳纹。

身有两道合范线。另有两条纵线。

宋［八］1∶6号鼓

面径46.5、身高25.6、胸径49.6、腰径42、足径47.8。

面一或二弦分晕，九晕：1. 太阳纹，十二芒，芒间模糊；2、5、9. 乳丁纹；3. 游旗纹（主纹）；4、7. 素晕；6. 雷纹；8. 兽形云纹。

胸纹模糊，可见有云纹、雷纹。腰上部凸棱一道，下为雷纹、云纹。足饰复线角形纹。

扁耳两对，耳边饰粗凸线三道。

身有四道合范线。

宋［八］1∶7号鼓

面径47、身高25.7、胸径48.7、腰径40.1、足径47.7。

面一弦分晕，九晕：1. 太阳纹，十二芒夹坠形纹；2. “[illegible]”字纹；3. “S”形勾头纹；4、8. 乳丁纹；5. 游旗纹（主纹）；6. 素晕；7. 栉纹；9. 兽形云纹。

胸有乳丁纹、如意云纹、兽形云纹、雷纹、云纹、栉纹。腰上部凸棱一道，下为云纹、雷纹。足饰复线角形纹。

扁耳两对。每耳边饰绳纹，上下耳根各有孔一个。

身有四道合范线。

宋［八］1∶9号鼓

面径46.5、身高26.3、胸径49.3、腰径41、足径46.6。

面一弦分晕，十晕：1. 太阳纹，十二芒夹坠形纹；2. “[illegible]”字纹；3. “S”形勾头纹；4、7、10. 乳丁纹；5. 游旗纹（主纹）；6. 素晕；8. 栉纹、9. 兽形云纹。

胸有乳丁纹、云纹、栉纹、雷纹。腰上部凸棱一道，下为云纹、雷纹。足饰复线角形纹。

扁耳两对（一对残失），耳边饰绳纹。

身有四道合范线。

宋［八］1∶10号鼓

面径47.4、身高25.9、胸径50.1、腰径41.1、足径41。

面一弦分晕，十晕：1. 太阳纹，十二芒夹坠形纹；2. “[illegible]”字纹；3. “S”形勾头纹；4、7、10. 乳丁纹；5. 游旗纹（主纹）；6. 素晕；8. 栉纹；9. 兽形云纹。

胸有乳丁纹、云纹、栉纹、雷纹。腰上部凸棱一道，下为云纹、雷纹。足饰复线角形纹。

扁耳两对，耳边饰绳纹。

身有四道合范线。

宋［八］1∶12 号鼓

面径 47.6、身高 25.8、胸径 49.3、腰径 40.1、足径 47.5。

面一弦分晕，九晕：1. 太阳纹，十二芒夹坠形纹；2. “卣”字纹；3. “S”形勾头纹；4、8. 乳丁纹；5. 游旗纹（主纹）；6. 素晕；7. 栉纹；9. 兽形云纹。

胸有乳丁纹、如意云纹、雷纹、栉纹。腰上部凸棱一道，下为雷纹、云纹。足饰复线角形纹。

扁耳两对。每耳两边饰绳纹，中有雷纹三个，上下耳根各有孔一个。

身有四道合范线。

宋［八］1∶15 号鼓

面径 47.3、身高 27.3、胸径 48.7、腰径 39.8、足径 47.3。

面一或二、三弦分晕，六晕：1. 太阳纹，十二芒，芒间模糊；2 及鼓边．缠枝纹（主纹）；3、5、6. 乳丁纹；4. 细方格与角形混合图案。

胸、足部共饰七组阴弦纹，每组一至二道。腰为凸棱一道。

扁耳两对，耳边饰绳纹。

身有四道合范线。

近［八］9∶1 号鼓

面径 49.2、身高 28.8、胸径 51.6、腰径 41.7、足径 49.2。

面一弦分晕，七晕：1. 太阳纹，十二芒，芒间素；2、7. 同心圆纹；3. 复线角形纹；4. 缠枝花纹（主纹）；6. 变形游旗纹（主纹）；6. 波浪纹。

胸有弦纹、乳丁纹。腰有凸圆棱一道，棱饰脊线一道。胸腰、腰足分界处各有弦纹一道。足饰弦纹两道。

扁耳两对。

身有四道合范线。

灵山型：3 面

汉［八］2∶2 号鼓（藏湖南省博物馆。下同）

征集于湖南株洲冶炼厂。

面径 74.2、胸径 74.2、腰径 66.7、足径 73.2、壁厚 0.2。

面有四蛙（三足），逆时针环列。二或一弦分晕，十四晕：1. 太阳纹，芒间四瓣花纹；2、3. 连钱纹；4、9、10. 四出钱纹；5. 变形羽人纹（主纹）；6. 席纹；7. 四瓣花纹；8. 鸟形纹（主纹）；11、13. 虫形纹；14. 蝉纹。

身二弦分晕。胸七晕：1. 四瓣花纹；2、4、6. 虫形纹；3、5. 四出钱纹；7. 连钱纹。腰七晕：1、2. 连钱纹；3、5. 四出钱纹；4. 变形羽人纹（主纹）；6. 席纹；7. 云纹。足五晕：1. 四瓣花纹；2、4. 四出钱纹；3. 鸟纹（主纹）；5. 蝉纹。另耳下方足边饰立体水禽一只。

扁耳两对，饰羽纹。每耳有两孔。

身有两道合范线。背面有六块扇形模痕。

汉［八］2∶1号鼓

来源不详（下同）。

面径94.5、身高57、胸径93、腰径84.1、足径94.1。

面有六蛙（皆残失），逆时针环列。二弦分晕，十八晕：1. 太阳纹（残破），存芒穿至二晕，芒间四出钱纹；2、6、11、13. 席纹；3、5、8、10、15、17. 四出钱纹；4、16. 鹭含鱼纹（主纹）；7、12、14. 虫形纹；9. 变形羽人纹（主纹）；18. 蝉纹。

身二弦分晕，共二十三晕：胸、足主纹为鹭含鱼纹。腰主纹为变形羽人纹。其余有四出钱纹、席纹、虫纹、四瓣花纹、蝉纹。

扁耳两对，饰绳纹。每耳有一孔。

身有两道合范线。

汉［八］2∶3号鼓

仅有鼓面1/4的残片。

面存两蛙，逆时针环列。二弦分晕，二十四晕，纹多模糊，仅见主晕饰变形羽人纹、鹭鸟纹；余为连钱纹、席纹、蝉纹、虫纹等。

广东省

（收录二百二十二面）

石寨山型：1 面

3－796 号鼓（藏广州市博物馆）

广州市博物馆旧存。

面径 32、身高 24. 8、胸径 39. 1、腰径 31. 5、足径 40. 2。

面双阴弦分晕，五晕：1. 太阳纹，十芒，芒间素；2、4、5. 锯齿纹；3. 素晕。

胸上部饰两行细点纹夹两行锯齿纹组成的纹带，下部为四组羽人划船纹。腰上部被纹带纵分成十格，格中素；下部亦饰相同纹带。足部素。

扁耳两对，饰辫纹图案。

身有两道合范线。

冷水冲型：14 面

粤 007 号鼓（藏广东省博物馆）

广东省文管会旧存。

面径 93、身高 63、胸径 92、腰径 74、足径 91. 5。

面有四蛙，逆时针环列。单弦分成二十三晕：1. 太阳纹，十二芒，芒间坠形纹；2 ~ 7、15 ~ 20. 羽纹、栉纹夹双行勾连同心圆纹形成纹带；8、10、12、14、21. 素晕；9. 复线交叉纹；11. 变形羽人纹（主纹）；13. 变形翔鹭纹间定胜纹；22. 栉纹；23. 羽纹。

胸上部和腰下部饰纹带（同鼓面纹带）。腰上部由相同纹带纵分成六格，格间素。足上部饰羽纹夹栉纹，下为圆心垂叶纹。

扁耳两对，饰绳纹。每耳上下各有长条孔一个。

身有两道合范线。胸、足内壁两侧共有小纽四对。

粤 008 号鼓

面径 79、身高 58、胸径 81. 8、腰径 66. 2、足径 80. 5。

面有四蛙，逆时针环列，相对两蛙间各有骑乘一。单弦分晕，十七晕：1. 太阳纹，十二芒，芒间坠形纹；2. 波浪纹；3、7、15. 素晕；4. 同心圆纹；8. 复线交叉纹；9、11、13、17. 羽纹；10. 变形羽人纹（主纹）；12. 变形翔鹭纹；14、16. 眼纹。

胸上部饰羽纹、栉纹夹双行同心圆纹纹带，下部有相背两层变形划船纹，船底间为波浪纹一周。腰上部为变形羽人图案，下饰纹带（同胸上部）以及三周羽纹、一周波浪纹。足上部饰羽纹、方格纹，中部为圆心垂叶纹与复线半圆纹，下部为羽纹、眼纹。

扁耳两对，饰辫纹图案。每耳中有长条孔一个。

身有四道合范线。胸、足部内壁两侧共有小纽四组。

009 号鼓

面径 68、身高 45. 5、胸径 64、腰径 51. 8、足径 65。

1. 太阳纹，十二芒，芒间坠形纹；2～7、13～18. 羽纹、栉纹夹双行勾连同心圆纹纹带；10. 变形羽人纹（主纹）；12. 变形翔鹭纹间定胜纹。

胸上部和腰下部饰纹带（同鼓面纹带）。腰上部由相同纹带纵分成六格，格间素。足上部饰羽纹夹栉纹纹带，下为圆心垂叶纹。

扁耳两对，饰辫纹。每耳上下各有长条孔一个。

身有两道合范线。

010 号鼓

面径 70、身高 42、胸径 63. 4、腰径 50. 4、足径 60。

面有四蛙（残失），逆时针环列。单弦分晕，十八晕：1. 太阳纹，十二芒，芒间坠形纹；2～7、13～18. 素晕、栉纹夹双行同心圆纹纹带；8. 复线交叉纹；10. 变形羽人纹（主纹）；12. 变形翔鹭纹间定胜纹。

胸上部和腰下部饰纹带（同鼓面纹带）。胸下部和腰上部由相同纹带纵分成六格，格间素。足上部素，下部为栉纹、圆心垂叶纹。

扁耳两对，饰辫纹图案。每耳上下各有长条孔一。

身有两道合范线。

粤 109 号鼓

面径 89、身高 65、胸径 90. 4、腰径 72、足径 84. 5。

面有四累蹲蛙，逆时针环列。单弦分晕，二十一晕：1. 太阳纹，十二芒，芒间坠形纹；2、13. 素晕；3～6、14～17. 栉纹夹双行同心圆纹纹带（少羽纹）；7、9、11. 羽纹；8. 复线交叉纹；10. 变形羽人纹（主纹）；12. 变形翔鹭纹；18. 眼纹。

胸上部和腰下部饰纹带（与面纹带近似，多两周羽纹）。胸下部有相背变形划船纹两层，船底间为羽纹一周。腰上半为变形羽人图案，其下有羽纹、细方格纹、波浪纹各一周。足上部为羽纹、细方格纹，中部为圆心垂叶纹与复线半圆纹，下部为波浪纹、眼纹、细方格纹、羽纹。

扁耳两对，饰辫纹图案。每耳中部穿孔一。另两方又各有半环耳一个，饰缠丝纹。

身有两道合范线。胸、足内壁共有小纽三对。面身露垫片痕。

粤 172 号鼓（藏新会县博物馆）

来源不详。

面径 63、身高 42、足径 59。

面有四蛙，相对两蛙间有乘骑二，皆逆时针环列。单弦分晕，十九晕：1. 太阳纹，十二芒，芒间坠形纹；2~7、11~16. 羽纹、栉纹夹双行同心圆纹纹带；8. 复线交叉纹；9、18. 羽纹；10. 变形羽人纹；17、19. 眼纹。

胸上部及腰下部饰纹带（同鼓面纹带而少一行羽纹）。胸下部为变形划船纹。腰上部为变形羽人图案，其下有羽纹、细方格纹。足部有细方格纹、栉纹、圆心垂叶纹、羽纹、眼纹。

扁耳两对，饰辫纹图案。每耳上下部各有一长方孔。另两方又各有半环耳一个。

身有两道合范线。面身露垫片痕。胸、足部内壁共有小环纽四对。

3－259 号鼓（藏广州市博物馆。下同）

1972 年广州市委拨交（下同）。

面径 69、身高 46.3、胸径 68.1、腰径 54.4、足径 67.8。

面有四蛙，逆时针环列。一弦分晕，十八晕：1. 太阳纹，十二芒，芒间坠形纹和角形纹；2~7、13~18. 素晕、栉纹夹双行同心圆纹纹带；8. 复线交叉纹；10. 变形羽人纹（主纹）；12. 变形翔鹭纹与定胜纹（主纹）。

胸部饰纹带（同鼓面纹带）。腰上部被同样纹带纵分为六格，格中素，腰下部饰同样的纹带。足部饰圆心垂叶纹。

扁耳两对，饰辫纹图案。每耳上下各有长条孔一。

身有两道合范线。面、身零星散布垫片痕。

3－260 号鼓

面径 81.2、身高 57、胸径 83.5、腰径 67.4、足径 82。

面有四蛙，逆时针环列。每蛙间均有立体装饰：两方为乘骑，一方为两乘骑，一方为敲奏铜鼓造型。单弦分晕，十八晕：1. 太阳纹，十二芒，芒间坠形纹；2. 带纹；3~7. 素晕、栉纹夹同心圆纹纹带；8. 波浪纹；9. 角形图案；10、12、14、16、18. 羽纹；11. 变形羽人纹（主纹）；13. 变形翔鹭纹（主纹）；15、17. 眼纹。鼓边饰席纹。

胸上部为席纹、栉纹与双行同心圆纹、羽状纹组成的纹带，下为相背两层船纹，船底间隔席纹一道。腰上部为变形羽人图案，下部纹模糊，隐约可见有席纹、细方格纹、羽纹、同心圆纹等。足上部为羽纹夹细方格纹，中部为圆心垂叶纹，下部为羽纹夹眼纹纹带。

扁耳两对，饰辫纹图案。每耳上下各穿长条孔一。另两方又有半环耳各一个，环脊饰辫纹一道。

身有两道合范线。胸、足部内壁两侧共有环纽四对。

3－774 号鼓

广州市博物馆旧存（下同）。

面径 87.4、身高 61、胸径 88.4、腰径 68.7、足径 88.2。

面有四蛙，逆时针环列。一或二弦分晕，共十四晕：1. 太阳纹，十二芒，芒间坠形纹；2、14. 波浪纹；3. 同心圆纹；4. 栉纹；5. 复线交叉纹；6. 变形羽人纹；7. 变形翔鹭纹；8 ~ 11. 栉纹夹双行同心圆纹纹带；12. 眼纹；13. 羽纹。

胸上部饰波浪纹和纹带（同鼓面 8 ~ 11 的纹带），下为相背两层船纹，船底间隔波浪纹一周。腰上、中部为同样纹带纵分为六格，格间为变形羽人图案，下部饰同样的纹带。足上部饰波浪纹、圆心垂叶纹，下部为羽纹夹眼纹纹带。

扁耳两对，饰辫纹图案。每耳上下各有长条孔一。

身有两道合范线。胸、足部内壁两侧共有小纽四对。

3 - 776 号鼓

面径 72. 9、胸径 73. 5、腰径 50. 6，足部残失。

面有四蛙，逆时针环列。单弦分晕，共二十四晕：1. 太阳纹，十二芒，芒间坠形纹；2、9、11、13、19、23. 素晕；3 ~ 6. 栉纹夹双行同心圆纹纹带；7、14、24. 羽纹；8. 复线交叉纹；10. 变形羽人纹（主纹）；12. 变形翔鹭纹、定胜纹；20 ~ 22. 羽纹夹栉纹纹带。

胸上部饰羽纹、栉纹夹双行同心圆纹组成的纹带。腰上部被纹带（同胸部纹带）纵分为六格，格中素，下部饰同样的纹带。

扁耳两对，饰辫纹图案。每耳上下部各有长条孔一。

身有两道合范线。

3 - 780 号鼓

面径 72、身高 47. 5、胸径 70. 6、腰径 56. 6、足径 70. 2。

面有四蛙，逆时针环列。一弦分晕，二十一晕：1. 太阳纹，十二芒，芒间坠形纹和直线角形纹；2 ~ 7、15 ~ 20. 素晕、栉纹夹双行同心圆纹形成纹带；8. 复线交叉纹；9、10、11、13、21. 素晕；12. 变形羽人纹（主纹）；14. 变形翔鹭纹和定胜纹（主纹）。

胸部、腰下部饰纹带（同鼓面纹带）。腰上部被同样纹带纵分成六格，格中素。足上部饰栉纹两周，下为圆心垂叶纹。

扁耳两对，饰辫纹图案。每耳上下各有长条孔一。

身有两道合范线。足部内壁两侧各有小纽一对。面、身露垫片痕。

3 - 795 号鼓

面径 57. 5、身高 36. 7、胸径 55、腰径 45. 8、足径 55。

面有四蛙，逆时针环列，相对两蛙间各有一乘骑。一弦分晕，二十晕：1. 太阳纹，十二芒，芒间坠形纹；2、9. 波浪纹；3 ~ 5、11 ~ 14. 栉纹夹双行同心圆纹纹带；6. 复线交叉纹；7. 羽纹；8. 变形羽人纹（主纹）；10. 变形翔鹭纹（主纹）；15 ~ 19. 波浪纹和眼纹相间；20. 羽纹。

胸上部、腰下部饰纹带（同鼓面纹带，但多一道羽纹或波浪纹）。胸下部为相背两层船纹，船底间隔一道波浪纹。腰上、中部为变形羽人纹图案及波浪纹、细方格纹。足上部为波浪纹夹细方格纹，中部为圆心垂叶纹，下部波浪纹夹眼纹。

扁耳两对，饰辫纹图案。每耳上下各有长条孔一。

身有两道合范线。胸、足部内壁两侧共有小纽四对。

3－794 号鼓

面径 81、身高 54、胸径 78、腰径 62、足径 76.5。

面有四蛙，逆时针环列。一弦分晕，十九晕：1. 太阳纹，十二芒，芒间坠形纹；2、19. 波浪纹；3～6、14～17. 栉纹夹双行同心圆纹纹带；7、9、11、13、18. 素晕；8. 复线交叉纹；10. 变形羽人纹（主纹）；12. 变形翔鹭纹与定胜纹（主纹）。

胸部与腰下部饰纹带（同鼓面纹带）。腰上部被同样纹带纵分成六格，格中素。足部饰圆心垂叶纹。

扁耳两对，饰辫纹图案。每耳上下各有长条孔一。

身有两道合范线。胸、足部内壁一侧共有小纽两对。身露垫片痕。

中大 169－2 号鼓（存中山大学考古教研室）

来源不详。

面径 48.4、胸径 49、腰径 40，足部残失。

面有四蛙一蟹，蛙逆时针环列，蟹向鼓心。一弦分晕，十晕：1. 纹被磨光；2. 栉纹；3. 复线交叉线；4、6、8、9. 同心圆纹；5. 变形羽人纹（主纹）；7. 鸟纹和变形翔鹭纹（主纹）；10. 变形翔鹭纹和定胜纹（主纹）。

胸部和腰下部饰栉纹夹双行同心圆纹形成的纹带。

扁耳两对，边饰羽纹。每耳上下部各有长条孔一。

身有两道合范线。

遵义型：11 面

粤 011 号鼓（藏广东省博物馆。下同）

广东省文管会旧存（下同）。

面径 54、身高 30、胸径 52.5、腰径 42.4、足径 49.5。

面二或一弦分晕，十六晕：1. 太阳纹，十二芒，芒间坠形纹；2～5、10～13. 栉纹夹双行同心圆纹纹带；8. 异形游旗纹（主纹）；16. 水波纹；余晕模糊。

胸上部和腰下部纹带与鼓面纹带相同。腰上部用相同的纹带纵分为六格，格间素。足上部素，下部为水波纹一周。

扁耳两对。每耳上下饰绳纹，中穿一孔。

身有两道合范线。

粤 012 号鼓

面径 58、身高 32、胸径 56.4、腰径 47.5、足径 55.5。

面二弦分晕，十二晕：1. 太阳纹，十二芒，芒间坠形纹；2～6. 栉纹夹同心圆纹；7. 异形游旗纹

（主纹）；8. 素晕；9. 水波纹；10、11. 同心圆纹；12. 勾连雷纹。

胸上部饰纹带（同鼓面纹带）。腰上部用相同的纹带纵分成四格，格间素，腰下部为交叉纹、同心圆纹、水波纹。足上部素，下部饰复线角形纹。

扁耳两对，耳边饰绳纹。

身有两道合范线。

粤013号鼓

面径38、身高23.5、胸径30.3、腰径30.3、足径37。

面一弦分晕，九晕：1. 太阳纹，十二芒，芒间坠形纹；2～4、7～9. 栉纹、同心圆纹、羽纹纹带；5. 异形游旗纹（主纹）。

胸部和腰部均饰栉纹夹双行同心圆纹组成的纹带。足饰圆心垂叶纹。

扁耳两对。每耳边饰绳纹，中穿三孔。

身有两道合范线。

粤014号鼓

面径37、身高22.7、胸径35.1、腰径29.8、足径37。

面二弦分晕，九晕：1. 太阳纹，十二芒，芒间坠形纹；2～4、7～9. 栉纹夹同心圆纹纹带；5. 异形游旗纹（主纹）。

胸、腰、足均饰纹带，与鼓面纹带近似（胸少一周栉纹，多一周同心圆纹；足少一周栉纹）。

扁耳两对。每耳边饰绳纹，上下部各穿一孔。

身有两道合范线。

粤015号鼓

面径58、身高39、胸径62、腰径50、足径55。

面一弦分晕，十二晕：1. 太阳纹，十二芒，芒间复线角形图案；2. 席纹；3～6、9～12. 栉纹夹双行勾连圆圈纹纹带；7. 游旗纹（主纹）；8. 翔鹭纹（主纹）。

胸上部、腰下部和足上部饰纹带，与鼓面纹带近似。腰上部用相同纹带纵分成六格，格间素。足下部为复线角形纹。

扁耳两对。每耳边饰绳纹，上下部各有长条孔一个。

身有两道合范线。

粤058号鼓

面径56、身高36、胸径54.5、腰径44.6、足径51.5。

面一弦分晕，十三晕：1. 太阳纹，十二芒，芒间图案三角形纹；2～5、10～13. 栉纹夹同心圆纹纹带；6. 游旗纹（主纹）；7～9. 模糊。

胸上部和腰下部饰纹带（同鼓面纹带）。腰上部用相同的纹带纵分成六格，格间素。足饰复线角形纹。

扁耳两对。每耳边饰绳纹，上下部各穿一孔。

身有两道合范线。

粤 059 号鼓

面径 48、身高 32、胸径 50、腰径 43.3、足径 50.5。

面一或二弦分晕，九晕：1. 太阳纹，十二芒，芒间坠形纹；3、8. 乳丁纹；5. 游旗纹（主纹）；其余晕模糊。

身纹饰不清。足下部饰复线角形纹。

扁耳两对。每耳边饰线纹，中穿孔三个。

身有两道合范线。

粤 060 号鼓

面径 47.5、身高 32、胸径 49.7、腰径 43、足径 49.5。

面一或二弦分晕，八晕：1. 太阳纹，十二芒，芒间坠形纹；2、9. 乳丁纹；3. 栉纹；4. 游旗纹（主纹）；其余晕模糊。

身纹模糊。胸部仅见两层乳丁纹，腰部一层栉纹，足部饰复线角形纹。

扁耳两对。每耳边饰线纹，中间有穿孔。

身有两道合范线。

粤 061 号鼓

面径 51、身高 32.5、胸径 56.3、腰径 42.7、足径 50.5。

面一或二弦分晕，十一晕，皆模糊，仅见太阳纹，十二芒。

身纹模糊。

扁耳两对。每耳边饰绳纹，中有穿孔。

身有两道合范线。

3－269 号鼓（藏广州市博物馆）

1972 年广州市革命委员会拨交。

面径 64、胸径 65.2、腰径 51.2，足部残失。

面有四蛙（二累蹲），皆后人嵌入。一弦分晕，十五晕：除太阳纹十芒外，各晕皆模糊。

胸上部为羽纹、栉纹夹双行同心圆纹纹带。腰上部用相同的纹带纵分成六格，格中素，腰下部饰相同的纹带。

扁耳两对，饰辫纹。每耳上下部各穿一长条孔。

身有两道合范线。

3－782 号鼓

广州市博物馆旧存。

面径 47.7、胸径 51.5、腰径 44.5、足部残失。

面一弦分晕，十三晕：1. 太阳纹，十二芒，芒为空心尖角形，芒间模糊；2、4、7、11. 同心圆纹；3. 栉纹；5. 游旗纹（主纹）；9. 四鹭纹和定胜纹相间环列；13. 绹纹。

除胸有乳丁纹和脚部残余一层云纹外，余均素。

扁耳两对。每耳饰弦纹四道，上下部各穿一长条孔。

身有四道合范线。

麻江型：126 面

粤 171 号鼓（藏南海县博物馆）

据说清光绪时南海县九江乡民乐村出土。

面径 47、身高 27。

面单弦分晕，九晕：1. 太阳纹，十二芒夹坠形纹，芒穿至三晕；2. “酉”字纹；3. “S”形纹；4、8. 乳丁纹；5. 游旗纹；6. 素晕；7. 栉纹；9. 兽形云纹。

胸有乳丁纹、云纹、雷纹。腰上部凸棱一道，下为雷纹、云纹、栉纹。足为复线角形纹。

扁耳两对。每耳边饰绳纹，中有雷纹。

身有两道合范线。面沿露四段垫条痕。

粤 089 号鼓（藏广东省博物馆。下同）

广西南宁运去。

面径 49.5、身高 25.5、胸径 49.7、腰径 43.9、足径 48。

面单弦分晕，九晕：1. 太阳纹，十二芒夹坠形纹；2. “酉”字纹；3. “S”形勾头纹；4. 双龙献珠与铭文：“永世家财”、“万代进宝” 等（主纹）；5、8. 乳丁纹；6. 云纹；7、9. 如意云纹。

胸有乳丁纹、雷纹、云纹。腰上部凸棱一道，下为如意云纹、云纹。足为复线角形纹。背面有四个印纹，纹模糊。

扁耳两对。每耳边饰绳纹，中有雷纹和“百”字、“卍”字纹。

身有两道合范线。

粤 016 号鼓

广东省文管会旧存（下同）。

面径 51、身高 29.5、胸径 57、腰径 49.4、足径 53.5。

面一弦分晕，十一晕：1. 太阳纹，十二芒，芒间三角形图案；2. “酉”字纹；3. “S”形勾头纹；4、10. 乳丁纹；5、9. 栉纹；6. 游旗纹（主纹）；7、8. 素晕；11. 兽形云纹。

胸部有乳丁纹、如意云纹、栉纹。腰上部有凸棱一道，下为雷纹、云纹。足饰复线角形纹。

扁耳两对。每耳边饰绳纹，中间穿一孔。

身有四道合范线。

粤 017 号鼓

面径 49、身高 28.5、胸径 51.9、腰径 45.2、足径 49。

面一弦分晕，十二晕：1. 太阳纹，十二芒，芒间坠形纹；2. “凸”字纹；3、11. 乳丁纹；4、10. 栉纹；5、12. “S”形勾头纹；6. 游旗纹（主纹）；7、8、9. 素晕。

胸有乳丁纹、栉纹、云纹。腰上部凸棱一道，下为云纹、雷纹。足饰复线角形纹。

扁耳两对。每耳边饰绳纹，中穿一孔。

粤018号鼓

面径50.5、身高28、胸径51.6、腰径46.8、足径52。

面一弦分晕，十一晕：1. 太阳纹，十二芒夹坠形纹；2. “凸”字纹；3. “S”形勾头纹（主纹）；4、10. 乳丁纹；5、9. 栉纹；6. 游旗纹（主纹）；7、8. 素晕；11. 兽形云纹。

胸有乳丁纹、如意云纹、栉纹。腰上部凸棱一道，下为雷纹、云纹。足饰复线角形纹。

扁耳两对。每耳边饰绳纹，中穿一孔。

身有两道合范线。

粤019号鼓

面径51、身高27.5、胸径51.5、腰径47.1、足径52.5。

面一弦分晕，十一晕：1. 太阳纹，十二芒，芒间坠形纹；2. “凸”字纹；3. “S”形勾头纹；4、10. 乳丁纹；5、9. 栉纹；6. 游旗纹（主纹）；7、8. 素晕；11. 兽形云纹。

胸有乳丁纹、云纹、如意云纹、栉纹。腰上部凸棱一道，下为雷纹、云纹。足为复线角形纹。

扁耳两对。每耳边饰绳纹，中间饰雷纹，穿孔一。

身有四道合范线。

粤020号鼓

面径51、身高27.5、胸径52.5、腰径47.1、足径50.5。

面一弦分晕，十一晕：1. 太阳纹，十二芒间坠形纹；2. “凸”字纹；3. “S”形勾头纹；4、10. 乳丁纹；5、9. 栉纹；6. 游旗纹（主纹）；7、8. 素晕；11. 兽形云纹。

胸有乳丁纹、如意云纹、栉纹。腰上部凸棱一道，下为雷纹、云纹。足为复线角形纹。

扁耳两对。每耳边饰绳纹，中饰雷纹，穿孔一。

身有四道合范线。

粤021号鼓

面径50、身高28、胸径51.6、腰径47.5、足径50。

面一弦分晕，十晕：1. 太阳纹，十二芒，芒间坠形纹；2. “凸”字纹；3. “S”形勾头纹；4、9. 乳丁纹；5、8. 栉纹；6. 游旗纹（主纹）；7. 十二生肖（主纹）；10. 兽形云纹。

胸有乳丁纹、如意云纹、栉纹、字形纹。腰上部凸棱一道，下为雷纹、四瓣团花纹。足为复线角形纹。

扁耳两对。每耳边饰绳纹，中穿孔三个。

身有四道合范线。面沿露四段垫条痕。

粤022号鼓

面径52.5、身高27.5、胸径53.8、腰径47.8、足径52。

面一弦分晕，十晕：1. 太阳纹，十二芒夹坠形纹；2. “[illegible]”字纹；3. “S”形勾头纹；4、9. 乳丁纹；5、8. 栉纹；6. 游旗纹（主纹）；7. 十二生肖（主纹）；10. 兽形云纹。

胸有乳丁纹、如意云纹、栉纹、云纹。腰上部凸棱一道，下为雷纹。足为复线角形纹。

扁耳两对。每耳边饰绳纹，中有雷纹，并穿三孔。

身有四道合范线。

粤023号鼓

面径50、身高29.5、胸径51.3、腰径47.5、足径49.5。

面一弦分晕，十一晕：1. 太阳纹，十二芒夹坠形纹；2. “[illegible]”字纹；3. “S”形勾头纹；4、10. 乳丁纹；5、9. 栉纹；6. 十二生肖（主纹）；7、8. 素晕；11. 兽形云纹。

胸有乳丁纹、如意云纹、雷纹、栉纹。腰上部凸棱一道，下为雷纹、云纹。足为复线角形纹。

扁耳两对。每耳边饰绳纹，中有雷纹。

身有四道合范线。

粤024号鼓

面径52、身高28.5、胸径52.5、腰径45.5、足径51.5。

面一弦分晕，十晕：1. 太阳纹，十二芒夹坠形纹；2. “[illegible]”字纹；3、8. 栉纹；4、9. 乳丁纹；5. 游旗纹（主纹）；6. 雷纹；7. 十二生肖（主纹）；10. 如意云纹。

胸有乳丁纹、云纹、雷纹。腰上部凸棱一道，下为云纹、雷纹。足为复线角形纹。

扁耳两对，每耳边饰绳纹。

身有两道合范线。

粤025号鼓

面径52、身高28.5、胸径52.4、腰径45.2、足径51。

面一或二弦分晕，十晕：1. 太阳纹，十二芒夹坠形纹；2. “[illegible]”字纹；3、7. 素晕；4、9. 乳丁纹；5. 游旗纹（主纹）；6. 雷纹；8. 栉纹；10. 兽形云纹。

胸有乳丁纹、雷纹、云纹。腰上部凸棱一道，下为雷纹、云纹。足为复线角形纹。

扁耳两对，耳边饰绳纹。

身有四道合范线。

粤026号鼓

面径48、身高27.5、胸径49.6、腰径42.6、足径47。

面一弦分晕，九晕：1. 太阳纹，十二芒夹坠形纹，芒穿至三晕；2. “[illegible]”字纹；3. “S”形勾头纹；4、8. 乳丁纹；5. 游旗纹（主纹）；6. 素晕；7. 栉纹；9. 兽形云纹。

胸有乳丁纹、如意云纹、雷纹、栉纹。腰上部凸棱一道，下为雷纹。足为复线角形纹。

扁耳两对。每耳边饰绳纹，中为雷纹，上下部各有一孔。

身有四道合范线。面沿露四段垫条痕。

粤 027 号鼓

面径 47. 5、身高 26、胸径 48. 7、腰径 43、足径 47. 5。

面一弦分晕，九晕：1. 太阳纹，十二芒夹坠形纹，芒穿至三晕；2. “卣”字纹；3. “S”形勾头纹；4、8. 乳丁纹；5. 游旗纹（主纹）；6. 素晕；7. 栉纹；9. 兽形云纹。

胸有乳丁纹、如意云纹、兽形云纹、雷纹、栉纹。腰上部凸棱一道，下为如意云纹、雷纹。足为复线角形纹。

扁耳两对。每耳边饰绳纹，中为雷纹，上下部各穿一孔。

身有四道合范线。

粤 028 号鼓

面径 47. 5、身高 25. 5、胸径 48. 44、腰径 42. 8、足径 48。

面一弦分晕，九晕：1. 太阳纹，十二芒，芒穿至三晕，芒间坠形纹；2. “卣”字纹；3. “S”形勾头纹；4、8. 乳丁纹；5. 游旗纹（主纹）；6. 素晕；7. 栉纹；9. 兽形云纹。

胸有乳丁纹、兽形云纹、雷纹、如意云纹、栉纹。腰上部凸棱一道，下为如意云纹、雷纹。足为复线角形纹。

扁耳两对。每耳边饰绳纹，上下部各穿圆孔一个。

身有四道合范线。

粤 029 号鼓

面径 47. 5、身高 26、胸径 51、腰径 43. 9、足径 47。

面一弦分晕，九晕：1. 太阳纹，十二芒夹坠形纹，芒穿至三晕；2. “卣”字纹；3. “S”形勾头纹；4、8. 乳丁纹；5. 游旗纹（主纹）；6. 素晕；7. 栉纹；9. 兽形云纹。

胸有乳丁纹、如意云纹、“S”形勾头纹、雷纹、栉纹。腰上部凸棱一道，下为云纹、栉纹、雷纹，背面有四个“福寿”方印纹。足为复线角形纹。

扁耳两对，耳边饰绳纹。

身有四道合范线。

粤 030 号鼓

面径 50. 5、身高 28. 5、胸径 54. 1、腰径 47. 8、足径 51。

面一弦分晕，十一晕：1. 太阳纹，十二芒夹坠形纹；2. “卣”字纹；3. “S”形勾头纹；4、10. 乳丁纹；5、9. 栉纹；6. 游旗纹（主纹）；7、8. 素晕；11. 兽形云纹。

胸有乳丁纹、如意云纹、雷纹、栉纹。腰上部凸棱一道，下为雷纹、兽形云纹。足为复线角形纹。

扁耳两对。每耳饰绳纹，上下部各穿孔一。

身有四道合范线。面沿露四段垫条痕。

粤031号鼓

面径51、身高28、胸径52.9、腰径45.9、足径50。

面一弦分晕，十一晕：1. 太阳纹，十二芒夹坠形纹；2. “[illegible]”字纹；3. “S”形勾头纹；4、10. 乳丁纹；5、9. 栉纹；6. 游旗纹（主纹）；7、8. 素晕；11. 兽形云纹。

胸有乳丁纹、如意云纹、兽形云纹、雷纹、栉纹。腰上部凸棱一道，下为雷纹、云纹。足为复线角形纹。

扁耳两对。每耳边饰绳纹，中间有雷纹，上下部各穿一孔。

身有四道合范线。面沿露四段垫条痕。

粤032号鼓

面径47.5、身高27、胸径43.7、腰径44、足径48。

面一弦分晕，九晕：1. 太阳纹；十二芒夹坠形纹，芒穿至三晕；2. “[illegible]”字纹；3. “S”形勾头纹；4、8. 乳丁纹；5. 游旗纹（主纹）；6. 素晕；7. 栉纹；9. 兽形云纹。

胸有乳丁纹、雷纹、如意云纹、栉纹。腰上部凸棱一道，下为雷纹、云纹。足为复线角形纹。

扁耳两对。每耳边饰绳纹，中部雷纹，上下部各穿一长条孔。

身有四道合范线。面沿露四段垫条痕。

粤033号鼓

面径48、身高26.5、胸径51、腰径43.6、足径47.5。

面一弦分晕，十晕：1. 太阳纹，十二芒夹坠形纹；2. “[illegible]”字纹；3、6. 乳丁纹；4. “S”形勾头纹；5. 游旗纹（主纹）；7. 素晕；8. 栉纹；9. 兽形云纹。

胸有乳丁纹、如意云纹、雷纹、栉纹。腰上部凸棱一道，下为云纹、雷纹。足为复线角形纹。

扁耳两对，耳边饰绳纹。

身有四道合范线。

粤034号鼓

面径47.5、身高26、胸径50、腰径43、足径46.5。

面一弦分晕，十晕：1. 太阳纹，十二芒夹坠形纹；2. “[illegible]”字纹；3、10. 乳丁纹；4. 云纹；5. 游旗纹（主纹）；6. 菱格填花纹；7. 栉纹；8. 雷纹；9. 兽形云纹。

胸有乳丁纹、如意云纹、雷纹、栉纹。腰上部凸棱一道，下为云纹。足为复线角形纹。

扁耳两对。每耳边饰绳纹，中为雷纹。

身有四道合范线。

胸上部有一周刻文：“嘉庆三年戊午年十六日王□拒□□吴长记　福寿　嘉庆三年王家买同古四千文米三十斤　一千五百文　福寿。”

粤035号鼓

面径47、身高25.5、胸径50.3、腰径43.3、足径47。

面一弦分晕，九晕：1. 太阳纹，十二芒夹坠形纹，芒穿至三晕；2. “[illegible]”字纹；3. “S”形勾头纹；4、8. 乳丁纹；5. 游旗纹（主纹）；6. 素晕；7. 栉纹；9. 兽形云纹。

胸有乳丁纹、如意云纹、雷纹、栉纹。腰上部凸棱一道，下为云纹、雷纹。足为复线角形纹。

扁耳两对，耳边饰绳纹。

身有四道合范线。

粤 036 号鼓

面径 46. 5、身高 26、胸径 50. 3、腰径 41. 1、足径 46. 5。

面一弦分晕，十晕：1. 太阳纹，十二芒夹坠形纹；2. “[illegible]”字纹；3. “S”形勾头纹；4、7. 乳丁纹；5. 游旗纹（主纹）；6. 栉纹；8、9. 兽形云纹。

胸有乳丁纹、如意云纹、雷纹、栉纹。腰上部凸棱一道，下为雷纹、云纹。足为复线角形纹。

扁耳两对。每耳边饰绳纹，中为雷纹。

身有四道合范线。

粤 037 号鼓

面径 46. 5、身高 26、胸径 49、腰径 42. 7、足径 46. 5。

面一弦分晕，九晕：1. 太阳纹，十二芒夹坠形纹，芒穿至三晕；2. “[illegible]”字纹；3. “S”形勾头纹；4、8. 乳丁纹；5. 游旗纹（主纹）；6. 素晕；7. 栉纹；9. 兽形云纹。

胸有乳丁纹、如意云纹、雷纹、栉纹。腰上部凸棱一道，下为兽形云纹、云纹、雷纹。足为复线角形纹。

扁耳两对，耳边饰绳纹。

身有四道合范线。

粤 038 号鼓

面径 48、身高 26、胸径 46. 2、腰径 43. 6、足径 47. 3。

面一弦分晕，九晕：1. 太阳纹，十二芒夹坠形纹，芒穿至三晕；2. “[illegible]”字纹；3. “S”形勾头纹；4、8. 乳丁纹；5. 游旗纹（主纹）；6. 素晕；7. 栉纹；9. 兽形云纹。

胸有乳丁纹、如意云纹、雷纹、栉纹。腰上部凸棱一道，下为雷纹。足为复线角形纹。

扁耳两对。每耳边饰绳纹，上下部各穿一孔。

身有四道合范线。

粤 040 号鼓

面径 47. 5、身高 26、胸径 48. 7、腰径 42. 8、足径 46. 6。

面一弦分晕，九晕：1. 太阳纹，十二芒夹坠形纹，芒穿至三晕；2. “[illegible]”字纹；3. “S”形勾头纹；4、8. 乳丁纹；5. 栉纹；6. 游旗纹（主纹）；7. 素晕；9. 兽形云纹。

胸有乳丁纹、如意云纹、雷纹。腰上部凸棱一道，下为云纹、雷纹。足为复线角形纹。

扁耳两对。每耳边饰绳纹，上下部各穿方孔一个。

身有四道合范线。

粤041号鼓

面径47、身高26、胸径50、腰径42.4、足径46.5。

面一弦分晕，九晕：1. 太阳纹，十二芒夹坠形纹，芒穿至三晕；2. “□”字纹；3. “S”形勾头纹；4、8. 乳丁纹；5. 游旗纹（主纹）；6. 素晕；7. 栉纹；9. 兽形云纹。

胸有乳丁纹、如意云纹、雷纹、栉纹。腰上部凸棱一道，下为云纹、雷纹。足为复线角形纹。

扁耳两对。每耳边饰绳纹，中为雷纹，上下部各穿一孔。

身有四道合范线。

粤042号鼓

面径51、身高27.8、胸径52.1、腰径46.3、足径51.5。

面一或二弦分晕，十一晕：1. 太阳纹，十二芒夹坠形纹；2. “□”字纹；3. “S”形勾头纹；4、10. 乳丁纹；5、9. 栉纹；6. 游旗纹（主纹）；7、8. 素晕；11. 兽形云纹。

胸有乳丁纹、如意云纹、云纹、雷纹。腰上部凸棱一道，下为云纹、雷纹。足为复线角形纹。

扁耳两对。每耳边饰绳纹，上下部各穿一孔。

身有四道合范线。

粤043号鼓

面径48、身高26.5、胸径48.9、腰径43.3、足径48。

面一弦分晕，九晕：1. 太阳纹，十二芒夹坠形纹，芒穿至三晕；2. “□”字纹；3. “S”形勾头纹；4、8. 乳丁纹；5. 游旗纹（主纹）；6. 素晕；7. 栉纹；9. 兽形云纹。

胸有乳丁纹、云纹、雷纹、栉纹。腰上部凸棱一道，下为雷纹、云纹。足为复线角形纹。

扁耳两对，耳边饰绳纹。

身有四道合范线。面沿露四段垫条痕。

粤044号鼓

身高27、胸径50、腰径43.3、足径47.5。

面一弦分晕，九晕：1. 太阳纹，十二芒夹坠形纹，芒穿至三晕；2. “□”字纹；3. “S”形勾头纹；4、8. 乳丁纹；5. 游旗纹（主纹）；6. 素晕；7. 栉纹；9. 兽形云纹。

胸有乳丁纹、雷纹、如意云纹、栉纹。腰上部凸棱一道，下为云纹、雷纹。足为复线角形纹。

扁耳两对。每耳边饰绳纹，中有雷纹，上下部各穿一圆孔。

身有四道合范线。面露四段垫条痕。

粤045号鼓

面径48、身高28、胸径50.6、腰径43.9、足径48。

面一弦分晕，九晕：1. 太阳纹，十二芒夹坠形纹，芒穿至三晕；2. “□”字纹；3. “S”形勾头纹；4、8. 乳丁纹；5. 游旗纹（主纹）；6. 素晕；7. 栉纹；9. 兽形云纹。

胸有乳丁纹、雷纹、如意云纹、栉纹。腰上部凸棱一道，下为雷纹、云纹。足为复线角形纹。

扁耳两对。每耳边饰绳纹，中有雷纹，上下部各穿一长条孔。

身有四道合范线。面沿露四段垫条痕。

粤 046 号鼓

面径 47、身高 26、胸径 50、腰径 43.6、足径 46。

面一或二弦分晕，九晕：1. 太阳纹，十二芒夹坠形纹，芒穿至三晕；2. “□”字纹；3. “S”形勾头纹；4、8. 乳丁纹；5. 游旗纹（主纹）；6. 素晕；7. 栉纹；9. 兽形云纹。

胸有乳丁纹、如意云纹、雷纹、栉纹。腰上部凸棱一道，下为雷纹、云纹。足为复线角形纹。

扁耳两对。每耳边饰绳纹，中有雷纹，上下部各穿一孔。

身有四道合范线。内面有四个九曲文图章，内容皆为：“楚雄卫卫山千户所百户印”。

粤 047 号鼓

面径 47.5、身高 27、胸径 49.7、腰径 43、足径 47.5。

面一弦分晕，九晕：1. 太阳纹，十二芒夹坠形纹，芒穿至三晕；2. “□”字纹；3. “S”形勾头纹；4、8. 乳丁纹；5. 游旗纹（主纹）；6. 素晕；7. 栉纹；9. 兽形云纹。

胸有乳丁纹、雷纹、如意云纹、栉纹。腰上部凸棱一道，下为雷纹、云纹。足为复线角形纹。

扁耳两对。每耳边饰绳纹，中为雷纹，上下部各穿一方孔。

身有四道合范线。面沿露四段垫条痕。

粤 049 号鼓

面径 46、身高 25.5、胸径 49.4、腰径 42、足径 46.5。

面一弦分晕，九晕：1. 太阳纹，十芒夹坠形纹，芒穿至三晕；2. “□”字纹；3. “S”形勾头纹；4、8. 乳丁纹；5. 游旗纹（主纹）；6. 素晕；7. 栉纹；9. 兽形云纹。

胸有乳丁纹、如意云纹、雷纹、栉纹。腰上部凸棱一道，下为雷纹、云纹。足为复线角形纹。

扁耳两对。每耳边饰绳纹，中有雷纹，上下部各有一凹窝。

身有四道合范线。

粤 050 号鼓

面径 48.5、身高 26.5、胸径 50、腰径 43.3、足径 48。

面一弦分晕，九晕：1. 太阳纹，十二芒夹坠形纹，芒穿至三晕；2. “□”字纹；3. “S”形勾头纹；4、8. 乳丁纹；6. 素晕；7. 栉纹；9. 兽形云纹。

胸有乳丁纹、如意云纹、雷纹、栉纹。腰上部凸棱一道，下为雷纹、云纹。足为复线角形纹。

扁耳两对。每耳边饰绳纹，中有雷纹，上下部各穿一孔。

身有四道合范线。面沿露四段垫条痕。

粤 051 号鼓

面径 47、身高 26.5、腰径 41.4、足径 47。

面一弦分晕，十晕：1. 太阳纹，十二芒夹坠形纹；2. “□”字纹；3. “S”形勾头纹；4、7、

10. 乳丁纹；5. 游旗纹（主纹）；6. 素晕；8. 栉纹；9. 兽形纹。

胸有乳丁纹、如意云纹、雷纹、栉纹。腰上部凸棱一道，下为云纹、雷纹。足为复线角形纹。

扁耳两对，每耳边饰绳纹。

身有四道合范线。

粤052号鼓

面径48、身高26、胸径49、腰径42.4、足径47.5。

面一弦分晕，十晕：1. 太阳纹，十二芒夹坠形纹；2. “[illegible]”字纹；3. “S”形勾头纹；4、7、10. 乳丁纹；5. 游旗纹（主纹）；6. 素晕；8. 栉纹；9. 兽形云纹。

胸有乳丁纹、如意云纹、雷纹、栉纹。腰上部凸棱一道，下为云纹、雷纹。足为复线角形纹。

扁耳两对，耳边饰绳纹。

身有四道合范线。

粤055号鼓

面径46、身高27、胸径48.1、腰径41.7、足径45.5。

面一弦分晕，九晕：1. 太阳纹，十二芒夹坠形纹；2. “[illegible]”字纹；3. “S”形勾头纹；4、8. 乳丁纹；5. 游旗纹（主纹）；6. 素晕；7. 栉纹；9. 兽形云纹。

胸有乳丁纹、雷纹、如意云纹、栉纹。腰上部凸棱一道，下为雷纹、云纹。足为复线角形纹。

扁耳两对。每耳边饰绳纹，中有雷纹，上下部各穿一孔。

身有四道合范线。面沿露四段垫条痕。

粤054号鼓

面径49、身高27、胸径51、腰径44.6、足径48.5。

面一弦分晕，九晕：1. 太阳纹，十二芒夹坠形纹，芒穿至三晕；2. “[illegible]”字纹；3. “S”形勾头纹；4、8. 乳丁纹；5. 游旗纹（主纹）；6. 素晕；7. 栉纹；9. 兽形云纹。

胸有乳丁纹、雷纹、如意云纹、栉纹。腰上部凸棱一道，下为雷纹、云纹。足为复线角形纹。

扁耳两对。每耳边饰绳纹，中有雷纹，上下部各有一窝。

身有四道合范线。面沿露四段垫条痕。

粤055号鼓

面径44、身高26、胸径47.1、腰径40.1、足径45。

面一弦分晕，十晕：1. 太阳纹，十二芒夹坠形纹；2. “[illegible]”字纹；3. “S”形勾头纹；4、7、10. 乳丁纹；5、9. 模糊；6. 云纹；8. 栉纹。

胸有乳丁纹、如意云纹、雷纹、栉纹。腰上部凸棱一道，下为雷纹、云纹。足为复线角形纹。

扁耳两对。每耳边饰绳纹，中有雷纹。

身有四道合范线。

粤056号鼓

面径47.5、身高26、腰径49.7、腰径43、足径48。

扁耳两对。每耳边饰绳纹，中有雷纹，穿孔一个。

身有四道合范线。

粤064号鼓

面径51、身高28、胸径53.2、腰径47.5、足径50.5。

面一或二弦分晕，十一晕：1. 太阳纹，十二芒夹坠形纹；2. “[illegible]”字纹；3. “S”形勾头纹；4、10. 乳丁纹；5、9. 栉纹；6. 游旗纹（主纹）；7、8. 素晕；11. 兽形云纹。

胸有乳丁纹、云纹、栉纹、兽形云纹。腰上部凸棱一道，下为雷纹、如意云纹。足为复线角形纹。

扁耳两对。每耳边饰绳纹，上有一孔。

身有四道合范线。

粤065号鼓

面径47.5、身高26.5、胸径47.8、腰径41.4、足径48。

面一或二弦分晕，十晕：1. 太阳纹，十二芒夹坠形纹；2. “[illegible]”字纹；3. “S”形勾头纹；4、6、9. 乳丁纹；5. 游旗纹（主纹）；7、10. 雷纹；8. 素晕。

胸有乳丁纹、云纹、雷纹。腰上部凸棱一道，下为雷纹。足为复线角形纹。

扁耳两对，耳边饰绳纹。

身有四道合范线。

粤066号鼓

面径50、身高26.5、胸径51、腰径43、足径48。

面一弦分晕，十三晕：1. 太阳纹，十二芒夹坠形纹；2、11. 栉纹；3、12. 乳丁纹；4、7. 同心圆纹；5. 人字脚游旗纹（主纹）；6. 羽纹；9、10. 素晕；13. 绹纹。

胸有乳丁纹、雷纹、栉纹。腰上部凸棱一道，下为雷纹、缠枝纹、栉纹。足上部为复线角形纹，下为波浪纹。

扁耳两对，耳边饰绳纹。

身有四道合范线。

粤068号鼓

面径48、身高27.5、胸径49.7、腰径43.9、足径47.5。

面一或二弦分晕，九晕：1. 太阳纹，十二芒，芒间三角形图案；2、6、9. 乳丁纹；3. 绹纹；4、8. 雷纹；5. 菱格填花纹；7. 人字脚游旗纹（主纹）。

胸有乳丁纹、雷纹、同心圆纹。腰上部凸棱一道，下为菱格填花纹、雷纹。足上为三角形图案。

扁耳两对，耳边饰绳纹。

身有四道合范线。

粤069号鼓

面径48、身高28、胸径49.7、腰径43.9、足径47.5。

面一或二弦分晕，十二晕：1. 太阳纹，十二芒，芒间三角形图案；2、7、12. 乳丁纹；3、8. 同心圆纹；4. 绹纹；5. 人字脚游旗纹（主纹）；6、10. 雷纹；9. 羽纹。

胸有乳丁纹、同心圆纹、雷纹。腰上部凸棱一道，下为雷纹、菱格填花纹。足为三角形纹。

扁耳两对，耳边饰绳纹。

身有四道合范线。

粤 070 号鼓

面径 47、身高 27.5、胸径 48.1、腰径 39.2、足径 46.5。

面一至三弦分晕，八晕：1. 太阳纹，十二芒，芒间素；2、5、8. 乳丁纹；3. 四瓣花纹；4. 菱格填花瓣纹；6. “寿”字纹（主纹）；7. 雷纹。

胸有乳丁纹、菱格填花纹、雷纹。腰上部有凸棱一道，下为草书“河”字纹、雷纹。足为三角形图案。

扁耳两对，耳边饰绳纹。

身有四道合范线。

粤 071 号鼓

面径 47、胸径 48.6、腰径 42.7，足残一段。

面一弦分晕，十一晕：1. 太阳纹，十二芒，芒间复线角形纹，芒穿至四晕；2、9. 雷纹；3. 同心圆纹；4、8. 素晕；5、7、10. 乳丁纹；6. 人字脚游旗纹和变形游旗纹（主纹）；11. 云纹。另边沿有四组同心圆纹夹雷纹。

胸有乳丁纹、同心圆纹、如意云纹、雷纹。腰上部凸棱一道，下为如意云纹、同心圆纹。足残。

背面有庄园图。

扁耳两对，耳边饰绳纹。

身有四道合范线。

粤 072 号鼓

面径 45.5、身高 26.5、胸径 47.1、腰径 39.5、足径 46。

面一弦分晕，九晕：1. 太阳纹，十二芒夹坠形纹，芒穿至三晕；2. 栉纹；3. 钱纹；4、6、9. 乳丁纹；5. 荷耙人形纹、“寿”字纹、符箓纹；7. 素晕；8. 雷纹。边沿有四组钱纹夹雷纹。

胸有乳丁纹、如意云纹、“S”形勾头纹、云纹。腰上部凸棱一道，下为云纹、钱纹。足为复线角形纹。

扁耳两对，耳边饰绳纹。

身有两道合范线。

粤 073 号鼓

面径 44、身高 25.5、胸径 45.5、腰径 38.2、足径 45.2。

面一弦分晕，九晕：1. 太阳纹，十二芒夹坠形纹，芒穿至三晕；2、6. 雷纹；3. 同心圆纹；4、8. 乳丁纹；5. 符箓纹；7. 钱纹；9. 兽形云纹。

胸有乳丁纹、如意云纹、兽形云纹、雷纹。腰上部凸棱一道，下部纹饰与胸相同。足为复线角形纹。

扁耳两对，饰线纹。

身有两道合范线。

粤 074 号鼓

面径 47、身高 27、胸径 48.1、腰径 40.1、足径 46。

面一或二弦分晕，九晕：1. 太阳纹，十二芒夹坠形纹，芒穿至三晕；2. “酉”字纹；3、6、8. 乳丁纹；4. 素晕；5. 云纹；7. 棂花纹（主纹）；9. 雷纹。

胸有乳丁纹、雷纹、云纹。腰上部凸棱一道，下为雷纹、云纹。足为复线角形纹。

扁耳两对。每耳边饰绳纹，中有雷纹，似有“府”和“卍”字形。

身有四道合范线。

粤 075 号鼓

面径 46、身高 27、胸径 47.1、腰径 41.4、足径 46。

面有四蛙，两两相对。二弦分晕，八晕：1. 太阳纹，十二芒，芒间素；2、4、8. 乳丁纹；3. 变形游旗纹和变形复线交叉纹（主纹）；5. 绹纹；6、7. 素晕。

胸有乳丁纹、变形游旗纹和变形交叉纹。腰部凸棱一道。足为复线角形纹。

扁耳两对，饰线纹。

身有四道合范线。

粤 076 号鼓

面径 31.5、身高 19.5、胸径 33.4、腰径 28.3、足径 32.5。

面一或二弦分晕，十一晕：1. 太阳纹，十二芒夹坠形纹；2. “酉”字纹；3. “S”形勾头纹；4. 素晕；5、9. 乳丁纹；6. 缠枝纹（主纹）；7、11. 同心圆纹；8. 云纹；10. 雷纹。

胸有乳丁纹、如意云纹、同心圆纹。腰上部凸棱一道，下为雷纹、“S”形勾头纹、同心圆纹。足为角形纹。背面有庄园图。

扁耳两对。

身有两道合范线。

粤 077 号鼓

面径 47、身高 29.5、胸径 49.4、腰径 38.9、足径 46。

面一弦分晕，九晕：1. 太阳纹，十二芒，芒间三角形图案；2. 云纹；3、9. 乳丁纹；4. 双线角形纹；5. 同心圆纹；6. 雷纹；7. 云纹；8. 素晕。

胸有乳丁纹、雷纹、云纹。腰上部凸棱一道，下为云纹、波浪纹。足为复线角形纹。

扁耳两对（残失）。

身有四道合范线。

粤078号鼓

面径47、身高27、胸径48.1、腰径39.5、足径45.6。

面一或二弦分晕，十晕：1. 太阳纹，十二芒夹坠形纹；2. "卐"字纹；3. "S"形勾头纹；4、6、8. 乳丁纹；5. 云纹（主纹）；7. 棂花纹和"寿"字纹；9. 云纹；10. 素晕。

胸有乳丁纹、如意云纹、云纹、雷纹。腰上部凸棱一道，下为雷纹、云纹。足为三角形图案。背面有八组花纹，每组四个雷纹夹"寿"字或花朵。

扁耳两对。每耳边饰绳纹，中有雷纹、云纹。

身有两道合范线。

粤079号鼓

面径50、身高27、胸径50.6、腰径44.9、足径48。

面有四立体物于边环列。一弦分晕，十三晕：1. 太阳纹，十二芒，芒间三角形图案；2、12. 乳丁纹；3. 云纹；4、7、11. 栉纹；5. 符箓纹（主纹）；6. 雷纹；8. 素晕；9. 羽纹；10. 同心圆纹；13. 绹纹。

胸有乳丁纹。腰上部凸棱一道，下为同心圆纹、云纹、雷纹。足为复线角形纹。

扁耳两对，饰直线纹。

身有四道合范线。

粤080号鼓

面径46、身高27、胸径49.4、腰径42、足径42.5。

面一弦分晕，十晕：1. 太阳纹；2、9. 乳丁纹；3. 缠枝纹；4. 同心圆纹；5. 栉纹；5. 符箓纹（主纹）；7、8. 素晕；10. 绹纹。

除胸有乳丁纹外，通身素。

身有四道合范线。

粤081号鼓

面径48.5、身高27、胸径50.3、腰径43.6、足径42.5。

面一弦分晕，十四晕：1. 太阳纹，十二芒，芒间三角形图案；2、13. 乳丁纹；3、7、12. 栉纹；4、6. "S"形勾头纹；5. 符箓纹（主纹）；8. 雷纹；9. 同心圆纹；10、11. 素晕；14. 绹纹。

胸有乳丁纹。腰上部凸棱一道，下为云纹。足为复线角形纹。

扁耳两对，耳边饰绳纹。

身有四道合范线。

粤082号鼓

面径48、身高26.5、胸径49、腰径42、足径49。

面一或二弦分晕，九晕：1. 太阳纹，十二芒，芒间素；2、5、9. 乳丁纹；3. 雷纹（主纹）；4、6. 素晕；7. 四瓣团花纹；8. 绹纹。

胸有乳丁纹。腰素。足为复线角形纹。

扁耳两对，耳边饰线纹。

身有四道合范线。

粤 083 号鼓

面径 49、身高 28、胸径 49. 4、腰径 42、足径 46。

面一弦分晕，十晕：1. 太阳纹，十二芒；2、6、9. 乳丁纹；3. 羽纹；4、10. 波浪纹；5. 素晕；7. 角形夹梅花图案；8. 缠枝纹。

除胸有乳丁纹、腰上部凸棱一道外，余皆素。

扁耳两对，饰线纹。

身有四道合范线。

粤 084 号鼓

面径 47、身高 26. 4、胸径 48. 4、腰径 41. 7、足径 47. 5。

面一至三弦分晕，六晕：1. 太阳纹，十二芒，芒间素；2、5. 乳丁纹；3、4、6. 缠枝纹。

胸有乳丁纹。腰上部凸棱一道，下为缠枝纹。足为复线形纹。

扁耳两对，饰线纹。

身有四道合范线。

粤 085 号鼓

面径 50、身高 25. 5、胸径 49. 7、腰径 43、足径 48。

面一弦分晕，九晕：1. 太阳纹，十二芒夹坠形纹，芒穿至三晕；2. “[illegible]”字纹；3. “S”形勾头纹；4. “寿”字纹（主纹）；5、8 及鼓边．乳丁纹；6、9. 如意云纹；7. 云纹。

胸饰雷纹、云纹。腰上部凸棱一道，下为雷纹、云纹。足为复线角形纹。

扁耳两对。每耳边饰绳纹，中有雷纹、“卍”纹。

身有四道合范线。

粤 086 号鼓

面径 47、身高 28、胸径 46. 8、腰径 40. 4、足径 47。

面一至四弦分晕，九晕：1. 太阳纹，十二芒，芒间素；2、6、8. 乳丁纹；3. 四瓣花纹；4. 席纹；5. “卍”字图案；7. “寿”字纹（主纹）；9. 无考，存疑。

胸有乳丁纹、菱格填花纹。腰上部有凸棱一道，下为菱格填花纹。足为图案三角形纹。

扁耳两对，饰线纹。

身有四道合范线。

粤 087 号鼓

面径 48. 5、身高 27. 7、胸径 49. 4、腰径 40. 9、足径 48. 5。

面一至三弦分晕，九晕：1. 太阳纹，十二芒夹坠形纹；2. “[illegible]”字纹；3. 兽形云纹；4、8. 乳丁纹；5. “寿”字纹、棂花纹（主纹）；6. 素晕；7. 雷纹；9. 云纹。

胸有乳丁纹、云纹、雷纹。腰上部凸棱一道，下为雷纹、云纹。足为图案三角形纹。

扁耳两对，耳边饰绳纹。

身有四道合范线。

粤 088 号鼓

面径 47.5、身高 26.5、胸径 48.1、腰径 42.7、足径 48。

面一或二弦分晕，十晕：1. 太阳纹，十二芒夹坠形纹；2. 云纹；3. “S”形勾头纹；4、9. 乳丁纹；5. 双龙献寿纹（主纹）；6. 兽形云纹；7、10. 雷纹；8. 素晕。

胸有乳丁纹、兽形云纹、雷纹。腰上部凸棱一道，下为雷纹。足为复线角形纹。

扁耳两对，耳边饰线纹。

身有两道合范线。

粤 090 号鼓

面径 47.5、身高 27.5、胸径 49.7、腰径 43、足径 47.5。

面一弦分晕，九晕：1. 太阳纹，十二芒夹坠形纹，芒穿至三晕；2. “[illegible]”字纹；3. 游旗纹（主纹）；4、8. 乳丁纹；5. 游旗纹（主纹）；6. 素晕；7. 栉纹；9. 兽形云纹。

胸有乳丁纹、雷纹、如意云纹、栉纹。腰上部凸棱一道，下为云纹、雷纹。足为复线角形纹。

扁耳两对。每耳边饰绳纹，中有雷纹，上下部各穿一孔。

身有四道合范线。

粤 091 号鼓

面径 48、身高 26.5、胸径 50、腰径 43、足径 47.5。

面单弦分晕，九晕：1. 太阳纹，十二芒夹坠形纹，芒穿至三晕；2. “[illegible]”字纹；3. “S”形勾头纹；4、8. 乳丁纹；5. 游旗纹（主纹）；6. 素晕；7. 栉纹；9. 兽形云纹。

胸有乳丁纹、如意云纹、雷纹、栉纹。腰上部凸棱一道，下为云纹、雷纹。足饰复线角形纹。

扁耳两对。每耳边饰绳纹，中有雷纹，上下部各穿一孔。

身有四道合范线。

粤 092 号鼓

面径 44、身高 25.5、胸径 44.6、腰径 37.6、足径 44.5。

面一弦分晕，九晕：1. 太阳纹，十二芒夹坠形纹，芒穿至三晕；2. 同心圆纹；3、9. 雷纹；4、8. 乳丁纹；5. 荷耙人形纹、鹤、牛、猪、狗、同心圆纹、“寿”字纹等（主纹）；6. 素晕；7. 花朵纹。

胸有乳丁纹、同心圆纹、如意云纹、雷纹。腰上凸棱一道，下为雷纹、如意云纹。足为图案角形。

扁耳两对，耳边饰绳纹。

粤 103 号鼓

面径 47、身高 25.5，拦腰截去下段。

面二弦分晕，八晕：1. 太阳纹，十二芒夹坠形纹；2、5、8. 乳丁纹；3. 雷纹；4. 同心圆纹；6. 四瓣花纹。

胸有乳丁纹、四瓣花纹、鱼形纹。

扁耳两对（锯去）。

身有四道合范线。面沿露四段垫条痕。

粤105号鼓

面径48、身高26、胸径49.4、腰径43.9、足径47.5。

面一弦分晕，九晕：1. 太阳纹，十二芒夹坠形纹，芒穿至三晕；2. “[illegible]”字纹；3. “S”形勾头纹；4、8. 乳丁纹；5. 游旗纹（主纹）；6. 素晕；7. 栉纹；9. 兽形云纹。

胸有乳丁纹、如意云纹、雷纹、栉纹。腰上部凸棱一道，下为雷纹、云纹。足为复线角形纹。

扁耳两对。每耳边饰绳纹，中有雷纹。

身有四道合范线。

粤106号鼓

面径49、身高26、胸径50.6、腰径44.9、足径49。

面一弦分晕，十一晕：1. 太阳纹，十二芒夹坠形纹，芒穿至三晕；2. “[illegible]”字纹；3. “S”形勾头纹；4、10. 乳丁纹；5、9. 栉纹；6. 游旗纹（主纹）；7、8. 素晕；11. 兽形云纹。

胸有乳丁纹、雷纹、如意云纹、栉纹。腰上部凸棱一道，下为雷纹、如意云纹。足为复线角形纹。

扁耳两对。每耳边饰绳纹，中有雷纹。

身有四道合范线。

粤107号鼓

面径46、身高26、胸径46.8、腰径42、足径46。

面一弦分晕，十二晕：1. 太阳纹，十二芒，芒间三角形图案；2、6、12. 乳丁纹；3、8. 素晕；4、11. 绹纹；5. 人字脚游旗纹（主纹）；7. 同心圆纹；9. 栉纹；10. “[illegible]”字纹。

胸有乳丁纹、云纹、雷纹。腰上部凸棱一道，下为云纹、雷纹、四瓣花纹。足为图案三角形纹。

扁耳两对，耳边饰绳纹。

身有四道合范线。

粤110号鼓

面径47、身高25.6、胸径46.8、腰径40.8、足径46。

面一或二弦分晕，九晕：1. 太阳纹，十二芒夹坠形纹；2、5、9. 乳丁纹；3. “[illegible]”字纹；4、7. 如意云纹；8. 游旗纹（主纹）。

胸有乳丁纹、如意云纹、雷纹、“S”形勾头纹。腰上部凸棱一道，下为云纹、雷纹、如意云纹。足为复线角形纹。

扁耳两对。每耳边饰绳纹，中有穿孔。

身有四道合范线。

粤111号鼓

面径48、身高26.5、胸径50.3、腰径43.3、足径48。

面一弦分晕，九晕：1. 太阳纹，十二芒夹坠形纹；2. “[illegible]”字纹；3. “S”形勾头纹；4、6、8. 乳丁纹；5. 游旗纹（主纹）；7. 栉纹；9. 兽形云纹。

胸有乳丁纹、如意云纹、雷纹、栉纹。腰上部凸棱一道，下为雷纹、云纹。足饰复线角形纹。

扁耳两对，耳边饰绳纹。

身有四道合范线。

粤114号鼓

面径48.5、身高27.5、胸径51、腰径44.3、足径48.3。

面一弦分晕，九晕：1. 太阳纹，十二芒夹坠形纹，芒穿至三晕；2. “[illegible]”字纹；3. “S”形勾头纹；4、8. 乳丁纹；5. 游旗纹（主纹）；6. 素晕；7. 栉纹；9. 兽形云纹。

胸有乳丁纹、雷纹、如意云纹、栉纹。腰上部凸棱一道，下为雷纹、云纹。足为复线角形纹。

扁耳两对。每耳边饰绳纹，中有三个雷纹，上下部各有一凹窝。

身有四道合范线。面沿露四段垫条痕。

粤120号鼓

面径48、身高27、胸径48.7、腰径43.3、足径47。

面一至三弦分晕，八晕：1. 太阳纹，十二芒，芒间素；2、5、8. 乳丁纹；3. 如意云纹；4、6. 雷纹；7. 斜线角形纹。

胸有乳丁纹、雷纹。腰上部凸棱一道，下为如意云纹、雷纹。足为复线角形纹。

背面有四句铭文，其中一句为“古僮百姓归”，余三句待考。

扁耳两对，耳边饰线纹。

身有四道合范线。

粤156号鼓（藏湛江地区博物馆）

来源不详。

面径45、身高30。

面一弦分晕，十晕：1. 太阳纹，十二芒夹坠形纹；2. “[illegible]”字纹；3. “S”形勾头纹；4、7、10. 乳丁纹；5. 游旗纹（主纹）；6. 云纹；8. 栉纹；9. 兽形云纹。

胸有乳丁纹、云纹、雷纹、栉纹。腰上部凸棱一道，下为雷纹、云纹。足为复线角形纹。

扁耳两对。每耳边饰绳纹，中有雷纹。

身有四道合范线。

3-251号鼓（存广州市博物馆。下同）

1972年广州市革命委员会拨交（下同）。

面径47.8、身高27、胸径49.3、腰径41、足径47.3。

面一至三弦分晕，七晕：1. 太阳纹，十二芒，芒间素；2、5 及鼓边．乳丁纹；3、7. 雷纹；4. 云纹；6. 雷纹与云纹（主纹）。

胸有乳丁纹、雷纹。腰上部凸棱一道，棱上有云纹，下部为雷纹、云纹。足为复线角形纹。

扁耳两对，耳边饰线纹。

身有四道合范线。

3－253 号鼓

面径 46. 8、身高 26、胸径 49. 3、腰径 41、足径 46. 3。

面一弦分晕，九晕：1. 太阳纹，十二芒夹坠形纹，芒穿至三晕；2. “[illegible]” 字纹；3. “S” 形勾头纹；4、8. 乳丁纹；5. 游旗纹（主纹）；6. 素晕；7. 栉纹；9. 兽形云纹。

胸有乳丁纹、雷纹、如意云纹、栉纹。腰上部凸棱一道，下为雷纹、云纹。足为复线角形纹。

扁耳两对。每耳边饰绳纹，中有雷纹。上下部各穿一小孔。

身有四道合范线。面沿露四段垫条痕。

3－254 号鼓

面径 43. 7、身高 25、胸径 45. 2、腰径 36. 3、足径 43. 5。

面一弦分晕，十一晕：1. 太阳纹，十二芒，芒间复线角形纹，芒穿至四晕；2. “[illegible]” 字纹；3. 同心圆纹；4、8、12. 素晕；5、7、11. 乳丁纹；6. 游旗纹（主纹）；9. 绹纹。另有同心圆纹夹雷纹四组，位于每耳上方的面沿。

胸有乳丁纹、钱纹、雷纹、“S” 形勾头纹。腰上部凸棱一道，下为 “S” 形勾头纹、雷纹。足为复线角形纹。

背面有压胜钱纹四枚。

扁耳两对，耳边饰绳纹。

身有四道合范线。

3－255 号鼓

面径 45. 5、身高 25. 5、胸径 46. 2、腰径 38、足径 44. 8。

面一至三弦分晕，八晕：1. 太阳纹，十二芒，芒间素；2、5、8. 乳丁纹；3. 八宝纹（主纹）；4. 角形纹间乳丁纹；6. 游旗纹（主纹）；7. 雷纹。

胸有乳丁纹、绹纹。腰上部凸棱一道，下为雷纹。足饰复线角形纹。

扁耳两对，饰线纹。

身有四道合范线。

3－256 号鼓

面径 49、身高 26、足径 48. 5。

面有三足蛙四，顺时针环列。一弦分晕，九晕：1. 太阳纹，十二芒夹坠形纹；2. “[illegible]” 字纹；3、5、8. 乳丁纹；4. 游旗纹（主纹）；6、9. 云纹；7. 雷纹。

胸有乳丁纹、雷纹、云纹。腰上部凸棱一道，下为雷纹、云纹。足为复线角形纹。

扁耳两对。每耳边饰绳纹，中有雷纹、“卍”字纹。

身有两道合范线。

3－257号鼓

面径51、身高28.5、胸径52.5、腰径44.2、足径53。

面一弦分晕，十一晕：1. 太阳纹，十二芒夹坠形纹；2. “互”字纹；3、11. 兽形云纹；4、10. 乳丁纹；5、9. 栉纹；6. 游旗纹（主纹）；7、8. 素晕。

胸有乳丁纹、兽形云纹、如意云纹、栉纹。腰上部凸棱一道，下为雷纹、如意云纹。足为复线角形纹。

扁耳两对。每耳边饰绳纹，中有雷纹，上中下各穿一孔。

身有两道合范线。

3－262号鼓

面径47.7、身高26、胸径50.6、腰径43、足径47.5。

面一弦分晕，九晕：1. 太阳纹，十二芒夹坠形纹，芒穿至三晕；2. “酉”字纹；3. “S”形勾头纹；4、8. 乳丁纹；5. 游旗纹（主纹）；6. 素晕；7. 栉纹；9. 兽形云纹。

胸有乳丁纹、如意云纹、雷纹、栉纹。腰上部凸棱一道，下为栉纹、雷纹。足为复线角形纹。

背面中央有一雷纹。

扁耳两对，耳边饰绳纹。

身有四道合范线。

3－263号鼓

面径47、身高26.8、胸径49、腰径39.5、足径43.6。

面二至三弦分晕，七晕：1. 太阳纹，十二芒夹三角形图案；2、4、7. 乳丁纹；8. 变形游旗纹（主纹）；5. 符箓纹（主纹）；6. 波浪纹。

胸有乳丁纹、曲折席纹、雷纹。腰上部凸棱一道，下为波浪纹、雷纹、人形纹。足为图案三角形纹。

扁耳两对。每耳边饰辫纹，中有一行细乳丁纹。

身有四道合范线。

3－264号鼓

面径50.3、身高27.7、胸径52.2、腰径44.3、足径51.2。

面一弦分晕，十一晕：1. 太阳纹，十二芒夹坠形纹；2. “酉”字纹；3. “S”形勾头纹；4、10. 乳丁纹；5、9. 栉纹；6. 游旗纹（主纹）；7、8. 素晕；11. 兽形云纹。

胸有乳丁纹、兽形云纹、如意云纹、栉纹、云纹。腰上部凸棱一道，下为雷纹、云纹。足为复线角形纹。

扁耳两对。每耳边饰绳纹，中有雷纹，上中下部各有一凹窝。

身有两道合范线。

3－265 号鼓

面径 46. 3、身高 26、胸径 50. 2、腰径 41. 6、足径 46. 3。

面一弦分晕，十晕：1. 太阳纹，十二芒夹坠形纹；2、8. 云纹；3. “S”形勾头纹；4、7、10. 乳丁纹；5. 游旗纹（主纹）；6. 栉纹；9. 兽形云纹。

胸有乳丁纹、如意云纹、雷纹、栉纹。腰上部凸棱一道，下为雷纹、云纹。足为复线角形纹。

扁耳两对，耳边饰绳纹。

身有四道合范线。

3－266 号鼓

面径 48. 5、身高 26、腰径 51. 2、腰径 43、足径 48. 3。

面一弦分晕，九晕：1. 太阳纹，十二芒夹坠形纹；2. “[illegible]”字纹；3、7. “S”形勾头纹；4、8. 乳丁纹；5. 游旗纹（主纹）；6. 素晕；9. 兽形云纹。

胸有乳丁纹、如意云纹、兽形云纹、雷纹。腰上部凸棱一道，下为雷纹、菱格填花纹、云纹。足饰复线角形纹。

扁耳两对。每耳边饰绳纹，中有雷纹，上下部各穿一长条孔。

身有四道合范线。

3－267 号鼓

面径 48. 5、身高 25. 8、胸径 51. 2、腰径 45. 3、足径 48. 3。

面一弦分晕，十晕：1. 太阳纹，十二芒夹坠形纹；2、6、10. 乳丁纹；3. “S”形勾头纹；4. 云纹；5. 游旗纹（主纹）；7. 雷纹；8. 菱格填花纹；9. 兽形云纹。

胸有乳丁纹、如意云纹、兽形云纹、雷纹、云纹。腰上部凸棱一道，下为菱格填花纹、雷纹、云纹。足饰复线角形纹。

扁耳两对。每耳边饰绳纹，中有雷纹。

身有四道合范线。

3－268 号鼓

面径 45. 2、身高 26、胸径 47. 1、腰径 40、足径 46。

面一或二弦分晕，十二晕：1. 太阳纹，十二芒，芒间素；2、7、12. 乳丁纹；3、10. 绹纹；4、8. 同心圆纹；5. 人字脚游旗纹（主纹）；6、11. 雷纹；9. 辫纹。

胸有乳丁纹、雷纹、波浪纹、同心圆纹。腰上部凸棱一道，下为雷纹、如意云纹、缠枝纹。足饰三角形图案。

扁耳两对，耳边饰绳纹。

身有四道合范线。

3－270 号鼓

面径 51. 8、身高 28. 5、胸径 53. 1、腰径 45. 5、足径 52。

面一弦分晕，十一晕：1. 太阳纹，十二芒夹坠形纹；2. “卣”字纹；3、5、7. 素晕；4、10. 乳丁纹；6. 游旗纹（主纹）；8. 雷纹；9. 栉纹；11. 兽形云纹。

胸有乳丁纹、雷纹、云纹。腰上部凸棱一道，下为雷纹、云纹。足饰复线角形纹。

扁耳两对，耳边饰绳纹。

身有四道合范线。

3－271 号鼓

面径 50.3、身高 27.2、胸径 52.5、腰径 46.1、足径 51。

面一弦分晕，十一晕：1. 太阳纹，十二芒夹坠形纹；2. “卣”字纹；3. “S”形勾头纹；4、10. 乳丁纹；5、9. 栉纹；6. 游旗纹（主纹）；7、8. 素晕；11. 如意云纹。

胸有乳丁纹、如意云纹、栉纹。腰上部凸棱一道，下为雷纹、云纹。足饰复线角形纹。

扁耳两对。每耳边饰绳纹，中有雷纹，上中下部各有一长方孔。

身有四道合范线。

3－272 号鼓

面径 47、身高 25.8、胸径 50.2、腰径 41.3、足径 46.5。

面一弦分晕，九晕：1. 太阳纹，十二芒夹坠形纹，芒穿至三晕；2. “卣”字纹；3. “S”形勾头纹；4、8. 乳丁纹；5. 游旗纹（主纹）；6. 素晕；7. 栉纹；9. 兽形云纹。

胸有乳丁纹、如意云纹、雷纹、栉纹。腰上部凸棱一道，下为云纹、雷纹。足饰复线角形纹。

扁耳两对。每耳边饰绳纹，上下各穿一小圆孔。

身有四道合范线。

3－273 号鼓

面径 46.2、身高 26、胸径 48.3、腰径 41、足径 46。

面一弦分晕，九晕：1. 太阳纹，十二芒夹坠形纹；2. “卣”字纹；3. “S”形勾头纹；4、8. 乳丁纹；5. 游旗纹；6. 素晕；7. 栉纹；9. 兽形云纹。

胸有乳丁纹、雷纹、如意云纹、栉纹。腰上部凸棱一道，下为雷纹、云纹。足饰复线角形纹。

扁耳两对。每耳边饰绳纹，中有一孔（一失无）。

身有四道合范线。

3－274 号鼓

面径 47.2、身高 27.8、胸径 50、足径 47.5。

面一弦分晕，九晕：1. 太阳纹，十二芒夹坠形纹，芒穿至三晕；2. “卣”字纹；3. “S”形勾头纹；4、8. 乳丁纹；5. 游旗纹（主纹）；6. 素晕；7. 栉纹；9. 兽形云纹。

胸有乳丁纹、如意云纹、兽形云纹、雷纹、栉纹。腰上部凸棱一道，下为雷纹、云纹。足饰复线角形纹。

扁耳两对。每耳边饰绳纹，中有雷纹。

身有四道合范线。面沿露四段垫条痕。

3－275号鼓

面径47、身高26.8、胸径50、腰径41、足径47.3。

面一弦分晕，九晕：1. 太阳纹，十二芒夹坠形纹，芒穿至三晕；2. “[illegible]”字纹；3. “S”形勾头纹；4、8. 乳丁纹；5. 游旗纹（主纹）；6. 素晕；7. 栉纹；9. 兽形云纹。

胸有乳丁纹、雷纹、如意云纹、栉纹。腰上部凸棱一道，下为云纹、雷纹。足饰复线角形纹。

扁耳两对。每耳边饰绳纹，上下各有一孔。

身有四道合范线。

3－276号鼓

面径48.6、身高27.3、胸径51.6、腰径40.7、足径49。

面一弦分晕，十一晕：1. 太阳纹，十二芒夹坠形纹；2. “[illegible]”字纹；3. “S”形勾头纹；4、10. 乳丁纹；5、9. 栉纹；6. 游旗纹（主纹）；7. 如意云纹；8、11. 兽形云纹。鼓边有鸟含丝草纹四组，间以“S”形勾头纹、回纹。

胸有乳丁纹、兽形云纹、如意云纹、栉纹。腰上部凸棱一道，下为雷纹、如意云纹。足饰复线角形纹。

扁耳两对。每耳边饰绳纹、线纹，上中下各穿一孔。

身有两道合范线。面沿露四段垫条痕。

3－252号鼓

广州市博物馆旧存。

面径46.8、身高26.2、胸径50.6、腰径41.3、足径46.3。

面一弦分晕，九晕：1. 太阳纹，十二芒夹坠形纹，芒穿至三晕；2. “[illegible]”字纹；3. “S”形勾头纹；4、8. 乳丁纹；5. 游旗纹（主纹）；6. 素晕；7. 栉纹；9. 兽形云纹。

胸有乳丁纹、雷纹、如意云纹、栉纹。腰上部凸棱一道，下为云纹、雷纹。足饰复线角形纹。

扁耳两对。每耳边饰绳纹，上穿一孔。

身有四道合范线。面沿露四段垫条痕。

3－777号鼓

面径49.7、身高28.5、胸径54.1、腰径44.8、足径50。

面一弦分晕，十一晕：1. 太阳纹，十二芒夹坠形纹；2. “[illegible]”字纹；3. “S”形勾头纹；4、10. 乳丁纹；5、9. 栉纹；6. 游旗纹（主纹）；7、8. 素晕；11. 兽形云纹。

胸有乳丁纹、如意云纹、兽形云纹、雷纹、栉纹。腰上部凸棱一道，下为雷纹、云纹。足饰复线角形纹。

扁耳两对。每耳边饰绳纹，中有雷纹。

身有四道合范线。面沿露四段垫条痕。

3－778号鼓

面径46.8、身高27、胸径50、腰径41.7、足径47.3。

面一弦分晕，九晕：1. 太阳纹，十二芒夹坠形纹，芒穿至三晕；2. “[illegible]”字纹；3. “S”形勾头纹；4、8. 乳丁纹；5. 游旗纹（主纹）；6. 素晕；7. 栉纹；9. 兽形云纹。

胸有乳丁纹、雷纹、如意云纹、栉纹。腰上部凸棱一道，下为云纹、雷纹。足饰复线角形纹。

扁耳两对。每耳边饰辫纹，上下各有一小圆孔。

身有四道合范线。面沿露四段垫条痕。

3－781 号鼓

面径 49.8、身高 27.8、胸径 50.2、腰径 43.2、足径 48.2。

面一弦分晕，十一晕：1、2. 太阳纹，十二芒夹坠形纹，芒穿至四晕；3、6、9. 乳丁纹；4. 雷纹；5. “S”形勾头纹；7. 四马、四篮花纹；8. 栉纹；10. 兽形云纹；11. 辫纹。

胸上部耳旁各有一人形纹，下有乳丁纹、雷纹、兽形云纹。腰上部凸棱一道，下为兽形云纹。足饰复线角形纹。

扁耳两对，耳边饰绳纹。

背面有房屋、野兽、花草纹。

身有八道合范线。

3－785 号鼓

面径 49.2、身高 25.9、胸径 49.6、腰径 43、足径 48.4。

面一弦分晕，九晕：1. 太阳纹，十二芒夹坠形纹，芒穿至二晕；2. “[illegible]”字纹；3、5、8. 乳丁纹；4. 游旗纹（主纹）；6、9. 兽形云纹；7. 雷纹。

胸有乳丁纹、雷纹、兽面云纹。腰上部凸棱一道，下为雷纹、兽形云纹。足饰复线角形纹。

扁耳两对。每耳边饰绳纹，中有雷纹、“卐”字纹。

身有四道合范线。

3－787 号鼓

面径 50.5、身高 27、胸径 52.2、腰径 46.4、足径 49。

面一弦分晕，十晕：1. 太阳纹，十二芒夹坠形纹；2. “[illegible]”字纹；3. “S”形勾头纹；4、9. 乳丁纹；5、8. 栉纹；6. 游旗纹（主纹）；7. 十二生肖纹（主纹）；10. 兽形云纹。

胸有乳丁纹、兽形云纹、如意云纹、栉纹、云纹。腰上部凸棱一道，下为雷纹、花朵纹。足饰复线角形纹。

扁耳两对。每耳边饰辫纹，中有雷纹，上中下各有一孔。

身有四道合范线。面沿露四段垫条痕。

3－788 号鼓

面径 48、身高 25.7、胸径 50、腰径 41.3、足径 47。

面一弦分晕，九晕：1. 太阳纹，十二芒夹坠形纹，芒穿至三晕；2. “[illegible]”字纹；3. “S”形勾头纹；4、8. 乳丁纹；5. 栉纹；6. 游旗纹（主纹）；7. 素晕；9. 兽形云纹。

胸有乳丁纹、如意云纹、雷纹、云纹、栉纹。腰上部凸棱一道，下为雷纹、云纹。足饰复线角形纹。

扁耳两对。每耳边饰绳纹，上有一孔。

身有四道合范线。另有七个垫钉脱落的方孔。

3－789号鼓

面径51.2、身高27.8、胸径53.7、腰径48、足径50.5。

面一弦分晕，十晕：1. 太阳纹，十二芒夹三角形图案，芒尖围“[illegible]”字一周；2. “S”形勾头纹；3、9. 乳丁纹；4、8. 栉纹；5. 游旗纹（主纹）；6、7. 素晕；10. 如意云纹。

胸有乳丁纹、如意云纹、栉纹。腰上部凸棱一道，下为雷纹、云纹。足饰复线角形纹。

扁耳两对。每耳边饰辫纹，中有雷纹和三个方孔。

身有四道合范线。

3－790号鼓

面径45.5、身高27.3、足径46.3。

面一弦分晕，十一晕：1. 太阳纹，十二芒，芒间复线角形纹；2. 同心圆纹；3. 雷纹；4、8、10. 素晕；5、7、11. 乳丁纹；6. 人形纹和鱼纹（主纹）；9. 兽形云纹。耳上鼓边有纹饰两段，每段为两组同心圆纹夹雷纹和一人形纹。

胸有乳丁纹、同心圆纹、雷纹、如意云纹。腰上部凸棱一道，下为如意云纹、同心圆纹、雷纹、云纹。足饰复线角形纹。

扁耳两对，耳边饰绳纹。

身有四道合范线。

3－791号鼓

面径47.2、身高26.6、胸径49、腰径42、足径43.8。

面一弦分晕，十晕：1. 太阳纹，十二芒夹坠形纹；2. 栉纹；3、7. 同心圆纹；4、6、10. 乳丁纹；5. 双龙献珠纹四组间以四朵宝相花纹（主纹）；8. 宝珠纹；9. 雷纹。

胸有乳丁纹、同心圆纹、兽形云纹、宝珠纹、如意云纹。腰上部凸棱一道，下为如意云纹、同心圆纹、宝珠纹、云纹。足为复线角形纹。

扁耳两对，耳边饰绳纹。

身有两道合范线。

3－792号鼓

面径49.1、身高26.3、胸径49.6、腰径42.9、足径48.4。

面一弦分晕，九晕：1. 太阳纹，十二芒夹坠形纹，芒穿至三晕；2. “[illegible]”字纹；3、5、8. 乳丁纹；4. 游旗纹（主纹）；6. 雷纹；7、9. 如意云纹。

胸有乳丁纹、雷纹、云纹。腰上部凸棱一道，下为雷纹、云纹。足为复线角形纹。

扁耳两对。每耳边饰绳纹，中有雷纹。

背面有四条龙纹间以四个印纹，文为篆书“下簾遮红”。

3－763 号鼓

1955 年市总工会交。

面径 47. 3、身高 26. 2、胸径 50、腰径 41. 7、足径 47. 5。

面一弦分晕，九晕：1. 太阳纹，十二芒夹坠形纹，芒穿至二晕；2. “[illegible]”字纹；3. “S”形勾头纹；4、8. 乳丁纹；5. 游旗纹（主纹）；6. 素晕；7. 栉纹；9. 兽形云纹。

胸有乳丁纹、如意云纹、雷纹、栉纹。腰上部凸棱一道，下为栉纹、云纹、雷纹。足为复线角形纹。

扁耳两对。每耳边饰绳纹，上下部各穿一小圆孔。

身有四道合范线。面沿露四段垫条痕。

中大 169－1 号鼓（藏中山大学考古教研室。下同）

来源不详（下同）。

面径 46、身高 25. 8、胸径 50、腰径 42. 5、足径 45. 5。

面一弦分晕，九晕：1. 太阳纹，十二芒夹坠形纹，芒穿至三晕；2. “[illegible]”字纹；3. “S”形勾头纹；4、8. 乳丁纹；5. 游旗纹（主纹）；6. 素晕；7. 栉纹；9. 兽形云纹。

胸有乳丁纹、雷纹、如意云纹、栉纹。腰上部凸棱一道，下为雷纹、云纹。足为复线角形纹。

扁耳两对。每耳边饰绳纹，上部穿一孔。

身有四道合范线。

中大 169－3 号鼓

面径 48. 3、身高 27. 3、胸径 50、腰径 41、足径 46。

面九晕：1. 太阳纹，十二芒，芒间素；2. 雷纹；3、8. 乳丁纹；4、6. 素晕；5. 栉纹；7. “S”形勾头纹；9. 绹纹。另在六晕至鼓内有四个压胜钱纹，上饰如意云纹、十二生肖纹。

胸有乳丁纹、宝珠纹、雷纹、缠枝纹、花枝纹、栉纹。腰上部凸棱一道，下为雷纹、缠枝纹、栉纹。足为复线角形纹。胸部的两耳之间有两条竖立的鱼纹。

扁耳两对。每耳边饰羽纹，上中下部各穿一方孔。

身有四道合范线。

中大 169－4 号鼓

面径 44. 6、胸径 46. 5、腰径 40、足径 45。

面一弦分晕，十一晕。除太阳纹、十二芒外，皆被磨光。

身亦光素。

扁耳两对，耳边饰绳纹。

身有四道合范线。

新 11 号鼓（藏佛山市博物馆。下同）

来源不详（下同）。

面径 47、身高 26、胸径 50、腰径 41、足径 47。

面一弦分晕，九晕：1. 太阳纹，十二芒夹坠形纹；2. “卣”字纹；3. “S”形勾头纹；4、8. 乳丁纹；5. 游旗纹（主纹）；6. 素晕；7. 栉纹；9. 兽形云纹。

胸有乳丁纹、如意云纹、雷纹、栉纹。腰部凸棱一道，下为如意云纹、雷纹。足为复线角形纹。

扁耳两对，耳边饰辫纹。

身有四道合范线。

新 28 号鼓

面径 49、身高 28.5、胸径 52.3、腰径 43.7、足径 48.5。

面一弦分晕，九晕：1. 太阳纹，十二芒夹坠形纹；2、6. 同心圆纹；3、8. 乳丁纹；4. 栉纹；5. 人字脚游旗纹（主纹）；7. 羽纹；9. 绹纹。

身纹多模糊。仅见胸有乳丁纹，腰部凸棱一道，足饰复线角形纹。

扁耳两对。每耳边饰绳纹，中有方孔三个。

身有四道合范线。

新 29 号鼓

面径 47、身高 24.5、胸径 50.6、腰径 41.5、足径 48。

面一弦分晕，九晕：1. 太阳纹，十二芒夹坠形纹；2. “卣”字纹；3. “S”形勾头纹；4、8. 乳丁纹；5. 游旗纹（主纹）；6. 素晕；7. 栉纹；9. 兽形云纹。

胸有乳丁纹、如意云纹、兽形云纹、雷纹、栉纹。腰上部凸棱一道，下为雷纹、云纹。足为复线角形纹。

扁耳两对。每耳边饰绳纹，中有雷纹和穿孔。

身有四道合范线。

新 30 号鼓

面径 49.5、身高 26.5、胸径 50.2、腰径 43、足径 49.5。

面一弦分晕，十三晕：1. 太阳纹，十二芒夹坠形纹；2. 同心圆纹；3、11. 乳丁纹；4、9. 栉纹；5. 雷纹；6. 八卦间宝珠纹（主纹）；7、8、13. 素晕；10. 如意云纹；12. 绹纹。

胸有乳丁纹、如意云纹、密弦纹带、“S”形勾头纹。腰中部凸棱一道，下为雷纹、云纹。足为复线角形纹。

扁耳两对。每耳边饰辫纹，上部各穿一孔。

身有四道合范线。

新 32 号鼓

面径 47、身高 26.5、胸径 47、腰径 38.5、足径 45.5。

面二至四弦分晕，十晕：1. 太阳纹，十二芒夹坠形纹；2、6、9. 乳丁纹；3. “S”形勾头纹；4. 辫纹；5. 栉纹；7. 波浪纹；8. 游旗纹（主纹）；10. 绹纹。

胸有乳丁纹、雷纹、辫纹、云纹、“卣”字纹。腰上部凸棱一道，下为云纹、雷纹。足为复线角形纹，角间又夹有花枝纹。

扁耳两对，饰凸线纹。

身有四道合范线。

新 33 号鼓

面径 47.5、身高 27、胸径 48.3、腰径 40、足径 46.5。

面二至三弦分晕，六晕：1. 太阳纹，十二芒，芒间素；2、6. 乳丁纹；3. 八宝纹（主纹）；4. 折线席纹；5. 花果蜜蜂纹。

身纹模糊。

扁耳两对，耳边饰绳纹。

身有四道合范线。

新 34 号鼓

面径 52、身高 28.5、胸径 50.1、腰径 47.1、足径 52.5。

面一弦分晕，十一晕：1. 太阳纹，十二芒夹坠形纹；2、3、7、8. 素晕；4、10. 乳丁纹；5、9. 栉纹；6. 游旗纹（主纹）；11. 如意云纹。

胸有乳丁纹、如意云纹、栉纹。腰上部为栉纹、如意云纹，中部凸棱一道，下为雷纹、如意云纹。足为复线角形纹。

鼓身中部铸有“成化十五年”铭文（行书）一行。

扁耳两对，耳边饰辫纹。

身有四道合范线。

新 35 号鼓

面径 35.5、身高 21、胸径 37.5、腰径 32、足径 37。

面一弦分晕，九晕：1. 太阳纹，十二芒夹坠形纹；2. “[illegible]”字纹；3. “S”形勾头纹；4、8. 乳丁纹；5. 游旗纹（主纹）；6. 栉纹；7. 素晕；9. 兽形云纹。

胸有乳丁纹、云纹、雷纹、栉纹。腰上部凸棱一道，下为云纹、雷纹。足为复线角形纹。

扁耳两对。每耳边饰辫纹，中穿孔。

身有四道合范线。

粤 173 号鼓（藏顺德县文化馆。下同）

面径 47、身高 27。

面一弦分晕，九晕：1. 太阳纹，十二芒夹坠形纹，芒穿至三晕；2. “[illegible]”字纹；3. “S”形勾头纹；4、8. 乳丁纹；5. 游旗纹（主纹）；6. 素晕；7. 栉纹；9. 兽形云纹。

胸有乳丁纹、云纹、雷纹、栉纹。腰上部凸棱一道，下为雷纹、云纹。足为复线角形纹。

扁耳两对。每耳边饰绳纹，中有两雷纹。

身有四道合范线。

面沿有后刻的“沐恩弟子罗锡福堂敬送”十字。

粤 174 号鼓

面径 50、身高 28、足径 49.5。

面一弦分晕，十一晕：1. 太阳纹，十二芒夹坠形纹；2. “[illegible]”字纹；3. “S”形勾头纹；4、10. 乳丁纹；5、9. 栉纹；6. 游旗纹；7、8. 素晕；11. 兽形云纹。

胸有乳丁纹、云纹、雷纹、栉纹。腰上部凸棱一道，下为雷纹、云纹。足饰复线角形纹。

扁耳两对。每耳边饰绳纹，中有雷纹三，上下耳根各有一孔。

身有四道合范线。面沿露四段垫条痕。

北流型：43 面

粤 099 号鼓（藏广东省博物馆。下同）

1974 年郁南县东坝公社出土。

面径 79、身高 46、胸径 73.9、腰径 69.1、足径 80。

面有四蛙，两两相对。三弦分晕，等晕，共九晕：1. 太阳纹，八芒，芒间云纹，芒穿至二晕；2 ~ 9. 遍饰云纹、雷纹。

身三弦分晕，等晕。胸十、腰十二、足九晕，皆饰雷纹填线纹、复线半云纹。

环耳两对，饰缠丝纹。耳根有三趾纹。

身有两道合范线。

粤 100 号鼓

1969 年阳春河口公社出土。

面径 80。身为残片。

面有四蛙，逆时针环列。三弦分晕，共八晕：1. 太阳纹，六芒，芒间雷纹，芒穿至二晕，芒尖分叉；2. 云纹；3 ~ 6. 四出钱纹与云雷纹。

身三弦分晕，等晕。胸残剩一晕、腰十晕、足七晕，皆饰雷纹填线纹。

环耳两对，耳根有三趾纹。

身有两道合范线。

粤 145 号鼓（藏湛江地区博物馆）

新中国成立后阳春县出土。

面径 69、身高 39。

面有四蛙，两两相对。三弦分晕，七晕：1. 太阳纹，八芒，芒间云纹；2 ~ 7. 遍布云纹。

身三弦分晕，等晕。胸十、腰十四、足十晕，皆饰雷纹。

环耳两对，饰缠丝纹，耳根有三趾纹。

身有两道合范线。面、身露垫片痕。

粤 101 号鼓（藏广东省博物馆。下同）

1973 年云溪县托洞公社出土。

面径 74.5、身高 42。

面有四蛙，两两相对，蛙足有三趾纹。三弦分晕，九晕：1. 太阳纹，八芒，芒间雷纹，四芒尖分三叉；2～9. 遍饰雷纹。

胸十、腰十四、足十晕，皆饰雷纹。

环耳两对，耳根有三趾纹。

身有两道合范线。

粤 039 号鼓

1962 年信宜县高坡公社木根村出土。

面径 75，足部残片。

面有四蛙，顺时针环列。三弦分晕，等晕，共八晕：1. 太阳纹，八芒，芒间云纹；2～8. 云纹、雷纹。

足部三弦分晕，十一晕，为半云纹、雷纹填线纹相间。

粤 122 号鼓

1976 年信宜县池洞公社岭砥大队出土。

面径 79.5，身残甚。

面有四蛙，两两相对。三弦分晕，九晕：1. 太阳纹，八芒，芒间云纹；2～9. 遍布云纹、雷纹。

身三弦分晕，等晕。胸八、腰九晕，皆云纹、雷纹与雷纹填线纹相间。

环耳两对，饰缠丝纹，耳根有三趾纹。

身有两道合范线。面、身露垫片痕。

粤 131 号鼓（藏信宜县文化馆。下同）

1963 年信宜县新堡公社出土。

面径 107、身高 61。

面有四蛙，两两相对。三弦分晕，十晕：1. 太阳纹，八芒，芒间云纹，芒尖分叉；2～10. 遍布云纹。

身三弦分晕，等晕。胸十四、腰十七、足十四晕，皆饰雷纹填线纹。

环耳两对。

身有四道合范线。面、身露垫片痕。

粤 132 号鼓

1974 年信宜县东镇公社横岗大队出土。

面径 91、身高 51.5。

面有四蛙，顺时针环列。三弦分晕，八晕：1. 太阳纹，八芒，芒间云纹；2～8. 遍饰云纹。

身三弦分晕，等晕。胸十、腰十四、足十晕，皆饰雷纹。

环耳两对。

身有两道合范线。面、身露垫片痕。

粤 133 号鼓

1975 年信宜县竹山公社樟坡大队出土。

面径 77、身高 39。

面有四蛙，两两相对。三弦分晕，九晕：1. 太阳纹，八芒，芒间云纹，芒穿至二晕，芒尖分叉；2～8. 遍饰云纹；9. 雷纹填线纹。

身三弦分晕，等晕。胸七、腰十、足八晕，皆云纹与雷纹填线纹相间。

环耳两对，饰缠丝纹，耳根有三趾纹。

身有两道合范线。面、身露垫片痕。

粤 139 号鼓（藏湛江地区博物馆。下同）

1976 年信宜县池洞公社西村竹根生产队出土。

面径 77、身高 42.5。

面有四蛙，逆时针环列。三弦分晕，八晕：1. 太阳纹，六芒，芒间云纹；2～8. 遍饰云纹。

身三弦分晕，等晕。胸十、腰十二、足十晕，皆饰雷纹。

环耳两对，饰缠丝纹，耳根有三趾纹。

身有两道合范线。面、身露垫片痕。

粤 142 号鼓

1976 年信宜县劲口公社英云生产队杉木塘出土。

面径 79、身高 46。

面有四蛙，两两相对。三弦分晕，十晕：1. 太阳纹，八芒，芒间云纹；2～9. 云纹；10. 雷纹。

身三弦分晕，等晕。胸十、腰十二、足十晕，皆云纹与雷纹填线纹相间。

环耳两对，饰缠丝纹，耳根有三趾纹。

身有两道合范线。面、身露垫片痕。

粤 144 号鼓

新中国成立后信宜县竹篓岗出土。

面径 70.5，足部残失。

面有四蛙，顺时针环列。三弦分晕，七晕：1. 太阳纹，八芒，芒间云纹，芒穿至二晕；2～7. 遍饰云纹。

身三弦分晕，等晕。胸七、腰十晕，皆饰雷纹。

耳失。

粤 146 号鼓

1977 年信宜县东镇公社尚文大队谭逢岗出土。

面径 71、身高 38。

面有四蛙，逆时针环列。三弦分晕，八晕：1. 太阳纹，八芒，芒间云纹；2～8. 遍饰云纹。

身三弦分晕，等晕。胸八、腰十、足八晕，皆饰雷纹填线纹。

环耳两对。

身有两道合范线。面、身露垫片痕。

粤 147 号鼓

1978 年信宜县池洞公社旺沙大队偷鸭冲岭出土。

面径 95、身高 56.4。

面有四累蹲蛙，两两相对。三弦分晕，九晕：1. 太阳纹，八芒，芒间云纹；2～9. 遍饰云纹。

身三弦分晕，等晕。胸十、腰十四、足十晕，皆云纹与雷纹填线纹相间。

环耳两对，饰缠丝纹，上下出三叉。中间多两个单环耳。

身有两道合范线。面、身露垫片痕。

粤 134 号鼓（藏高州县文化馆。下同）

1958 年信宜县镇隆公社尚文水库工地出土。

面径 92、身高 52。

面有四蛙，顺时针环列。三弦分晕，八晕：1. 太阳纹，八芒，四芒尖分叉，芒间云纹；2～8. 遍布云纹。

身三弦分晕，等晕。胸十一、腰十四、足十二晕，皆雷纹与云纹相间。

环耳两对。

身有两道合范线。面、身露垫片痕。

粤 135 号鼓

1963 年高州县大井公社红旗农场出土。

面径 90，身残破。

面有四蛙，顺时针环列。三弦分晕，等晕：1. 太阳纹，八芒，芒间云纹；2～7. 遍饰云雷纹。

身残存胸部，三弦分晕，等晕，云纹与雷纹相间。

环耳两对。

身有两道合范线。面、身露垫片痕。

粤 140 号鼓（藏湛江地区博物馆。下同）

新中国成立后高州县出土。

面径 110、身高 66。

面有六蛙（失）。三弦分晕，八晕：1. 太阳纹，八芒，芒间云纹，芒尖分叉；2～7. 云纹；8. 雷纹。

身三弦分晕，等晕。胸八、腰九、足六晕，皆云纹与雷纹相间。

环耳两对，饰缠丝纹。

身有两道合范线。面、身露垫片痕。

粤143号鼓

1975年高州县东峰公社东简村出土。

面径71，足部残失。

面有四蛙，逆时针环列。三弦分晕，七晕：1. 太阳纹，八芒，芒间云纹；2～7. 云纹。

身三弦分晕，等晕。胸七、腰九晕，皆饰雷纹。

环耳两对，饰缠丝纹。

身有两道合范线。面、身露垫片痕。

粤137号鼓

新中国成立后湛江地区出土（下同）。

面径78，身残失。

面有四蛙（失）。三弦分晕，八晕：1. 太阳纹，八芒，芒间云纹；2、4、6、8. 变形羽人纹；3、5、7. 云雷纹。

粤138号鼓

面径70，身残失。

面有四蛙，顺时针环列。三弦分晕，六晕：1. 太阳纹，八芒，芒间云纹；2. 云纹；3～6. 雷纹。

身残存胸七晕，三弦分晕，等晕，皆云纹与雷纹相间。

粤141号鼓

1963年合浦县出土。

面径80，足部残失一段。

面有四蛙，逆时针环列。三弦分晕，八晕：1. 太阳纹，八芒，芒间云纹，芒穿至二晕；2～8. 云纹。

身三弦分晕，等晕。胸八、腰十、足残剩五晕，皆饰雷纹填线纹。

环耳两对，饰缠丝纹，耳根有三趾纹。

身有两道合范线。面、身露垫片痕。

粤148号鼓（藏昌江县文化馆）

1979年昌江县十月田公社南岭大队出土。

面径95、身高55。

面有四蛙，两两相对。三弦分晕，九晕：1. 太阳纹，芒尖分叉，芒间雷纹；2～9. 遍布雷纹。

身三弦分晕，等晕。胸十一、腰十六、足十一晕，皆云纹与雷纹填线纹相间。

环耳两对，饰缠丝纹，耳根有三趾纹。

身有两道合范线。面、身露垫片痕。

粤 149 号鼓（藏海口市五公祠）

清代于昌感县出土。

面径 100、身高 56。

面有四蛙，逆时针环列。三弦分晕，八晕：1. 太阳纹，八芒，芒间雷纹；2～8. 遍饰雷纹。

身三弦分晕，等晕。胸八、腰十一、足九晕，皆云纹与雷纹填线纹相间。

环耳两对，饰缠丝纹，耳根有三趾纹。

身有两道合范线。面、身露垫片痕。

粤 150 号鼓（藏陵水县文化馆。下同）

新中国成立后陵水县新村公社出土。

面径 55，身残甚。

面有四蛙，顺时针环列。三弦分晕，六晕：1. 太阳纹，六芒，芒间雷纹；2～6. 皆饰雷纹。

身三弦分晕，等晕，皆饰雷纹填线纹。

环耳两对，饰缠丝纹。

身有两道合范线。面、身露垫片痕。

粤 151 号鼓

1977 年陵水县岭门农场红八队出土。

面径 55、身破甚。

面有四蛙，逆时针环列。三弦分晕，七晕：1. 太阳纹，六芒，芒间雷纹；2～7. 遍饰雷纹。

身三弦分晕，等晕，皆饰雷纹。

粤 170 号鼓（藏南海县博物馆）

清道光年间南海县太平镇出土。

面径 69、身高 40。

面有四蛙，逆时针环列。三弦分晕，晕距大体相等，共五晕：1. 太阳纹，八芒，芒间雷纹；2～5. 雷纹。

身三弦分晕，等晕。胸六、腰八、足五晕，皆云纹和雷纹相间。

环耳两对，饰缠丝纹。

身有两道合范线。面、身露垫片痕。

粤 176 号鼓（藏汕头市博物馆）

来源不详（下同）。

面径 89、身高 53。

面有四蛙，顺时针环立。二、三或六弦分晕，晕距不等，共五晕：1. 太阳纹，八芒，芒间云纹；2～5. 饰云纹与半云填线纹。

身三弦分晕，等晕。胸七、腰八、足六晕，皆雷纹和半云填线纹。

环耳两对，饰缠丝纹。

身有两道合范线。面、身露垫片痕。

粤 177 号鼓（藏普宁县博物馆。下同）

面径 81、身高 46。

面有四蛙，两两相对。三弦分晕，晕距不等，共九晕：1. 太阳纹，八芒，芒间雷纹；2 ~ 9. 皆饰雷纹。

身三弦分晕，等晕。胸十、腰十三、足九晕，各部上、下一晕为半云纹，余皆雷纹和雷纹填线纹。

环耳两对，饰缠丝纹，耳根有三趾纹。

身有两道合范线。面、身露垫片痕。

粤 178 号鼓

面径 80、身高 47。

面有四蛙（失）。三弦分晕，晕距不等，共八晕：1. 太阳纹，八芒，相间四芒尖分叉，芒间云纹；2 ~ 8. 皆云纹。

身三弦分晕，等晕。胸八、腰十一、足八晕，皆雷纹填线纹和云纹相间。

环耳两对。

身有两道合范线。面、身露垫片痕。

粤 004 号鼓（藏广东省博物馆。下同）

广东省文管会旧存，来源不详（下同）。

面径 53. 5、胸径 49、腰径 44. 9、足径 52. 5。

面有四蛙，两两相对。三弦分晕，晕距不等，共四晕：1. 太阳纹，六芒，芒间云纹；2 ~ 4. 雷纹。

身三弦分晕，等晕。胸四、腰八、足五晕，皆饰半云填线纹。

环耳两对。

身有两道合范线。面、身露垫片痕。

粤 005 号鼓

面径 75、胸径 67. 1、腰径 62. 4，足部残失。

面有四蛙，逆时针环列。三弦分晕，晕距不等，共八晕：1. 太阳纹，八芒，芒间云纹；2 ~ 7. 云纹；8. 角形填线纹。

身三弦分晕，等晕。胸八、腰十一晕，皆饰雷纹填线纹。

环耳两对，饰缠丝纹，耳根背有三趾纹。

身有两道合范线。面、身露垫片痕。

粤 006 号鼓

面径 80. 5、身高 47、胸径 74. 8、腰径 68. 8、足径 79。

面有四蛙，两两相对。三弦分晕，等晕，共八晕：1. 太阳纹，八芒，芒间云纹；2 ~ 8. 云纹。

身三弦分晕，等晕。胸十一、腰十五、足十晕，皆饰雷纹填线纹、云纹。

环耳两对，饰缠丝纹，每耳根有三趾纹。

身有两道合范线。面、身露垫片痕。

粤 048 号鼓

残剩面及身一小块。

面三弦分晕，饰雷纹。仅剩一蛙，逆时针方向。

身饰有雷纹。

粤 093 号鼓

面径 111、胸径 107.6、腰径 99，足残失。

面有六蛙，逆时针环列。三弦分晕，等晕，共八晕：1. 太阳纹，八芒；2～8. 皆饰雷纹填线纹。

身三弦分晕，等晕。胸七、腰十晕，皆雷纹与雷纹填线纹相间。

环耳两对，饰缠丝纹。

身有两道合范线。

粤 094 号鼓

面径 94.5、身高 55.5、胸径 87.6、腰径 77.7、足径 93.5。

面有四蛙，逆时针环列。三或二弦分晕，等晕，共六晕：1. 太阳纹，八芒，芒间云纹；2～6. 云纹。

身三弦分晕，等晕。胸六、腰八、足五晕，皆饰云纹、雷纹、半云填线纹，仅胸腰间有两层角形纹。

环耳两对，饰缠丝纹。

身有两道合范线。

3－258 号鼓（藏广州市博物馆。下同）

1972 年广州市革命委员会拨交（下同）。

面径 92.8、身高 55、胸径 86.9、腰径 79.8、足径 93.3。

面有四蛙，顺时针环列。三弦分晕，等晕，共九晕：1. 太阳纹，八芒，芒间雷纹；2～9. 遍饰雷纹。

身三弦分晕，等晕，皆饰雷纹填线纹。

环耳两对，饰缠丝纹。

身有两道合范线。

3－261 号鼓

面径 71、胸径 64.3、腰径 58.2，足部残失。

面有四蛙，顺时针环列。二弦分晕，十二晕：1. 太阳纹，十芒，芒间雷纹填线纹；2～12. 遍布雷纹填线纹。

身三弦分晕，等晕，遍布雷纹填线纹。另在一侧耳下的腰部有一骑士造型，头向下。

环耳两对，饰缠丝纹，耳根有三趾纹。

身有两道合范线。

3－764 号鼓

新中国成立后征集于南海神庙。

面径 138、身高 77.4、胸径 132.4、腰径 122.8，足残缺。

面有六蛙（皆被锯去），顺时针环列。三弦分晕，共八晕：1. 太阳纹，八芒，芒间模糊；2、4、6、8. 云纹；3、5、7. 四出钱纹。

身三弦分晕。胸九晕：1～8. 半圆纹与云纹逐层相间；9. 四出钱纹。腰十二晕：1、6、7、12. 四出钱纹；2、4、8、10. 半云纹；3、5、9、11. 云纹；腰中间粗凸弦一道。足九晕：1、8、9. 四出钱纹；2、4、6. 云纹；3、5、7. 半云纹。

环耳两对，饰缠丝纹，耳根有三趾纹。

身有两道合范线。

3－775 号鼓

广州市博物馆旧存（下同）。

面径 96.3、身高 55.7、胸径 89、腰径 82.4、足径 96。

面有六蛙，顺时针环列。三弦分晕，等晕，共十七晕：1. 太阳纹，八芒，芒间雷纹；3、5、7、9、11、13、15. 雷纹；2、4、6、8、10、12、14、16. 半云填线纹；17. 云纹。

身三弦分晕。胸十、腰十四、足十晕，皆饰半圆填线纹和雷纹填线纹，足边饰雷纹。一侧耳下有一四足动物（已失）。

环耳两对，饰缠丝纹。

身有两道合范线。

3－779 号鼓

面径 91.6、身高 51.5、胸径 85.9、腰径 78.9，足残缺。

面有四蛙，逆时针环列。三或二弦分晕，等晕，共七晕：1. 太阳纹，八芒，芒间雷纹；2～7. 遍饰雷纹。

胸十、腰十三、足十一晕，皆云纹和雷纹相间。

环耳两对，饰缠丝纹。

身有两道合范线。

3－783 号鼓

面径 91.4、身高 54、胸径 85.6、腰径 79.2、足径 91.3。

面有四蛙，两两相对。三弦分晕，等晕，共九晕：1. 太阳纹，八芒，芒间雷纹；2～9. 遍布雷纹。

胸十、腰十四、足十一晕，通身遍饰雷纹填线纹。

环耳两对，饰缠丝纹。

身有两道合范线。背面有环形模痕。

3－784号鼓

面径83、身高45.9、胸径74.8、腰径70.3、足径84.2。

面有四蛙，顺时针环列。三弦分晕，等晕，共八晕。鼓面花纹模糊，除太阳纹八芒外，隐约可见者皆为云纹。

身三弦分晕。胸八、腰十一、足八晕，皆雷纹和云纹相间。

环耳两对，饰缠丝纹。

身有两道合范线。背面有扇形模痕。

3－786号鼓

面径68.5、身高41.5、胸径63.6、腰径58.8、足径69。

面有四蛙，两两相对。三弦分晕，等晕，共七晕：1. 太阳纹，八芒，芒间小云纹；2、4、7. 大云纹；3、5. 细云纹；6. 雷纹填线纹。

身三弦分晕，等晕。皆云纹和雷纹相间。

环耳两对。

身有两道合范线。背面有环形模痕。

灵山型：18面

粤136号鼓（藏徐闻县文化馆）

1958年徐闻县曲界公社友好农场出土。

面径78，足残失一段。

面有四蛙，顺时针环列。三弦分晕，共八晕：1. 太阳纹，八芒，芒穿至二晕，芒间云雷纹；2、4、7. 变形羽人纹；3、5、6、8. 云雷纹。

身三弦分晕，等晕。胸六、腰十、足剩三晕，皆饰复线半圆纹夹同心圆纹图案。

扁耳两对，饰羽纹。每耳中穿长条孔一个。

身有两道合范线。面、身露垫片痕。

粤102号鼓（藏广东省博物馆。下同）

1970年罗定县两塘公社出土。

面径86、身高48，腰、足残破。

面有四蛙，两两相对。三弦分晕，等晕，共七晕：1. 太阳纹，八芒，芒间云纹；2～7. 遍饰云纹。

身三弦分晕，等晕。胸四、腰七、足四晕，皆饰雷纹填线纹与云纹。

扁耳两对，饰绳纹。每耳上下各穿一孔。

身有两道合范线。

粤001号鼓

1962年灵山县绿水公社绿水村出土。出土时，鼓内填土中有“开元通宝”铜钱一枚（《考古》1963年1期）。

面径81、身高49、胸径80.3、腰径71.4、足径79。

面有四累蹲蛙与二单蛙（皆三足）相间，逆时针环列。三弦分晕，十五晕：1. 太阳纹，十芒，芒间模糊，芒穿至三晕，五芒尖分叉；2、6、14. 四出钱纹；3、10. 四瓣花纹；4. 虫形纹；5、8、10. 骑士纹（主纹）；7、9、13. 鸟纹；12. 半云填线纹；15. 蝉纹。

身三弦分晕。胸七晕：1. 席纹；2、5. 四瓣花纹；3、4、6. 虫形纹；7. 四出钱纹。腰七晕：1、7. 四出钱纹；2、6. 鸟纹；3、5. 虫形纹；4. 骑士纹（主纹）。足六晕：1、5. 四出钱纹；2. 四瓣花纹；3. 骑士纹（主纹）；4. 虫形纹；6. 蝉纹。

内壁有八层花纹：1、3、4、6、7. 鸟纹；2、5. 四瓣花纹；8. 四出钱纹。二弦分晕。

扁耳两对，饰羽纹、绳纹。

身有两道合范线。面、身露垫片痕。

粤003号鼓

1955年灵山县征集。

面径79、身高46、胸径75.5、腰径68.8、足径79。

面有三累蹲蛙和三单蛙（皆三足）相间，逆时针环列。二弦分晕，十八晕：1. 太阳纹，八芒，芒间四出钱纹，芒穿至三晕；2、17. 四瓣花纹；3、11. 虫形纹；4、6、8、10、14、16. 四出钱纹；5. 兽形纹（主纹）；7、12. 席纹；9、15. 鸟纹（主纹）；18. 蝉纹。

身二弦分晕。胸八晕：1. 蝉纹；2、6. 连钱纹；3、5、7. 四出钱纹；4. 鸟纹（主纹）；8. 席纹。腰九晕：1. 四瓣花纹；2、4、6、8. 四出钱纹；3、7、9. 连钱线；5. 变形羽人纹（主纹）。足八晕：1、5. 连钱纹；2、4、6. 四出钱纹；3. 鸟纹（主纹）；7. 四瓣花纹；8. 蝉纹。一侧耳下方足部立小鸟一只。

扁耳两对，饰绳纹。

身有两道合范线。面、身露垫片痕。

粤097号鼓

1964年灵山县三海公社帽岭出土。

面径79、身高45.5、胸径76.4、腰径69.1、足径79。

面有三蛙与三累蹲蛙（皆三足）相间，逆时针环列。一或二弦分晕，共十七晕：1. 太阳纹，十芒，芒间连钱纹，芒穿至二晕；2、17. 蝉纹；3、5、13. 鸟纹；4、6、8、10、12、14. 四出钱纹；7、11. 连钱纹；9. 变形羽人纹（主纹）；15. 虫形纹；16. 四瓣花纹。

胸六晕：1. 蝉纹；2. 连钱纹；3、5. 四出钱纹；4. 鸟纹（主纹）；6. 虫形纹。腰七晕：1、5. 连钱纹；2、4、6. 四出钱纹；3. 变形羽人纹（主纹）；7. 席纹。足七晕：1、5. 连钱纹；2、4. 四出钱纹；3. 鸟纹（主纹）；6. 花朵纹；7. 蝉纹。

扁耳两对，饰绳纹。每耳上穿一孔。

身有两道合范线。面、身露垫片痕。

粤 098 号鼓

1962 年灵山县烟墩公社半边岭村那昌山出土。

面径 64、身高 37.5、胸径 61.4、腰径 52.2、足径 62。

面有六蛙，顺时针环列。三弦分晕，共七晕：1. 太阳纹，八芒；2、4、6. 云纹；3. 圆孔钱纹；5. 半云填线纹；7. 波浪纹。

身三弦分晕，等晕。胸四、腰四晕，皆饰圆孔钱纹、波浪纹、半云填线纹、云纹。足四晕为两层圆孔钱纹与半云填线纹、钱纹。

扁耳两对，每耳中有长条穿孔一个。

身有两道合范线。面、身露垫片痕。

粤 002 号鼓

高要县鼎湖山庆云寺赠。

面径 97、身高 55、胸径 93.9、腰径 84.7、足径 97。

面有六蛙（皆三足），逆时针环列。二弦分晕，二十晕：1. 太阳纹，十芒，芒间四出钱纹，芒穿至三晕；2、20. 蝉纹；3、9. 席纹；4、10、16. 虫形纹；5、11、13、17、19. 四出钱纹；6、12. 鸟纹；18. 变形羽人纹（主纹）。

身二弦分晕。胸七晕：1. 蝉纹；2. 席纹；3、7. 虫形纹；4、6. 四出钱纹；5. 鸟纹（主纹）。腰九晕：1. 四瓣花纹；2、6. 虫形纹；3、5. 四出钱纹；4. 变形羽人纹（主纹）；7. 席纹；8. 四出填线纹；9. 蝉纹。足八晕：1、8. 蝉纹；2. 四瓣花纹；3、7. 虫形纹；4、6. 四出钱纹；5. 鸟纹（主纹）；9. 半云填线纹。

扁耳两对，饰线纹。

身有两道合范线。面、身露垫片痕。

粤 121 号鼓

1979 年廉江县营仔公社下洋队出土。

面径 71.5、身高 39。

面有六蛙，逆时针环列。三弦分晕，七晕：1. 太阳纹，八芒，芒间云纹，芒穿至二晕：2、4、6. 云纹；3、5、7. 雷纹。

身三弦分晕，等晕。胸六、腰九、足六晕，皆云纹与雷纹相间。

扁耳两对，饰羽纹。每耳中部有方孔一个。

身有两道合范线。面沿露垫片痕。

粤 152 号鼓（藏湛江地区博物馆。下同）

1962 年廉江县长山公社长山农场出土。

面径 81、身高 48。

面有三单蛙与三累蹲蛙（皆三足）相间，逆时针环列。二弦分晕，十六晕：1. 太阳纹，十芒，芒间连钱纹；2、16. 蝉纹；3、8、14. 鸟纹（主纹）；4、7、9、13. 四出钱纹；5. 四瓣花纹；6、10、15. 连钱纹；11. 席纹；12. 虫形纹。

身二弦分晕。胸七晕：1. 蝉纹；2、6. 连钱纹；3、5. 四出钱纹；4. 鸟纹（主纹）；7. 虫形纹。腰八晕：1. 虫形纹；2. 四瓣花纹；3、7. 连钱纹；4、6. 四出钱纹；5. 变形羽人纹（主纹）；8. 席纹。足八晕：1、6. 连钱纹；2. 四瓣花纹；3、5. 四出钱纹；4. 鸟纹（主纹）；7. 虫形纹；8. 蝉纹。

扁耳两对，饰羽纹。

身有两道合范线。面、身露垫片痕。

粤 153 号鼓

新中国成立后廉江县出土。

面径 81，足部残失一段。

面有三单蛙与三累蹲蛙（皆三足）相间，逆时针环列。二弦分晕，十九晕：1. 太阳纹，九芒，芒穿至九晕；芒间、2～6、14. 模糊；7、9、12、15、18. 四出钱纹；8、13. 连钱纹；10、16. 鸟纹（主纹）；11、17. 四瓣花纹；19. 蝉纹。

身二弦分晕。胸七晕：1. 蝉纹；2. 四瓣花纹；3、5. 四出钱纹；4. 鸟纹；6. 连钱纹；7. 兽形纹（主纹）。腰九晕：1. 席纹；2、5、7. 四出钱纹；3、8. 连钱纹；4. 四瓣花纹；6. 骑士纹（主纹）；9. 虫形纹。足残存三晕：饰四出钱纹和连钱纹。

扁耳两对，饰羽纹。

身有两道合范线。面、身露垫片痕。

粤 154 号鼓

新中国成立后钦县出土。

面径 83、身高 48。

面有六蛙（皆三足），逆时针环列。二弦分晕，十七晕：1. 太阳纹，十芒，芒间四出钱纹；2、9、15. 四出钱纹；3、5. 席纹；4、6、7、10、13、16、17. 云纹；8、14. 连钱纹；11. 四瓣花纹；12. 半云填线纹。

身二弦分晕。胸七晕：1. 钱纹；2. 雷纹填线纹；3. 席纹；4. 半云填线纹；5. 虫形纹；6、7. 雷纹。腰九晕：1、7. 钱纹；2. 雷纹；3、9. 半云填线纹；4、8. 云纹；5. 四瓣花纹；6. 雷纹填线纹。足八晕：1. 雷纹；2. 钱纹；3. 雷纹填线纹；4. 半云填线纹；5. 云纹；6. 虫形纹；7. 席纹；8. 蝉纹。

扁耳两对，饰羽纹。

身有两道合范线。面、身露垫片痕。

粤 155 号鼓

1965 年高州县平山公社福芳大队中间垌队出土。

面径 118，胸、腰残，足部尖。

面有三单蛙与三累蹲蛙（皆三足）相间，逆时针环列。三弦分晕，十九晕：1. 太阳纹，十芒；其余纹饰模糊，可辨认的有：骑士纹、兽形纹、四出钱纹、席纹、四瓣花纹。

身三弦分晕。胸七、腰九晕，模糊，可辨认的仅有圆孔钱纹。

扁耳两对，饰羽纹。耳边有乳丁纹。

身有两道合范线。面、身露垫片痕。

粤 095 号鼓（藏广东省博物馆。下同）

1965 年群众捐赠。

面径 78、身高 47、胸径 74.8、腰径 66.2、足径 79。

面有六累蹲蛙（三足），逆时针环列。二或一弦分晕，十四晕：1. 太阳纹，十芒，芒间钱纹，芒穿至三晕，芒尖分叉；2、4、11. 钱纹；3. 席纹；5、7、10. 兽形云纹；6、12. 虫形纹；8. 四瓣花纹；9. 半云填线纹；13. 鸟纹；14. 蝉纹。

身二弦分晕，胸七晕：1. 蝉纹；2、5、7. 四出钱纹；3、6. 虫形纹；4. 半云填线纹。腰八晕：1、3、5、8. 四出钱纹；2、7. 虫形纹；4. 兽形纹（主纹）；6. 四瓣花纹。足八晕：1. 钱纹；2、6. 四瓣花纹；3. 半云填线纹；4、5. 虫形纹；7. 蝉纹；8. 波浪纹。

扁耳两对，饰绳纹。

身有两道合范线。

粤 096 号鼓

1965 年购于广州市文物商店。

面径 79、身高 42.5、胸径 70.1、腰径 66.9、足径 77。

面有六累蹲蛙（皆三足），顺时针环列。二或三弦分晕，等晕，共二十一晕：1. 太阳纹，十二芒，芒间云纹、四出钱纹；2、4、7、10、11、14、16、17、18、20、21. 半云填线纹；3、5、9、13、15、19. 四出钱纹；6. 圆孔钱纹与四出钱纹；12. 云纹与四出钱纹。

身三弦分晕，等晕。胸七晕：1、6. 半云填线纹；2、5、7. 钱纹；3. 钱纹和半云填线纹；4. 席纹。腰十一晕：1、3、5、7、9、11. 四出钱纹；2、10. 圆孔钱纹；4、8. 半云填线纹；6. 席纹。足六晕：1、3、5. 半云填线纹；2、4、6. 四出钱纹。另在一侧耳下的足部立鸟一只。

扁耳两对，饰绳纹。每耳穿一孔。

身有两道合范线。

粤 108 号鼓

新中国成立后出土。

面径 73、胸径 67.5、腰径 62.4，腰以下残失。

面有六蛙（皆三足），顺时针环列。三弦分晕，十七晕：1. 太阳纹，八芒，芒穿至二晕；2、4、6、8、10、12、15、17. 四出钱纹；3、7、11、14. 半云填线纹；5、16. 兽形纹（主纹）；9. 连钱纹；13. 鸟纹。

身三弦分晕，等晕。胸六晕，腰残剩三晕，纹多模糊，可见者有半云填线纹、四出钱纹、连钱纹、鸟纹等。

扁耳两对，饰绳纹。耳边有乳丁纹。

身有两道合范线。

粤 113 号鼓

广东省文管会旧存。

面径 81、胸径 73.6、腰径 67.8，足部残失。

面有六蛙（皆三足），顺时针环列。二弦分晕，十七晕：1. 太阳纹，八芒，芒间四出钱纹，芒穿至二晕；2、5、7、14、16. 四出钱纹；3、11. 席纹；4. 圆孔钱纹；6、15. 变形羽人纹（主纹）；8、13. 半云填线纹；9. 羽纹；10. 花朵纹；12. 虫形纹；17. 蝉纹。

身二弦分晕。胸六晕：1、6. 模糊；2. 圆孔钱纹；3. 席纹；4. 虫形纹；5. 四出钱纹。腰九晕：1、9. 模糊；2. 圆孔钱纹；3. 席纹；4. 虫形纹；5、7. 四出钱纹；6. 变形羽人纹（主纹）；8. 半云填线纹。

扁耳两对，饰绳纹。每耳穿孔一个。

身有两道合范线。

3－773 号鼓（藏广州市博物馆。下同）

广州市博物馆旧存（下同）。

面径 84.5、身高 59、胸径 82.8、腰径 74.4、足径 85。

面有三单蛙与三累蹲蛙（皆三足）相间，逆时针环列。二弦分晕，共二十二晕：1. 太阳纹，十芒，芒间四出钱纹，芒穿至二晕；2、22. 蝉纹；3、5、11、13、20. 四出钱纹；4. 鸟纹（主纹）；6、14、17. 虫形纹；7、10. 花朵纹；8、16、19. 钱纹；9、18. 席纹；12. 鸟形纹（主纹）；21. 变形羽人纹（主纹）。

身二弦分晕。胸八晕：1. 蝉纹；2. 连钱纹；3、4、6、8. 虫形纹；5. 鸟纹（主纹）；7. 席纹。腰十一晕：1、9. 虫形纹；2、10. 花朵纹；3. 席纹；4、8. 连钱纹；5、7. 四出钱纹；6. 变形羽人纹（主纹）。足八晕：1、4. 虫形纹；2、3. 连钱纹；5、7. 四出钱纹；6. 鸟纹（主纹）；8. 蝉纹。

扁耳两对，饰羽纹。耳下部穿一长条孔。

身有两道合范线。背面有环形模痕。

3－793 号鼓

面径 110.3，胸、腰残大半，足部残失。

面有六蛙，顺时针环列。二或三弦分晕，十五晕：除太阳纹、八芒外，余纹皆模糊。

身二弦分晕。胸九、腰八晕，纹多模糊，约可见者有：四出钱纹、虫形纹、四瓣花纹。

扁耳两对，饰辫纹图案。每耳下部有一方孔。

身有两道合范线。

异型：9 面

粤 119 号鼓（藏广东省博物馆。下同）

1956 年揭阳县古墓出土。

面径 15、身高 9。

面有二单蛙与二累蹲蛙相间。中心圆饼状凸起，饰勾连雷纹、缠枝花纹。

身饰雷纹地兽面纹、缠枝花纹、蕉叶纹。

扁耳两只。

粤 066 号鼓

广东省文管会旧存。

面径 31、身高 24、胸径 48.7、腰径 38.9、足径 45。

面一弦分晕，六晕：1. 太阳纹，十三芒；2、6. 勾连雷纹；3. 缠枝花；4. 蕉叶纹；5. 雷纹地上鸟纹。

胸有云水纹、蕉叶纹。腰为缠枝花、雷纹地鸟纹。足饰同心圆纹、栉纹。

两扁耳，中间一直沟，饰蕉叶纹。

粤 115 号鼓

1965 年广州市文物商店购入（下同）。

面径 31.5、身高 33.8、胸径 30.6、腰径 22、足径 28.5。

面一至四弦分晕，七晕：1. 太阳纹，八芒；2 ~5. 菱形纹；6. 蕉叶纹；7. 缠枝花纹。

胸部饰雷地兽面纹。腰上、下饰雷地兽面纹，中间饰缠枝花纹。足部饰蕉叶纹。

扁耳两只，呈蕉叶形。

浑铸。

粤 116 号鼓

面径 31、身高 23.7、胸径 30.3、腰径 21.7、足径 28.2。

面一至四弦分晕，七晕：1. 太阳纹，八芒；2 ~5. 菱形纹；6. 蕉叶纹；7. 缠枝花纹。

胸部和腰上、下部均饰雷纹地兽面纹，腰中间为缠枝花纹。足部饰蕉叶纹。

扁耳两只，呈蕉叶形。

浑铸。

粤 117 号鼓

面径 31、身高 23.6、胸径 30.6、腰径 21.7、足径 28。

面一至四弦分晕，七晕：1. 太阳纹，八芒；2 ~5. 菱形纹；6. 蕉叶纹；7. 缠枝花纹。

胸部和腰上、下部均饰雷纹地兽面纹，腰中间为缠枝花纹。足部饰蕉叶纹。

扁耳两只，呈蕉叶形。

浑铸。

粤 118 号鼓

面径 31、身高 24、胸径 30.6、腰径 22、足径 26.5。

面一至四弦分晕，七晕：1. 太阳纹，八芒；2 ~5. 菱形纹；6. 蕉叶纹；7. 缠枝花纹。

胸部和腰上、下部均饰雷纹地兽面纹，腰中间为缠枝花纹。足部饰蕉叶纹。

扁耳两只，呈蕉叶形。

浑铸。

3 -277 号鼓（藏广州市博物馆。下同）

广州市博物馆旧存。

面径 32、身高 23. 5、胸径 30、腰径 21. 6、足径 28. 3。

面三或一弦分晕，八晕：1. 太阳纹，八芒；2、3、5. 雷纹图案；4. 菱形填线纹；6、8. 雷纹；7. 缠枝花纹。

胸全饰雷纹。腰上部为尖角玉叶纹、菊花纹，下为雷纹。足部为尖角玉叶纹。

扁耳两对，为一整块雷纹、兽面饕纹铜片裁剪焊接而成。

浑铸。

3 -278 号鼓

市委拨交。

面径 32、身高 23. 5、胸径 30、腰径 21. 6、足径 28. 3。

面三或一弦分晕，八晕：1. 太阳纹，八芒；2、3、5. 雷纹图案；4. 菱形填线纹；6、8. 雷纹；7. 缠枝菊花纹。

胸部全为雷纹。腰上部为尖角玉叶纹、菊花纹，下为雷纹。足为尖角玉叶纹。

扁耳两对，为一整块雷纹、兽面纹铜片裁剪焊接而成。

鼓似与 3 -277 号鼓同模，皆浑铸。

粤 175 号鼓（藏潮安县博物馆）

来源不详。

面径 15、身高 9。

面有四累蹲蛙。中心日体无纹，外饰勾连雷纹、缠枝花纹。

身饰雷纹、缠枝花纹、蕉叶纹。

扁耳两对，蕉叶形。

广西壮族自治区

（收录五百零三面）

石寨山型：10面

土280号鼓（藏广西壮族自治区博物馆。下同）

1972年西林县普陀屯西汉墓出土。伴出物有鎏金铜骑俑、铜坐俑、铜钟、铜洗、铜六博局、铜耳杯、铜铃和大量的玉管、玉环、石串珠、金丝等四百余件（见《文物》1978年9期《广西西林县普陀铜鼓墓葬》。下同）。

面径77.5、身高52、胸径85.6、腰径71、足径90。

面二或一弦分晕，十三晕：1. 太阳纹，十六芒，芒间斜线角形纹；2、4、6. 勾连点纹；3. 素晕；5. 勾连云纹；7. 翔鹭纹（主纹）；8～13. 勾连点纹、锯齿纹夹勾连圆圈纹纹带。

身被从胸腰际截断。胸上部与腰下部饰纹带（与鼓面纹带近似，唯勾连点纹改为点纹）。胸下部有六组划船纹（主纹），船间有鸟、鱼纹；船下圆圈纹一道。腰上、中部被点纹和锯齿纹夹羽纹组成的纹带纵分为十二格，每格由勾连同心圆纹分为上、下层，上层鹿纹，下层羽人舞蹈纹（主纹）。足部素。

扁耳两对，均残失（每耳似为两窄条组成的夹耳）。

身有两道合范线。面、身露垫片痕。

土281号鼓

面径72、身高49、胸径82.4、腰径69.4、足径83.3。

鼓面纹锈蚀，只见中心太阳纹十四芒，芒间斜线角形纹。

鼓身纹锈蚀，隐约见胸部有船纹，腰部有羽人纹，在船纹上下和羽人纹左右是锯齿纹、同心圆纹或锯齿纹、羽纹组成的纹带。足下部有六个小钻孔。

土282号鼓

面径52、身高41、胸残缺，腰径41.6、足径56。

鼓面粘有成片的小绿松石串珠，纵横排列如布状。二弦分晕，八晕：1. 太阳纹，十芒，芒间复线角形纹；2～4. 勾连雷纹夹勾连圆圈纹纹带。

身锈蚀剥落。脚边嵌四叶形钉六个（脱落四）。

扁耳两对，每耳饰绳纹三道。

身无合范线。

土 283 号鼓

面径 57、胸径 60.5，腰以下被截去。

面二弦分晕，八晕：1. 太阳纹，八芒，芒间夹复线角形纹；2. 勾连雷纹；3. 勾连圆圈纹；4. 栉纹；5. 翔鹭纹（主纹）；6～8. 栉纹夹勾连圆圈纹纹带。

胸纹所饰锈蚀无存。

身无合范线。

贵罗 M1：10 号鼓

1976 年贵县罗泊湾西汉墓出土。伴出物有铜钟、鼎、镜、钫、壶、案、桶、盘、匜、灯、勺、锅、筒和铁器、漆器、木器、玉器、陶器等一千余件（见《文物》1978 年 9 期《广西贵县罗泊湾一号墓发掘简报》。下同）。

面径 56.4、身高 36.8、胸径 63.6、腰径 50.9、足径 67.8。

面二或一弦分晕，十二晕：1. 太阳纹，十二芒，芒间斜线角形纹；2～4. 点纹夹同心圆纹纹带；5. 勾连雷纹与绳纹；6. 素晕；7. 鹭含鱼纹（主纹）；8～12. 点纹、锯齿纹夹同心圆纹纹带。

胸上部与腰下部饰纹带（同鼓面 8～12 纹带）。胸下部被纹带（同鼓面 2～4 纹带）对分为两半，每半有划船纹三（主纹），船间有鹭、凫、龟等动物纹，船下同心圆纹一周。腰上部被纹带（同鼓面 8～12 纹带）纵分为十格，除合范处两格外，余格皆有鹭含鱼纹及羽人纹（主纹）。足部素。

扁耳两对，饰辫纹图案。

身有两道合范线。面、身露垫片痕。

贵罗 M1：11 号鼓

面径 29.2、身高 24.5、胸径 35.3、腰径 28、足径 37。

面一或三弦分晕，七晕：1. 太阳纹，十芒，芒间斜线角形纹；2. 点纹；3. 素晕；4～7. 点纹夹两层栉纹纹带。

胸上部与腰下部饰纹形（同鼓面纹带）。胸下部为划船纹四。腰上部被栉纹夹羽纹纹带和点纹夹网纹纹带纵分为八格，格中素。足部素。

扁耳四个，分布四方。每耳饰四道粗线纹。

身有两道合范线。面、身露垫片痕。

贵罗 M1：13 号鼓

面径 54.9，胸以下全被切去，出土时已改成一个铜案。

面二或三弦分晕，七晕：1. 太阳纹，十二芒，芒间图案三角形纹；2～4. 点纹夹勾连雷纹；5. 翔鹭纹（主纹）；6、7. 栉纹。

胸部仅存二晕，皆饰栉纹。

土 1011 号鼓

1955 年贵县高中西汉墓 M8 出土。伴出物有“五铢”铜钱、铜博山炉、铜壶、铜斧等三十一件（见《考古通讯》1956 年 4 期《广西贵县汉木椁墓清理简报》）。

面径 42.3、胸径 43.3、腰径 34、足径 51、身高 43.3。（此鼓为修复者，形不准确）

面二弦分晕，八晕：1. 太阳纹，八芒，芒间羽纹；2 ~ 4、6 ~ 8. 栉纹夹圆圈纹纹带；5. 翔鹭纹（主纹）。

身破损较甚，可见胸上部、腰下部饰纹带（同鼓面纹带）。腰上部被同样纹带纵分为数格，格中纹不明。足部素。

扁耳两对，饰辫纹。

土 3269 号鼓

1977 年田东县锅盖岭战国墓出土。伴出物有战国晚期的矛、戈、剑、钺等青铜器及玉器等（见《考古》1979 年第 6 期）。

面径 23.3、胸径 27.7，腰足残失。

面一弦分晕，六晕：1. 太阳纹，八芒夹斜线角形纹；2. 翔鹭纹（主纹）；3 ~ 6. 圆点纹与锯齿纹相间组成纹带。

胸上部弦纹夹勾连雷纹，下为两道弦纹。

身有两道合范线。

百 01 号鼓（藏右江革命文物馆）

1977 年百色县龙川公社平乐大队第四生产队对面村后背山坡出土。

面径 41、身高 28.5、胸径 47.1、腰径 39.4、足径 49.7。

面二弦分晕，七晕：1. 太阳纹，十芒，芒间复线角形纹；2、3. 饰纹模糊；4. 素晕；5 ~ 7. 锯齿纹夹同心圆纹纹带。

胸及腰下部饰带（同鼓面 5 ~ 7 纹带）。腰上部被羽纹纹带纵分成八格，每格饰牛一头（主纹）。

扁耳两对，饰辫纹。

身有两道合范线，并露垫片痕。

冷水冲型：82 面

100 号鼓（藏广西壮族自治区博物馆。下同）

1975 年藤县蒙江公社横村冷水冲出土。出土时鼓内有上下复系四耳、水波纹、弦纹陶罐一个。

面径 83.7、身高 60.2、胸径 85.6、腰径 68.7、足径 83.2。

面有四蛙，相对两蛙间各有一骑，逆时针环列。一弦分晕，十七晕：1. 太阳纹，十二芒夹坠形纹；2 ~ 6. 波浪纹、同心圆纹、栉纹组成纹带；8. 复线交叉纹；9、11、13、15、17. 羽纹；10. 变形羽人纹（主纹）；12. 变形翔鹭纹（主纹）；14、16. 眼纹。

胸上部与腰下部饰纹带（同鼓面2～6，但胸部多一道同心圆纹，腰部多一道羽纹）。胸下部为两层相背船纹（主纹），底间隔羽纹一周。腰上、中部为变形羽人纹案（主纹），其下有羽纹、细方格各一周。足上部饰羽纹、细方格纹，中部为圆心垂叶纹与复线半圆纹，下为波浪纹、眼纹、羽纹。

扁耳两对，饰辫纹图案。每耳上下各有长方孔一。另两方有半环耳各一个，饰辫纹和曲折线纹。

身有两道合范线。胸、足部内壁两侧共有小纽四对。面露垫片痕。

102 号鼓

新中国成立初藤县和平区古竹乡出土。

面径87.7、身高66.2、胸径94.2、腰径75.1、足径90.5。

面有四蛙，逆时针环列。每蛙间乘骑或鸟造型各一。一、二弦分晕，十六晕：1. 太阳纹，十二芒夹坠形纹；2. 辫纹；3～5. 栉纹夹同心圆纹纹带；6. 复线交叉纹；7、9、11、13、16. 羽纹；8、10. 变形羽人纹（主纹）；12. 变形翔鹭纹（主纹）；14、15. 眼纹。

胸上部为羽纹与栉纹夹双行同心圆纹纹带，其下为两层相背船纹（主纹），底间隔羽纹。腰上部为变形羽人图案（主纹），其下为羽纹夹细方格纹纹带、双行同心圆纹、波浪纹。足上部为羽纹夹细方格纹纹带，中部为圆心垂叶纹，下为羽纹夹眼纹。

扁耳两对，饰辫纹图案。每耳上下各有长方孔一，另两方各有方茎半环耳一，饰辫纹。

身有两道合范线。胸部内壁两侧各有小纽一对。面、身露垫片痕。

111 号鼓

新中国成立初藤县和平区出土。

面径80.5、身高55、胸径80.9、腰径65.3、足径71.5。

面有四蛙，间鸟三组（每组一或二只，失一组），逆时针环列。一弦分晕，二十五晕：1. 太阳纹，十二芒夹坠形纹；2、24、25及面沿．波浪纹；3～7、13～18. 辫纹、栉纹夹双行同心圆纹纹带；8. 复线交叉纹；9、20、23. 羽纹；10. 变形羽人纹（主纹）；11、22. 素晕；12. 变形翔鹭纹（主纹）；19、21. 眼纹。

胸上部、腰下部为波浪纹夹纹带（腰部为单面波浪纹，纹带同面13～18），下部为相背两层变形划船纹（主纹），底间隔波浪纹。腰上部为变形羽人图案，下为羽纹、细方格纹。足上部为羽纹、细方格纹，中为圆心垂叶纹，下为眼纹、羽纹。

扁耳两对，饰辫纹图案。每耳上下各有一长方孔。

身有两道合范线。

121 号鼓

1964年藤县古龙公社出土。

面径84.7、身高61、胸径86.3、腰径72.3、足径83.5。

面有四蛙，逆时针环列，相对两蛙间各立动物一（均失）。一弦分晕，二十晕：1. 太阳纹，十二芒夹坠形纹；2、17、20. 波浪纹；3、5、7. 素晕；4. 同心圆纹；6. 席纹；8. 复线交叉纹；9、11、13、15、19. 羽纹；10. 变形羽人纹（主纹）；12. 变形翔鹭纹间以凫纹（主纹）；14. 骑士纹（主纹）；16、18. 眼纹。

胸上部饰波浪纹和栉纹夹双行同心圆纹纹带，下为两层相背变形划船纹（主纹），船底间波浪纹一周。腰上部为变形羽人图案，下饰羽纹、细方格纹、席纹夹双行同心圆纹纹带、波浪纹等。足上部饰羽纹、细方格纹，中为圆心垂叶纹、半圆纹，下为羽纹夹眼纹纹带。

扁耳两对，饰辫纹图案。每耳上下各有长方孔一。另两方各有半环耳一个。脊饰羽纹，两侧纹类文字。

身有两道合范线。胸、足部内壁两侧夹有小纽四对。

126 号鼓

1964 年征集于藤县蒙江供销社。

面径 69.2、身高 43.7、胸径 66.2、腰径 54.1、足径 67.7。

面有四蛙，逆时针环列。三、二或一弦分晕，六晕：1. 太阳纹，九芒，芒间模糊；2～4. 变形羽人纹；5、6. 半圆填线纹。

身二或一弦分晕。胸五晕：模糊，可辨者有雷纹填线纹、半云填线纹。腰上端一周半云填线纹，下端一周复线角形纹，中为变形羽人图案。足五晕，模糊，可辨者有雷纹填线纹、半云填线纹、角形纹。

扁耳两对，饰辫纹图案。每耳下部有一方孔。

身有两道合范线。面、身露垫片痕。背面有两层模痕。

藤县 02 号鼓（藏藤县图书馆。下同）

1975 年藤县象棋公社付义岭生产队背垌暗冲出土。

面径 64.5、胸径 61.1，腰中部以下残失。

面有四蛙，相对两蛙间各有一乘骑，皆逆时针环列。一弦分晕，十九晕：1. 太阳纹，十二芒，芒间坠形纹；3、4. 同心圆纹；7. 复线角形纹；9. 变形羽人纹（主纹）；11. 变形翔鹭纹（主纹）；12. 羽纹；13、15. 眼纹；其余各晕模糊。

胸上部模糊，仅见同心圆纹，下部有相背变形船纹。腰上部为变形羽人图案。

扁耳两对。每耳上下各有长条孔一。

身有两道合范线。

藤县 03 号鼓

1974 年藤县平福公社平福大队出土。

面径 82.5、身高 60、胸径 85.2、腰径 68.7、足径 85。

面有四蛙，相对两蛙间各有一龟，皆逆时针环列。一弦分晕，十八晕：1. 太阳纹，十二芒，芒间坠形纹；2、18. 波浪纹；3、5、7. 素晕；4. 同心圆纹；6. 栉纹；8. 复线交叉纹；9、11、13、15、17. 羽纹；10. 变形羽人纹（主纹）；12. 变形翔鹭纹（主纹）；14、16. 眼纹。

胸上部模糊，仅见同心圆纹两周，下部有相背变形船纹两层，船底纹模糊。腰上部有变形羽人图案，下部有细方格纹、同心圆纹，再下的六周纹模糊。足部有细方格纹、圆心垂叶纹与复线半圆纹、眼纹等。

扁耳两对，饰辫纹。每耳上下各有长条孔一。另两方有半环耳各一个。

身有两道合范线。胸、足部内壁两侧共有小纽四对。

藤县04号鼓

1966年藤县濛江公社出土。

面径69、身高48、胸径70、腰径57.3、足径70。

面有四蛙，逆时针环列，相对两蛙间各立一物（不识）。二弦分晕，十二晕：1. 太阳纹，十二芒，芒间坠形纹；2、12. 波浪纹；3. 同心圆纹；4. 栉纹；5. 复线交叉纹；6. 变形羽人纹（主纹）；7. 变形翔鹭纹（主纹）；8～11. 栉纹夹双行同心圆纹形成纹带。

胸上部和腰下部饰纹带（同鼓面纹带）。胸下部为相背变形船纹两层，船底间有波浪纹一周。腰上部为变形羽人图案。足上部饰绹纹，中部为圆心垂叶纹，下部模糊。

扁耳两对，饰辫纹。每耳上下各有一长条孔。

身有两道合范线。

藤县05号鼓

1951年征集于藤县和平区志成乡。

面径63.5、胸径62.4、腰径49.7、足残。

面有四蛙，相对两蛙间一处立骑一乘，另一处立一马和一四足动物（已失），皆逆时针环列。二或一弦分晕，十晕：1. 太阳纹，十芒，芒间坠形纹；2、10. 波浪纹；3. 同心圆纹；4. 栉纹；5. 复线交叉纹；6. 变形羽人纹（主纹）；7. 变形翔鹭纹（主纹）；8、9. 眼纹。

胸上部饰同心圆纹两周，下部为相背变形船纹两层，船底间有波浪纹一周。腰上部为变形羽人图案，下部有栉纹夹双行同心圆纹形成纹带和两行波浪纹。足部仅存波浪纹夹细方格纹。

扁耳两对，饰辫纹。每耳上下各有一长条孔。

身有两道合范线。

藤县06号鼓

1979年藤县古龙公社底村生产队出土。

面径70.5、身高48、胸径71.1、腰径59.8、足径70。

面有四蛙（一失），逆时针环列。一弦分晕，十九晕：1. 太阳纹，十芒，芒间坠形纹；2. 模糊；3、5、8、10、12、15、17. 素晕；4、13、14. 同心圆纹；6. 栉纹；7. 复线交叉纹；9. 变形羽人纹（主纹）；11. 变形翔鹭纹；16、18. 眼纹；19. 羽纹。

胸上部饰同心圆纹两周，下部有相背变形船纹两层，船底间有波浪纹一周。腰部模糊。足上部有波浪纹、细方格纹，中部为圆心垂叶纹，下部有细方格纹、波浪纹。

扁耳两对，饰辫纹。

身有两道合范线。

110号鼓（藏广西壮族自治区博物馆。下同）

1956年金秀瑶族自治县平道乡出土。出土时，鼓内有南朝陶碗一个。

面径62、身高42、胸径61.7、腰径49.3，足残失。

面有四蛙，相对两蛙间各有一乘骑，逆时针环列。一弦分晕，十七晕：1. 太阳纹，十二芒，芒间坠形纹；2、17. 波浪纹；3、6、8、10、12、14、16. 素晕；4. 同心圆纹；5. 栉纹；7. 复线交叉纹；9. 变形羽人纹（主纹）；11. 变形翔鹭纹（主纹）；13、15. 眼纹。

胸上部饰波浪纹、双行同心圆纹，下部为相背两层船纹，底间隔以水波纹。腰上部为变形羽人纹，其下为细方格纹、双行同心圆纹、波浪纹。足上部为波浪纹、细方格纹，中部为圆心垂叶纹，下为眼纹、波浪纹。

扁耳两对，饰辫纹图案。每耳上下各有长方孔一。

身有两道合范线，并露垫片痕。

029 号鼓

1966 年桂平县寻旺公社出土。

面径 59、身高 39.5、胸径 76.4、腰径 45.8、足径 55.6。

面有四蛙，逆时针环列。一弦分晕，十八晕：1. 太阳纹，十二芒，芒间坠形纹；2、7、9、11、13、18. 素晕；3～6、14～17. 栉纹夹双行同心圆纹纹带；8. 复线交叉纹；10. 变形羽人纹（主纹）；12. 变形翔鹭纹和定胜纹（主纹）。

胸部与腰上部饰纹带（同鼓面纹带）。腰上部被同样纹带纵分为六格，格中素。足部饰栉纹、圆心垂叶纹。

扁耳两对，饰辫纹图案。每耳上下各有长方孔一。

身有两道合范线。面、身露垫片痕。

103 号鼓

1954 年征集于桂平县。

面径 82.4、身高 59、胸径 88.5、腰径 68.8、足径 83。

面有四蛙，逆时针环列，相对两蛙间立牛拉橇造型各一座。一或二弦分晕，十四晕：1. 太阳纹，十二芒，芒间坠形纹；2 和鼓边. 波浪纹；3、10、11. 同心圆纹；4. 栉纹；5. 复线交叉纹；6、8、14. 羽纹；7. 变形羽人纹（主纹）；9. 变形翔鹭纹（主纹）；12、13. 眼纹。

胸上部饰水波纹、栉纹夹双行同心圆纹纹带，下为两层相背船纹，底间隔以羽纹。腰上部被栉纹夹同心圆纹纹带纵分为六格，格间饰变形羽人图案（主纹）；其下为羽纹夹细方格纹、同心圆纹、羽纹夹栉纹、波浪纹（两层）等。足上部为羽纹夹眼纹，其下为圆心垂叶纹、同心圆纹。

扁耳两对，饰辫纹图案。每耳上下各有长方孔一。另两方又有半环耳各一个，饰羽纹图案。

身有两道合范线。胸、足部内壁两侧共有小纽四对。

桂平 03 号鼓（藏桂平县文管所。下同）

1972 年桂平县南木公社渡头大队第十九生产队出土。

面径 85.7、身高 61.5、胸径 88.5、腰径 70.3、足径 84.2。

面有四蛙，两蛙间各立一龟（共两龟），逆时针环列。一弦分晕，十八晕：1. 太阳纹，十二芒，芒间坠形纹；2、18. 波浪纹；3～5. 羽纹夹同心圆纹纹带；6. 栉纹；7、9、11、13、15、17. 羽纹；8. 复线交叉纹；10. 变形羽人纹（主纹）；12. 变形翔鹭纹（主纹）；14、16. 眼纹。

胸上部饰波浪纹、羽纹夹双行同心圆纹纹带，下部为相背变形船纹两层，船底间羽纹一周。腰上部为变形羽人图案，下部为双行羽纹和栉纹夹双行同心圆纹形成纹带，以及双行波浪纹。足上部为羽纹夹细方格纹，中部为圆心垂叶纹与复线半圆纹，下部为羽纹夹眼纹。

扁耳两对，饰辫纹。每耳上下各有长条孔一。

身有两道合范线。

桂平 04 号鼓

1974 年桂平县蒙圩公社新德大队鸡公山出土。

面径 73、身高 52、胸径 73.9、腰径 58.6、足径 72。

面有四蛙，相对两蛙间各立一乘骑，逆时针环列。一弦分晕，二十晕：1. 太阳纹，十二芒，芒间坠形纹；2～7. 波浪纹、栉纹夹双行同心圆纹纹带；8. 复线交叉纹；9. 波浪纹；10. 变形羽人纹（主纹）；11. 羽纹；12. 变形翔鹭纹（主纹）；13～17. 纹带（与内纹带近似，少一周波浪纹）；18～20. 眼纹夹羽纹。最边沿为眼纹。

胸上部由羽纹和同心圆纹各两周、栉纹和波浪纹各一周组成纹带，下部为相背变形船纹两层，船底纹模糊。腰上部为变形羽人图案，下部为波浪纹、细方格纹和纹带（羽纹、栉纹夹双行同心圆纹纹带）。足上部为羽纹夹斜方格纹，中部为圆心垂叶纹，下部为羽纹、眼纹、波浪纹夹细方格纹。

扁耳两对，饰辫纹。每耳上下各有长条孔一。每两方有半环耳各一个。

身有两道合范线。胸、足部内壁两侧共有小纽四对。

桂平 05 号鼓

1974 年桂平县蒙圩公社新德大队磨勾山出土。

面径 74.8、身高 53.5、胸径 75.4、腰径 61.7、足径 75。

面有四蛙，相对两蛙间各立一乘骑（乘骑似兽），另一侧立马一匹，逆时针环列。一弦分晕，十五晕：1. 太阳纹，十二芒，芒间坠形纹；2～6. 波浪纹、素晕、栉纹夹同心圆纹纹带；7. 复线交叉纹；8、10. 羽纹；9. 变形羽人纹（主纹）；11. 变形翔鹭纹（主纹）；12、14. 素晕；13、15. 眼纹。

胸上部饰波浪纹、双行同心圆纹和栉纹，下为相背两层变形船纹，船底间波浪纹一周。腰上部饰变形羽人图案，下为羽纹和纹带（与鼓面纹带近似，但多一层同心圆纹和细方格纹）。足上部饰波浪纹、细方格纹，中部为圆心垂叶纹，下部为羽纹夹眼纹。

扁耳两对，饰辫纹。每耳上下各有孔一。另两方有环耳各一。

身有两道合范线。胸、足部内壁两侧共有小纽四对。

桂平 06 号鼓

1978 年桂平县油麻公社六中大队朱冲山出土。

面径 70、身高 44.2、胸径 63.6、腰径 57.7、足残。

面有四蛙，相对两蛙间立鸟一和物一（已失），皆逆时针环列。一弦分晕，二十晕：1. 太阳纹，十二芒间坠形纹；2～7. 波浪纹、素晕夹双行同心圆纹纹带；8. 复线交叉纹；9、11、13、16. 素晕；10. 变形羽人纹（主纹）；12. 变形翔鹭纹；14、15. 同心圆纹；17. 羽纹；18、20. 眼纹；19. 波浪纹。边沿有羽纹。

胸上部和腰下部饰纹带（与面纹带近似，但胸多一周羽纹，腰多一周细方格纹）。胸下部有相背变形船纹两层，船底间波浪纹一周。足上部饰波浪纹夹细方格纹，中部为圆心垂叶纹，下为羽纹夹眼纹。

扁耳两对，饰辫纹。每耳上下各有长条孔一。

身有两道合范线。胸、足部内壁两侧共有小纽四对。

桂平07号鼓

1977年桂平县麻垌公社南桥大队第三生产队牛巴岭出土。

面径76、身高49、胸径74.6、腰径58.9，足残。

面有四蛙（皆失），逆时针环列。一弦分晕，二十三晕：1. 太阳纹，十二芒夹坠形纹；2. 素晕；3～10. 羽纹、素晕、栉纹夹同心圆纹纹带；11. 复线交叉纹；12、23. 素晕；13. 变形羽人纹（主纹）；14. 变形翔鹭纹和定胜纹（主纹）；15～22. 纹带（与3～10纹带近似，但少羽纹而有波浪纹）。

胸部和腰下部饰纹带（同鼓面3～10）。腰上部被羽纹夹双行同心圆纹纹带纵分为六格，格间素。足部饰弦纹三道和圆心垂叶纹。

扁耳两对，饰辫纹。

身有四道合范线。胸内壁有小纽一对。

桂平08号鼓

1975年桂平县蒙圩公社新阳大队沙冈朱屋背出土。此鼓附近同时出土另一鼓（桂平02号鼓）。

面径67、身高40.5、胸径64、腰径52.2、足径65.5。

面有四蛙，逆时针环列。一弦分晕，二十晕：1. 太阳纹，十芒，芒间模糊；2、3. 模糊；4. 同心圆纹；5、7、9、11. 羽纹；6. 栉纹；8. 复线交叉纹；10. 变形羽人纹（主纹）；12. 变形翔鹭纹（主纹）；13、20. 羽纹、栉纹、羽纹夹双行同心圆纹组成纹带。

胸部和腰下部饰纹带（同面13、20）。腰上部被栉纹夹同心圆纹纹带纵分为六格，格中有弦纹二道。足饰羽纹夹圆心垂叶纹。

扁耳两对，饰辫纹。每耳上下各有长条孔一。

身有两道合范线。

桂平09号鼓

1978年桂平县大洋公社出土。

面径52.7，身残失。

面有四蛙（均失），逆时针环列。二弦分晕（第五晕为三弦），九晕：1. 太阳纹，十芒，芒间复线角形纹；2. 变形勾连雷纹；3. 勾连同心圆纹；4. 栉纹；5. 变形羽人纹（主纹）；6. 变形翔鹭纹八只和羽纹图案两个（主纹）；7～9. 栉纹夹同心圆纹组成纹带。

桂平010号鼓

征集于桂平县附城供销社收购部。

面径 54、胸径 50.6、腰径 41，足残失。

面有四蛙，逆时针环列。一弦分晕，十九晕：1. 太阳纹，十二芒，芒间坠形纹；2、7、9、11、14、19. 素晕；3、6、15～18. 栉纹夹双行同心圆纹纹带；8. 复线交叉纹；10. 变形羽人纹（主纹）；12. 变形翔鹭纹和定胜纹（主纹）；13. 菱形纹。

胸上部和腰下部饰纹带（同鼓面纹带）。腰上部被同样纹带纵分为六格，格间素。

扁耳两对，饰辫纹。每耳上下各有长方孔一。

身有两道合范线。

桂平 012 号鼓

1972 年桂平县河口大队出土。

面径 73～75、身高 48、胸径 73.2、腰径 60.2、足径 73.7。

面有四蛙，逆时针环列。相对两蛙间一处有兰花三朵，一处为牛拉橇造型。一弦分晕，十六晕：1. 太阳纹，十二芒夹坠形纹；2. 波浪纹；3～5. 栉纹夹同心圆纹纹带；6. 素晕；7. 雷纹填线纹；8、10、16. 羽纹；9. 变形羽人纹（主纹）；11. 变形翔鹭纹（主纹）；12. 半圆填线纹；13、15. 眼纹。

胸上部饰纹带（与面纹带近似，而多一道同心圆纹），下为相背两层变形船纹，船底间波浪纹一道。腰上部饰变形羽人图案，下为羽纹、细方格纹纹带（同胸纹带）。足上部饰羽纹、细方格纹、波浪纹，中部为圆心垂叶纹，下为波浪纹、羽纹。

扁耳两对，饰辫纹图案。每耳上下各有一孔。

身有两道合范线。胸、足部内壁两侧共有小纽四对。

058 号鼓（藏广西壮族自治区博物馆。下同）

1972 年平南县大新公社出土。

面径 76、身高 54.5、胸径 78、腰径 65、足径 76。

面有四蛙，背负小龟，逆时针环列，另在相对两蛙间有龟一个。一弦分晕，十八晕：1. 太阳纹，十四芒夹坠形纹；2～6. 水波纹夹一道栉纹、两道同心圆纹组成纹带；7. 复线交叉纹；8、9、11、12、16、17. 羽纹；10. 变形羽人纹（主纹）；13. 变形翔鹭纹（主纹）；14. 同心圆纹；15、18. 眼纹。

胸上部饰纹带（同鼓面纹带，但少栉纹），中、下部为相背两层变形划船纹（主纹），底间以一周波浪纹。腰上、中部饰变形羽人图案（主纹），下为羽纹夹细方格图案及同心圆纹、羽纹、栉纹、波浪纹等。足上部饰波浪纹夹细方格纹，中部为圆心垂叶纹，下为羽纹、眼纹、水波纹。

扁耳两对，饰辫纹图案。每耳上下各有长方孔一。另两方又有半环耳各一个，饰辫纹。

身有两道合范线。胸、足部内壁两侧共有小纽四对。面露垫片痕。

059 号鼓

1972 年平南县丹竹公社出土。

面径 88.2、胸径 88.3、腰径 74.6，足残失一段。

面有四蛙（失一），逆时针环列，相对两蛙间各有一乘骑和一小马。一或二弦分晕，十晕：1. 太阳纹，十二芒夹坠形纹；2. 波浪纹；3. 同心圆纹；4. 复线交叉纹；5～7. 变形羽人纹（主纹）；8. 变形翔鹭纹（主纹）；9、10. 眼纹。

胸上部由一道水波纹、两道栉纹、两道同心圆纹、一道羽纹组成纹带，下部为相背变形划船纹两层，船底间羽纹一周。腰上部饰变形羽人图案；下部饰纹六道：1、4、6. 羽纹，2、3. 同心圆纹，5. 细方格纹。足上部饰水波纹、羽纹、细方格纹，中为圆心垂叶纹。

扁耳两对，饰辫纹。每耳上下各有长方孔一。另有半环耳两个。

身有两道合范线。胸部内壁两侧有小纽两对。

120 号鼓

1956 年平南县丹竹区白竹水库出土。

面径 69.6、身高 46.4、胸径 70、腰径 64、足径 66.8。

面有累蹲蛙四，逆时针环列。一弦分晕，十九晕：1. 太阳纹，十二芒，芒间坠形纹；2、19. 波浪纹；3～8. 栉纹与素晕夹双行同心圆纹纹带；9. 复线交叉线；10、12、14、16、18. 羽纹；11. 变形羽人纹（主纹）；13. 变形翔鹭纹（主纹）；15、17. 眼纹。

胸上部和腰下部饰纹带（同鼓面纹带）。胸下部为相背两层变形划船纹（主纹），船底间波浪纹一道。腰上部饰变形羽人图案，下为波浪纹、羽纹及细方格纹。足上部饰羽纹、细方格纹，中部为圆心垂叶纹，下为波浪纹、细方格纹、羽纹各一道。

扁耳两对，饰辫纹图案。每耳上下各有长方孔一。另两方有半环耳各一个，每耳饰四个同心圆纹。

身有两道合范线。胸、足部内壁两侧夹有小纽四对。

123 号鼓

1958 年平南县上渡公社下渡水闸出土。

面径 76、身高 52.8、胸径 77.3、腰径 63.2、足径 75.7。

面有四蛙，逆时针环列，相对两蛙间各有一群小累蹲蛙及一动物（已失）。一弦分晕，二十晕：1. 太阳纹，十二芒，芒间坠形纹；2、19. 波浪纹；3～7. 栉纹夹双行同心圆纹纹带；8. 素晕；9. 复线交叉纹；10、12、14、16. 羽纹；11. 变形羽人纹（主纹）；13. 变形翔鹭纹（主纹）；15、17. 眼纹；18. 辫纹；20. 斜线纹。

胸上部饰辫纹和纹带（同鼓面纹带）、波浪纹，下部为两层相背变形划船纹（主纹），船底间波浪纹一道。腰上部为变形羽人图案（主纹），下为波浪纹夹细方格纹与纹带（同鼓面纹带）等。足上部为波浪纹夹细方格纹，中为圆心垂叶纹与半圆纹，下为波浪纹、眼纹及羽纹。

扁耳两对，饰辫纹图案。每耳上下各有长方孔一。另有半环耳两个。

身有两道合范线。胸、足部内壁两侧共有小纽四对。

119 号鼓

1958 年平南县大新区铜鼓山出土。

面径 70.8、身高 47、胸径 66.6、腰径 52.9，足残缺。

面有四蛙，逆时针环列。一弦分晕，十八晕：1. 太阳纹，十二芒，芒间坠形纹；2～7、13～18. 素晕与栉纹夹双行同心圆纹纹带；8. 复线交叉纹；9、11. 素晕；10. 变形羽人纹（主纹）；12. 变形翔鹭纹间定胜纹（主纹）。

胸部与腰下部饰纹带（同鼓面纹带）。腰上部被同样纹带纵分为六格，格中素。足上部饰栉纹，下为圆心垂叶纹。

扁耳两对，饰辫纹图案。每耳上下各有长方孔一。

身有两道合范线。胸、足部内壁两侧共有小纽四对（足部一纽失）。身露垫片痕。

124 号鼓

1962 年平南县思旺公社大陶村出土。

面径 57、身高 37.9、胸径 54.5、腰径 43.9、足径 54.3。

面有四蛙（失一），逆时针环列，相对两蛙间各立一动物（均失）。一弦分晕，二十晕：1. 太阳纹，十二芒，芒间坠形纹；2、8、10、12、14. 素晕；3、20. 波浪纹；4～7、15～18. 栉纹夹双行同心圆纹纹带；9. 复线交叉纹；11. 变形羽人纹（主纹）；13. 变形翔鹭纹（主纹）；19. 眼纹。

胸上部饰羽纹与栉纹夹双行同心圆纹纹带，中、下部为相背两层变形划船纹（主纹），底间隔以羽纹。腰上部为变形羽人图案（主纹），下为羽纹、细方格图案及纹带（同胸部纹带）。足上部为羽纹、细方格纹，其下为圆心垂叶纹和一周羽纹。

扁耳两对，饰羽纹图案。每耳上下各有长方孔一。

身有两道合范线。胸、足部内壁两侧共有小纽四对。面、身露垫片痕。

土 01 号鼓（藏平南县文管所。下同）

1979 年平南县官成公社东胜生产队灯盏窝出土。

面径 87、身高 61、胸径 88.5、腰径 72.5、足径 86。

面有四蛙，逆时针环列。一弦分晕，二十六晕：1. 太阳纹，十二芒，芒间坠形纹；2、25、26. 波浪纹；3～7. 栉纹、素晕夹同心圆纹纹带；8、10、12、19、素晕；9. 复线交叉纹；11. 变形羽人纹（主纹）；13～18. 栉纹、素晕夹勾连双行同心圆纹形成纹带；20、24. 变形翔鹭纹与定胜纹（主纹）；21、23. 羽纹夹眼纹。

胸上部与腰下部饰纹带（与面 13～18 纹带，但胸多波浪纹一周，腰多羽纹一周和波浪纹两周）。胸下部为相背变形船纹两层，船底间有羽纹一周。腰上部为变形羽人纹。足上部为羽纹、细方格纹，中部为圆心垂叶纹，下部为羽纹、眼纹。

扁耳两对，饰辫纹。每耳有长条孔二。

身有两道合范线。

土 02 号鼓

1979 年平南县同和公社卫东生产队白坟坪出土。

面径 69.3、身高 48、胸径 70、腰径 56.6、足径 70。

面有四蛙，逆时针环列，相对两蛙间立鸟一组（五只）或立牛一组（五只），其中一头有人骑。一弦分晕，二十二晕：1. 太阳纹，十二芒，芒间坠形纹；2～8. 水波纹、席纹、栉纹夹同心圆纹纹带；9. 复线交叉纹；10、12、21. 羽纹；11. 变形羽人纹（主纹）；13. 变形翔鹭纹（主纹）；14～17. 栉纹夹双行同心圆纹组成纹带；18、20. 眼纹；19、22. 波浪纹。

胸上部和腰下部饰纹带（与面 2～8 纹带近似，但胸少席纹一周，腰少一周波浪纹而多一周席纹）。

胸下部为相背变形船纹两层，船底间弦纹两道。腰上部为变形羽人图案，其下为羽纹、细方格纹各一周。足上部饰羽纹、细方格纹、波浪纹，中部为圆心垂叶纹、复线半圆纹，下为细方格纹、羽纹。

扁耳两对，饰辫纹。每耳上下各有一孔。另两方有半环耳各一个。

身有两道合范线。胸、足部内壁两侧共有小纽四对。

土03号鼓

1973年平南县城厢公社西村大队铜鼓岭出土。

面径64、身高44、胸径67.1、腰径51.1、足径64。

面有四蛙（均失），逆时针环列。二或一弦（1、9两晕为一弦）分晕，十一晕：1. 太阳纹，十二芒夹坠形纹；2. 波浪纹；3. 栉纹；4. 同心圆纹；5. 复线交叉纹；6. 变形羽人纹（主纹）；7. 变形翔鹭纹（主纹）；8～11. 栉纹、波浪纹夹双行同心圆纹纹带。

胸上部饰栉纹夹双行同心圆纹纹带，下为两层相背变形船纹，船底间羽纹一周。腰上部饰变形羽人图案，下饰纹带（同鼓面纹带）。足上部为细方格纹，中部为圆心垂叶纹，下为眼纹、羽纹。

扁耳两对，饰辫纹。每耳上下各有长条孔一。

身有两道合范线。

土05号鼓

1971年平南县思旺公社花石大队出土。

面径75、身高55、胸径76.4、腰径62.7、足径74。

面有四蛙，相对两蛙间各有一乘骑，逆时针环列。一弦分晕，十七晕：1. 太阳纹，十二芒夹坠形纹；2. 波浪纹；3、5. 素晕；4. 同心圆纹；6. 羽纹；7. 复线交叉纹；8、10、12、14、16. 羽纹；9. 变形羽人纹（主纹）；11. 变形翔鹭纹；13、15. 眼纹；17. 模糊。

胸上部和腰中部饰羽纹夹双行同心圆纹纹带（胸纹带之上还有波浪纹一层）。胸下部为相背变形船纹两层，船底间羽纹一周。腰上部为变形羽人图案，腰下部为细方格纹、席纹、羽纹、细方格纹。足上部饰羽纹、细方格纹，中部为圆心垂叶纹，下为眼纹。

扁耳两对，饰辫纹。每耳上下各有长条孔一。另两方有半环耳各一个。

身有两道合范线。胸、足部内壁两侧共有小纽四对。

土06号鼓

1978年平南县镇隆公社中三队第一坡出土。

面径52.4，身残。

面有四蛙，逆时针环列。二弦分晕，九晕：1. 太阳纹，十芒，芒间模糊；2～3. 模糊；4、7、9. 栉纹；5. 兽形纹（主纹）；6. 翔鹭纹（主纹）；8. 勾连圆圈纹。

土07号鼓

1977年平南县官成公社大彭五队出土。

仅存鼓身胸腰小部分（40×35厘米）残片。

胸上部饰羽纹、栉纹夹双行同心圆纹，下部为相背变形船纹两层，船底间羽纹一周。腰上部为变形羽人图案。

仅存半环耳一个，饰缠枝纹。有脊线一道。

土 08 号鼓

1977 年平南县同和公社上村队大麦山出土。

面径 85，身残失。

面有四蛙，每蛙间有累蹲龟一只（失一），逆时针环列。一弦分晕，十九晕：1. 太阳纹，十二芒，芒间坠形纹；2、18. 模糊；3、5、7、15、17. 素晕；4. 同心圆纹；6. 栉纹；8. 复线交叉纹；9、11、13. 羽纹；10. 变形羽人纹（主纹）；12. 变形翔鹭纹（主纹）；14、16. 眼纹；19. 波浪纹。

299 号鼓

1975 年平南县大成公社旺石一队出土。

面径 80、身高 57.5、胸径 76.1、腰径 69.4、足径 76。

面有四蛙，相对两蛙间各立一乘骑，逆时针环列。一弦分晕，十八晕：1. 太阳纹，十二芒，芒间坠形纹；2、18. 波浪纹；3、5、7、9、11、13、15、17. 羽纹；4. 同心圆纹；6. 栉纹；8. 复线交叉纹；10. 变形羽人纹（主纹）；12. 变形翔鹭纹（主纹）；14、16. 眼纹。

胸上部饰波浪纹、栉纹夹双行同心圆纹纹带，下部为相背变形船纹两层，船底间羽纹一周。腰上部饰变形羽人图案，下部为羽纹夹细方格纹、双行同心圆纹与双行波浪纹。足上部为波浪纹夹细方格纹，中部为圆心垂叶纹，下部为羽纹夹眼纹。

扁耳两对。每耳上下各有长条孔一。另两方有半环耳各一个。

身有两道合范线。胸、足部内壁两侧共有小纽两对。

136 号鼓（藏广西壮族自治区博物馆。下同）

1954 年征集于横县第一区。

面径 75.2、身高 49.1、胸径 76.1、腰径 62.1、足径 73.2。

面有四蛙，逆时针环列。二弦分晕，十四晕：1. 太阳纹，十二芒，芒间复线角形纹；2. 席纹；3~6、9~12. 栉纹夹勾连同心圆纹纹带；7. 复线交叉纹；8. 变形羽人纹（主纹）；13. 定胜纹间翔鹭纹（主纹）；14. 六个花叶压胜钱纹。

胸上部与腰下部饰纹带（同鼓面纹带）。胸下部为变形划船纹（主纹）。腰上部被相同纹带纵分为十格，格中为变形羽人图案。足部素。

扁耳两对。每耳饰七道羽纹，耳上部有长方孔一，下部孔二。

身有两道合范线。

166 号鼓

1957 年征集于横县陶圩区大塘乡。

面径 72.6、身高 51.5、胸径 74.5、腰径 60.6、足径 72.5。

面有四蛙，逆时针环列。二弦分晕（一晕单弦），十三晕：1. 太阳纹，十二芒，芒间坠形纹；2、13. 波浪纹；3、9、10. 同心圆纹；4. 栉纹；5. 复线交叉纹；6. 变形羽人纹（主纹）；7. 变形翔鹭纹

（主纹）；8. 席纹；11、12. 眼纹。

胸上部饰栉纹夹同心圆纹纹带，下为相背两层船纹（主纹），船底间隔一道弦纹。腰上部为变形羽人图案（主纹），下为纹带（同胸部纹带）与细方格纹、波浪纹。足上部饰席纹、细方格纹，中为圆心垂叶纹，下为羽纹夹双行眼纹。

扁耳两对，饰辫纹图案。每耳上下各有一长方凹窝。

身有两道合范线。胸内壁的三方各有小纽一对。面散布七层垫片脱落后的小方孔。

横05号鼓（藏横县文化馆）

1974年横县石油公社水燕村出土。

面径82.6、胸径83.2，腰残缺、足失。

面有四蛙，逆时针环列。一或二弦分晕，十晕：1. 太阳纹，十二芒，芒间坠形纹；2～4、8～10. 栉纹夹同心圆纹纹带；5. 雷纹；6. 变形羽人纹（主纹）；7. 变形翔鹭纹（主纹）。

胸上部饰纹带（同鼓面纹带），下部为变形划船纹。腰上部饰变形羽人纹图案，下饰纹带（与鼓面同）。

扁耳两对，饰辫纹图案。每耳上下部各有长方孔一。

身有两道合范线。

038号鼓（藏广西壮族自治区博物馆。下同）

1972年宾阳县思陇公社六谷村出土。

面径83.1、身高58.8、胸径83.7、腰径65.2，足残缺。

面有四蛙，逆时针环列。二弦分晕，十三晕：1. 太阳纹，十三芒，芒间坠形纹；2、3～6、10～12、13. 羽纹（单行）、栉纹（双行或插入一段席纹、方格纹）夹双行同心圆纹纹带；7. 复线交叉纹；8. 变形羽人纹（主纹）；9. 变形翔鹭纹（主纹）。

胸上部与腰下部饰纹带（同鼓面纹带，或多一行羽纹），胸下部一侧有五个四角印花纹，腰上部饰兽形图案。足上下部各有一周羽纹，中为圆心垂叶纹与四角印花纹。

扁耳两对，饰辫纹图案。每耳上下各有长方孔一。

身有四道合范线。面、身露出垫片及其脱落后的小方孔。

149号鼓

1954年征集于宾阳县思陇区。

面径66.8、身高45.2、胸径64.5、腰径51、足径63.6。

面有四蛙，逆时针环列。一弦分晕，十八晕：1. 太阳纹，十二芒，芒间坠形纹；2～7、13～18. 羽纹、栉纹夹双行同心圆纹纹带；8. 复线交叉线；9、11. 素晕；10. 变形羽人纹（主纹）；12. 翔鹭纹和定胜纹（主纹）。

胸上部和腰下部饰纹带（同鼓面纹带）。腰上部被同样纹带纵分为六格，格中素。足上部饰栉纹、羽纹各一周，下为圆心垂叶纹。

扁耳两对，饰辫纹图案。每耳上下各有长方孔一。

身有两道合范线。背面及内壁露垫片痕。

165 号鼓

1954 年征集于宾阳县稔竹乡。

面径 70、胸径 68.4、腰径 54.5，足部被截去。

面有四蛙，逆时针环列。一弦分晕，十八晕：1. 太阳纹，十二芒，芒间坠形纹；2～7、13～18. 素晕、栉纹夹双行同心圆纹纹带；8. 复线交叉纹；9、11. 素晕；10. 变形羽人纹（主纹）；12. 变形翔鹭纹（主纹）。

胸和腰下部饰纹带（同鼓面纹带）。腰上部被同样纹带纵分为六格，格中素。

扁耳两对，饰辫纹图案。每耳上下各有长方孔一。

身有两道合范线。胸内壁两侧共有小纽四对。身露垫片痕。

307 号鼓

1963 年宾阳县邹圩公社长村岭东出土。

面径 66.4、身高 47、胸径 66.6、腰径 52.3、足径 64.2。

面有四蛙，逆时针环列。一弦分晕，十八晕：1. 太阳纹，十二芒，芒间坠形纹；2～7、13～18. 羽纹与栉纹夹双行同心圆纹纹带；8. 复线交叉纹；9、11. 素晕；10. 变形羽人纹（主纹）；12. 变形翔鹭纹和定胜纹（主纹）。

胸上部与腰下部饰纹带（同鼓面纹带）。胸下部与腰上部被同样纹带纵分为六格，格中素。足上部为羽纹夹栉纹纹带，下为复线角形纹。

扁耳两对，饰辫纹。每耳上下各有长方孔一。

身有两道合范线。

宾阳 01 号鼓（藏宾阳县文化馆。下同）

1974 年宾阳县芦圩公社覃村地队水甑山出土。

面径 82.8、身高 58.2、胸径 84.9、腰径 65.2、足径 82.9。

面有四蛙，逆时针环列。一弦分晕，二十一晕：1. 太阳纹，十二芒，芒间坠形纹；2、4. 辫纹；3、8、10、12、14. 素晕；5. 同心圆纹；6、21. 羽纹；7. 栉纹；9. 复线交叉纹；11. 变形羽人纹；13. 变形翔鹭纹；15～20. 栉纹、素晕夹双行同心圆纹纹带。

胸上部和腰下部饰纹带（同鼓面纹带，但胸纹带上还有辫纹和斜线角形图案一周）。胸下部与腰上部为变形羽人图案。足部为辫纹夹圆心垂叶纹。

扁耳两对，饰辫纹。每耳上下各有长条孔一。

身有两道合范线。并露垫片痕。

宾阳 02 号鼓

宾阳县出土。

面径 91.5、胸径 91.9、腰径 74.5，足残。

面有四蛙，逆时针环列。二或一弦分晕，十五晕：1. 太阳纹，十五芒，芒间模糊；2、14. 半圆填线纹；3～6、10～13. 栉纹夹双行同心圆纹纹带；7. 复线交叉纹；8. 变形羽人纹（主纹）；

9. 变形翔鹭纹（主纹）；15. 羽纹。

胸上部和腰下部饰纹带（同鼓面纹带，但多上下两层羽纹）。胸下部仅羽纹一周。腰上部有变形羽人图案。足部饰羽纹、圆心垂叶纹与同心圆纹。

扁耳两对，饰辫纹。每耳上下各有长条孔一。

身有两道合范线。胸内壁两侧有小纽各一对。

宾阳 03 号鼓

1975 年宾阳县黎塘公社林村荒茅头山出土。

面径 66、身高 45.2、胸径 64.1、腰径 51.6，足残。

面有四蛙，逆时针环列。一弦分晕，十八晕：1. 太阳纹，十二芒，芒间坠形纹；2 ~ 7、13 ~ 18. 素晕、栉纹夹双行同心圆纹纹带；8. 复线交叉纹；9、11. 素晕；10. 变形羽人纹（主纹）；12. 变形翔鹭纹和定胜纹（主纹）。

胸部和腰下部饰纹带（同鼓面纹带）。腰上部由相同纹带纵分为六格，格间素。足部有栉纹、圆心垂叶纹。

扁耳两对，饰辫纹。每耳上下各有长条孔一。

身有两道合范线。

宾阳 04 号鼓

1976 年宾阳县新桥公社里村黑石顶山出土。

面径 82、身高 56.2、胸径 77.3、腰径 60.1，足残。

面有四蛙，逆时针环列。二或一弦分晕，十三晕：1. 太阳纹，十三芒，芒间坠形纹；2 ~ 5、9 ~ 13. 栉纹夹双行同心圆纹纹带；6. 复线交叉纹；7. 变形羽人纹（主纹）；8. 变形翔鹭纹和定胜纹（主纹）。

胸上部与腰下部饰纹带（同鼓面纹带）。胸下部与腰上部被相同的纹带纵分为六格，格间为变形羽人图案。足部为栉纹、圆心垂叶纹。

扁耳两对，饰辫纹。每耳上下各有长条孔一。

身有两道合范线。胸、足部内壁两侧共有小纽四对。身露垫片痕。

宾阳 05 号鼓

宾阳县出土。

面径 70.5、身高 46.7、胸径 68.1、腰径 54.4，足残。

面有四蛙，相对两蛙间一处立有四足勾嘴动物一，另一处立一物（已失），均逆时针环列。一或二弦分晕，十二晕：1. 太阳纹，十二芒，芒间坠形纹；2 ~ 5、9 ~ 12. 栉纹夹勾连同心圆纹纹带；6. 复线交叉纹；8. 变形翔鹭纹和定胜纹（主纹）。

胸部和腰下部饰纹带（同鼓面纹带）。腰上部被同样纹带纵分为六格，格间素。足部饰栉纹一周和圆心垂叶纹两周（叶尖相对）。

扁耳两对，饰辫纹。每耳上下各有长条孔一。

身有两道合范线，并露垫片痕。

宾阳06号鼓

面径68、身高47、胸径66.2、腰径52.8，足残。

面有四蛙，逆时针环列。一弦分晕，十八晕：1. 太阳纹，十二芒，芒间坠形纹；2、9、11. 素晕；3～7、13～18、羽纹夹双行勾连同心圆纹纹带；8. 复线交叉纹；10. 变形羽人纹（主纹）；12. 变形翔鹭纹和定胜纹。

胸上部和腰下部饰纹带（同鼓面纹带）。胸下部和腰上部被栉纹夹勾连同心圆纹形成的纹带纵分为六格，格间素。足部有羽纹夹栉纹、圆心垂叶纹。

扁耳两对，饰辫纹。每耳上下各有长条孔一。

身有两道合范线。

189号鼓（藏广西壮族自治区博物馆。下同）

1963年邕宁县八塘区郑崇村出土。

面径63、身高41.8、胸径60.8、腰径48.2、足径59.5。

面有四蛙，逆时针环列。一弦分晕，二十一晕：1. 太阳纹，十二芒，芒间坠形纹；2～8、14～21. 素晕与栉纹夹双行同心圆纹纹带；9. 复线交叉纹；10、12. 素晕；11. 变形羽人纹（主纹）；13. 变形翔鹭纹和定胜纹（主纹）。

胸部和腰下部饰纹带（同鼓面纹带）。腰上部被纹带（同胸纹带而少素晕）纵分为六格，格中素。足饰圆心垂叶纹。

扁耳两对，饰辫纹图案。每耳上下各有长方孔一。

身有两道合范线。

305号鼓

1957年邕宁县八塘区六塘乡六增村六鸣山出土。

面径68.2、身高47.2、胸径66.4、腰径53.1、足径65.7。

面有四蛙，逆时针环列。一弦分晕，二十一晕：1. 太阳纹，十二芒，芒间坠形纹；2～7、15～20. 羽纹和栉纹夹双行“S”形云纹纹带；8、10、12、14、21. 素晕；9. 复线交叉纹；11. 变形羽人纹（主纹）；13. 变形翔鹭纹和定胜纹（主纹）。

胸部和腰下部饰纹带（同鼓面纹带）。腰上部被同样纹带纵分为六格，格间素。足上部饰羽纹夹栉纹，下为圆心垂叶纹。

扁耳两对，饰绳纹。每耳上下各有长条孔一。

身有两道合范线。

309号鼓

1976年邕宁县五塘公社檄村青山出土。

面径67、身高45.2、胸径63.8、腰径50.6，足残缺。

面有四蛙，逆时针环列。一弦分晕，十八晕：1. 太阳纹，十二芒，芒间坠形纹；2～7、13～18. 素晕、栉纹夹双行同心圆纹纹带；8. 复线交叉纹；9、11. 素晕；10. 变形羽人纹（主纹）；12. 变形翔鹭纹和定胜纹（主纹）。

胸部和腰下部饰纹带（同鼓面纹带）。腰上部被同样纹带（无素晕）纵分为六格，格中素。足部为栉纹、圆心垂叶纹。

扁耳两对，饰辫纹图案。每耳上下各有长方孔一。

身有两道合范线。

314 号鼓

1976 年邕宁县良庆公社新坡村狮子头坡出土。

面径 95、胸径 94.9，腰、足残失。

面有四蛙（皆三足），逆时针环列。二或一弦分晕，十六晕：1. 太阳纹，十二芒，芒夹坠形纹；2 ~ 7、11 ~ 16. 栉纹与三角填线纹夹两道“S”形纹纹带；8. 复线交叉纹；9. 变形羽人纹（主纹）；10. 变形翔鹭纹（主纹）。

胸上部饰纹带（同鼓面纹带）。其下素。

身有两道合范线。

318 号鼓

1979 年邕宁县九塘公社坛敏村特虎山出土。

面径 74.7、胸径 73.8、腰径 59.8，足残失。

面有四蛙，逆时针环列。一弦分晕，二十晕：1. 太阳纹，十二芒，芒间坠形纹；2 ~ 8、14 ~ 20. 辫纹与栉纹（三层）夹双行勾连同心圆纹纹带；9. 复线交叉纹；10、12. 辫纹夹变形羽人纹（主纹）；13. 变形翔鹭纹和定胜纹（主纹）。

胸与腰下部饰纹带（同鼓面纹带）。腰上部被同样纹带纵分为六格，格中素。

扁耳两对，饰辫纹。每耳上下部各有长方孔一。

身有两道合范线，并零星露出垫片痕。

028 号鼓

1965 年贵县泉索大队水利工地出土。

面径 63.1、胸径 63.6、腰径 50.4，足残失一小段。

面有四蛙，逆时针环列。一弦分晕，十八晕：1. 太阳纹，十二芒，芒间坠形纹；2 ~ 7、13 ~ 18. 羽纹、栉纹夹双行勾连同心圆纹纹带；8. 复线交叉纹；9、11. 栉纹；10. 变形羽人纹（主纹）；12. 变形翔鹭纹和鱼纹（主纹）。

胸和腰下部饰纹带（同鼓面纹带）。腰上部被同样纹带纵分为六格，格中素。足残见栉纹和圆心垂叶纹。

扁耳两对，饰辫纹图案。每耳上或下部有一长方孔。

身有两道合范线，并有垫片脱落后的小方孔。

贵县 080 号鼓（藏贵县文化馆。下同）

1975 年贵县蒙江公社新岭大队十一生产队牛坳山坡出土。

面径 72.5、身高 45.3、胸径 69.7、腰径 55.7，足残。

面有四蛙，逆时针环列。一弦分晕，十九晕：1. 太阳纹，十二芒，芒间坠形纹；2～7、13～19. 素晕和栉纹夹双行同心圆纹有四；8. 复线交叉纹；9、11. 素晕；10. 变形羽人纹（主纹）；12. 变形翔鹭纹和定胜纹（主纹）。

胸上部和腰下部饰纹带（同鼓面纹带）。腰上部被同样纹带纵分为四格，格间素。足上部饰栉纹，中部为圆心垂叶纹，下部残。

扁耳两对，饰辫纹。每耳上下各有长条孔一。

身有两道合范线。胸、足内壁两侧共有小纽四对。

贵县 096 号鼓

1978 年贵县庆丰公社万新大队十一生产队屋背畲地出土。

面径 77.5、身高 52.7、胸径 78、腰径 65.2、足径 75.3。

面有四蛙，相对两蛙间一处立乘骑一（骑者背背小孩），另一处立物已失，皆逆时针环列。一弦分晕，十六晕：1. 太阳纹，十三芒，芒间坠形纹；2、8、14. 波浪纹；3、5、7. 素晕；4、10、12、16. 羽纹；6. 复线交叉纹；9. 变形羽人纹（主纹）；11. 变形翔鹭纹（主纹）；13、15. 眼纹。

胸上部为波浪纹、双行同心圆纹，下部为相背变形船纹两层，船底间有一周波浪纹。腰上部为变形羽人图案，下部为波浪纹、细方格纹、羽纹。足上部为细方格纹，中部为圆心垂叶纹，下为波浪纹夹眼纹。

扁耳两对，饰辫纹。每耳上下各有长条孔一。另两方有半环耳各一个，饰羽纹。

身有两道合范线。胸、足部内壁两侧共有小纽两对。

容县 01 号鼓（藏容县图书馆）

新中国成立初容县六王村大岭岗出土。

面径 78.5、身高 51.7、胸径 78.2、腰径 64.3、足径 84.5。

面有四蛙（皆失），两两相对。一弦分晕，十三晕：1. 太阳纹，十四芒，芒间坠形纹；2、3、7、10、12. 同心圆纹；4. 复线交叉纹；5、11、13. 羽纹；6、8. 变形羽人纹（主纹）；9. 变形翔鹭纹（主纹）。

胸部饰羽纹夹勾连同心圆纹纹带。腰部为两层变形羽人图案与两层羽纹相间。足上部饰羽纹夹双行勾连同心圆纹，下为圆心垂叶纹。

扁耳两对，饰辫纹。每耳上下各有长条孔一。

身有两道合范线。

154 号鼓（藏广西壮族自治区博物馆。下同）

新中国成立初征集于容县。

面径 74.6、身高 50、胸径 70.7、腰径 56.5、足径 69.6。

面有四蛙，逆时针环列（失一）。二或一弦分晕，十八晕：1. 太阳纹，十二芒，芒间坠形纹；2～7、11～17. 羽纹、栉纹夹双行勾连同心圆纹纹带；8. 复线交叉纹；9. 变形羽人纹（主纹）；10. 变形翔鹭纹和定胜纹（主纹）。

胸部与腰下部饰纹带（同鼓面纹带）。腰上部被栉纹夹同心圆纹纹带纵分为六格，格中素。足上部为两层羽纹，下部圆心垂叶纹。

扁耳两对，饰辫纹图案。每耳上下各有长方格一。

身有两道合范线，并露垫片痕。

158 号鼓

1962 年大新文化馆拨交。

面径 64.6、胸径 64.3、腰径 51.6，足部残失。

面有四蛙，逆时针环列。一弦分晕，十八晕：1. 太阳纹，十二芒，芒间坠形纹；2～7、13～18. 素晕、栉纹夹双行同心圆纹纹带；8. 复线交叉纹；9、11. 素晕；10. 变形羽人纹（主纹）；12. 变形翔鹭纹和定胜纹（主纹）。

胸和腰下部饰纹带（同鼓面纹带）。腰上部被同样纹带纵分为六格，格中素。足上部为素晕、栉纹各一道，下为圆心垂叶纹。

扁耳两对，饰辫纹图案。每耳上下部各有长方孔一。

身有两道合范线。

武宣 01 号鼓（藏武宣县文化馆。下同）

1966 年武宣县武宣公社武宣大队车渡码头出土。

面径 89.2、身高 65.7、胸径 93.9、腰径 77.7、足径 92.6。

面有四蛙，逆时针环列。相对两蛙间一处立一方桌和二人（桌面有四蛙相对而立，一人右手扶桌边，左手扶背上小孩，一人双手扶桌边）；另一处立物已失。一弦分晕，十九晕：1. 太阳纹，十二芒，芒间坠形纹；2～8. 波浪纹、素晕、栉纹夹同心圆纹、羽纹纹带；9. 复线交叉纹；10、12、14、16、18. 羽纹；11. 变形羽人纹（主纹）；13. 变形翔鹭纹（主纹）；15、17. 眼纹；19. 波浪纹。

胸上部饰纹带（同鼓面纹带），下部为相背变形船纹两层，船底间有羽纹一周。腰上部为变形羽人图案，下部有羽纹、细方格纹、同心圆纹各两周，栉纹和波浪纹各一周。足上部饰羽纹夹细方格纹，中部为圆心垂叶纹，下部为羽纹夹眼纹。

扁耳两对，饰羽纹、辫纹和绳纹。每耳上下各有长条孔一。

身有两道合范线。胸、足部内壁两侧共有小纽四对。面、身露出垫片和垫片脱落后的小孔。

武宣 02 号鼓

1973 年武宣县东乡公社出土。

面径 82、身高 50、胸径 82.4、腰径 67、足径 80.8。

面残失大部分，仅有边沿两处，一处立乘骑一，相对另一处立一物（失）。

胸上部和腰下部饰羽纹夹同心圆纹组成的纹带。胸下部饰相背变形船纹两层，船底间有波浪纹一周。腰上部为变形羽人图案。足上部饰羽纹、细方格纹，中部为圆心垂叶纹，下部为羽纹、眼纹、波浪纹。

扁耳两对，饰辫纹。

身有两道合范线。胸、足部内壁两侧共有小纽四对。腰、足内壁露垫片痕。

总02020号鼓（藏梧州市博物馆）

1973年岑溪县南渡公社永固大队砦定一队出土。

面径64.5、身高41.4、胸径65.2、腰径53.7、足径64。

面有四蛙，逆时针环列。二弦分晕，九晕：1. 太阳纹，十一芒，芒间坠形纹；2和3、5和6、8和9. 栉纹和波浪纹纹带；4、7. 变形羽人纹（主纹）。

胸部饰栉纹和波浪纹形成的纹带两条，其下为复线三角形纹。腰部上下饰波浪纹各一周，中由双行同心圆纹纹带纵分为十二格，每格有两个变形羽人图案。足上部由纹带两条（同鼓面纹带）夹同心圆纹一周，其下饰复线三角形纹。

扁耳两对。

身有两道合范线。足部露垫片痕。

武鸣01号鼓（藏武鸣县图书馆。下同）

1975年武鸣县两江公社三联大队崇丘出土。

面径68.5、身高47.8、胸径53.4、腰径42.3、足径67.5。

面有四蛙，逆时针环列。二或一弦分晕，十二晕：1. 太阳纹，十二芒，芒间坠形纹；2～5、9～12. 栉纹夹双行同心圆纹纹带；6. 复线交叉纹；7. 变形羽人纹（主纹）；8. 变形翔鹭纹和定胜纹（主纹）。

胸部和腰下部饰纹带（同鼓面纹带）。腰上部被相同纹带纵分为六格，格间素。足部饰栉纹、圆心垂叶纹。

扁耳两对，饰辫纹。每耳上下各有长条孔一。

身有两道合范线，并露出垫片脱落后的小孔二十余个。

武鸣02号鼓

1979年武鸣县太平公社新联大队牛角山出土。

面径72.5、身高50、胸径71.2、腰径56.3、足径71。

面有四蛙，逆时针环列。二或一弦分晕，十三晕：1. 太阳纹，十二芒，芒间坠形纹；2. 模糊；3～6、10～13. 栉纹夹双行勾连同心圆纹纹带；7. 复线交叉纹；8. 变形羽人纹（主纹）；9. 变形翔鹭纹和定胜纹（主纹）。

胸上部和腰下部饰纹带（同鼓面纹带）。胸下部和腰上部被相同纹带纵分为六格，格间素。足部饰栉纹、圆心垂叶纹。

扁耳两对，饰辫纹。每耳上下各有长条孔一。

身有两道合范线。耳下方足边各有一小钻孔。

宜山01号鼓（藏宜山县文化馆）

1977年宜山县矮山公社良山冲生产队出土。

面径66.5、身高44.5。

面有四蛙，逆时针环列。二弦分晕，十一晕：1. 太阳纹，十芒，芒间坠形纹；2. 模糊；3. 同心圆纹；4. 栉纹；5. 复线交叉纹；6. 变形羽人纹（主纹）；7. 变形翔鹭纹（主纹）；8～11. 栉纹夹双行同心圆纹纹带。

胸上部和腰下部饰纹带（同鼓面纹带）。胸下部和腰上部被相同纹带纵分为六格，格间素。足部饰圆心垂叶纹。

扁耳两对，饰辫纹。每耳上下各有长条孔一。

身有两道合范线。

田东01号鼓（藏右江苏维埃政府旧址纪念馆）

1979年田东县祥周公社康元大队九队酸水坡出土。

面径63.8、身高44.8、胸径66.5、腰径51.5、足径64.8。

面有四蛙，逆时针环列。一弦分晕，十八晕：1. 太阳纹，十二芒，芒间坠形纹；2～7、13～18. 羽纹、栉纹夹双行勾连同心圆纹纹带；8. 复线交叉纹；9、11. 素晕；10. 变形羽人纹（主纹）；12. 变形翔鹭纹和定胜纹（主纹）。

胸部和腰下部饰纹带（同鼓面纹带）。腰上部被相同纹带纵分为六格，格间素。足饰羽纹、栉纹、圆心垂叶纹和同心圆纹。

扁耳两对，饰辫纹。每耳上下各有长条孔一。

身有两道合范线。面、身露垫片痕。

3055号鼓（藏柳州市博物馆。下同）

1958年柳州市文管会拨交。

面径72.3、身高49.2、胸径70、腰径56.3，足残。

面有四蛙（均失），逆时针环列。二弦分晕，十一晕：1. 太阳纹，十二芒，芒间坠形纹；2～4、8～10. 栉纹夹同心圆纹纹带；5. 复线交叉纹；6. 变形羽人纹（主纹）；7. 变形翔鹭纹和定胜纹（主纹）；11. 羽纹。

胸上部和腰下部饰纹带（与鼓面纹带稍近似，但多一周同心圆纹，多一或两周羽纹）。腰上部被纹带（同鼓面纹带）纵分为六格，格间素。足部饰圆心垂叶纹。

扁耳两对，饰辫纹。每耳上下各有长条孔一。

身有两道合范线。面、身露垫片和垫片脱落后留下的小孔。

640109号鼓

1964年柳州市飞鹅路出土。

面径70、身高46、胸径70.6、腰径56.6，足残。

面有四蛙，逆时针环列。二弦分晕，十二晕：1. 太阳纹，十二芒，芒间坠形纹；2～5、9～12. 栉纹夹同心圆纹纹带；6. 复线交叉纹；7. 变形羽人纹（主纹）；8. 变形翔鹭纹和定胜纹（主纹）。

胸部与腰下部饰纹带（同鼓面纹带而少栉纹一周）。腰上部被纹带（同鼓面纹带）纵分为六格，格间素。足部饰圆心垂叶纹。

扁耳两对，饰辫纹。每耳上下各有长条孔一。

身有两道合范线。胸、足内壁各有小纽一对。面、身露垫片痕。

640490 号鼓

1973 年征集于柳州二级站。

面径 75、身高 53.7、胸径 74.8、腰径 59.5，足残。

面有四蛙，相对两蛙间一处立乘骑一（骑者抱一小孩），另一处立物已失，皆逆时针环列。一弦分晕，十七晕：1. 太阳纹，十二芒，芒间坠形纹；2. 波浪纹；3. 席纹；4 ~ 7. 连钱纹夹双行同心圆纹纹带；8. 复线交叉纹；9、11、15、17. 羽纹；10. 变形羽人纹（主纹）；12. 变形翔鹭纹（主纹）；13. 连钱纹；14、16. 眼纹。

胸上部饰纹带（与鼓面纹带近似而多栉纹一周），下部有相背变形船纹两层，船底间有波浪纹一周。腰上部为变形羽人图案，下部有羽纹、连钱纹夹细方格纹与同心圆纹组成纹带。足上部饰连钱纹夹细方格纹，中部为圆心垂叶纹，下为连钱纹、眼纹。

扁耳两对，饰辫纹。每耳上下各有长条孔一。另两方有半环耳各一个，饰乳丁纹。

身有两道合范线。胸、足部内壁两侧共有小纽四对。面、身有垫片脱落后的小孔。

130 号鼓（藏广西壮族自治区博物馆）

1963 年征集于梧州市废旧物资收购站。

面径 83.5、身高 54.7、胸径 81.1、腰径 65.5、足径 78。

面有四蛙（残失）。一弦分晕，二十二晕：1. 太阳纹，十二芒，芒间坠形纹；2 ~ 9、15 ~ 22. 素晕、栉纹夹同心圆纹纹带；10. 复线交叉纹；11、13. 素晕；12. 变形羽人纹（主纹）；14. 变形翔鹭纹和定胜纹。

胸与腰下部饰纹带（同鼓面纹带）。腰上部被相同纹带纵分为六格，格中素。足上部一道栉纹，下为圆心垂叶纹。

扁耳两对，饰辫纹。每耳有二长方孔。

身有两道合范线。

梧州临 1 号鼓（藏梧州市博物馆）

1973 年征集于梧州市废旧物资回收公司仓库。

仅存鼓面残片两块。面径约 51。

面二或三弦分晕，七晕：1. 太阳纹，芒不全，芒间坠形纹；2. 斜线角形图案；3. 模糊；4. 栉纹；5. 勾连雷纹；6. 兽形纹（主纹）；7. 变形翔鹭纹和定胜纹（主纹）。

114 号鼓（藏广西民族学院）

1954 年征集于梧州贸易公司。

面径 73.4、身高 50.9、胸径 72.4、腰径 60.1，足残缺。

面有四蛙，间两组饰物（已失），逆时针环列。一弦分晕，二十三晕：1. 太阳纹，十二芒，芒间坠形纹；2. 席纹；3 ~ 7、14 ~ 19. 素晕、栉纹夹同心圆纹纹带；8. 复线交叉纹；9、11. 素晕；10. 变形羽人纹（主纹）；12. 变形翔鹭纹（主纹）；13、21、23. 羽纹；20、22. 眼纹。

胸上部和腰下部饰纹带（同鼓面纹带近似，但胸多斜线角形图案一周，腰多羽纹一周）。胸下部有相背变形船纹两层，船底间席纹一周。腰上部饰变形羽人图案，其下有席纹间细方格纹。足上部饰席纹、细方格纹、斜线角形图案，中部饰圆心垂叶纹与复线半圆纹，下为斜线角形图案、眼纹（最下一周纹模糊）。

扁耳两对，饰辫纹图案。每耳上下各有长条孔一。另两方有半环耳各一个。

身有两道合范线。胸、足部内壁两侧共有小纽四对。面、身露垫片痕。

族0124号鼓（藏桂林市文管会）

1974年征集于桂林市废品站。

面径82、身高59.3、胸径84.3、腰径72、足径81.2。

面有四蛙（均失），逆时针环列，相对两蛙间各立一物（皆失）。二或一弦分晕，十九晕：1. 太阳纹，十二芒，芒间坠形纹；2. 波浪纹；3～6、12～15. 栉纹夹双行同心圆纹纹带；7. 复线交叉纹；8、10、16、19. 羽纹；9. 变形羽人纹（主纹）；11. 变形翔鹭纹（主纹）；17、18. 眼纹。

胸上部和腰下部饰羽纹、栉纹夹同心圆纹组成的纹带。胸下部有相背变形船纹两层，船底间波浪纹一周。腰部饰变形羽人图案和羽纹、细方格纹。足上部饰羽纹夹斜方格纹，中部为圆心垂叶纹，下为眼纹夹波浪纹和羽纹。

扁耳两对，饰辫纹。每耳上下各有长条孔一。另两方有半环耳各一个，饰辫纹。

身有两道合范线。胸、足部内壁两侧共有小纽四对。

131号鼓（藏广西壮族自治区博物馆。下同）

新中国成立初广西省文教厅拨交（下同）。

面径76、身高52.2、胸径76.4、腰径61.7、足径72.2。

面有四蛙，逆时针环列。一弦分晕，二十晕：1. 太阳纹，十二芒，芒间坠形纹；2. 辫纹；3、5、7、9、11. 素晕；4. 同心圆纹；6. 栉纹；8. 复线交叉纹；10. 变形羽人纹（主纹）；12. 变形翔鹭纹（主纹）；13～20. 斜线与栉纹夹双行同心圆纹纹带。

胸上部和腰下部饰栉纹夹双行同心圆纹纹带。胸下部为变形划船纹。腰上部为变形羽人图案。足上部饰羽纹、圆心垂叶纹，下为羽纹夹眼纹。

扁耳两对，饰辫纹图案。每耳上下各有长方孔一。

身有两道合范线。

134号鼓

面径66.7、身高44、胸径62.8、腰径50、足径62.5。

面有四蛙，逆时针环列。一弦分晕，二十二晕：1. 太阳纹，十二芒，芒间坠形纹；2～9、15～22. 由素晕、栉纹和羽纹夹双行同心圆纹组成纹带；10. 复线交叉纹；11、13. 素晕；12. 变形羽人纹（主纹）；14. 变形翔鹭纹和定胜纹（主纹）。

胸上部和腰下部饰纹带（与鼓面纹带近似）。胸下部与腰上部被栉纹夹同心圆纹纹带纵分为六格，格中素。足上部饰羽纹两道，下为圆心垂叶纹。

扁耳两对，饰辫纹图案。每耳上下部各有一长条孔。

身有两道合范线。

054 号鼓

1972 年征集于南宁金属制品厂。

面径 75，身残失。

面有四蛙，逆时针环列。一或二弦分晕，十四晕：1. 太阳纹，十芒，芒间素；2 ~ 6、10 ~ 14. 波浪纹、栉纹夹同心圆纹纹带；7. 绹纹加圆圈纹；8. 变形羽人纹（主纹）；9. 变形翔鹭纹（主纹）。

胸部仅存栉纹夹同心圆纹两层。

身有两道合范线。

053 号鼓

1972 年，田东运来南宁废品仓库。

面微残，面径约 69. 5、胸径 69. 7、腰径 55. 3，足部残失。

面有四蛙（残失）。一弦分晕，二十晕：1. 太阳纹，十二芒，芒间坠形纹；2 ~ 7、13 ~ 18. 素晕、栉纹夹双行同心圆纹纹带；8. 复线交叉纹；9、11、20. 素晕；10. 变形羽人纹；12. 变形翔鹭纹和定胜纹；19. 栉纹。

胸上部与腰下部饰纹带（同鼓面纹带）。胸上部与腰上部被栉纹夹同心圆纹纹带纵分为六格，格中素。

扁耳两对，饰辫纹图案。每耳上下部各有长方孔一。

身有两道合范线。

117 号鼓

旧存，来源不详（下同）。

面径 72. 4、身高 50. 9、胸径 75. 1、腰径 61. 7、足径 73. 7。

面有四蛙，逆时针环列。相对两蛙间各有一组造型：一组失，另一组为人骑母马（人失）及一子马。一或二弦分晕，十七晕：1. 太阳纹，十二芒，芒间坠形纹；2. 波浪纹；3 ~ 6、11 ~ 14. 栉纹夹双行同心圆纹纹带；7. 复线交叉纹；8. 变形羽人纹（主纹）；9、17. 羽纹；10. 变形翔鹭纹（主纹）；15、16. 眼纹。

胸上部与腰下部饰纹带（同鼓面纹带，而腰部纹带多波浪纹一道）。胸中、下部为相背两层变形划船纹（主纹），船底间一道波浪纹。腰上部为变形羽人图案（主纹），下为羽纹、细方格纹。足上部为羽纹、细方格纹，中为圆心垂叶纹、半圆纹，下部为波浪纹、眼纹、羽纹。

扁耳两对，饰辫纹图案。每耳上下各有长方孔一。另两方有半环耳各一个，饰脊线和缠丝纹。

身有两道合范线。胸、足部内壁两侧共有小纽四对。

152 号鼓

面径 67. 8、胸径 65. 9，腰残缺，足部残失。

面有四蛙，逆时针环列。一弦分晕，十九晕：1. 太阳纹，十二芒，芒间坠形纹；2. 模糊；3 ~ 8、14 ~ 19. 栉纹、素晕夹双行同心圆纹纹带；9. 复线交叉纹；10、12. 素晕；11. 变形羽人纹（主纹）；13. 变形翔鹭纹和定胜纹（主纹）。

胸部与腰下部饰纹带（同鼓面纹带）。腰上部被同样纹带纵分为六格，格中素。

扁耳两对，饰篮纹。每耳上下各有长方孔一。

身有两道合范线。面露垫片痕。

169 号鼓

面径 63.3、身前 36.5、胸径 58.6、腰径 46.8、足径 54.9。

面有四蛙，逆时针环列。一弦分晕，十八晕：1. 太阳纹，十二芒，芒间坠形纹；2～7、13～18. 素晕、栉纹夹双行同心圆纹纹带；8. 复线交叉纹；9、11. 素晕；10. 变形羽人纹（主纹）；12. 变形翔鹭纹和定胜纹（主纹）。

胸和腰下部饰纹带（同鼓面纹带）。腰上部被同样纹带纵分为六格，格中素。足部饰圆心垂叶纹。

扁耳两对，饰辫纹图案。每耳上下各有方孔一。

身有两道合范线，并露垫片痕。

190 号鼓

面径 63.2、身高 44.8、胸径 60.5、腰径 47.7、足径 60.3。

面有四蛙，逆时针环列。一弦分晕，十八晕：1. 太阳纹，十二芒，芒间坠形纹；2～7、3～18. 素晕、栉纹夹双行同心圆纹纹带；9、11、素晕；10. 变形羽人纹（主纹）；12. 变形翔鹭纹和定胜纹（主纹）。

胸和腰下部饰纹带（同鼓面纹带）。腰上部被同样纹带纵分为六格，格中素。足饰栉纹一周，下为圆心垂叶纹。

扁耳两对。每耳饰七道绳纹，上下各有长方孔一。

身有两道合范线，并零星露垫片痕。

遵义型：6 面

桂平 011 号鼓（藏桂平县文物管理所）

桂平县出土，具体地点、时间不详。1960 年发现。

面径 61、身高 35、胸径 62.7、腰径 51.2、足径 61.2。

面一弦分晕，十六晕：1. 太阳纹，十二芒，芒间坠形纹；2、7、9、11、16. 素晕；3～6、13～15. 栉纹夹勾连同心圆纹纹带；8. 模糊；10. 斜阳纹图案（主纹）；12. 变形鸟纹和勾连同心圆纹（主纹）。另在 13～15 纹带上有蛙趾纹四组。

胸部和腰下部饰纹带（同鼓面纹带）。腰上部被五丝线纹组成的纹带纵分为四格，两格间刻铭文“第榜子子孙孙永宝”八字。足部饰勾连同心圆纹、复线角形纹。

扁耳两对。每耳饰线纹、绳纹各两道。

身有四道合范线。

164 号鼓（藏广西壮族自治区博物馆。下同）

新中国成立初征集于玉林市第二区。

面径 60.8、身高 38.8、胸径 60.5、腰径 49.6、足径 60.2。

面一弦分晕，十五晕：1. 太阳纹，十二芒，芒间心形纹；2~6. 勾连同心纹（三层）与栉纹（二层）相间的纹带；7、11. 素晕；8. 雷纹；9. 变形羽人纹（主纹）；10. 变形翔鹭纹（主纹）；12~15. 栉纹、素晕夹双行同心圆纹纹带。另在 13~15 晕间有蛙趾纹四组，分布四方。

胸部饰纹带（同鼓面 2~6 纹带）。腰上部一侧有一长方格（内分成三条）纹，格中饰勾连同心圆纹，另一侧素；腰下部饰纹带（同鼓面 12~15 晕）。脚边饰图案三角形纹。

扁耳两对。每耳饰绳纹六道，一耳上耳根有孔一。

身有两道合范线。

186 号鼓

新中国成立初征集于容县城厢镇。

面径 61.3、胸径 62.4、腰径 51.9，足部残失。

面一弦分晕，十六晕：1. 太阳纹，十二芒，芒间坠形纹；2~7、12~16. 素晕、栉纹夹双行同心圆纹纹带；8. 雷纹图案；9. 变形羽人纹（主纹）；10. 素晕；11. 变形翔鹭纹（主纹）。另在 14、15 晕间有蛙趾纹四组，分布四方。

胸和腰下部饰纹带（同鼓面纹带）。腰上部有长方格纹四个，每格又分为四小条，条中素。

扁耳两对。每耳边饰绳纹，上下耳根各有小孔一个。

身有两道合范线。

155 号鼓

旧存，征集时间、地点不明。

面径 56、身高 35.1、胸径 54.7、腰径 43、足径 52。

面一弦分晕，十三晕：1. 太阳纹，十二芒，芒间模糊；2~5、10~13. 栉纹夹双行同心圆纹纹带；6. 变形翔鹭纹（主纹）；7、8、9. 模糊。

胸和腰下部饰纹带（同鼓面纹带）。腰上部被同样纹带纵分为六格，格中素。足部饰三层素晕及复线角形纹。

扁耳两对。每耳边饰绳纹，中有凹窝或孔一至两个。

身有两道合范线。

021 号鼓

1970 年征集于南宁废旧物资公司（下同）。

面径 49、身高 30、胸径 51.9、腰径 42、足径 51.8。

面一弦分晕，十一晕：1. 太阳纹，十二芒，芒间坠形纹；2. 栉纹；3. 锯齿纹；4、10. 辫纹；5、9. 绹纹；6. 十二生肖纹；7. 游旗纹（主纹）；8. 雷纹；11. 云纹。

胸有乳丁纹、“S”形勾头纹。腰上部素，下为雷纹夹云纹。足饰复线角形纹。

扁耳两对。每耳边饰辫纹，中、下部各有一孔。

身有四道合范线。

047 号鼓

面径 46.5、身高 27.4、胸径 47.7、腰径 38.2、足径 46.6。

面一弦分晕，十二晕：1. 太阳纹，十二芒，芒间坠形纹；2、3、5、7、8、9、11. 模糊；4、10. 乳丁纹；6. 游旗纹（主纹）。

胸有乳丁纹、同心圆纹、缠枝花纹。腰部素。足为四出钱纹和图案三角形纹。

扁耳两对。每耳边饰绳纹，中耳一孔。

身无合范线，有垫片脱落的小孔十余个。

麻江型：291 面

龙胜鼓甲（藏龙胜各族自治县图书馆。下同）

1957 年征集于龙胜南区上孟乡。

面径 48.4、身高 27.4、胸径 50.5、腰径 42.3、足径 48.2。

面一弦分晕，九晕：1. 太阳纹，十二芒夹坠形纹；2. “[illegible]”字纹；3. “S”形勾头纹；4、8. 乳丁纹；5. 游旗纹（主纹）；6. 素晕；7. 栉纹；9. 兽形云纹。

胸有乳丁纹、雷纹、如意云纹、栉纹。腰上部凸棱一道，下为雷纹、云纹。足饰复线角形纹。

扁耳两对。

身有四道合范线。

龙胜鼓乙

1975 年征集于龙胜县物资局。

面径 47.2、身高 26.9、胸径 49.4、腰径 40.7、足径 47。

面一弦分晕，九晕：1. 太阳纹，十二芒夹坠形纹，芒穿至三晕；2. “[illegible]”字纹；3. “S”形勾头纹；4、8. 乳丁纹；5. 游旗纹（主纹）；6. 素晕；7. 栉纹；9. 兽形云纹。

胸有乳丁纹、雷纹、如意云纹、栉纹。腰上部凸棱一道，下为云纹、雷纹。足饰复线角形纹。

扁耳两对。

身有四道合范线。

西 01 号鼓（藏右江革命文物馆。下同）

1976 年征集于西林县马蚌公社浪吉大队那吉村。

面径 47、身高 26、胸径 49.6、腰径 41.3、足径 47。

面一弦分晕，八晕：1. 太阳纹，十二芒夹坠形纹；2. “S”形勾头纹；3、6 及鼓边．乳丁纹；4. 游旗纹（主纹）；5. 栉纹；7. 钱纹；8. 兽形云纹。

胸有乳丁纹、如意云纹、雷纹、栉纹。腰上部凸棱一道，下为兽形云纹、雷纹。足饰复线角形纹。

扁耳两对，耳边饰辫纹。

身有四道合范线。

西 02 号鼓

1976 年征集于西林县马蚌公社罗广大队火把村。

面径 47、身高 27. 8、胸径 50、腰径 39. 9、足径 47. 4。

面一弦分晕，九晕：1. 太阳纹，十二芒，芒间模糊；2. “凷”字形；3、6、9. 乳丁纹；4. 波浪纹；5. 变形羽人纹（主纹）；7. 栉纹；8. “S”形勾头纹。

胸有乳丁纹、雷纹、同心圆纹、“S”形勾头纹。腰上部凸棱一道，下为雷纹、“S”形勾头纹、同心圆纹。足饰复线角形纹。

扁耳两对。每耳边饰辫纹，中有雷纹两个。

身有四道合范线。

西 03 号鼓

1976 年征集于西林县马蚌公社罗广大队火把村。

面径 47、身高 28、胸径 48. 7、腰径 39. 8、足径 47. 8。

面一弦分晕，十晕：1. 太阳纹，十二芒夹坠形纹；2. “凷”字纹；3、7、10. 乳丁纹；4. “S”形勾头纹；5. 游旗纹（主纹）；6. 栉纹；8、9. 云纹。

胸有乳丁纹、雷纹、云纹、栉纹。腰上部凸棱一道，下为雷纹、云纹。足饰复线角形纹。

扁耳两对，耳边饰绳纹。

身有四道合范线。

西 04 号鼓

1976 年征集于西林县马蚌公社那驼村。

面径 45. 5、身高 25. 5、胸径 46. 1、腰径 37. 9、足径 44. 7。

面一、二、三弦分晕，八晕：1. 太阳纹，十二芒夹坠形纹；2、5、8 及鼓边 . 乳丁纹；3、4. 菱格填花纹；6. 变形游旗纹（主纹）；7. 雷纹。

胸有乳丁纹、雷纹、云纹、菱格填花纹。腰上部凸棱一道，下为菱格填花纹。足饰复线角形纹和一周乳丁纹。

扁耳两对，耳边饰绳纹。

身有四道合范线。

西 05 号鼓

1976 年征集于西林县马蚌公社罗广村。

面径 47. 2、身高 27、胸径 48. 4、腰径 40. 1、足径 46. 8。

面一、二、三弦分晕，七晕：1. 太阳纹，十二芒夹坠形纹；2、5 及鼓边 . 乳丁纹；3. 云纹；4. 雷纹；6. 绹纹与雷纹（主纹）；7. 变形游旗纹（主纹）。

胸有乳丁纹、马纹两个及雷纹。腰上部凸棱一道，下为云纹、雷纹。足饰复线角形纹。

扁耳两对，每耳饰粗线纹五道。

身有四道合范线。

西 06 号鼓

1976 年征集于西林县马蚌公社罗广村。

面径 47、身高 27.3、胸径 48、腰径 40.7、足径 46.5。

面二至五弦分晕，五晕：1. 太阳纹，十二芒，芒间素；2、5. 乳丁纹；3. 复线角形纹（主纹）；4. 菱格纹。

胸、足部各有双阴弦纹两道。腰部有凸棱三道。

扁耳两对。

身有四道合范线。

西 07 号鼓

1976 年征集于西林县马蚌公社田湾老村。

面径 47.5、身高 27、胸径 48.7、腰径 40.1、足径 47。

面一、二、三弦分晕，七晕：1. 太阳纹，十二芒夹坠形纹；2、5 及鼓边．乳丁纹；3. 雷纹；4. 缠枝花纹；6. 雷纹及波浪纹；7. 四季花卉及马、牛、犬、鹿等纹（主纹）。

胸有乳丁纹、耕田图和奔马纹、雷纹。腰上部凸棱一道，下为绹纹、雷纹、波浪纹。足饰复线角形纹。

扁耳两对。每耳边饰凸弦纹三道。

身有四道合范线。

西 08 号鼓

1976 年征集于西林县马蚌公社那岩村。

面径 47、身高 26.3、胸径 48.4、腰径 41.4、足径 47。

面一或二弦分晕，六晕：1. 太阳纹，十二芒，芒间素；2、5. 乳丁纹；3. 四季花卉；4. 缠枝纹（主纹）；6. 八宝纹。

胸有乳丁纹一周。腰有凸棱一道。足部饰波浪纹和复线角形纹。

扁耳两对。每耳两边和中部凸起无纹。

身有四道合范线。

西 09 号鼓

1976 年征集于西林县马蚌公社巴桑村。

面径 48.5、身高 27、胸径 49、腰径 39.8、足径 47.4。

面一或二、三弦分晕，八晕：1. 太阳纹，十二芒，芒间素；2、6、8. 乳丁纹；3、4. 素晕；5. “卍”字纹（主纹）；7. 缠枝纹。

胸有两道弦纹。腰有凸棱一道。足素。

扁耳两对。每耳饰辫纹三道。

身有四道合范线。

西10号鼓

1976年征集于西林县马蚌公社平安村。

面径49.5、身高27、胸径50.3、腰径42、足径49。

面一或二弦分晕，十三晕：1. 太阳纹，十二芒，芒间图案三角形纹；2、7、12. 乳丁纹；3. “S”形勾头纹；4. 同心圆纹；5. 符箓纹（主纹）；6. 辫纹；8. 雷纹；9、10. 素晕；11. 栉纹；13. 绹纹。

胸有乳丁纹、圆圈纹、阴弦纹、如意云纹、雷纹。腰上部凸棱一道，下为雷纹、缠枝纹。足饰复线角形纹。

扁耳两对。每耳边饰辫纹，中有方孔三个。

身有两道合范线。另有纵线两道。面沿露四段垫条痕。

西11号鼓

1976年征集于西林县马蚌公社那驼村。

面径47、身高27.8、胸径50、腰径39.5、足径47.4。

面一弦分晕，八晕：1. 太阳纹，十二芒夹坠形纹；2. “[illegible]”字纹；3、7. 乳丁纹；4、8. “S”形勾头纹；5. 游旗纹；6. 波浪纹。边沿四方为牛、羊、狗、鸡纹各一只。

胸有乳丁纹、雷纹、云纹、栉纹。腰上部凸棱一道，下为云纹、雷纹。足饰复线角形纹。

扁耳两对，耳边饰辫纹。

身有四道合范线。

西12号鼓

1977年征集于西林县马蚌公社巴桑村。

面径47、身高26.7、胸径47.7、腰径38、足径45.1。

面一、二弦分晕，七晕：1. 太阳纹，十二芒，芒间复线角形纹；2、6. 乳丁纹；3. 变形游旗纹（主纹）；4. 雷纹地托乳丁纹；5. 缠枝纹；7. 斜线纹。

胸有雷纹图案与两个宝钱纹。腰上部凸棱一道，下为雷纹。足饰垂叶纹。

扁耳两对，耳边凸起线纹带一条。

身有四道合范线。

西13号鼓

1976年征集于西林县马蚌公社田湾村。

面径46.5、胸径50.6，腰以下残失。

面一弦分晕，九晕：1. 太阳纹，十二芒夹坠形纹；2. “[illegible]”字纹；3. “S”形勾头纹；4、8. 乳丁纹；5. 游旗纹；6. 素晕；7. 栉纹；9. 兽形云纹。

胸有乳丁纹、如意云纹、雷纹、栉纹。腰上部凸棱一道。

扁耳两对，耳边饰辫纹。

身有四道合范线。

隆 01 号鼓

1975 年征集于隆林县德峨公社那伟大队。

面径 48、身高 26、胸径 50. 9、腰径 41. 7、足径 47. 4。

面一弦分晕，九晕：1. 太阳纹，十二芒夹坠形纹；2. "酉"字纹；3. "S"形勾头纹；4、8. 乳丁纹；5. 游旗纹（主纹）；6. 素晕；7. 栉纹；9. 兽形云纹。

胸有乳丁纹、如意云纹、雷纹、栉纹。腰上部凸棱一道，下为云纹、雷纹。足饰复线角形纹。

扁耳两对。每耳边饰辫纹，中有雷纹三个。

身有四道合范线。

隆 02 号鼓

1976 年征集于隆林县。

面径 47. 2、身高 26. 5、胸径 49、腰径 41. 4、足径 49。

面一弦分晕，十一晕：1. 太阳纹，十二芒夹坠形纹，芒穿至三晕；2. 同心圆纹；3、8. 雷纹；4、9. 素晕；5、7、10. 乳丁纹；6. 人形纹、云纹、方印纹等（主纹）；11. 云纹。鼓边有同心圆纹夹雷纹四组。

胸有乳丁纹、同心圆纹、如意云纹、雷纹。腰上部凸棱一道，下为如意云纹、同心圆纹、雷纹。足饰复线角形纹。

扁耳两对，每耳边饰绳纹和线纹。

身有两道合范线。另有线纹两道。

隆 03 号鼓

1976 年征集于隆林县物资站。

面径 47. 5、身高 27、胸径 49. 6、腰径 41. 4、足径 47. 5。

面一弦分晕，九晕：1. 太阳纹，十二芒夹坠形纹；2. "酉"字纹；3. "S"形勾头纹；4、8. 乳丁纹；5. 游旗纹（主纹）；6. 素晕；7. 栉纹；9. 兽形云纹。

胸有乳丁纹、如意云纹、栉纹。腰上部凸棱一道，下为雷纹、云纹。足饰复线角形纹。

扁耳两对。每耳边饰绳纹，中有雷纹三或四个，上下部各有一长方孔。

身有四道合范线。

族 0087 号鼓（藏桂林市文管会。下同）

1964 年征集于隆林县（下同）。

面径 47. 2、身高 26. 5、胸径 49. 4、腰径 40. 7、足径 46. 2。

面一、二、三弦分晕，八晕：1. 太阳纹，十二芒，芒间素；2、5、8. 乳丁纹；3. 菱格填花纹；4. 棂花纹（主纹）；6. 缠枝花纹；7. 梅花图案。

胸有乳丁纹、菱格填花纹、雷纹。腰上部凸棱一道，下为雷纹、辫纹。足饰复线角形纹。

扁耳两对，耳边饰绳纹。

身有四道合范线。

族 0088 号鼓

面径 45.5、身高 25.7、胸径 45.8、腰径 37.5、足径 44.5。

面一、二、三弦分晕，九晕：1. 太阳纹，十二芒，芒间素；2、5、8. 乳丁纹；3. 四麟、四宝纹（主纹）；4. 器物纹（主纹）；6. 盆花纹（主纹）；7. 雷纹；9. 同心圆纹。

胸部有乳丁纹、绚纹、菱格填花纹、雷纹。腰上部凸棱一道，下为雷纹。足为复线角形纹、同心圆纹。

扁耳两对，饰线纹。

身有四道合范线。

族 0089 号鼓

面径 45.6、身高 25.7、胸径 47.4、腰径 40.1、足径 45。

面一或二弦分晕，九晕，除太阳纹、十二芒外，余全素晕。

身仅有凹弦纹十二道。

扁耳两对。每耳边饰线纹，上、中、下部各有一孔。

身有四道合范线。并有垫片脱落的小孔十余个。

族 0090 号鼓

面径 48、身高 26.4、胸径 50.3、腰径 41.3、足径 47.3。

面一弦分晕，九晕：1. 太阳纹，十二芒夹坠形纹，芒穿至三晕；2. “[illegible]”字纹；3. “S”形勾头纹；4、8. 乳丁纹；5. 游旗纹（主纹）；6. 素晕；7. 栉纹；9. 兽形云纹。

胸有乳丁纹、如意云纹、兽形云纹、雷纹、栉纹、云纹。腰上部凸棱一道，下为云纹、雷纹。足饰复线角形纹。

扁耳两对（均失）。

背面有“福寿”方印纹五个。

身有四道合范线。面沿露四段垫条痕。

族 0091 号鼓

面径 46.2、身高 26.3、胸径 50.1、腰径 41，足残。

面一弦分晕，八晕：1. 太阳纹，十二芒夹坠形纹；2. “[illegible]”字纹；3. “S”形勾头纹；4. 游旗纹（主纹）；5. 素晕；6. 栉纹；7. 乳丁纹；8. 如意云纹。

胸有如意云纹、雷纹、栉纹。腰上部凸棱一道，下为雷纹、如意云纹。足饰复线角形纹。

扁耳两对。每耳边饰绳纹，中有雷纹三个。

身有四道合范线。

族 0095 号鼓

面径 54、身高 29.2、胸径 54.4、腰径 45.8、足径 51。

面一弦分晕，十一晕：1. 太阳纹，十二芒，芒间素；2. “[illegible]”字纹；3. “S”形勾头纹；4、

10. 乳丁纹；5、9. 栉纹；6. 游旗纹（主纹）；7、8. 模糊；11. 云纹。

胸有乳丁纹、如意云纹、兽形云纹、雷纹、栉纹。腰上部凸棱一道，下为雷纹、如意云纹。足为复线角形纹。

扁耳两对。每耳边饰绳纹，中有雷纹四个。

身有四道合范线。

族 0096 号鼓

面径 47.7、身高 27、胸径 49.4、腰径 40.1、足径 47.2。

面一、二、三弦分晕，七晕：1. 太阳纹，十二芒，芒间素；2、5、7. 乳丁纹；3. 云纹；4. 雷纹；6. 变形游旗纹（主纹）。

胸有乳丁纹、云纹。腰上部凸棱一道，下为雷纹、云纹。足饰复线角形纹。

扁耳两对，饰线纹。

身有四道合范线。

族 0097 号鼓

面径 47.5、身高 26、胸径 49、腰径 42.3、足径 48.2。

面一、二弦分晕，十一晕：1. 太阳纹，十二芒，芒间素；2. 乳丁纹；3、9. “[illegible]”字纹；4、6、10. 素晕；5. 羽纹；7、11. 乳丁纹、羽纹；8. 游旗纹（主纹）。

胸有乳丁纹、“[illegible]”字纹。腰上部凸棱一道，下为羽纹、“[illegible]”字纹。足为复线角形纹。

扁耳两对，耳边饰绳纹。

身有四道合范线。

族 0098 号鼓

面径 46.3，身残。

面一弦分晕，九晕：1. 太阳纹，十二芒夹坠形纹；2. 钱纹；3. “S”形勾头纹；4、6、9. 乳丁纹；5. 飞鸟纹（主纹）；7. 云纹；8. 雷纹云纹。边沿为绹纹。

胸有乳丁纹、云纹、雷纹。腰上部凸棱一道，下为雷纹、云纹。足为复线角形纹。

扁耳两对，耳边饰绳纹。

身有四道合范线。

族 0100 号鼓

面径 47、身高 26、胸径 50.3、腰径 41.3，足缺。

面一弦分晕，九晕：1. 太阳纹；2. “[illegible]”字纹；3、5. 模糊；4、6、9. 乳丁纹；7. 栉纹；8. 兽形云纹。

胸有乳丁纹、如意云纹、雷纹、栉纹。腰上部凸棱一道，下为兽形云纹、雷纹。足为复线角形纹。

扁耳两对，耳边饰绳纹。

身有四道合范线。

族 0101 号鼓

面径 47.2、身高 26、胸径 49.4、腰径 40.6、足径 46.8。

面一弦分晕，十晕：1. 太阳纹，十二芒夹坠形纹；2、8. 如意云纹；3. “S”形勾头纹；4、7、10. 乳丁纹；5. 游旗纹（主纹）；6. 素晕；9. 兽形云纹。

胸有乳丁纹、如意云纹、雷纹、栉纹。腰上部凸棱一道，下为雷纹、云纹。足为复线角形纹。

扁耳两对，耳边饰绳纹。

身有四道合范线。

族 0102 号鼓

面径 45.9、身高 25.7、胸径 49.4、腰径 40.4、足径 45.1。

面一弦分晕，十晕：1. 太阳纹，十二芒夹坠形纹；2. “[illegible]”字纹；3、6、10. 乳丁纹；4、8. “S”形勾头纹；5. 游旗纹（主纹）；7、9. 如意云纹；8. 栉纹。

胸有乳丁纹、如意云纹、雷纹、栉纹。腰上部凸棱一道，下为雷纹、云纹。足为复线角形纹。

扁耳两对，耳边饰绳纹。

身有四道合范线。

族 0110 号鼓

面径 47、身高 27.2、胸径 49.4、腰径 41.3、足径 47.4。

面一弦分晕，九晕：1. 太阳纹，十二芒夹坠形纹，芒穿至三晕；2. “[illegible]”字纹；3. “S”形勾头纹；4、8. 乳丁纹；5. 游旗纹（主纹）；6. 素晕；7. 栉纹；9. 兽形云纹。

胸有乳丁纹、雷纹、如意云纹、栉纹。腰上部凸棱一道，下为雷纹、云纹。足为复线角形纹。

扁耳两对。每耳边饰绳纹，中有雷纹三个。

身有四道合范线。面沿露四段垫条痕。

族 0111 号鼓

面径 49.1、身高 25.8、胸径 51.3、腰径 43.5、足径 49.5。

面一弦分晕，十一晕：1. 太阳纹，十二芒夹坠形纹；2. “S”形勾头纹；3、6、10. 乳丁纹；5. 符箓纹（主纹）；7. 栉纹；8. 素晕；9. 雷纹；11. 绹纹。

胸有云纹、栉纹。腰上部凸棱一道，下为雷纹、云纹。足为复线角形纹。

扁耳两对，耳边饰羽纹。

身有四道合范线。

007 号鼓（藏广西壮族自治区博物馆。下同）

1970 年由隆林运来南宁废旧物资公司。

面径 46.5、身高 26.3、胸径 48.7、腰径 40.7、足径 46.5。

面一弦分晕，十晕：1. 太阳纹，十二芒夹坠形纹；2. “[illegible]”字纹；3. “S”形勾头纹；4、8、10. 乳丁纹；5. 游旗纹（主纹）；6. 素晕；7. 栉纹；9. 兽形云纹。

胸有乳丁纹、云纹、栉纹、雷纹。腰上部凸棱一道，下为云纹、雷纹。足饰复线角形纹。

扁耳两对，耳边饰辫纹。

身有四道合范线。

212 号鼓

1962 年征集于西隆（即隆林）县（下同）。

面径 47.7、身高 26.7、胸径 48.3、腰径 40.5、足径 46.3。

面一、二或三弦分晕，八晕：1. 太阳纹，十二芒，芒间模糊；2、5、8. 乳丁纹；3、6. 缠枝花纹；4、7. 梅花图案（主纹）。

胸部有乳丁纹、四瓣花纹、雷纹。腰上部凸棱一道，下为雷纹、席纹。足饰三角纹。

扁耳两对，耳边饰辫纹。

身有四道合范线。

231 号鼓

面径 45.7、身高 27.1、胸径 46.6、腰径 39.8、足径 44.9。

面二弦分晕，八晕：1. 太阳纹，十二芒，芒间素；2、5、8. 乳丁纹；3、4. 云纹；6. 云雷纹（主纹）；7. 素晕。

胸有乳丁纹、云纹、雷纹。腰上部凸棱一道，下为雷纹。足饰复线角形纹。

扁耳两对，饰线纹。

身有四道合范线。

222 号鼓

1963 年征集于都安瑶族自治县（下同）。

面径 47.1、身高 28.9、胸径 49.3、腰径 40.1、足径 46.3。

面一弦分晕，十晕：1. 太阳纹，十二芒，芒间二或三个乳丁；2. “王”字纹；3. 同心圆纹；4. 素晕；5. 变形游旗纹（主纹）；6. 辫纹；7. 缠枝纹；8. 栉纹；9. 乳丁纹；10. 绹纹。

胸、足部各有阴阳弦纹五或四道。腰有凸圆菱一道。

扁耳两对。每耳饰阴线纹三道。

身有四道合范线。并有数个垫片脱落后的小孔。

262 号鼓

面径 48.6、身高 30、胸径 52.8、腰径 43、足径 49.3。

面一弦分晕，十晕：1. 太阳纹，十二芒夹坠形纹；2. “[illegible]”字纹；3. “S”形勾头纹；4、9. 同心圆纹；5、8. 羽纹；6. 游旗纹（主纹）；7. 十二生肖纹（主纹）；10. 兽形云纹。

胸有乳丁纹、云纹、栉纹。腰上部凸棱一道，下为雷纹、云纹。足饰复线角形纹。

扁耳两对。每耳边饰辫纹，中有三孔。

身有四道合范线。

009 号鼓

1970 年由都安运至南宁废旧物资公司（下同）。

面径 47. 4、身高 26. 8、胸径 48. 7、腰径 41. 4、足径 48. 5。

面一弦分晕，十晕：1. 太阳纹，十二芒夹坠形纹；2. 同心圆纹；3. 雷纹；4、6、9. 乳丁纹；5. 符箓纹（主纹）；7、8. 素晕；10. 云纹。

胸部纹饰五道，为乳丁纹、云纹。腰上部凸棱一道，下为云纹。足饰复线角形纹。

扁耳两对，耳边饰辫纹。

身有两道合范线。

020 号鼓

面径 46. 5、身高 27. 5、胸径 48. 4、腰径 39. 2、足径 44. 7。

面一、二或三弦分晕，八晕：1. 太阳纹，十二芒，芒间模糊；2、5、8. 乳丁纹；3. 复线角形纹（主纹）；4. 梅兰竹菊和四宝纹（主纹）；6. 奔马、波浪纹（主纹）；7. 绹纹。

胸有乳丁纹、缠枝花纹、云纹。腰上部凸棱一道，下为一道水波纹。足饰复线角形纹。

扁耳两对。

身有四道合范线。

022 号鼓

面径 47、身高 25. 5、胸径 50、腰径 42、足径 48. 6。

面一弦分晕，九晕：1. 太阳纹，十二芒夹坠形纹，芒穿至三晕；2. “[illegible]”字纹；3. “S”形勾头纹；4、8. 乳丁纹；5. 游旗纹（主纹）；6. 栉纹；7. 素晕；9. 兽形云纹。

胸有乳丁纹、如意云纹、兽形云纹、雷纹、云纹。腰上部凸棱一道，下为雷纹、云纹。足饰复线角形纹。

扁耳两对。每耳边饰绳纹，上下各有一孔。

背面有方印半个，印文模糊。

身有四道合范线。

064 号鼓

河池地区废旧物资公司（原购于都安）。

面径 46. 8、身高 26. 5、胸径 48. 3、腰径 39. 8、足径 46. 7。

面一或二弦分晕，九晕：1. 太阳纹，十二芒夹坠形纹，芒穿至三晕；2. “[illegible]”字纹；3. 栉纹；4、8. 乳丁纹；5. 双龙献“寿”和楷书铭文“道光年建立”、“福如东海”、“寿比南山”等（主纹）；6. 素晕；7. 云纹；9. 缠枝纹。

胸有乳丁纹、云纹、雷纹。腰上部凸棱一道，下为云纹、雷纹。足饰图案三角形纹。

扁耳两对。每耳边饰绳纹，中有“百”、“卍”字纹。

身有四道合范线。另有两道纵线。

063 号鼓

1973 年征集于河池地区废旧物资公司（下同）。

面径 47、身高 26.5、胸径 48、足径 46.4。

面一或二弦分晕，九晕：1. 太阳纹，十二芒夹坠形纹，芒穿至三晕；2. “[illegible]”字纹；3、6、8. 乳丁纹；4. 素晕；5. 双龙献“寿”纹、棂花纹及楷书铭文“道光八年建立”、“永世家财”、“万代进宝”等（主纹）；7. 云龙献“寿”纹；9. 如意云纹。

胸有乳丁纹、雷纹、云纹。腰上部凸棱一道，下为雷纹、云纹。足饰图案三角形纹。

扁耳两对。每耳边饰绳纹，耳有“百”、“卍”字纹。

身有两道合范线。另有纵线两道。

065 号鼓

面径 47.8、身高 27.5、胸径 49、腰径 40.4、足径 48.3。

面一或二、三弦分晕，九晕：1. 太阳纹，十二芒夹坠形纹；2. “[illegible]”字纹；3、8. 花朵纹；4、9. 乳丁纹；5. 铭文：“长寿”、“福寿”、“进宝”、“天元”、“孔明”等（主纹）；6. 乳丁圆圈纹；7. 羽纹。鼓边有卦纹。

胸有乳丁纹及四条粗线纹。腰上部凸棱一道，下为羽纹、花朵纹。足饰交错图案三角纹。

扁耳两对，每耳饰绳纹六道。

内壁有弦纹数道。

身有四道合范线，并露出零星垫片痕。

066 号鼓

面径 47、身高 26.3、胸径 47.4、腰径 39.5、足径 45.9。

面二弦分晕（一弦单晕），九晕：1. 太阳纹，十二芒夹坠形纹，芒穿至三晕；2. “[illegible]”字纹；3. 素晕；4、6、8. 乳丁纹；3. 双龙献“寿”纹和楷书铭文“万代进宝”、“永世家财”等（主纹）；7. 云纹；9. 雷纹。

胸有乳丁纹、雷纹、云纹。腰上部凸棱一道，下为雷纹、云纹。足饰图案三角纹。

扁耳两对。每耳边饰绳纹，中有“卍”字纹。

身有两道合范线。

067 号鼓

面径 48、身高 27、胸径 49、腰径 40.4、足径 46.5。

面一或二弦分晕，十晕：1. 太阳纹，十二芒夹坠形纹，芒穿至三晕；2. “S”形勾头纹；3. “[illegible]”字纹；4、6、9. 乳丁纹；5、8. 波浪纹；7. 如意云纹；10. 兽形云纹。

胸有乳丁纹、雷纹、云纹。腰上部凸棱一道，下为云纹、如意云纹、缠枝花纹。足饰复线角形纹。

扁耳两对。每耳边饰绳纹，中有雷纹两个。

内壁腰足间有凸弦纹两道。

身有两道合范线。

068 号鼓

面径 44.8、身高 25、胸径 46.1、腰径 37.8、足径 45.9。

面一弦分晕，十一晕：1. 太阳纹，十二芒，芒间图案三角形纹；2. “酉”字纹；3、8、10. 素晕；4. 雷纹；5、7、11. 乳丁纹；6. 双龙献珠、人形纹、动物纹各两组（主纹）；9. 花朵纹。边沿有小雷纹和大雷纹五组。

胸有乳丁纹、雷纹、线纹、“S”形勾头纹。腰上部凸棱一道，下为“S”形勾头纹、雷纹、“酉”字纹。足饰复线角形纹。

扁耳两对，耳边饰绳纹。

背面有双龙献珠、压胜钱纹、房屋纹、人形纹、动物纹等。

身有四道合范线。

069 号鼓

面径 47.3、身高 25.8、胸径 49.2、腰径 40.4、足径 46.4。

面一弦分晕，九晕：1. 太阳纹，十二芒夹坠形纹，芒穿至二晕；2. “酉”字纹；3. “S”形印头纹；4、8. 乳丁纹；5. 游旗纹（主纹）；6. 素晕；7. 栉纹；9. 兽形云纹。

胸有乳丁纹、如意云纹、雷纹、云纹、栉纹。腰上部凸棱一道，下为云纹、雷纹。足饰复线角形纹。

扁耳两对。每耳边饰绳纹，上有一孔。

背面有“福寿”方印文四个。

身有四道合范线。

070 号鼓

面径 45.2、身高 26.3、胸径 45.8、腰径 39.3、足径 45.2。

面一或二弦分晕，九晕：1. 太阳纹，十二芒夹坠形纹，芒穿至三晕；2、8. 云纹；3. 如意云纹；4、7. 乳丁纹；5. 符箓纹（主纹）；9. 雷纹。

胸有乳丁纹、云纹、如意云纹。腰上部凸棱一道，下为如意云纹、云纹。足饰图案三角形纹。

扁耳两对，耳边饰绳纹。

身有四道合范线。

071 号鼓

面径 44、身高 25、胸径 44.5、腰径 36、足径 43.5。

面一弦分晕，十一晕：1. 太阳纹，十二芒夹坠形纹；2. “酉”字纹；3. 同心圆纹；4、8、9. 素晕；5、7、10. 乳丁纹；6. 人物纹、游旗纹（主纹）；11. 兽形云纹。边沿疏饰雷纹、四出钱纹。

胸有乳丁纹、雷纹、云纹。腰上部凸棱一道，下为云纹、雷纹。足饰复线角形纹。

扁耳两对，耳边饰绳纹。

背面有压胜钱纹四个。

身有四道合范线。

072 号鼓

面径 43.2、身高 25.4、胸径 45.5、腰径 37.9、足径 45.4。

面一弦分晕，九晕：1. 太阳纹，十二芒夹坠形纹，芒穿至三晕；2. “S”形勾头纹；3. 雷纹；4、6、9. 乳丁纹；5. 符箓纹（主纹）；7. 素晕；8. 钱纹。

胸有乳丁纹、云纹、雷纹、钱纹、兽形云纹。腰上部凸棱一道，下为如意云纹、雷纹。足饰复线角形纹。

扁耳两对，耳边饰绳纹。

身有两道合范线。

073 号鼓

面径 51.8、身高 24.7、胸径 51.9、腰径 46.1、足径 52.6。

面一弦分晕，十一晕：1. 太阳纹，十二芒夹坠形纹，芒穿至三晕；2. “[illegible]”字纹；3. 雷纹；4. 素晕；5、7、10. 乳丁纹；6. 游旗纹（主纹）；8. 如意云纹；9. 同心圆纹；11. 兽形云纹。

胸有乳丁纹、“S”形勾头纹、雷纹。腰上部凸棱一道，下为“S”形勾头纹、雷纹。足饰复线角形纹。

扁耳两对，耳边饰绳纹。

身有四道合范线。

074 号鼓

面径 47.2、身高 27.1、胸径 48、腰径 40.4、足径 47.2。

面一弦分晕，十晕：1. 太阳纹，十二芒夹坠形纹；2. “S”形勾头纹；3. 钱纹；4、6、9. 乳丁纹；5. 符箓纹（主纹）；7. 雷纹；8. 素晕；10. 兽形云纹。边沿有同心圆纹夹雷纹四组。

身纹模糊，可见者：胸有乳丁纹、同心圆纹。腰上部凸棱一道，下为宝珠纹、兽形云纹。足饰复线角形纹。

扁耳两对。

身有两道合范线。

075 号鼓

面径 43、身高 25.5、胸径 45.8、腰径 37.8、足径 45。

面一弦分晕，九晕：1. 太阳纹，十二芒夹坠形纹，芒穿至三晕；2. 同心圆纹；3. 钱纹；4、8. 乳丁纹；5. 符箓纹（主纹）；6. 如意云纹；7. 素晕；9. 兽形云纹。

胸有乳丁纹、如意云纹、钱纹、兽形云纹。腰上部凸棱一道，下为如意云纹、钱纹、兽形云纹。足饰复线角形纹。

扁耳两对，耳边饰绳纹。

身有两道合范线。

076 号鼓

面径 47.3、身高 26.5、胸径 48.6、腰径 41、足径 48.4。

面一弦分晕，十一晕：1. 太阳纹，十二芒夹坠形纹；2. 同心圆纹；3、7. 雷纹；4、6、9. 乳丁纹；5. 荷锄人形、宝相花纹、雷纹等（主纹）；8. 云纹；10. 四瓣花纹。

身纹模糊，胸见一道乳丁纹，腰上部一道凸棱，足饰复线角形纹。

扁耳两对，耳边饰绳纹。

身有两道合范线。

077 号鼓

面径 44. 3、身高 25. 3、胸径 45. 5、腰径 37. 3、足径 45. 9。

面一或二弦分晕，九晕：1. 太阳纹，十二芒夹坠形纹；2. 同心圆纹；3、8. 雷纹；4、6、9. 乳丁纹；5. 荷耙人形纹、动物纹、鱼纹、同心圆纹和定胜纹等（主纹）；7. 菱格填花纹、同心圆纹。边沿有雷纹四个。

胸有乳丁纹、如意云纹、棂花纹、雷纹。腰上部凸棱一道，下为如意云纹、同心圆纹、棂花纹。足饰复线角形纹。

扁耳两对，耳边饰绳纹、线纹。

身有两道合范线。

078 号鼓

面径 47、身高 26. 5、胸径 48. 7、腰径 41、足径 48. 2。

面一弦分晕，十一晕：1. 太阳纹，十二芒夹坠形纹，芒穿至四晕；2、3. 模糊；4、7、9. 素晕；3、7、10. 乳丁纹；6. 人形纹；11. 兽形云纹。

身纹模糊，仅见胸有乳丁纹、雷纹。腰上部凸棱一道。足饰复线角形纹。

背面铸有拉弓射箭、跃马持刀的人形纹和花草、建筑物、牲畜、怪兽、鱼等纹，并有“孔明将军”题名和“万宝家财”铭文。

扁耳两对，耳边饰绳纹。

身有两道合范线。

079 号鼓

面径 47. 3、身高 26. 8、胸径 48. 8、腰径 41. 4、足径 46. 1。

面一弦分晕，十一晕：1. 太阳纹，十二芒夹坠形纹；2. 同心圆纹；3、8、10. 素晕；4. 雷纹；5、7、11. 乳丁纹；6. 人物纹、游旗纹（主纹）；9. “S”形勾头纹。

胸有乳丁纹、同心圆纹、雷纹、云纹。腰上部凸棱一道，下为云纹、雷纹、同心圆纹。足饰复线角形纹。

扁耳两对，耳边饰绳纹。

背面铸花鸟纹。

身有四道合范线。

080 号鼓

面径 45. 8、身高 27. 2、胸径 47. 4、腰径 39. 5、足径 46. 7。

面一弦分晕，十一晕：1. 太阳纹，十二芒夹坠形纹；2. 同心圆纹；3. 雷纹；4、10. 素晕；5、7、11. 乳丁纹；6. 人物、鲤鱼、同心圆纹等（主纹）；8. 十二生肖纹。

身纹模糊。

扁耳两对。

身有两道合范线。

081 号鼓

面径 44.5、身高 25.5、腰径 36.7、胸径 45.5、足径 46。

面一弦分晕，十晕：1. 太阳纹，十二芒夹坠形纹；2. 同心圆纹；3. 雷纹；4、6、8. 乳丁纹；5. 宝相花纹（主纹）；7、9. 云纹；10. 同心圆纹、雷纹。

胸有乳丁纹、云纹。腰上部凸棱一道，下为云纹。足饰复线角形纹。

扁耳两对，耳边饰绳纹。

身有两道合范线。

082 号鼓

面径 45.6、身高 27.2、胸径 46.9、腰径 39.3、足径 46.5。

面一弦分晕，十一晕：1. 太阳纹，十二芒，芒间图案角形纹；2. 同心圆纹；3、4、8、9、10. 模糊；5、7、11. 乳丁纹；6. 人物、鱼、同心圆纹等（主纹）。

除胸部乳丁纹一周、腰有三道凸棱外，纹皆模糊。

扁耳两对，耳边饰绳纹。

身有两道合范线。另有两道纵线。

083 号鼓

面径 45、身高 26.4、胸径 46.8、腰径 39.2、足径 45.8。

面一弦分晕，八晕：1. 太阳纹，十二芒，芒间模糊；2. 模糊；3. 同心圆纹；4、6、8. 乳丁纹；5. 荷耙人形纹、宝珠纹、符箓纹、钱纹、雷纹等（主纹）；7. 鹤纹、“寿”字纹（主纹）。

身纹模糊，可见纹饰有乳丁纹、如意云纹、同心圆纹、宝珠纹、复线角形纹等。

扁耳两对，耳边饰绳纹。

身有两道合范线。

084 号鼓

面径 45.6、身高 27.3、胸径 47.1，腰残，足径 46.4。

面一弦分晕，十一晕：1. 太阳纹，十二芒夹坠形纹；2. 同心圆纹；3、9. 雷纹；4、8、10. 素晕；5、7、11. 乳丁纹；6. 龙、鱼、人像、同心圆等纹（主纹）。

身纹模糊。

扁耳两对，耳边饰绳纹。

身有四道合范线。

085 号鼓

面径 49、身高 26.5、胸径 49.3、腰径 42.3、足径 48.3。

面一弦分晕，十一晕：1. 太阳纹，十二芒夹坠形纹，芒穿至四晕；2. “酉”字纹；3. “S”形勾头纹；4、7、10. 乳丁纹；5. 双龙游旗纹和“万代进宝”、“永世家财”铭文（主纹）；6、9. 云纹；8. 素晕；11. 兽形云纹。

胸有乳丁纹、云纹、雷纹。腰上部凸棱一道，下为云纹、雷纹。足饰复线角形纹。

扁耳两对，耳边饰绳纹。

身有四道合范线。

086 号鼓

面径 46.4、身高 25.3、胸径 45.8、腰径 38.6、足径 46.1。

面二弦分晕，九晕：1. 太阳纹，十二芒夹坠形纹，芒穿至三晕；2. “酉”字纹；3. 栉纹；4、6、8. 乳丁纹；5. 如意云纹四组，其间有雷纹和菱格填花纹各两组；7. 游旗纹（主纹）；9. 兽形云纹。

胸有乳丁纹、雷纹。腰上部凸棱一道，下为雷纹。足饰图案三角形纹。

扁耳两对，耳边饰绳纹。

身有两道合范线。

087 号鼓

面径 48.3、身高 27、胸径 49、腰径 40.4、足径 46.7。

面一或二弦分晕，十晕：1. 太阳纹，十四芒夹坠形纹，芒穿至三晕：2. “酉”字纹；3. “S”形勾头纹与花朵纹；4、7、9. 乳丁纹；5. 梅花纹；6. 雷纹；8. 云纹；10. 缠枝纹。

胸有乳丁纹、缠枝纹、云纹、花朵纹。腰上部凸棱一道，下为花朵纹、云纹、雷纹。足饰图案三角形纹。

扁耳两对。每耳边饰绳纹，中有“卍”字等纹。

身有两道合范线。另有纵线两道。

088 号鼓

面径 47、身高 26.3、胸径 49、腰径 41.3、足径 48.3。

面一弦分晕，十晕：1. 太阳纹，十二芒夹坠形纹；2. 同心圆纹；3. “S”形勾头纹；4、7、10. 乳丁纹；5. 游旗纹（主纹）；6. 素晕；8. 栉纹；9. 兽形云纹。

胸有乳丁纹、云纹、雷纹、栉纹。腰上部凸棱一道，下为云纹、雷纹。足饰复线角形纹。

扁耳两对，耳边饰绳纹。

身有四道合范线。

089 号鼓

面径 51.2、身高 27.6、胸径 52.8、腰径 45.5、足径 50.8。

面一弦分晕，十一晕：1. 太阳纹，十二芒，芒间模糊；2. “酉”字纹；3. “S”形勾头纹；4、

10. 乳丁纹；5、9. 栉纹；6. 游旗纹（主纹）；7、8. 素晕；11. 兽形云纹。

胸有乳丁纹、云纹、栉纹。腰上部凸棱一道，下为雷纹、云纹。足饰复线角形纹。

扁耳两对。每耳边饰绳纹，中有三孔。

身有四道合范线。

090 号鼓

面径 50、身高 27.1、胸径 51.8，腰残缺，足径 50.3。

面一弦分晕，十一晕：1. 太阳纹，十二芒夹坠形纹；2. “[illegible]”字纹；3. “S”形勾头纹；4、10. 乳丁纹；5、9. 栉纹；6. 游旗纹（主纹）；7、8. 素晕；11. 兽形云纹。

胸有乳丁纹、如意云纹、兽形云纹、雷纹、栉纹。腰上部凸棱一道，下为云纹、雷纹。足饰复线角形纹。

扁耳两对。每耳边饰条纹两道，上耳根有一孔。

身有两道合范线。面沿露四段垫条痕。

091 号鼓

面径 47.1、身高 25.9、胸径 49、腰径 40.1、足径 46.6。

面一弦分晕，九晕：1. 太阳纹，十二芒夹坠形纹、芒穿至三晕；2. “[illegible]”字纹；3. “S”形勾头纹；4、8. 乳丁纹；5. 游旗纹（主纹）；6. 素晕；7. 栉纹；9. 兽形云纹。

胸有乳丁纹、如意云纹、栉纹、雷纹。腰上部凸棱一道，下为雷纹、如意云纹。足饰复线角形纹。

扁耳两对，耳边饰绳纹。

身有四道合范线。

092 号鼓

面径 48.2、身高 28.5、胸径 51.2、腰径 42.6、足径 49.3。

面一弦分晕，十晕：1. 太阳纹，十二芒，芒间素；2. “[illegible]”字纹；3. “S”形勾头纹；4、9. 乳丁纹；5、8. 栉纹；6. 游旗纹（主纹）；7. 素晕；10. 兽形云纹。

胸有乳丁纹、云纹、栉纹。腰上部凸棱一道，下为雷纹、云纹。足饰复线角形纹。

扁耳两对。每耳边饰绳纹，中有三孔。

身有四道合范线。

093 号鼓

面径 45.3、身高 25.5、胸径 46、腰径 38.4、足径 44.9。

面一弦分晕，十晕：1. 太阳纹，十二芒夹坠形纹，芒穿至三晕；2. 雷纹；3. 钱纹；4、6、9. 乳丁纹；5. 双龙献“寿”、鹤、牛等纹（主纹）；7. 游旗纹（主纹）；8. 辫纹；10. 同心圆纹。

胸有乳丁纹、如意云纹、雷纹、夹“工”字图案。腰上部凸棱一道，下为如意云纹、十字纹、雷纹。足饰图案三角形纹。

扁耳两对，耳边饰绳纹。

身有两道合范线。

094 号鼓

面径 47.5、身高 25.9、胸径 49.5、腰径 40.3、足径 46.5。

面一弦分晕，九晕：1. 太阳纹，十二芒夹坠形纹；2. “[illegible]”字纹；3. “S”形勾头纹；4、8. 乳丁纹；5. 游旗纹（主纹）；6. 素晕；7. 栉纹；9. 兽形云纹。

胸有乳丁纹、云纹、雷纹、栉纹。腰上部凸棱一道，下为云纹、雷纹。足饰复线角形纹。

扁耳两对，耳边饰绳纹。

背面有“福寿”方印纹三个。

身有四道合范线。

095 号鼓

面径 46.8、身高 26、胸径 49、腰径 40.4、足径 46.8。

面一弦分晕，八晕：1. 太阳纹，十二芒夹坠形纹；2. “S”形勾头纹；3、7. 乳丁纹；4. 游旗纹；5. 素晕；6. 栉纹；8. 兽形云纹。

胸有乳丁纹、如意云纹、雷纹、栉纹。腰上部凸棱一道，下为云纹、雷纹。足饰复线角形纹。

扁耳两对。每耳边饰绳纹，中有雷纹两个。

身有两道合范线。

096 号鼓

面径 45.8、身高 25.3、胸径 49、腰径 42、足径 47.1。

面一弦分晕，九晕：1. 太阳纹，十二芒夹坠形纹，芒穿至三晕；2. “[illegible]”字纹；3. “S”形勾头纹；4、8. 乳丁纹；5. 游旗纹（主纹）；6. 素晕；7. 栉纹；9. 兽形云纹。

胸有乳丁纹、如意云纹、栉纹、雷纹。腰上部凸棱一道，下为雷纹、栉纹。足饰复线角形纹。

扁耳两对，耳边饰绳纹。

身有四道合范线。

097 号鼓

面径 48.5、身高 27.4、胸径 50.3，腰、足均残缺。

面一弦分晕，九晕：1. 太阳纹，十二芒夹坠形纹，芒穿至三晕；2. “[illegible]”字纹；3. “S”形勾头纹；4、8. 乳丁纹；5. 游旗纹（主纹）；6. 素晕；7. 栉纹；9. 兽形云纹。

胸有乳丁纹、如意云纹、雷纹、栉纹。腰上部凸棱一道，下为雷纹、云纹。足饰复线角形纹。

扁耳两对。每耳边饰绳纹，中有雷纹三个。

身有两道合范线。

098 号鼓

面径 47、胸径 48.4，腰、足部残破。

面一弦分晕，九晕：1. 太阳纹，十二芒夹坠形纹；2. “[illegible]”字纹；3、8. 乳丁纹；4. 游旗纹（主纹）；5. 栉纹；6. 素晕；9. 兽形云纹。

胸有如意云纹、兽形云纹、雷纹。腰上部凸棱一道，下为雷纹、兽形云纹。足饰复线角形纹。

扁耳两对。每耳边饰绳纹，中有雷纹三个。

身有两道合范线。

河池 01 号鼓（藏河池县文化馆）

1978 年征集于河池县六圩公社板坝大队。

面径 48.7、身高 26.8、胸径 50.4、腰径 46.3、足径 48.2。

面一或二弦分晕，九晕：1. 太阳纹，十二芒夹坠形纹；2. “[illegible]”字纹；3、9. 乳丁纹；4. 符箓纹（主纹）；5. 同心圆纹；6. 栉纹；7. 如意云纹；8. 素晕。

胸有乳丁纹、雷纹、如意云纹。腰上部凸棱一道，下为雷纹、如意云纹。足饰复线角形纹。

扁耳两对，耳边饰羽纹。

身有四道合范线。

南丹 01 号鼓（藏南丹县文化馆。下同）

1979 年南丹县物资局拨交（下同）。

面径 55、身高 29、胸径 60、腰径 54、足径 51。

面一弦分晕，十二晕：1. 太阳纹，十二芒夹坠形纹；2. “[illegible]”字纹；3. “S”形勾头纹；4、10. 乳丁纹；5、9. 栉纹；6. 游旗纹（主纹）；7、8、12. 素晕；11. 兽形云纹。

胸有乳丁纹一周。腰上部凸棱一道，下为雷纹。足饰复线角形纹。

扁耳两对，耳边饰绳纹。

身有两道合范线。

南丹 02 号鼓

面径 47、身高 27.5、胸径 49、腰径 43、足径 47。

面二或三弦分晕，十晕：1. 太阳纹，十二芒间坠形纹；2. 四出钱纹；3、6、8. 乳丁纹；4. 雷纹；5. 半云纹；6. 缠枝纹（主纹）；9、10. 素晕。

胸有乳丁纹、云纹、半云纹。腰上部凸棱一道，下为云纹。足饰图案三角形纹。

扁耳两对。

身有两道合范线。

南丹 04 号鼓

面径 51.7、身高 29.5、胸径 52.5、腰径 47、足径 51。

面一弦分晕，十晕：1. 太阳纹，十二芒夹坠形纹；2. “[illegible]”字纹；3. “S”形勾头纹；4、5、8、9. 栉纹；6. 游旗纹（主纹）；7. 素晕；10. 兽形云纹。

胸有乳丁纹、云纹。腰上部凸棱一道，下为云纹、雷纹、栉纹。足饰复线角形纹。

扁耳两对。每耳边饰绳纹，中有方孔三个。

身有四道合范线。

南丹 10 号鼓

面径 47、身高 26. 8、胸径 49. 5、腰径 44、足径 47. 5。

面一弦分晕，九晕：1. 太阳纹，十二芒夹坠形纹，芒穿至三晕；2. “[illegible]”字纹；3. “S”形勾头纹；4、8. 乳丁纹；5. 游旗纹（主纹）；6. 素晕；7. 栉纹；9. 兽形云纹。

胸有乳丁纹、雷纹、云纹、栉纹。腰上部凸棱一道，下为云纹、雷纹。足饰复线角形纹。

扁耳两对。

身有四道合范线。面沿露四段垫条痕。

南丹 12 号鼓

面径 50、身高 27. 7、胸径 52. 3、腰径 48. 5、足径 50。

面一弦分晕，十一晕：1. 太阳纹，十二芒夹坠形纹；2. “[illegible]”字纹；3、7、8. 素晕；4、10. 乳丁纹；5、9. 栉纹；6. 游旗纹（主纹）；11. 兽形云纹。

胸有乳丁纹、云纹、雷纹、栉纹。腰上部凸棱一道，下为雷纹、云纹。足饰复线角形纹。

扁耳两对。每耳边饰条带纹，上下耳根各有一孔。

身有四道合范线。面沿露四段垫条痕。

南丹 03 号鼓

南丹县旧存（下同）。

面径 50. 4、身高 29、胸径 55、腰径 49、足径 51。

面一弦分晕，十一晕：1. 太阳纹，十二芒，芒弧形凸起，芒间坠形纹；2. “[illegible]”字纹；3. “S”形勾头纹；4、10. 乳丁纹；5. 游旗纹（主纹）；6、9. 栉纹；7、8. 素晕；11. 兽形云纹。

身纹模糊。

扁耳两对，耳边饰辫纹。

身有四道合范线。面沿露四段垫条痕。

南丹 05 号鼓

面径 48. 2、身高 26. 5、胸径 51、腰径 43、足径 49. 5。

面一弦分晕，十一晕：1. 太阳纹，十二芒夹坠形纹；2. “[illegible]”字纹；3. “S”形勾头纹；4、10. 乳丁纹；5、9. 栉纹；6. 游旗纹（主纹）；7、8. 素晕；11. 兽形云纹。

胸有乳丁纹、云纹。腰上部凸棱一道，下为云纹、栉纹、雷纹。足饰复线角形纹。

扁耳两对。每耳边饰绳纹，中有雷纹和三方窝。

身有四道合范线。

南丹 06 号鼓

面径 47. 2、身高 26、胸径 50、腰径 44、足径 46. 7。

面一弦分晕，九晕：1. 太阳纹，十二芒夹坠形纹；2. “[illegible]”字纹；3. “S”形勾头纹；4、8. 乳丁纹；5. 游旗纹（主纹）；6. 素晕；7. 栉纹；9. 云纹。

胸有乳丁纹、云纹、雷纹。腰上部凸棱一道，下为雷纹、云纹。足饰复线角形纹。

扁耳两对。每耳边饰绳纹各两道，上耳根有小圆孔一个。

身有四道合范线。

南丹07号鼓

面径46.8、身高24.4、胸径47.5、腰径42、足径45.5。

面一弦分晕，十一晕：1. 太阳纹，十二芒夹坠形纹；2. “卣”字纹；3、7、11. 乳丁纹；4. “S”形勾头纹；5. 栉纹；6. 游旗纹（主纹）；8、9. 云纹；10. 兽形云纹。

胸有乳丁纹、云纹、雷纹、栉纹。腰上部凸棱一道，下为云纹、雷纹。足饰复线角形纹。

扁耳两对，耳边饰绳纹。

身有四道合范线。

南丹08号鼓

面径51.4、身高30、胸径54、腰径48、足径53。

面一弦分晕，十晕：1. 太阳纹，十二芒夹坠形纹；2、3. 模糊；4、9. 乳丁纹；5、8. 栉纹；6. 游旗纹（主纹）；7. 十二生肖纹（主纹）；10. 兽形云纹。

胸有乳丁纹、兽形云纹。腰上部凸棱一道，下为兽形云纹、栉纹。足饰图案三角形纹。

扁耳两对。每耳边饰绳纹，中有三方孔。

身有四道合范线。

南丹09号鼓

面径49.5、身高28.5、胸径52、腰径46、足径50.8。

面一弦分晕，十晕：1. 太阳纹，十二芒，芒间图案三角形纹；2. “卣”字纹；3. “S”形勾头纹；4、9. 乳丁纹；5、8. 栉纹；6. 游旗纹（主纹）；7. 十二生肖纹（主纹）；10. 如意云纹。

胸有乳丁纹、云纹、栉纹。腰上部凸棱一道，下为雷纹。足饰图案三角形纹。

扁耳两对。每耳边饰羽纹，上下部各有一方孔。

身有四道合范线。面沿露四段垫条痕。

南丹11号鼓

面径48.8、身高29.4、胸径51、腰径45.5、足径50。

面一弦分晕，十三晕：1. 太阳纹，十二芒，芒间模糊；2. “卣”字纹；3、4、7、8、9、11、12、13. 模糊；5、10. 乳丁纹；6. 游旗纹（主纹）。

身纹模糊，仅见胸有乳丁纹，腰上部凸棱一道，足饰图案三角形纹。

扁耳两对。每耳边饰绳纹，中有三孔。

身有四道合范线。

南丹13号鼓

面径50.7、身高28.5、胸径53、腰径48、足径52.3。

面一弦分晕，十晕：1. 太阳纹，十二芒，芒间模糊；2. “酉”字纹；3. “S”形勾头纹；4、10. 乳丁纹；5、9. 栉纹；6. 游旗纹（主纹）；7、8. 素晕。

胸有乳丁纹、云纹、栉纹。腰上部凸棱一道，下为雷纹、云纹。足饰复线角形纹。

扁耳两对。每耳边饰绳纹，上下部各有一孔。

身有四道合范线。

南丹 14 号鼓

面径 49.5、身高 28、胸径 51、腰径 45.5，足残缺。

面一弦分晕，十晕：1. 太阳纹，十二芒夹坠形纹；2. “酉”字纹；3. “S”形勾头纹；4、9. 乳丁纹；5、8. 栉纹；6. 游旗纹（主纹）；7. 十二生肖纹（主纹）；10. 兽形云纹。

胸有乳丁纹、云纹、雷纹。腰上部凸棱一道，下为云纹、雷纹。足饰复线角形纹。

扁耳两对。每耳边饰绳纹，中有雷纹。

身有四道合范线。

南丹 15 号鼓

面径 47、身高 25.7、胸径 49、腰径 44、足径 48。

面一或二弦分晕，九晕：1. 太阳纹，十二芒夹坠形纹；2、5、9. 乳丁纹；3. 十二生肖纹（主纹）；4. “S”形勾头纹；6. “寿”字纹（主纹）；7. 素晕；8. 龙纹（主纹）。

胸有乳丁纹、云纹、雷纹、钱纹。腰上部凸棱一道，下为“酉”字纹、波浪纹。足饰云幔纹。

扁耳两对（三耳残失）。每耳边饰绳纹，上耳根有一孔。

身有四道合范线。

南丹 16 号鼓

面径 46.2、身高 27.8、胸径 49、腰径 43、足径 48。

面一弦分晕，十晕：1. 太阳纹，十二芒夹坠形纹；2、3. “酉”字纹；4、10. 乳丁纹；5. 云纹；6. 素晕；7. 游旗纹（主纹）；8. “寿”字纹（主纹）；9. 栉纹。

胸有乳丁纹、云纹、雷纹。腰上部凸棱一道，下为雷纹、云纹。足饰图案三角形纹。

扁耳两对。每耳边饰绳纹，中有菱形纹。

身有四道合范线。

173 号鼓（藏广西壮族自治区博物馆。下同）

新中国成立初临桂县拨交。

面径 47.2、身高 27.2、胸径 49、腰径 41、足径 47.8。

面一弦分晕，十一晕：1. 太阳纹，十二芒夹坠形纹；2. “酉”字纹；3. “S”形云纹；4、10. 乳丁纹；5、9. 栉纹；6. 游旗纹；7、8. 素晕；11. 兽形云纹。

胸有乳丁纹、兽形云纹、雷纹、“S”形云纹、栉纹。腰上部凸棱一道，下为栉纹、兽形云纹、“S”形云纹。足饰复线角形纹。

扁耳两对，耳边饰绳纹。

身有四道合范线，并零星露出垫片痕。

201 号鼓

新中国成立初征集于桂林。

面径 50、身高 29. 3、胸径 54. 4、腰径 46. 8、足径 53. 3。

面一弦分晕，十晕：1. 太阳纹，十二芒，芒间图案三角形纹；2. “[illegible]”字纹；3、9. 乳丁纹；4、8. 栉纹；5. 游旗纹（主纹）；6. 十二生肖纹（主纹）；7. 缠枝纹；10. 兽形云纹。

胸有乳丁纹、栉纹、如意云纹、云纹、雷纹。腰上部凸棱一道，下为云纹、雷纹。足饰复线角形纹。

扁耳两对。每耳饰线纹四道，方孔两个。

身有四道合范线。

214 号鼓

1954 年征集于横县。

面径 47、身高 27、胸径 48. 1、腰径 41、足径 46。

面一、二、三弦分晕，六晕：1. 太阳纹，十二芒，芒间模糊；2、5. 乳丁纹；3. 双线角形纹；4. 缠枝纹（主纹）；6. 素晕。

胸、足部各有阴弦纹三道。腰有圆凸棱三道。

身有四道合范线。

185 号鼓

新中国成立初征集于容县（下同）。

面径 47. 1、身高 25. 4、胸径 50. 3、腰径 39. 8、足径 46. 7。

面一弦分晕，九晕：1. 太阳纹，十二芒夹坠形纹，芒穿至三晕；2. “[illegible]”字纹；3. “S”形勾头纹；4、8. 乳丁纹；5. 游旗纹（主纹）；6. 素晕；7. 栉纹；9. 兽形云纹。

胸部有乳丁纹、雷纹、如意云纹、栉纹。腰上部凸棱一道，下为云纹、雷纹。足饰复线角形纹。

扁耳两对。每耳边饰绳纹，中有雷纹三个。

身有四道合范线。面沿露四段垫条痕。

229 号鼓

面径 48. 6、身高 27. 2、胸径 50. 6、腰径 43. 9、足径 50。

面一弦分晕，十二晕：1. 太阳纹，十二芒，芒间图案三角形纹；2、12. 栉纹；3、11. 乳丁纹；4. 雷纹；5. 符箓纹（主纹）；6、7. 云纹；8. 羽纹；9. 十二生肖纹（主纹）；10. 雷纹。

胸有栉纹、乳丁纹、“S”形勾头纹。腰上部凸棱一道，下为云纹、栉纹。足饰复线角形纹与云纹。

扁耳两对，饰线纹。每耳有三孔。

身有四道合范线。

235 号鼓

新中国成立初昭平县文化馆拨交。

面径 48.3、身高 26.9、胸径 49.3、腰径 40.8、足径 47.3。

面一、二或三弦分晕，十晕：1. 太阳纹，十二芒夹坠形纹，芒穿至二晕；2. “[illegible]”字纹；3. “S”形勾头纹；4、6、9. 乳丁纹；5. 云纹（主纹）；7. 素晕；8. “寿”字纹；10. 绹纹。

胸有乳丁纹、云纹、“寿”字纹（主纹）。腰上部凸棱一道，下为云纹、雷纹。足饰图案三角形纹。

扁耳两对（皆失）。

身有两道合范线。

177 号鼓

新中国成立初征集于北流县（下同）。

面径 47.9、身高 26.1、胸径 50、腰径 41、足径 48。

面一弦分晕，九晕：1. 太阳纹，十二芒夹坠形纹，芒穿至三晕；2. “[illegible]”字纹；3. “S”形勾头纹；4、8. 乳丁纹；5. 游旗纹（主纹）；6. 素晕；7. 栉纹；9. 兽形云纹。

胸有乳丁纹、如意云纹、雷纹、栉纹。腰上部凸棱一道，下为雷纹、云纹。足饰复线角形纹。

扁耳两对。每耳两边饰辫纹，中有雷纹，上耳根有一孔。

身有四道合范线。面沿露四段垫条痕。

244 号鼓

面径 47.2、身高 25.7、胸径 50、腰径 40.7、足径 46.9。

面一弦分晕，九晕：1. 太阳纹，十二芒，芒间坠形纹，芒穿至三晕；2. “[illegible]”字纹；3. “S”形勾头纹；4、8. 乳丁纹；5. 游旗纹（主纹）；6. 素晕；7. 栉纹；9. 兽形云纹。

胸有乳丁纹、云纹、雷纹、栉纹。腰上部凸棱一道，下为云纹、雷纹。足部饰复线角形纹。

扁耳两对，饰线纹。

身有四道合范线。

295 号鼓

新中国成立初征集于北流县第四区。

面径 37.8、身高 23.7、胸径 37.8、腰径 30.2、足径 37.3。

面一弦分晕，九晕：1. 太阳纹，十二芒，芒间图案三角形纹；2. 栉纹；3. 同心圆纹；4、6. 素晕；5. 变形游旗纹（主纹）；7～9. 栉纹夹同心圆纹纹带。

胸有栉纹、同心圆纹。腰为上下两层素晕夹“[illegible]”字一周。足饰复线角形纹。

扁耳两对。每耳边饰辫纹，各有三孔。

身有两道合范线。

254 号鼓

新中国成立初征集于梧州（下同）。

面径 50.8、身高 28.1、胸径 53.2、腰径 46.4、足径 51.2。

面一弦分晕，十一晕：1. 太阳纹，十二芒，芒间素；2. “卣”字纹；3. “S”形勾头纹；4、10. 乳丁纹；5、8. 栉纹；6. 游旗纹（主纹）；7、9. 素晕；11. 兽形云纹。

胸有乳丁纹、兽形云纹、如意云纹、栉纹、云纹、“S”形勾头纹。腰上部凸棱一道，下为雷纹、“S”形勾头纹。足饰复线角形纹。

扁耳两对，饰辫纹。每耳有三孔。

身有四道合范线。并有垫片脱落的方孔十余个。

275 号鼓

面径 47.2、身高 27.6、胸径 49、腰径 41.7、足径 47.6。

面一弦分晕，八晕：1. 太阳纹，十二芒，芒间素；2、5、7. 乳丁纹；3、8. 素晕；4. 变形游旗纹（主纹）；6. 云纹（主纹）。

胸有四道弦纹。腰上部圆凸棱一道，下为两道弦纹。足饰两道弦纹。

扁耳两对，饰线纹。

身有四道合范线。

302 号鼓

新中国成立初征集于桂平县。

面径 47.2、身高 25.8、胸径 48.7、腰径 40.7、足径 46.5。

面一弦分晕，九晕：1. 太阳纹，十二芒夹坠形纹，芒穿至三晕；3. “S”形勾头纹；4、8. 乳丁纹；5. 栉纹；6. 游旗纹（主纹）；7. 素晕；9. 兽形云纹。

胸有乳丁纹、云纹、雷纹、栉纹。腰上部凸棱一道，下为云纹、雷纹。足饰复线角形纹。

扁耳两对，饰辫纹。每耳有两孔。

身有四道合范线。

303 号鼓

新中国成立初征集于钦州县。

面径 49.3、身高 27.7、胸径 51.5、腰径 44.8、足径 49.8。

面一弦分晕，十晕：1. 太阳纹，十二芒夹坠形纹；2. “卣”字纹；3. “S”形勾头纹；4、9. 乳丁纹；5、8. 栉纹；6. 游旗纹（主纹）；7. 十二生肖纹（主纹）；10. 兽形云纹。

胸有乳丁纹、云纹、栉纹。腰上部凸棱一道，下为雷纹、云纹。足饰复线角形纹。

扁耳两对，饰辫纹。每耳有三孔。

身有四道合范线。面沿露四段垫条痕。

282 号鼓

新中国成立初广西省土改委员会拨交。

面径 47.7、身高 26.3、胸径 49.7、腰径 40.8、足径 48。

面一弦分晕，九晕：1. 太阳纹，十二芒夹坠形纹，芒穿至三晕；2. “卣”字纹；3. “S”形勾头纹；4、8. 乳丁纹；5. 游旗纹（主纹）；6. 素晕；7. 栉纹；9. 兽形云纹。

胸有乳丁纹、云纹、雷纹。腰上部凸棱一道，下为云纹、雷纹。足饰复线角形纹。

扁耳两对（三耳残失）。每耳中饰雷纹，上下部各有一孔。

身有四道合范线。面沿露四段垫条痕。

310 号鼓

1977 年东兰钢精厂送南宁金属制品厂（下同）。

面径 48.3、身高 27.2、胸径 48.3，腰以下残破。

面二或三弦分晕，八晕：1. 太阳纹，十二芒，芒间素；2. 钱纹、"酉"字纹；3、6、8. 乳丁纹；4. 波浪纹；5. 勾连同心圆纹；7. 龙、鱼、钱纹、波浪纹等（主纹）。

胸有乳丁纹、云纹、波浪纹。腰上为"S"形勾头纹夹凸棱三道，下为波浪纹、云纹。足饰复线角形纹和"S"形勾头纹。

扁耳两对。每耳两边饰绳纹，中有雷纹三个。

身有四道合范线。

311 号鼓

面径 48.5、身高 25.9、胸径 50.6、腰径 43.6、足径 49.2。

面一弦分晕，九晕：1. 太阳纹，十二芒夹坠形纹，芒穿至二晕；2. "酉"字纹；3. 蓝花纹；4、8. 乳丁纹；5. 游旗纹（主纹）；6. 素晕；7. 云纹；9. 梅花图案。

胸有乳丁纹、如意云纹、雷纹、云纹、菱格填花纹。腰上部凸棱一道，下为雷纹、菱格填花纹、云纹。足饰复线角形纹。

扁耳两对。每耳边饰绳纹，中有雷纹两个，上下耳根各有一方孔。

身有四道合范线。

312 号鼓

面径 51、身高 28.5、胸径 52.6、腰径 46.1、足径 51.5。

面一弦分晕，十晕：1. 太阳纹，十二芒，芒间模糊；2、3. 模糊；4、9. 乳丁纹；5、8. 栉纹；6. 游旗纹（主纹）；7. 十二生肖纹（主纹）；10. 兽形云纹。

胸有乳丁纹、兽形云纹、如意云纹、栉纹、云纹。腰上部凸棱一道，下为雷纹、云纹。足饰复线角形纹。

扁耳两对。每耳边饰羽纹，上有三孔。

身有四道合范线。

313 号鼓

面径 50.2、身高 28.6、胸径 52.6、腰径 44.8、足径 51.3。

面一弦分晕，十一晕：1. 太阳纹，十二芒夹坠形纹；2. "酉"字纹；3、5、7. 素晕；4、10. 乳丁纹；6. 游旗纹（主纹）；8. 雷纹；9. 栉纹；11. 兽形云纹。

胸有乳丁纹、云纹、雷纹。腰上部凸棱一道，下为雷纹、云纹。足饰复线角形纹。

扁耳两对，耳边饰绳纹。

身有两道合范线。另有纵线两道。

180 号鼓

1955 年征集于南宁供销社（下同）。

面径 47.3、身高 25.8、胸径 49.6、腰径 42、足径 47.3。

面一弦分晕，九晕：1. 太阳纹，十二芒夹坠形纹；2. 钱纹；3. “S” 形勾头纹；4、7、10. 乳丁纹；5. 游旗纹（主纹）；6. 素晕；8. 栉纹；9. 兽形云纹。

胸有乳丁纹、云纹、雷纹。腰上部凸棱一道，下为钱纹、雷纹。足饰复线角形纹。

扁耳两对，耳边饰辫纹。

身有四道合范线。

192 号鼓

面径 47、身高 27、胸径 48.1、腰径 39.8、足径 46。

面一或三弦分晕，九晕：1. 太阳纹，十二芒夹坠形纹；2. “[illegible]” 字纹；3、6、8. 乳丁纹；4. 素晕；5. 双龙献“寿” 纹及铭文“万年进宝”、“永世家财”（主纹）；7. 云纹（主纹）；9. 雷纹。

胸有乳丁纹、云纹、雷纹。腰上部凸棱一道，下为云纹、雷纹。足饰复线角形纹。

身有两道合范线。

216 号鼓

面径 47、身高 26.5、胸径 48.3、腰径 40.3、足径 46.7。

面一、二、三弦分晕，七晕：1. 太阳纹，十二芒，芒间素；2、5. 乳丁纹；3. 菱格填花纹；4、6. 缠枝纹（主纹）；7. 梅花图案（主纹）与一周乳丁纹。

胸有乳丁纹、辫纹图案、雷纹。腰上部凸棱一道，下为雷纹图案、缠枝纹。足饰图案三角形纹。

扁耳两对，耳边饰绳纹。

身有四道合范线。

252 号鼓

面径 46.7、身高 25.7、胸径 48.3、腰径 42、足径 47.8。

面一弦分晕，九晕：1. 太阳纹，十二芒，芒间坠形纹，芒穿至三晕；2. “[illegible]” 字纹；3. “S” 形勾头纹；4、8. 乳丁纹；5. 游旗纹（主纹）；6. 素晕；7. 栉纹；9. 兽形云纹。

胸有乳丁纹、如意云纹、兽形云纹、雷纹、云纹、栉纹。腰上部凸棱一道，下为云纹、雷纹。足饰复线角形纹。

扁耳两对。每耳边饰绳纹，中有雷纹一或两个，上下耳根各有一小圆孔。

身有四道合范线。

265 号鼓

面径 50.2、身高 28.3、胸径 53.1、腰径 47.7、足径 52.8。

面纹模糊，仅见太阳纹，十二芒。

身素，仅腰部一道凸棱。

扁耳两对（一耳失）。每耳边饰辫纹，上有一长方孔。

身有两道合范线。

266 号鼓

面径 48. 5、身高 27. 5、胸径 50. 1、腰径 42. 3、足径 48. 8。

面一弦分晕，七晕：1. 太阳纹，十二芒；2、6. 乳丁纹；余皆素晕。

胸有乳丁纹、弦纹。腰上部一道圆凸棱，上有脊线一道，下为弦纹。足饰弦纹。

扁耳两对，耳边饰辫纹。

身有四道合范线。

268 号鼓

面径 47、身高 26. 6、胸径 47. 8、腰径 38. 2、足径 45. 8。

面二或一弦分晕，八晕：1. 太阳纹，十二芒，芒间素；2、4、8. 乳丁纹；3. 雷纹（主纹）；5. “王”字纹；6. 羽纹；7. 缠枝花纹。

胸有乳丁纹、龙纹、钱纹。腰上部凸棱一道，下有四道弦纹。足饰一道弦纹。

扁耳两对，耳边饰辫纹。

身有四道合范线。

279 号鼓

面径 46. 7、身高 27、胸径 48、腰径 39. 5、足径 45. 8。

面一、二、三弦分晕，七晕：1. 太阳纹，十二芒，芒间图案三角形纹；2、4、7. 乳丁纹；3. 变形游旗纹（主纹）；6. 绹纹。

胸有辫纹、角形纹、辫纹图案、雷纹。腰上部凸棱一道，下为波浪纹、角形纹、雷纹、辫花图案。足饰图案三角形纹。

扁耳两对。每耳边饰辫纹，中有一行点纹。

身有四道合范线。

286 号鼓

面径 47. 3、身高 26. 3、胸径 49. 8、腰径 41. 4、足径 47. 5。

面一弦分晕，九晕：1. 太阳纹，十二芒夹坠形纹，芒穿至三晕；2. “[illegible]”字纹；3. “S”形勾头纹；4、8. 乳丁纹；5. 游旗纹（主纹）；6. 素晕；7. 栉纹；9. 兽形云纹。

胸有乳丁纹、如意云纹、雷纹、栉纹。腰上部凸棱一道，下为雷纹、云纹。足饰复线角形纹。

扁耳两对。每耳边饰绳纹，中有雷纹三个。

身有四道合范线。

001 号鼓

1970 年征集于南宁废旧物资公司（下同）。

面径 47、身高 27、胸径 49.3、腰径 41.4、足径 47.4。

面一弦分晕，九晕：1. 太阳纹，十二芒夹坠形纹，芒穿至三晕；2. “[illegible]”字纹；3. “S”形勾头纹；4、8. 乳丁纹；5. 游旗纹（主纹）；6. 素晕；7. 栉纹；9. 兽形云纹。

胸有乳丁纹、雷纹、如意云纹、栉纹。腰上部凸棱一道，下为雷纹、云纹。足饰复线角形纹。

扁耳两对。每耳边饰绳纹，中有雷纹两个，各有两孔。

身有四道合范线。面沿露四段垫条痕。

002 号鼓

面径 48.2、身高 27.8、胸径 52.2、腰径 43.7、足径 48.1。

面一弦分晕，十晕：1. 太阳纹，十二芒，芒间图案三角形纹；2. “[illegible]”字纹；3. 栉纹；4、9. 乳丁纹；5. 钱纹；6. 游旗纹（主纹）；7. 梅花纹；8. “S”形勾头纹；10. 如意云纹。

胸有栉纹、乳丁纹、雷纹。腰上部凸棱一道，下为游旗纹。足饰图案三角形纹。

扁耳两对。每耳边饰绳纹，中有三方孔。

身有两道合范线。

003 号鼓

面径 47.5、身高 25.9、胸径 48.7、腰径 40.7、足径 47.5。

面一弦分晕，九晕：1. 太阳纹，十二芒夹坠形纹，芒穿至三晕；2. “[illegible]”字纹；3. “S”形勾头纹；4、8. 乳丁纹；5. 栉纹；6. 游旗纹；7. 素晕；9. 兽形云纹。

胸有乳丁纹、如意云纹、雷纹、栉纹。腰上部凸棱一道，下为云纹、雷纹。足饰复线角形纹。

扁耳两对。每耳边饰绳纹，中有雷纹三个，上下耳根各有一小孔。

身有四道合范线。

004 号鼓

面径 49.2、身高 26、胸径 51.2、腰径 43.3、足径 49。

面一弦分晕，九晕：1. 太阳纹，十二芒夹坠形纹，芒穿至二晕；2. “[illegible]”字纹；3. “S”形勾头纹；4、8. 乳丁纹；5. 游旗纹（主纹）；6. 素晕；7. 栉纹；9. 兽形云纹。

胸有乳丁纹、云纹、雷纹。腰上部凸棱一道，下为云纹、雷纹。足饰复线角形纹。

扁耳两对。每耳边饰辫纹，上下各有一孔。

身有四道合范线。

005 号鼓

面径 46.2、身高 26、胸径 50、腰径 40.8、足径 46.3。

面一弦分晕，十晕：1、2. 模糊；3、6、10. 乳丁纹；4、7、9. 云纹；5. 游旗纹（主纹）；8. 栉纹。

胸有乳丁纹、云纹、栉纹、雷纹。腰上部凸棱一道，下为云纹、雷纹。足饰复线角形纹。

扁耳两对，耳边饰辫纹。

身有四道合范线。

006号鼓

面径47、身高26.2、胸径50、腰径41、足径47。

面一弦分晕，十晕：1. 太阳纹，十二芒夹坠形纹；2. “酉”字纹；3、6、10. 乳丁纹；4. “S”形勾头纹；5. 游旗纹（主纹）；7. 云纹；8. 栉纹；9. 兽形云纹。

胸有乳丁纹、如意云纹、雷纹、栉纹。腰上部凸棱一道，下为雷纹、云纹。足饰复线角形纹。

扁耳两对，耳边饰绳纹。

身有四道合范线。

008号鼓

面径47.3、身高26、胸径48.7、腰径41.4、足径47.1。

面一弦分晕，九晕：1. 太阳纹，十二芒夹坠形纹，芒穿至三晕；2. “酉”字纹；3. “S”形勾头纹；4、8. 乳丁纹；5. 游旗纹（主纹）；6. 素晕；7. 栉纹；9. 兽形云纹。

胸有乳丁纹、如意云纹、栉纹、雷纹。腰上部凸棱一道，下为兽形云纹、雷纹。足饰复线角形纹。

扁耳两对。每耳边饰绳纹，中有雷纹三个，上下各有一孔。

身有四道合范线。面沿露四段垫条痕。

010号鼓

面径46.6、身高26、胸径49、腰径40.4、足径46.4。

面一弦分晕，十晕：1. 太阳纹，十二芒夹坠形纹；2. “酉”字纹；3. “S”形勾头纹；4、7、10. 乳丁纹；5. 游旗纹（主纹）；6. 栉纹；8. 云纹；9. 兽形云纹。

胸有乳丁纹、如意云纹、栉纹、雷纹。腰上部凸棱一道，下为雷纹、云纹。足饰复线角形纹。

扁耳两对。每耳边饰绳纹，中有雷纹三个，上下各有一孔。

身有四道合范线。

011号鼓

面径48.1、身高26、胸径51.5、腰径41.7、足径47.4。

面一弦分晕，九晕：1. 太阳纹，十二芒，芒间模糊；2. “酉”字纹；3. “S”形勾头纹；4、8. 乳丁纹；5. 游旗纹（主纹）；6. 素晕；7. 栉纹；9. 兽形云纹。

胸有乳丁纹、如意云纹、雷纹、栉纹。腰上部凸棱一道，下为雷纹、云纹。足饰复线角形纹。

扁耳两对，耳边饰辫纹。

身有四道合范线。

012号鼓

面径48.2、身高26.7、胸径48、腰径39.2、足径46.3。

面一或二弦分晕，九晕：1. 太阳纹，十二芒，芒间图案三角形纹；2、10. 乳丁纹；3. “酉”字纹；4、6、8. 素晕；5. 游旗纹（主纹）；7. 菱格填花纹；9. 雷纹。

胸有乳丁纹、羽纹、菱格填花纹、曲线纹、网坠纹、缠枝纹。腰上部凸棱一道，下为四瓣花纹、菱形纹、缠枝纹。足饰复线角形纹。

扁耳两对，饰线纹。

身有四道合范线。

013 号鼓

面径 48、身高 26、胸径 48. 3、腰径 39. 8、足径 46. 2。

面一或二弦分晕，九晕：1. 太阳纹，十二芒，芒间模糊；2、5、8. 乳丁纹；3. 雷纹（主纹）；4. 波浪纹；6. 辫纹；7. “S”形勾头纹；9. 绹纹。

胸有乳丁纹、云纹。腰上部凸棱一道，下为雷纹、波浪纹。足饰复线角形纹。

扁耳两对，饰线纹。

身有四道合范线。

014 号鼓

面径 46. 6、身高 26、胸径 49、腰径 41. 4、足径 47. 3。

面一弦分晕，十晕：1. 太阳纹，十二芒夹坠形纹；2. 钱纹；3. “S”形勾头纹；4、7、10. 乳丁纹；5. 游旗纹（主纹）；6. 素晕；8. 栉纹；9. 兽形云纹。

胸有乳丁纹、云纹、雷纹。腰上部凸棱一道，下为云纹、雷纹。足饰复线角形纹。

扁耳两对，每耳上部饰一龙头纹。

身有四道合范线。

015 号鼓

面径 45. 5、身高 26. 3、胸径 45. 8、腰径 37. 8、足径 44. 7。

面一、二、三弦分晕，八晕：1. 太阳纹，十二芒，芒间素；2、5、8. 乳丁纹；3、7. 雷纹；4. 菱格填花纹；6. 变形游旗纹（主纹）。边沿为同心圆纹。

胸有乳丁纹、绹纹、雷纹。腰上部凸棱一道，下为雷纹。足饰复线角形纹和同心圆纹。

扁耳两对，每耳饰线纹四道。

身有四道合范线。

016 号鼓

面径 46. 3、身高 26、胸径 49，腰足残。

面一弦分晕，十晕：1. 太阳纹，十二芒夹坠形纹；2. 四出钱纹；3. “S”形勾头纹；4、7、10. 乳丁纹；5. 游旗纹（主纹）；6. 素晕；8. 栉纹；9. 兽形云纹。

胸有乳丁纹、云纹、栉纹、雷纹。腰上部凸棱一道，下为云纹、雷纹。足饰复线角形纹。

扁耳两对，耳边饰绳纹。

身有四道合范线。

017 号鼓

面径 47. 5、身高 25、胸径 48. 6、腰径 41. 4、足径 48. 2。

面二弦分晕，八晕：1. 太阳纹，十二芒夹坠形纹；2、5、8. 乳丁纹；3. 四瓣花图案；4. 四鱼四宝纹（主纹）；6. 波浪纹；7. 雷纹。边沿为同心圆纹。

胸有乳丁纹、雷纹、三角形纹。腰上部凸棱一道，下为缠枝纹、雷纹、“S”形勾头纹。足饰图案三角形纹、云纹和乳丁纹。

扁耳两对，耳边饰绳纹。

身有四道合范线。

018 号鼓

面径 45. 8、身高 27、胸径 47. 1、腰径 38. 8、足径 46. 7。

面一弦分晕，十一晕：1. 太阳纹，十二芒，芒间复线角形纹；2. 同心圆纹；3. 雷纹；4、8、10. 素晕；5、7、11. 乳丁纹；6. 鱼纹（主纹）；9. 兽形云纹。鼓边正对耳处有同心圆纹夹雷纹四组。

胸有乳丁纹、同心圆纹、雷纹、如意云纹。腰上部凸棱三道，下有如意云纹、同心圆纹、雷纹、云纹。足饰复线角形纹。

扁耳两对，耳边饰绳纹。

背面有雷纹与十字布局乳丁纹四组，压胜钱纹四个，人形纹夹鱼纹两组。

身有四道合范线。

019 号鼓

面径 46. 1、身高 26、胸径 47. 7、腰径 39. 8、足径 46。

面一或二弦分晕，十晕：1. 太阳纹，十二芒，芒间素；2. 四瓣花纹；3、7. 乳丁纹；4. 波浪纹；5. “寿”字纹（主纹）；6. 如意云纹；8. “S”形勾头纹；9. 菱格填花纹；10. 雷纹和乳丁纹各一周。

胸有乳丁纹、菱格填花纹、莲花纹、如意云纹。腰上部凸棱一道，下为雷纹、菱格填花纹。足为云幔纹。

扁耳两对，每耳饰条纹六道。

身有四道合范线。

023 号鼓

面径 49. 5、身高 26、胸径 50. 5、腰径 42、足径 48. 6。

面一弦分晕，十二晕：1. 太阳纹，十二芒夹坠形纹；2、11. 乳丁纹；3. “S”形勾头纹；4、9. 布纹；5. 符箓纹（主纹）；6. 同心圆纹；7. 辫纹；9. 素晕；10. 雷纹；12. 绹纹。

胸有四道弦纹。腰上部凸棱一道，下为雷纹、云纹。足饰复线角形纹。

扁耳两对，耳边饰辫纹。

身有四道合范线。

024 号鼓

面径 46. 7、身高 29. 7、胸径 47. 1、腰径 40. 1、足径 45。

面一、二、三弦分晕，七晕：1. 太阳纹，十二芒，芒间素；2. 乳丁纹、“[illegible]”字纹；3. 羽纹；4. 素晕；5. 乳丁纹；6. 缠枝纹；7. 变形游旗纹（主纹）、乳丁纹。

鼓身除下部有四道弦纹外，余均素。

扁耳两对，饰线纹。

身有四道合范线。

025 号鼓

面径 47. 2、身高 26. 8、胸径 48. 3、腰径 40. 7、足径 47. 3。

面一、二、三弦分晕，七晕：1. 太阳纹，十二芒，芒间复线角形纹；2、5. 乳丁纹；3. 花朵纹；4. 缠枝花纹；6. 雷纹；7. 变形游旗纹（主纹）、乳丁纹。

胸和腰部各有弦纹两组。足部弦纹一组（每组由一或二弦组成）。

扁耳两对，饰线纹。

身有四道合范线。

026 号鼓

面径 48、身高 27. 2、胸径 49. 3、腰径 41. 4、足径 47。

面一弦分晕，八晕：1. 太阳纹，十二芒，芒间模糊；2、8. 乳丁纹；3. 锯齿纹；4. 变形游旗纹（主纹）；5. 羽纹；6. 缠枝纹；7. 素晕。

胸有乳丁纹、弦纹。腰上部凸棱一道，腰、足部饰三道弦纹。

扁耳两对，每耳边饰四素纹。

身有四道合范线。

040 号鼓

面径 42. 8、身高 25. 9、胸径 44. 9、腰径 37. 8、足径 45. 3。

面一弦分晕，九晕：1. 太阳纹，十二芒夹坠形纹，芒穿至三晕；2. 同心圆纹；3. 雷纹；4、8. 乳丁纹；5. 符箓纹（主纹）；7. 素晕；9. 兽形云纹。

胸有乳丁纹、兽形云纹、如意云纹、雷纹。腰上部凸棱一道，下为如意云纹、同心圆纹、雷纹、兽形云纹。足饰复线角形纹。

扁耳两对，饰线纹。

背面有荷耙人形纹、“寿”字纹、猪、牛等纹。

身有两道合范线。

041 号鼓

面径 46. 5、身高 27. 2、胸径 47. 7、腰径 39. 2、足径 45. 1。

面一、二、三弦分晕，七晕：1. 太阳纹，十二芒，芒间图案三角形纹；2、7. 乳丁纹；3. 变形游旗纹（主纹）；4. “[illegible]”字纹；5. 游旗纹（主纹）；6. 云纹。

胸有云纹、菱格填花纹、波浪纹、“[illegible]”字纹。腰上部凸棱一道，下为雷纹、云纹。足饰图案三角形纹。

扁耳两对，耳边饰绳纹。

身有四道合范线。

042 号鼓

面径 49.1、身高 26.1、胸径 49.3、腰径 42.6、足径 48.4。

面一弦分晕，九晕：1. 太阳纹，十二芒夹坠形纹，芒穿至三晕；2. “[illegible]”字纹；3、5、8. 乳丁纹；4. 游旗纹（主纹）；6. 素晕；7. 雷纹；9. 兽形云纹。

胸有乳丁纹、雷纹、兽形云纹。腰上部凸棱一道，下为雷纹、兽形云纹。足饰复线角形纹。

扁耳两对。每耳边饰线纹，中有雷纹两个。

身有两道合范线。

043 号鼓

面径 46.7、身高 25.8、胸径 49.1，腰残，足径 46.4。

面一弦分晕，九晕：1. 太阳纹，十二芒夹坠形纹；2. “[illegible]”字纹；3. “S”形勾头纹；4、8. 乳丁纹；5. 游旗纹（主纹）；6. 素晕；7. 栉纹；9. 兽形云纹。

胸有乳丁纹、云纹、栉纹、雷纹。腰上部凸棱一道，下为云纹、雷纹。足饰复线角形纹。

扁耳两对，耳边饰辫纹。

身有四道合范线。

045 号鼓

面径 47.2、身高 27.4、胸径 49.3、腰径 41.7、足径 46.9。

面一弦分晕，七晕：1. 太阳纹，十二芒，芒间模糊；2、7. 乳丁纹；3. 栉纹；4. 变形游旗纹（主纹）；5. 辫纹；6. 素晕。

胸有三道弦纹。腰上部圆凸棱一道，棱有一道脊线，下部一道弦纹。足饰两道弦纹。

扁耳两对，饰线纹。

身有四道合范线。

048 号鼓

面径 47.4、身高 26、胸径 49、腰径 41.4、足径 47.3。

面一弦分晕，十晕：1. 太阳纹，十二芒夹坠形纹；2. “[illegible]”字纹；3. “S”形勾头纹；4、7、10. 乳丁纹；5. 游旗纹（主纹）；6. 素晕；8. 栉纹；9. 兽形云纹。

胸有乳丁纹、云纹、栉纹、雷纹。腰上部凸棱一道，下为云纹、雷纹。足饰复线角形纹。

扁耳两对，耳上部饰龙头纹。

身有四道合范线。

050 号鼓

面径 47.2、身高 26.5、胸径 47.4、腰径 36.2、足径 45.9。

面二、三或四弦分晕，十晕：1. 太阳纹，十二芒，芒间图案三角形纹；2、6、9. 乳丁纹；3. “S”形勾头纹；4. 羽纹；5、7. 栉纹；8. 游旗纹（主纹）；10. 绹纹。

胸有乳丁纹、雷纹、羽纹、云纹、“[illegible]”字纹。腰上部凸棱一道，下为云纹、雷纹。足饰复线角形纹。

扁耳两对，饰线纹。

身有四道合范线。

044 号鼓

1972 年征集于南宁废品仓库（下同）。

面径 47. 8、身高 26. 5、胸径 49. 5、腰径 41. 7、足径 45. 8

面一弦分晕，九晕：1. 太阳纹，十二芒，芒间模糊；2、6、9. 乳丁纹；3. 模糊；4. 变形游旗纹（主纹）；5. 辫纹；7. 缠枝花纹。

胸有三道弦纹。腰上部一道圆凸棱，下为弦纹一道。足饰两道弦纹。

扁耳两对，饰线纹。

身有四道合范线。

039 号鼓

面径 45. 5、身高 27. 5、胸径 47. 2、腰径 39. 8、足径 46. 3。

面一弦分晕，九晕：1. 太阳纹，十二芒夹坠形纹；2. “[illegible]”字纹；3. 雷纹；4、6、9. 乳丁纹；5. 珠宝纹、鱼纹、云纹、雷纹、同心圆圈纹等（主纹）；7. 牛、羊、猪、狗等纹（主纹）；8. “S”形勾头纹。

胸有乳丁纹、同心圆纹、雷纹。腰上部凸棱三道，下为同心圆纹、雷纹、珠宝纹。足饰图案三角形纹。

扁耳两对。

身有两道合范线。

046 号鼓

面径 50. 6、身高 27、胸径 50. 9、腰径 43. 6、足径 47. 8。

面破磨平，可见二晕：1. 太阳纹；2. 乳丁纹。

胸无纹饰。腰上部凸棱一道。足饰弦纹两道。

扁耳两对。

身有两道合范线。

049 号鼓

面径 47、身高 26. 7、胸径 48. 3、腰径 39. 9、足径 46. 5。

面一、二或三弦分晕，八晕：1. 太阳纹，十二芒，芒间素；2、5、8. 乳丁纹；3、6. 云纹；4. 雷纹（主纹）；7. 角纹、波浪纹、马纹等（主纹）。

胸有乳丁纹、八骏图。腰上部凸棱一道，下为云纹、水波纹。足饰一道雷纹、一道复线角形纹。

扁耳两对，饰线纹。

身有四道合范线。

051 号鼓

面径 47. 5、身高 27. 3、胸径 48. 7、腰径 40. 7、足径 46. 3。

面一、二、三、四弦分晕，六晕：1. 太阳纹，芒残失；2、5. 乳丁纹；3. 复线角形纹；4、6. 缠枝花纹（主纹）。

胸、足部各有阴弦纹三道。腰部有圆凸棱三道。

扁耳两对，饰线纹。

身有四道合范线。

052 号鼓

面径 49. 3、身高 26. 7、胸径 49. 3、腰径 42. 4、足径 48. 2。

面一弦分晕，十一晕：1. 太阳纹，十二芒夹坠形纹；2. “[illegible]”字纹；3、6. 云纹；4、7、10. 乳丁纹；5. 双龙献印、印纹“下廉遮红”（主纹）；8. 素晕；9. 雷纹；11. 缠枝花纹。边沿有四对羊纹。

胸有乳丁纹、云纹、雷纹。腰上部凸棱一道，下为云纹、雷纹。足饰复线角形纹。

扁耳两对。每耳边饰绳纹，中有“百”、“卍”字纹。

身有四道合范线。

272 号鼓

1965 年征集于南宁二级站（下同）。

面径 44. 9、身高 26. 8、胸径 45. 5、腰径 38. 5、足径 45. 6。

面一弦分晕，九晕：1. 太阳纹，十二芒夹坠形纹；2. 同心圆纹；3. 雷纹；4、6、9. 乳丁纹；5. 荷耙人形纹、家畜纹、“寿”字纹、符箓纹（主纹）；7. 菱格填花纹；8. 钱纹。

胸有乳丁纹、如意云纹、兽形云纹。腰上部凸棱一道，下为如意云纹、兽形云纹。足饰复线角形纹。

扁耳两对，耳边饰绳纹。

身有两道合范线。

291 号鼓

面径 49. 7、身高 26. 5、胸径 48. 3、腰径 40. 7、足径 47. 3。

面一弦分晕，九晕：1. 太阳纹，十二芒夹坠形纹；2、3、4. 符箓纹（主纹）、云纹；5. 同心圆纹；6. 雷纹；7. 八骏图（主纹）；8. 乳丁纹；9. 绹纹。

胸有乳丁纹、七道弦纹。腰中部凸棱一道，棱上、下有弦纹二或四道。足部素。

扁耳两对，耳边饰绳纹。

身有四道合范线。

195 号鼓

1954 年征集于柳州收购站（下同）。

面径 47、身高 26、胸径 49. 3、腰径 42、足径 47. 5。

面一弦分晕，九晕：1. 太阳纹，十二芒夹坠形纹，芒穿至三晕；2. “[illegible]”字纹；3. “S”形勾头纹；4、8. 乳丁纹；5. 游旗纹（主纹）；6. 素晕；7. 栉纹；9. 兽形云纹。

胸有乳丁纹、如意云纹、雷纹、栉纹。腰上部凸棱一道，下为雷纹、云纹。足饰复线角形纹。

扁耳两对。每耳边饰绳纹，中有雷纹，上下各有一孔。

内壁足边有弦纹两道。

身有四道合范线。面沿露四段垫条痕。

250 号鼓

面径 46、身高 28、胸径 47.2、腰径 40.4、足径 46.6。

面二弦分晕，八晕：1. 太阳纹，十二芒夹坠形纹；2、5、8. 同心圆纹；3. 波浪纹；4、7. 素晕；6. 十二生肖纹（主纹）。

胸有弦纹、乳丁纹。腰上部圆凸棱一道，棱有一道脊线，下为三道弦纹。足饰两道弦纹。

扁耳两对，饰线纹。

身有四道合范线。

290 号鼓

面径 43、身高 26、胸径 45.5、腰径 38.2、足径 45.5。

面一弦分晕，九晕：1. 太阳纹，十二芒夹坠形纹；2. 同心圆纹；3. 雷纹；4、6. 乳丁纹；5. 荷耙人形纹、同心圆纹、鹤纹、符箓纹（主纹）；7. 素晕；8. 兽形云纹；9. 乳丁纹、雷纹各一层。

胸有乳丁纹、同心圆纹、如意云纹、雷纹、兽形云纹。腰上部凸棱一道，下部模糊。足饰复线角形纹。

扁耳两对，耳边饰绳纹。

身有两道合范线。

236 号鼓

1955 年征集于柳州供销社（下同）。

面径 47.8、身高 27.5、胸径 49.6、腰径 41.7、足径 47.1。

面一或二弦分晕，九晕：1. 太阳纹，十二芒，芒间图案三角形纹，芒穿至二晕；2、6、9. 乳丁纹；3. 同心圆纹；4. 复线角形纹；5. 菱格填花纹；7. 变形游旗纹（主纹）；8. 雷纹。

胸有乳丁纹、雷纹。腰上部凸棱一道，下为雷纹、菱格填花纹。足饰图案三角形纹和同心圆纹。

扁耳两对，耳边饰绳纹。

身有四道合范线。

238 号鼓

面径 45.7、身高 25.6、胸径 49.3、腰径 40.1、足径 46.6。

面一弦分晕，九晕：1. 太阳纹，十二芒夹坠形纹，芒穿至三晕；2. “[illegible]”字纹；3. “S”形勾头纹；4、8. 乳丁纹；5. 游旗纹（主纹）；6. 素晕；7. 栉纹；9. 兽形云纹。

胸有乳丁纹、云纹、雷纹、栉纹。腰上部凸棱一道，下为云纹、雷纹。足饰复线角形纹。

耳皆残失。

身有四道合范线。

260 号鼓

面径 47.5、身高 27.4、胸径 47.7、腰径 39.2、足径 45.5。

面一或二弦分晕，十一晕：1. 太阳纹，十二芒夹坠形纹；2. “[illegible]”字纹；3. 云纹；4、6、8. 乳丁纹；5. 棂花纹（主纹）；7. 云纹（主纹）；9. 缠枝花纹；10. 素晕。

胸有乳丁纹、云纹、雷纹。腰上部凸棱一道，下为雷纹、云纹。足饰复线角形纹。

扁耳两对。每耳中有雷纹、“百”和“卍”字，边饰绳纹。

身有两道合范线。胸、腰内壁有阴弦纹四道。

230 号鼓

面径 52.7、身高 30.2、胸径 55.3、腰径 50.9、足径 52.4。

面一弦分晕，十一晕：1. 太阳纹，十二芒，芒间模糊；2. 模糊；3. “S”形勾头纹；4、10. 乳丁纹；5、9. 栉纹；6. 游旗纹（主纹）；7、8. 素晕；11. 兽形云纹。

胸有乳丁纹、兽形云纹、如意云纹、栉纹、云纹。腰上部凸棱一道，下为雷纹、如意云纹。足饰复线角形纹。

扁耳两对。每耳边饰绳纹、羽纹，中有四个雷纹间三个方孔。

身有两道合范线。并有垫片脱落后的小孔。

175 号鼓

1956 年征集于柳州供销社（下同）。

面径 47.4、身高 26、胸径 49、腰径 41.4、足径 46.8。

面一弦分晕，九晕：1. 太阳纹，十二芒夹坠形纹；2. “[illegible]”字纹；3. “S”形勾头纹；4、8. 乳丁纹；5. 游旗纹（主纹）；6. 素晕；7. 栉纹；9. 兽形云纹。

胸有乳丁纹、如意云纹、雷纹、栉纹。腰上部凸棱一道，下为雷纹、云纹。足饰复线角形纹。

扁耳两对。每耳边饰绳纹，中有雷纹。

身有四道合范线。

184 号鼓

面径 46.9、身高 25.7、胸径 48.4、腰径 42.2、足径 47.7。

面一弦分晕，九晕：1. 太阳纹，十二芒夹坠形纹，芒穿至三晕；2. “[illegible]”字纹；3. “S”形勾头纹；4、8. 乳丁纹；5. 游旗纹（主纹）；6. 素晕；7. 栉纹；9. 兽形云纹。

胸有乳丁纹、如意云纹、云纹、雷纹、栉纹。腰上部凸棱一道，下为栉纹、雷纹。足饰复线角形纹。

扁耳两对。每耳边饰绳纹，上下各有一孔。

身有四道合范线。并有垫片脱落后的小孔十余个。

200 号鼓

面径 51.2、身高 27.5、胸径 52.2、腰径 46.1、足径 52.7。

面一弦分晕，十一晕：1. 太阳纹，十二芒，芒间图案三角形纹；2. “[illegible]”字纹；3. “S”形勾头纹；4、10. 乳丁纹；5、9. 栉纹；6. 游旗纹（主纹）；7、8. 素晕；11. 兽形云纹。

胸有乳丁纹、兽形云纹、如意云纹、栉纹、云纹。腰上部凸棱一道，下为雷纹、云纹。足饰复线角形纹。

扁耳两对。每耳边饰羽纹，中有雷纹间三小方孔。

身有两道合范线。另有纵线两道。并且少许垫片脱落后的小孔。

259 号鼓

面径 44.5、身高 26、胸径 46.1、腰径 39.2、足径 44.2。

面一弦分晕，九晕：1. 太阳纹，十二芒夹坠形纹；2. 如意云纹；3. 钱纹；4、6、9. 乳丁纹；5. 符箓纹（主纹）；7. 兽形云纹；8. 素晕。

胸有乳丁纹、如意云纹、兽形云纹。腰上部凸棱一道，下为如意云纹、兽形云纹。足饰复线角形纹。

扁耳两对，耳边饰绳纹。

身有两道合范线。

170 号鼓

1958 年征集于柳州收购站（下同）。

面径 46、身高 27、胸径 49、腰径 40.7、足径 47.2。

面一弦分晕，十一晕：1. 太阳纹，十二芒，芒间复线角形纹，芒穿至四晕；2、3、11. “S”形勾头纹；4. 素晕；5、10. 乳丁纹；6. 石花纹；7. 栉纹；8. 雷纹；9. 同心圆纹。

胸有乳丁纹、钱纹、兽形云纹、宝珠纹、“S”形勾头纹、云纹。腰上部凸棱一道，下为“S”形勾头纹、宝珠纹、兽形云纹。足饰复线角形纹。

扁耳两对，耳边饰绳纹。

身有两道合范线。

181 号鼓

面径 47.5、身高 26.5、胸径 49.6、腰径 41.4、足径 47。

面一弦分晕，九晕：1. 太阳纹，十二芒夹坠形纹，芒穿至三晕；2. “[illegible]”字纹；3. “S”形勾头纹；4、8. 乳丁纹；5. 游旗纹（主纹）；6. 素晕；7. 栉纹；9. 兽形云纹。

胸有乳丁纹、雷纹、如意云纹、栉纹。腰上部凸棱一道，下为云纹、雷纹。足饰复线角形纹。

扁耳两对。每耳边饰绳纹，中有雷纹三个，上下耳根各有一小孔。

身有四道合范线。面沿露四段垫条痕。

182 号鼓

面径约 48.2、身高 25.4、胸径 50、腰径 42.6、足径 47.7。

面一弦分晕，九晕：1. 太阳纹，十二芒夹坠形纹；2. “[illegible]”字纹；3. “S”形勾头纹；4. 游旗纹（主纹）；5、8. 乳丁纹；6. 云纹；7. 雷纹；9. 兽形云纹。

胸有乳丁纹、雷纹、云纹。腰上部凸棱一道，下为云纹、雷纹。足饰复线角形纹。

扁耳两对。每耳边饰绳纹，上有雷纹一个，下有一“卍”字纹。

身有两道合范线。

196 号鼓

面径 47、身高 27、胸径 49.1、腰径 41.4、足径 47.4。

面一弦分晕，九晕：1. 太阳纹，十二芒夹坠形纹；2. “[illegible]”字纹；3. 如意云纹；4、8. 乳丁纹；5. 游旗纹（主纹）；6. 素晕；7. 栉纹；9. 兽形云纹。

胸有乳丁纹、雷纹、云纹、栉纹。腰上部凸棱一道，下为云纹、雷纹。足饰复线角形纹。

扁耳两对，耳边饰绳纹。

身有四道合范线。面沿露四段垫条痕。

199 号鼓

面径 47.5、身高 27.5、胸径 50、腰径 41.7、足径 47.7。

面一弦分晕，九晕：1. 太阳纹，十二芒夹坠形纹，芒穿至三晕；2. “[illegible]”字纹；3. “S”形勾头纹；4、8. 乳丁纹；5. 游旗纹（主纹）；6. 素晕；7. 栉纹；9. 兽形云纹。

胸有乳丁纹、雷纹、如意云纹、栉纹。腰上部凸棱一道，下为雷纹、云纹。足饰复线角形纹。

扁耳两对。每耳边饰绳纹，中有雷纹三个。

身有四道合范线。面沿露四段垫条痕。

204 号鼓

面径 48.1、身高 27.5、胸径 50.3、腰径 41.4、足径 48.3。

面一弦分晕，九晕：1. 太阳纹，十二芒夹坠形纹，芒穿至三晕；2. “[illegible]”字纹；3. “S”形勾头纹；4、8. 乳丁纹；5. 游旗纹（主纹）；6. 素晕；7. 栉纹；9. 兽形云纹。

胸有乳丁纹、如意云纹、雷纹、栉纹。腰上部凸棱一道，下为云纹、雷纹。足饰复线角形纹。

扁耳两对。每耳边饰绳纹，中有雷纹两个，上下部各有一孔。

身有四道合范线。

206 号鼓

面径 51.4、身高 27.7、胸径 55.3、腰径 48、足径 53.5。

面一弦分晕，九晕：1. 太阳纹，十二芒夹坠形纹；2. “[illegible]”字纹；3. 乳丁纹；4、8. 栉纹；5. 游旗纹（主纹）；6. 十二生肖纹（主纹）；7. “S”形勾头纹；9. 兽形云纹。

胸有乳丁纹、栉纹、云纹、如意云纹。腰上部凸棱一道，下为雷纹、如意云纹。足饰复线角形纹。

扁耳两对。每耳边饰线纹，上下部各有一孔。

身有四道合范线。并有垫片脱落后的小孔数个。

217 号鼓

面径 47、身高 27、胸径 49.6、腰径 41.4、足径 47.6。

面一弦分晕，九晕：1. 太阳纹，十二芒夹坠形纹，芒穿至三晕；2. “[illegible]”字纹；3. “S”形勾头纹；4、8. 乳丁纹；5. 游旗纹（主纹）；6. 素晕；7. 栉纹；9. 兽形云纹。

胸有乳丁纹、雷纹、如意云纹、栉纹。腰上部凸棱一道，下为雷纹、云纹。足饰复线角形纹。

扁耳两对。每耳边饰绳纹，中有雷纹三个，上下部各有一孔。

身有四道合范线。面沿露四段垫条痕。

218 号鼓

面径 52、身高 28、胸径 54. 1、腰径 46. 8、足径 51. 8。

面一弦分晕，十晕：1. 太阳纹，十二芒夹图案三角形纹；2. “[illegible]”字纹；3. “S”形勾头纹；4、9. 乳丁纹；5、8. 栉纹；6. 游旗纹（主纹）；7. 十二生肖纹（主纹）；10. 兽形云纹。

胸有兽形云纹、乳丁纹、如意云纹、栉纹、花朵纹。腰上部凸棱一道，下为雷纹、花朵纹。足饰复线角形纹。

扁耳两对。每耳边饰辫纹，中有三孔。

身有四道合范线。

221 号鼓

面径 48、身高 27、胸径 48、腰径 39. 5、足径 46. 4。

面二弦分晕（内处为一弦），十晕：1. 太阳纹，十二芒夹坠形纹，芒穿至二晕；2. “[illegible]”字纹；3. 变体“S”形勾头纹；4、6、8. 乳丁纹；5. 棂花纹（主纹）；7. 云纹；9. 雷纹；10. 素晕。

胸有乳丁纹、如意云纹、云纹、雷纹。腰上部凸棱一道，下为雷纹、云纹。足饰图案三角形纹。

扁耳两对。每耳边饰绳纹，中有雷纹及“卍”字纹。

身有两道合范线。

224 号鼓

面径 47、身高 25. 8、胸径 48. 3、腰径 42. 6、足径 48。

面一弦分晕，九晕：1. 太阳纹，十二芒夹坠形纹，芒穿至三晕；2. “[illegible]”字纹；3. “S”形勾头纹；4、8. 乳丁纹；5. 游旗纹（主纹）；6. 素晕；7. 栉纹；9. 兽形云纹。

胸有乳丁纹、如意云纹、兽形云纹、雷纹、云纹、栉纹。腰上部凸棱一道，下为云纹、雷纹。足饰复线角形纹。

扁耳两对。每耳边饰绳纹，上下部各有一孔。

身有四道合范线。并有垫片脱落后的小孔数个。

225 号鼓

面径 46. 7、身高 25. 8、胸径 49. 6、腰径 41. 4、足径 46. 5。

面一弦分晕，九晕：1. 太阳纹，十二芒夹坠形纹，芒穿至三晕；2. “[illegible]”字纹；3. “S”形勾头纹；4、8. 乳丁纹；5. 游旗纹（主纹）；6. 素晕；7. 栉纹；9. 兽形云纹。

胸有乳丁纹、如意云纹、雷纹、栉纹。腰上部凸棱一道，下为雷纹、云纹。足饰复线角形纹。

扁耳两对。每耳边饰绳纹，中有雷纹，上有一孔。

身有四道合范线。

228 号鼓

面径 46. 8、身高 26. 3、胸径 50. 3、腰径 40. 5、足径 46. 3。

面一弦分晕，九晕：1. 太阳纹，十二芒夹坠形纹，芒穿至三晕；2. “[illegible]”字纹；3. “S”形勾头纹；4、8. 乳丁纹；5. 游旗纹（主纹）；6. 素晕；7. 栉纹；9. 兽形云纹。

胸有乳丁纹、雷纹、如意云纹、栉纹。腰上部凸棱一道，下为云纹、雷纹。足饰复线角形纹。

扁耳两对。每耳边饰绳纹，上下部各有一孔。

身有四道合范线。

234 号鼓

面径 49. 1、身高 26. 1、胸径 50. 9、腰径 48. 1、足径 49. 4。

面一或二弦分晕，九晕：1. 太阳纹，十二芒夹坠形纹；2、8. 乳丁纹；3. “S”形勾头纹；4. 同心圆纹；5. 雷纹；6. 宝线和玉块纹（主纹）；7. 虫形纹；9. 绹纹。

胸有乳丁纹、虫形纹、宝锁纹。腰上部凸棱一道，下为雷纹、花朵纹。足饰复线角形纹。

扁耳两对，耳边饰羽纹。

身有两道合范线。另有纵线两道。内壁零星露垫片痕。

237 号鼓

面径 45、身高 25、胸径 45. 8、腰径 38. 1、足径 45. 8。

面一弦分晕，十一晕：1. 太阳纹，十二芒夹图案三角形纹，芒穿至四晕；2. “[illegible]”字纹；3. S 形勾头纹；4. 素晕；5、8、11. 乳丁纹；6. 人形纹（其中有荷耙者）和石花纹（主纹）；7. 绹纹；9. 宝珠纹；10. 钱纹。边沿有雷纹两个。

胸有乳丁纹、钱纹、雷纹、如意云纹、“S”形勾头纹。腰上部凸棱一道，下为“S”形勾头纹、雷纹、如意云纹。足饰复线角形纹。

扁耳两对，耳边饰绳纹。

背面有动物纹。

身有四道合范线。

240 号鼓

面径 46. 2、身高 26. 5、胸径 49. 3、腰径 41、足径 46。

面一弦分晕，九晕：1. 太阳纹，十二芒夹坠形纹，芒穿至三晕；2. 雷纹；3. “S”形勾头纹；4、8. 乳丁纹；5. 游旗纹（主纹）；6. 素晕；7. 栉纹；9. 兽形云纹。

胸有乳丁纹、雷纹、如意云纹、栉纹。腰上部凸棱一道，下为雷纹、云纹。足饰复线角形纹。

扁耳两对。每耳边饰绳纹，中有雷纹三个。

身有四道合范线。面沿露四段垫条痕。

241 号鼓

面径 47. 4、身高 26. 3、胸径 49. 6、腰径 41. 4、足径 47。

面一弦分晕，九晕：1. 太阳纹，十二芒夹坠形纹，芒穿至三晕；2. “卣”字纹；3. “S”形勾头纹；4、8. 乳丁纹；5. 游旗纹（主纹）；6. 素晕；7. 栉纹；9. 兽形云纹。

胸有乳丁纹、云纹、雷纹、栉纹。腰上部凸棱一道，下为云纹、雷纹。足饰复线角形纹。

扁耳两对（三耳残失），耳边饰绳纹。

身有四道合范线。面沿露四段垫条痕。

245 号鼓

面径 47.8、身高 28.5、胸径 51.9、腰径 42.6、足径 50。

面一弦分晕，十晕：1. 太阳纹，十二芒，芒间图案三角形纹；2. “卣”字纹；3、9. 乳丁纹；4、8. 栉纹；5、7. 素晕；6. 游旗纹（主纹）；10. 缠枝纹。

胸有栉纹、乳丁纹、云纹。腰上部凸棱一道，下为缠枝纹、雷纹。足饰复线角形纹。

扁耳两对。每耳边饰辫纹，中有方孔三个。

身有两道合范线。另有两道纵线。

249 号鼓

面径 47.3、身高 26.7、胸径 49.3、腰径 40.3、足径 47.8。

面一弦分晕，九晕：1. 太阳纹，十二芒夹坠形纹，芒穿至三晕；2. “卣”字纹；3. “S”形勾头纹；4、8. 乳丁纹；5. 游旗纹（主纹）；6. 素晕；7. 栉纹；9. 兽形云纹。

胸有乳丁纹、雷纹、如意云纹、栉纹。腰上部凸棱一道，下为雷纹、云纹。足饰复线角形纹。

扁耳两对。每耳边饰绳纹，中有雷纹三个。

身有四道合范线。

253 号鼓

面径 48、身高 27.5、胸径 49、腰径 40.3、足径 47.1。

面一、二、三弦分晕，七晕：1. 太阳纹，十二芒，芒间素；2、5 及边沿．乳丁纹；3. 素晕；4. 雷纹；6. 雷纹与波浪纹（主纹）；7. 缠枝纹。

胸有乳丁纹、复线角形纹。腰上部凸棱一道和一、二、三线弦纹各一道。足饰复线角形纹。

扁耳两对，饰线纹。

身有四道合范线。

258 号鼓

面径 48.3、身高 28、胸径 51.6、腰径 48.2、足径 51.6。

面一或二弦分晕，九晕：1. 太阳纹，十二芒，芒间模糊；2、6. 同心圆纹；3. 栉纹；4、8. 乳丁纹；5. 变形游旗纹（主纹）；7. 辫纹；9. 云纹。

胸有乳丁纹、弦纹。腰上部凸棱一道，棱上下各有一道弦纹。足饰云纹和复线角形纹。

扁耳两对。每耳中有两孔，边饰绳纹。

身有四道合范线。面沿露四段垫条痕。

271 号鼓

面径 49、身高 27、胸径 50.3、腰径 41.7、足径 47.9。

面一或二弦分晕，十三晕：1. 太阳纹，十二芒，芒间图案三角形纹；2、10. 乳丁纹；3. 云纹；4、9. 栉纹；5. 符箓纹（主纹）；6. 雷纹；7、8、12、13. 素晕；11. 绹纹。

胸有乳丁纹、雷纹、栉纹、云纹。腰上部凸棱一道，下为雷纹、花朵纹。足饰复线角形纹。

扁耳两对，耳边饰线纹及羽纹。

身有四道合范线。并有垫片脱落后的小孔数个。

273 号鼓

面径 48、身高 28、胸径 50.3，腰以下残缺。

面一弦分晕，六晕：1. 太阳纹（残破较甚）；2. 圆圈纹；3. 四瓣花纹；4. 缠枝纹；5. 素晕；6. 乳丁纹。

胸、足部各有弦纹三道。腰有圆棱一道，棱饰脊线一条。

扁耳两对，每耳饰阴线三道。

身有四道合范线。另有纵线两道。

277 号鼓

面径 46.6、身高 26.2、胸径 48.3、腰径 41.2、足径 47.5。

面一弦分晕，十一晕：1. 太阳纹，十二芒夹坠形纹；2. “[illegible]”字纹；3. “S”形勾纹；4、7、11. 乳丁纹；5. 游旗纹（主纹）；6. 云纹；8、10. 雷纹；9. 兽形云纹。

胸有乳丁纹、雷纹。腰上部有凸棱一道，下为雷纹。足饰复线角形纹。

扁耳两对，耳边饰绳纹。

身有两道合范线。

278 号鼓

面径 50.8、胸径 52.8、腰径 46.1，足残失。

面一或二弦分晕，十一晕：1. 太阳纹，十二芒，芒间图案三角形纹；2. “S”形勾纹；3、8. 乳丁纹；4. 符箓纹（主纹）；5、9. 栉纹；6. 同心圆纹；7、11. 云纹；10. 绹纹。

胸有乳丁纹、云纹、栉纹。腰上部有凸棱一道，下仅见雷纹、栉纹各一道。

扁耳两对。每耳上有三孔，边饰绳纹。

身有四道合范线。

284 号鼓

面径 48.5、身高 27.7、胸径 51.5、腰径 42.6、足径 50。

面一弦分晕，十一晕：1. 太阳纹，十二芒，芒间图案三角形纹，芒穿至二晕；2. “[illegible]”字纹；3. 符箓纹；4、9. 乳丁纹；5、8. 雷纹；6. 游旗纹（主纹）；7. 素晕；10. 兽形云纹；11. “S”形勾头纹。

胸有符箓纹、乳丁纹、如意云纹、雷纹。腰上部有凸棱一道，下为兽形云纹、雷纹、“S”形勾头纹。足饰波浪纹。

扁耳两对。每耳边饰辫纹，中有雷纹及三个方窝。

身有四道合范线。面沿露四段垫条痕。

287 号鼓

面径 50、身高 27.4、胸径 52，腰残破，足径 50.9。

面一弦分晕，十一晕：1. 太阳纹，十二芒夹坠形纹；2. “[illegible]”字纹；3. “S”形勾头纹；4、10. 乳丁纹；5、9. 栉纹；6. 游旗纹（主纹）；7、8. 素晕；11. 兽形云纹。

胸有乳丁纹、兽形云纹、如意云纹、雷纹、云纹、栉纹。腰上部凸棱一道，下为雷纹、云纹。足饰复线角形纹。

扁耳两对。每耳边饰绳纹，上下耳根各有一孔。

身有四道合范线。面沿露四段垫条痕。

289 号鼓

面径 48、身高 27、胸径 48、腰径 39.2、足径 45.6。

面一或二弦分晕，十晕：1. 太阳纹，十二芒夹坠形纹，芒穿至二晕；2. “[illegible]”字纹；3. “S”形勾头纹；4、6、8. 乳丁纹；5. 棂花纹（主纹）；7. 波浪纹；9. 缠枝花纹；10. 素晕。

胸有乳丁纹、如意云纹、云纹、雷纹。腰上部凸棱一道，下为雷纹、云纹。足饰复线角形纹。

扁耳两对，耳边饰绳纹。

背面有双龙献“寿”纹两组。

身有四道合范线。

293 号鼓

面径 48.4、身高 29、胸径 50、腰径 41.1，足部残失。

面一弦分晕，十晕：1. 太阳纹，十二芒，芒间图案三角形纹；2. 同心圆纹；3. 羽纹；4、9. 乳丁纹；5、6. 素晕；7. 缠枝纹（主纹）；8. 雷纹；10. 绹纹。

胸有乳丁纹和弦纹五道。腰上部有圆凸棱一道，棱上有一道脊线，下部为弦纹五道。

扁耳两对，饰辫纹、线纹。

身有四道合范线。

294 号鼓

面径 49.8、身高 26.5、胸径 51.2、腰径 44.8、足径 49.2。

面一弦分晕，九晕：1. 太阳纹，十二芒，芒间图案三角形纹；2. 火焰纹；3、9. 乳丁纹；4. 符箓纹（主纹）；5. 同心圆纹；6. 栉纹；7. 雷纹；8. 素晕。

胸有乳丁纹、弦纹。腰上部凸棱一道，下为云纹。足饰复线角形纹。

扁耳两对，饰辫纹、线纹。

身有四道合范线。

304 号鼓

面径 47、身高 26.3、胸径 49、腰径 41.4、足径 48。

面一弦分晕，十一晕：1. 太阳纹，十二芒，芒间模糊，芒穿至四晕；2、9. 雷纹；3. 同心圆纹；4、8. 素晕；5、7、10. 乳丁纹；6. 人形纹和石花纹（主纹）；11. 兽形云纹。

胸有乳丁纹、同心圆纹、如意云纹、雷纹。腰上部凸棱一道，下为如意云纹、雷纹、同心圆纹、云纹。足饰复线角形纹。

扁耳两对，饰绳纹、线纹。

前面有树纹、马纹。

身有四道合范线。

113 号鼓

1962 年征集于柳州收购站（下同）。

面径 46、身高 26.2、胸径 48.3、腰径 41.5、足径 47。

面一弦分晕，十一晕：1. 太阳纹，十二芒夹坠形纹，芒穿至三晕；2. “⿵冂丁”字纹；3. “S”形勾头纹；4、7、10. 乳丁纹；5. 双龙献“寿”及铭文“永世家财”、“万代进宝”等（主纹）；6. 兽形云纹；8. 缠枝纹；9. 云纹；11. 雷纹。

胸有乳丁纹、雷纹。腰上部凸棱一道，下为雷纹。足饰复线角形纹。

扁耳两对，耳边饰绳纹。

身有两道合范线。

171 号鼓

面径 51.8、身高 28、胸径 52.6、腰径 46.4、足径 51.5。

面一弦分晕，十一晕：1. 太阳纹，十二芒夹坠形纹；2. “⿵冂丁”字纹；3. “S”形勾头纹；4、10. 乳丁纹；5、9. 栉纹；6. 符箓纹、游旗纹（主纹）；7、8、10. 素晕。

胸有乳丁纹、云纹、栉纹。腰上部凸棱一道，下为云纹、雷纹。足饰复线角形纹。

扁耳两对。每耳边饰辫纹，中有三孔。

身有四道合范线。

172 号鼓

面径 49.4、身高 26.5、胸径 51.2、腰径 43.5、足径 49.5。

面一弦分晕，十一晕：1. 太阳纹，十二芒夹坠形纹；2. “⿵冂丁”字纹；3. “S”形勾头纹；4、10. 乳丁纹；5、9. 栉纹；6. 游旗纹（主纹）；7、8. 素晕；11. 兽形云纹。

胸有乳丁纹、兽形云纹、云纹、栉纹。腰上部凸棱一道，下为雷纹、云纹。足饰复线角形纹。

扁耳两对。每耳边饰绳纹，中有雷纹四个与三孔相间。

身有四道合范线。并有垫片脱落后的小孔十余个。

174 号鼓

面径 47.6、身高 26、胸径 49.3、腰径 41.4、足径 47.3。

面一弦分晕，九晕：1. 太阳纹，十二芒夹坠形纹，芒穿至三晕；2. “酉”字纹；3. “S”形勾头纹；4、8. 乳丁纹；5. 游旗纹（主纹）；6. 素晕；7. 栉纹；9. 兽形云纹。

胸有乳丁纹、如意云纹、雷纹、栉纹。腰上部凸棱一道，下为雷纹、云纹。足饰复线角形纹。

扁耳两对。每耳边饰绳纹，中有雷纹三个，上下各有一孔。

身有四道合范线。

176 号鼓

面径 46.3、身高 26.5、胸径 49、腰径 40.3、足径 46.6。

面一、二、三弦分晕，十四晕：1. 太阳纹，十二芒，芒间图案三角形纹；2. 四瓣花纹；3、7、12. 乳丁纹；4. 莲花纹（主纹）；5、9、14. 素晕；6、13. 波浪纹；8. 雷纹；10. “酉”字纹；11. 菱格填花图案。

胸有乳丁纹、“S”形勾头纹、波浪纹。腰上部凸棱一道，下为菱格填花图案、乳丁纹。足饰云幔纹。

扁耳两对。

身有四道合范线。

179 号鼓

面径 49.6、身高 27.5、胸径 51.9，腰足残失。

面一弦分晕，十一晕：1. 太阳纹，十二芒夹坠形纹；2. “酉”字纹；3. “S”形勾头纹；4、10. 乳丁纹；5、9. 栉纹；6. 游旗纹（主纹）；7、8. 素晕；11. 兽形云纹。

胸有乳丁纹、云纹、栉纹。腰上部凸棱一道，下为云纹、雷纹。足饰复线角形纹。

扁耳两对（一耳残失）。每耳有三孔，边饰绳纹。

身有两道合范线。

193 号鼓

面径 47.4、身高 29.5、胸径 50.6，腰残，足径 48.3。

面一弦分晕，十二晕：1. 太阳纹，十二芒，芒间图案三角形纹；2. “酉”字纹；3、11. 乳丁纹；4. 辫纹；5. 四出钱纹；6. 网纹；7. 梅花纹；8. 游旗纹（主纹）；10. “S”形勾头纹；12. 兽形云纹。

胸有栉纹、乳丁纹、雷纹。腰上部凸棱一道，下为雷纹、云纹。足饰复线角形纹。

扁耳两对。每耳边饰绳纹，上下部各有一孔。

身有四道合范线。并有垫片脱落后的小孔数个。

197 号鼓

面径 49、胸径 50.9，腰、足残。

面一弦分晕，十一晕：1. 太阳纹，十二芒夹坠形纹；2. “酉”字纹；3. “S”形勾头纹；4、10. 乳丁纹；5、9. 栉纹；6. 游旗纹（主纹）；7、8. 素晕；11. 兽形云纹。

胸有乳丁纹、栉纹、弦纹。

扁耳两对。每耳边饰绳纹，中有雷纹和三孔。

身有两道合范线。

198 号鼓

面径 47、身高 27、胸径 49. 6，腰、足皆残。

面一弦分晕，九晕：1. 太阳纹，十二芒夹坠形纹，芒穿至三晕；2. “[illegible]”字纹；3. “S”形勾头纹；4、8. 乳丁纹；5. 游旗纹（主纹）；6. 素晕；7. 栉纹；9. 兽形云纹。

胸有乳丁纹、雷纹、如意云纹、栉纹。腰上部凸棱一道，下为雷纹、云纹。足饰复线角形纹。

扁耳两对。每耳边饰绳纹，中有雷纹三个。

身有四道合范线。面沿露四段垫条痕。

203 号鼓

面径 47、身高 25. 8、胸径 49、腰径 40. 4、足径 46. 3。

面一弦分晕，九晕：1. 太阳纹，十二芒夹坠形纹，芒穿至三晕；2. “[illegible]”字纹；3. “S”形勾头纹；4、8. 乳丁纹；5、7. 栉纹；6. 游旗纹（主纹）；9. 兽形云纹。

胸有乳丁纹、如意云纹、雷纹、云纹、栉纹。腰上部凸棱一道，下为雷纹、云纹。足饰复线角形纹。

扁耳两对。每耳边饰绳纹，中有雷纹两个，上部有一小孔。

身有四道合范线。

205 号鼓

面径 48、身高 26. 4、胸径 50. 9、腰径 42. 6、足径 46. 9。

面一弦分晕，十晕：1. 太阳纹，十二芒夹坠形纹；2. “[illegible]”字纹；3. “S”形勾头纹；4、7、10. 乳丁纹；5. 游旗纹（主纹）；6. 素晕；8. 栉纹；9 兽形云纹。

胸有乳丁纹、雷纹、云纹、栉纹。腰上有部凸棱一道，下为云纹、雷纹。足饰复线角形纹。

扁耳两对，耳边饰绳纹。

身有四道合范线。

207 号鼓

面径 49. 8、身高 28. 3、胸径 53. 4、腰径 44. 6、足径 50. 8。

面一弦分晕，十一晕：1. 太阳纹，十二芒夹坠形纹；2. “[illegible]”字纹；3. “S”形勾头纹；4、10. 乳丁纹；5、9. 栉纹；6. 游旗纹（主纹）；7、8. 素晕；11. 兽形云纹。

胸有乳丁纹、云纹、雷纹、栉纹。腰上部有凸棱一道，下为云纹、雷纹。足饰复线角形纹。

扁耳两对。每耳中饰雷纹，边饰绳纹。

身有四道合范线。面沿露四段垫条痕。

208 号鼓

面径 48. 2、身高 27. 2、胸径 50，腰、足残缺。

面一弦分晕，九晕：1. 太阳纹，十二芒夹坠形纹，芒穿至三晕；2. “[illegible]”字纹；3. “S”形勾头纹；4、8. 乳丁纹；5. 游旗纹（主纹）；6. 素晕；7. 栉纹；9. 兽形云纹。

胸有乳丁纹、雷纹、云纹、栉纹。腰上部凸棱一道，下为云纹、雷纹。足饰复线角形纹。

扁耳两对。每耳上端一孔，边饰绳纹。

身有四道合范线。面沿露四段垫条痕。

209 号鼓

面径 47.2、身高 26.9、胸径 49.6、腰径 41.7、足径 47.3。

面一弦分晕，九晕：1. 太阳纹，十二芒夹坠形纹，芒穿至三晕；2. “卣”字纹；3. “S”形勾头纹；4、8. 乳丁纹；5. 游旗纹（主纹）；6. 素晕；7. 栉纹；9. 兽形云纹。

胸有乳丁纹、雷纹、云纹、栉纹。腰上部凸棱一道，下为云纹、雷纹。足饰复线角形纹。

扁耳两对，耳边饰绳纹。

身有四道合范线。面沿露四段垫条痕。

210 号鼓

面径 49.9、身高 28.4、胸径 52.8、腰径 45.8、足径 51.6。

面一弦分晕，十一晕：1. 太阳纹，十二芒，芒间图案三角形纹；2. “卣”字纹；3. “S”形勾头纹；4、10. 乳丁纹；5、9. 栉纹；6、游旗纹（主纹）；7、8. 素晕；11. 兽形云纹。

胸有乳丁纹、兽形云纹、如意云纹、栉纹。腰上部凸棱一道，下为雷纹、云纹。足饰复线角形纹。

扁耳两对。每耳边饰绳纹，中有三孔。

身有四道有合范线。

213 号鼓

面径 50、身高 27.9、胸径 52.3、腰径 44.4、足径 49.3。

面一弦分晕，十一晕：1. 太阳纹，十二芒夹坠形纹；2“卣”字纹；3. “S”形勾头纹；4、10. 乳丁纹；5、9. 栉纹；6. 十二生肖纹和游旗纹（主纹）；7、8. 素晕；11. 兽形云纹。

胸有乳丁纹、如意云纹、兽形云纹、雷纹、云纹、栉纹。腰上部凸棱一道，下为雷纹、云纹。足饰复线角形纹。

扁下两对，耳边饰绳纹。

身有两道合范线。面沿露四段垫条痕。

219 号鼓

面径 44.4、身高 25、胸径 45.8、腰径 37.8、足径 46.2。

面一弦分晕，十一晕：1. 太阳纹，十二芒，芒间复线角形纹；2. “卣”字纹；3. 栉纹；4、8、10. 素晕；5、7、11. 乳丁纹；6. 人形纹、畜、鹤、龙、鱼、虾等纹（主纹）；9. 雷纹。

胸有乳丁纹、同心圆纹、四出钱纹、雷纹、“S”形勾头纹。腰上部凸棱一道，下为“S”形勾头纹、雷纹。足饰复线角形纹。

扁耳两对，耳边饰辫纹。

背面有压胜钱纹四个。

身有四道合范线。

220 号鼓

面径 50. 6、身高 27. 1、胸径 51. 9、腰径 44. 4、足径 50. 7。

面一弦分晕，十一晕：1. 太阳纹，十二芒夹坠形纹；2. “卣”字纹；3. “S”形勾头纹；4、10. 乳丁纹；5、9. 栉纹；6. 游旗纹（主纹）；7、8. 素晕；11. 兽形云纹。鼓边有双龙献宝纹四组。

胸有乳丁纹、如意云纹、兽形云纹、雷纹、云纹、栉纹。腰上部凸棱一道，下为云纹、雷纹。足饰复线角形纹。

扁耳两对。每耳边饰绳纹，上部有一小孔。

身有四道合范线。面沿露四段垫条痕。

223 号鼓

面径 50、身高 27. 8、胸径 52. 2，腰以下残破。

面一弦分晕，十一晕：1. 太阳纹，十二芒，芒间图案三角形纹；2. “卣”字纹；3. “S”形勾头纹；4、10. 乳丁纹；5、9. 栉纹；6. 游旗纹；7、8. 素晕；11. 兽形云纹。

胸有乳丁纹、兽形云纹、如意云纹、栉纹、云纹。腰上部凸棱一道，下为雷纹、云纹。足饰复线角形纹。

扁耳两对。每耳边饰辫纹，中有三方孔。

身有两道合范线。另有纵线两道。

226 号鼓

面径 49. 2、身高 27. 4、胸径 50. 6、腰径 43. 6、足径 49. 3。

面一弦分晕，十一晕：1. 太阳纹，十二芒夹坠形纹，芒穿至四晕；2. “卣”字纹；3、6、9. 素晕；4、10. 乳丁纹；5. 游旗纹（主纹）；7. 雷纹；9. 栉纹；11. 云纹。

胸有乳丁纹、云纹、雷纹。腰上部凸棱一道，下为雷纹。足饰复线角形纹。

扁耳两对，耳边饰辫纹。

身有四道合范线。

232 鼓

面径 47. 1、身高 26. 8、胸径 49. 6、腰径 41. 4、足径 47. 8。

面一弦分晕，九晕：1. 太阳纹，十二芒夹坠形纹，芒穿至三晕；2. “卣”字纹；3. “S”形勾头纹；4、8. 乳丁纹；5. 游旗纹（主纹）；6. 素晕；7. 栉纹；9. 兽形云纹。

胸有乳丁纹、雷纹、如意云纹、栉纹。腰上部凸棱一道，下为雷纹、云纹。足饰复线角形纹。

扁耳两对。每耳边饰绳纹，中有雷纹三个。

内壁足边有弦纹一道。

身有四道合范线。面沿露四段垫条痕。

242 号鼓

面径 49. 7、身高 28. 2、胸径 52. 5、腰径 44. 5、足径 51. 5。

面一弦分晕，十一晕：1. 太阳纹，十二芒，芒间图案三角形纹；2. “酉”字纹；3、11. 兽形云纹；4、10. 乳丁纹；5、9. 栉纹；6. 游旗纹（主纹）；7、8. 素晕。

胸有乳丁纹、兽形云纹、如意云纹、栉纹、云纹。腰上部凸棱一道，下为雷纹、云纹。足饰复线角形纹。

扁耳两对。每耳边饰辫纹，中有三方孔。

身有两道合范线。另有纵线两道。

243 号鼓

面径 47. 1、身高 28. 4、胸径 50. 9、腰径 41. 4、足径 48. 5。

面一弦分晕，九晕：1. 太阳纹，十二芒夹坠形纹；2. “酉”字纹；3、8. 乳丁纹；4. 梅花纹；5. 游旗纹（主纹）；6. 素晕；7. “S”形勾头纹；9. 兽形云纹。

胸有栉纹、乳丁纹、云纹。腰上部凸棱一道，下为云纹、雷纹。足饰复线角形纹。

扁耳两对。每耳边饰线纹，上下各有一孔。

身有四道合范线。并有垫片脱落后的小孔十余个。

247 号鼓

面径 50. 5、身高 28. 6、胸径 55. 2、腰径 44. 2、足径 49. 2。

面一弦分晕，十一晕：1. 太阳纹，十二芒夹坠形纹；2. “酉”字纹；3. “S”形勾头纹；4、10. 乳丁纹；5、7、8. 素晕；6. 游旗纹（主纹）；9. 栉纹；11. 兽形云纹。

胸有乳丁纹、云纹、雷纹、栉纹。腰上部凸棱一道，下为云纹、雷纹。足饰复线角形纹。

扁耳两对，耳边饰辫纹。

身有四道合范线。面沿露四段垫条痕。

251 号鼓

面径 49. 8、身高 27. 6、胸径 53. 1、腰径 46. 8、足径 50. 9。

面一弦分晕，十一晕：1. 太阳纹，十二芒，芒间素；2. “酉”字纹；3. “S”形勾头纹；4、10. 乳丁纹；5、9. 栉纹；6. 游旗纹（主纹）；7、8. 素晕；11. 兽形云纹。

胸有乳丁纹、兽形云纹、如意云纹、栉纹、云纹。腰上部凸棱一道，下为雷纹、云纹。足饰复线角形纹。

扁耳两对。每耳边饰绳纹，中有雷纹和三孔。

身有四道合范线。

256 号鼓

面径 49. 1、身高 26. 2、胸径 51. 9、腰径 43、足径 49. 8。

面一弦分晕，十一晕：1. 太阳纹，十二芒，芒间图案三角形纹，芒穿至二晕；2. “酉”字纹；3. “S”形勾头纹；4、10. 乳丁纹；5、9. 栉纹；6. 游旗纹（主纹）；7、8. 素晕；11. 兽形云纹。

胸有乳丁纹、兽形云纹、如意云纹、栉纹、云纹。腰上部凸棱一道，下为雷纹、云纹。足饰复线角形纹。

扁耳两对。每耳边饰绳纹，中有雷纹四个。

身有四道合范线。并露出垫片脱落后的小孔十余个。

261 号鼓

面径 50、身高 28、胸径 52.2、腰径 44.2、足径 50.3。

面一弦分晕，十一晕：1. 太阳纹，十二芒夹坠形纹；2. “卣”字纹；3. “S”形勾头纹；4、10. 乳丁纹；5、9. 栉纹；6. 游旗纹（主纹）；7. 素晕；11. 兽形云纹。面沿有四龙和四个雷纹。

胸有乳丁纹、如意云纹、兽形云纹、雷纹、云纹、栉纹。腰上部凸棱一道，下为雷纹、云纹。足饰复线角形纹。

扁耳两对。每耳边饰绳纹，上下各有小孔一个。

身有四道合范线。

269 号鼓

面径 47.5、身高 26.9、胸径 49.3、腰径 40.4、足径 46.6。

面一弦分晕，九晕：1. 太阳纹，十二芒夹坠形纹，芒穿至三晕；2. “卣”字纹；3. “S”形勾头纹；4、8. 乳丁纹；5. 栉纹；6. 游旗纹（主纹）；7. 素晕；9. 兽形云纹。

胸有乳丁纹、云纹、雷纹、栉纹。腰上部凸棱一道，下为云纹、雷纹。足饰复线角形纹。

扁耳两对，耳边饰辫纹。

身有四道合范线。

274 号鼓

面径 52、身高 27.5、胸径 53.1、腰径 46.1、足径 52.3。

面一弦分晕，十一晕：1. 太阳纹，十二芒，芒间图案三角形纹；2. “卣”字纹；3. “S”形勾头纹；4、10. 乳丁纹；5. 栉纹；6. 游旗纹（主纹）；7、8. 素晕；9、11. 兽形云纹。

胸有乳丁纹、兽形云纹、如意云纹、栉纹、花朵纹。腰上部凸棱一道，下为雷纹、花朵纹。足饰复线角形纹。

扁耳两对。每耳边饰绳纹，中有三孔。

身有四道合范线。并有垫片脱落后的小孔数个。

285 号鼓

面径 50.2、身高 28.9、胸径 53.5、腰径 44.6、足径 50.3。

面一弦分晕，十一晕：1. 太阳纹，十二芒夹坠形纹，芒尖分叉；2. “卣”字纹；3. “S”形勾头纹；4、10. 乳丁纹；5、9. 栉纹；6. 游旗纹（主纹）；7、8. 素晕；11. 兽形云纹。

胸有乳丁纹、如意云纹、兽形云纹、雷纹、栉纹。腰上部凸棱一道，下为雷纹、云纹。足饰复线角形纹。

扁耳两对。每耳边饰绳纹，上有一方孔，中有雷纹四个。

身有四道合范线。面沿露四段垫条痕。

297号鼓

面径47.2、身高26、胸径50、腰径42、足径46.8。

面一弦分晕，九晕：1. 太阳纹，十二芒夹坠形纹，芒穿至三晕；2. “酉”字纹；3. “S”形勾头纹；4、8. 乳丁纹；5. 游旗纹（主纹）；6. 素晕；7. 栉纹；9. 兽形云纹。

胸有乳丁纹、如意云纹、雷纹、栉纹。腰上部凸棱一道，下为雷纹、云纹。足饰复线角形纹。

扁耳两对。每耳边饰绳纹，上下耳根各有一孔。

背面有“福寿”篆书方印文四个，足边内壁有阴弦纹两道。

身有四道合范线。面沿露四段垫条痕。

298号鼓

面径47、身高26.9、胸径49.8、腰径41.7、足径48.3。

面一或二弦分晕，十晕：1. 太阳纹，十二芒夹坠形纹；2. “酉”字纹；3、6、8. 素晕；4、9. 乳丁纹；5. 棂花纹（主纹）；7. 雷纹；10. 兽形云纹。

胸有乳丁纹、雷纹、云纹。腰上部凸棱一道，下为雷纹、兽形云纹。足饰复线角形纹。

扁耳两对，耳边饰绳纹。

背面有篆书“希吕氏记”方印文四个。

身有四道合范线。另有两条纵线。

300号鼓

面径49.3、身高26.1、胸径51.2、腰径43、足径48.8。

面一弦分晕，九晕：1. 太阳纹，十二芒夹坠形纹；2. “酉”字纹；3. “S”形勾头纹；4、8. 乳丁纹；5. 游旗纹（主纹）；6. 素晕；7. 栉纹；9. 兽形云纹。

胸有乳丁纹、云纹、雷纹、栉纹。腰上部凸棱一道，下为雷纹、云纹。足饰复线角形纹。

扁耳两对（一耳失）。每耳边饰绳纹，中有两孔。

身有四道合范线。

188号鼓（藏广西民族学院）

面径47、身高27、胸径49、腰径43、足径48。

面一弦分晕，九晕：1. 太阳纹，十二芒夹坠形纹，芒穿至三晕；2. “酉”字纹；3. “S”形勾头纹；4、8. 乳丁纹；5. 游旗纹（主纹）；6. 素晕；7. 栉纹；9. 兽形云纹。

胸有乳丁纹、雷纹、云纹、栉纹。腰上部凸棱一道，下为兽形云纹、雷纹、如意云纹。足饰复线角形纹。

扁耳两对。每耳边饰绳纹，中有雷纹。

身有四道合范线。面沿露四段垫条痕。

112号鼓（藏广西壮族自治区博物馆。下同）

1964年征集于柳州二级站（下同）。

面径 48.5、身高 27、胸径 49、腰径 41.4、足径 46.7。

面一或二弦分晕，十晕：1. 太阳纹，十二芒夹坠形纹，芒穿至三晕；2. “[illegible]”字纹；3. “S”形勾头纹；4、7、9. 乳丁纹；5. 双龙纹和楷书铭文：“福如东海”、“寿比南山”、“永世家财”、“万代进宝”等（主纹）；6. 雷纹；8. 云纹；10. 缠枝纹。

胸有乳丁纹、雷纹、云纹。腰上部凸棱一道，下为云纹、缠枝纹。足饰图案三角纹。

扁耳两对。每耳边饰绳纹，中有“卍”字纹。

身有两道合范线。

183 号鼓

面径 47.5、身高 27、胸径 49、腰径 39.9，足残缺。

面一弦分晕，九晕：1. 太阳纹，十二芒夹坠形纹，芒穿至三晕；2. “[illegible]”字纹；3. “S”形勾头纹；4、8. 乳丁纹；5. 栉纹；6. 游旗纹（主纹）；7. 素晕；9. 兽形云纹。

胸有乳丁纹、云纹、雷纹、栉纹。腰上部凸棱一道，下为云纹、雷纹。足饰复线角形纹。

扁耳两对，耳边饰绳纹。

身有四道合范线。

191 号鼓

面径 45、身高 26、胸径 45.8、腰径 37.3、足径 46。

面一弦分晕，九晕：1. 太阳纹，十二芒，芒间复线角形纹；2、3、8. 雷纹；4、6、9. 乳丁纹；5. 宝相花纹（主纹）；7. 菱格填花纹。

胸有乳丁纹、宝相花纹、菱格填花纹、同心圆纹。腰上部凸棱一道，下为云纹、“S”形勾头纹、同心圆纹。足饰复线角形纹。

扁耳两对，耳边饰绳纹。

身有四道合范线。

194 号鼓

面径 48、身高 27、胸径 48、腰径 42、足径 48.3。

面二弦分晕（一晕单弦），九晕：1. 太阳纹，十二芒，芒间复线角形纹；2. 同心圆纹；3. 雷纹；4、6、8. 乳丁纹；5. 符箓纹（主纹）；7. “寿”字纹（主纹）；9. 如意云纹。

胸有乳丁纹、如意云纹。腰上部凸棱一道，下为如意云纹。足饰复线角形纹。

扁耳两对，耳边饰绳纹和线纹。

身有两道合范线。

201 号鼓

面径 44、身高 25.2、胸径 45.8、腰径 38.6、足径 45.6。

面一弦分晕，九晕：1. 太阳纹，十二芒夹坠形纹，芒穿至三晕；2. “[illegible]”字纹；3. 同心圆纹；4、6、8. 乳丁纹；5. 定胜纹（主纹）；7. 游旗纹（主纹）；9. 长方图案纹。

胸有乳丁纹、雷纹。腰上部凸棱一道，下为雷纹。足饰图案三角形纹。

扁耳两对，耳边饰绳纹。

身有两道合范线。

255 号鼓

面径 47、身高 26. 7、胸径 47. 8、腰径 38. 2、足径 45. 3。

面一或二弦分晕，九晕：1. 太阳纹，十三芒，芒间垂叶形纹；2、6. 乳丁纹；3、8. 雷纹；4. 波浪纹；5、7. 勾连雷纹；9. 乳丁纹、水波纹。

胸有乳丁纹、符箓纹、压胜纹、雷纹、波浪纹。腰上部凸棱一道，下为雷纹、符箓纹。足饰垂叶形纹。

扁耳两对（皆失）。

身有四道合范线。

263 号鼓

面径 45. 5、身高 26、胸径 45. 5、腰径 37. 8、足径 45. 4。

面一弦分晕，八晕：1. 太阳纹，十二芒夹坠形纹，芒穿至三晕；2. “S”形勾头纹；3、8. 雷纹；4、6. 乳丁纹；5. 荷耙人形、弩、符箓、猪、牛等纹（主纹）；7. 素晕。

胸有乳丁纹、“S”形勾头纹、雷纹、如意云纹。腰上部凸棱一道，下为“S”形勾头纹、雷纹、如意云纹。足饰复线角形纹。

扁耳两对，耳边饰绳纹。

身有两道合范线。足部内壁有弦纹四道。

280 号鼓

面径 48、身高 27、胸径 49. 3、腰径 41. 2、足径 47. 3。

面一弦分晕，十二晕：1. 太阳纹，十二芒，芒间图案三角形纹；2、10. 栉纹；3、11. 乳丁纹；4. 同心圆纹；5. 符箓纹（主纹）；6. 玉玦纹；7. 雷纹；8、9. 素晕；12. 绹纹。

胸有乳丁纹和六道弦纹。腰上部凸棱一道，下为弦纹四道，缠枝纹一周。足饰复线角形纹和两道弦纹。

扁耳两对，每耳饰羽纹四道。

身有四道合范线。

288 号鼓

面径 50. 6、胸径 53. 8，腰以下残失。

面一弦分晕，十一晕：1. 太阳纹，十二芒，芒呈弧形凸起，芒间坠形纹；2. “[illegible]”字纹；3. “S”形勾头纹；4、10. 乳丁纹；5、9. 栉纹；6. 游旗纹；7、8. 素晕；11. 兽形云纹。

胸有乳丁纹、如意云纹、兽形云纹、雷纹、栉纹。腰上部凸棱一道，下残剩雷纹、兽形云纹。

扁耳两对。每耳边饰绳纹，中有雷纹一个。

身有四道合范线。

292 号鼓

面径 45.5、身高 27.5、胸径 47.4、腰径 39.2、足径 46.4。

面一弦分晕，十一晕：1. 太阳纹，十二芒，芒间复线角形纹；2、10. 同心圆纹；3. 雷纹；4、8. 素晕；5、7、11. 乳丁纹；6. 人形纹、同心圆纹、鱼纹等（主纹）；9. 云纹、印纹。

胸有乳丁纹、同心圆纹、雷纹、云纹、印纹。腰上部凸棱三道，下为如意云纹、同心圆纹、雷纹、云纹、印纹。足饰图案三角形纹。

扁耳两对，耳边饰绳纹。

身有两道合范线。另有弯曲纵线两道。

299 号鼓

面径 45.5、身高 26、胸径 46.9、腰径 39.5、足径 44.6。

面一弦分晕，九晕：1. 太阳纹，十二芒夹坠形纹；2. 同心圆纹；3. 雷纹；4、6、8. 乳丁纹；5. 荷耙人形纹、符箓纹（主纹）；7. “寿”字纹、家禽纹；9. “S”形勾头纹。

胸有乳丁纹、如意云纹。腰上部凸棱一道，下为如意云纹。足饰复线角形纹。

扁耳两对，耳边饰绳纹。

身有四道合范线。

3056 号鼓（藏柳州市博物馆。下同）

1961 年征集于柳州二级站（下同）。

面径 47、身高 26.5、胸径 49.4、腰径 41.3、足径 46.3。

面一弦分晕，九晕：1. 太阳纹，十二芒夹坠形纹，芒穿至三晕；2. “[illegible]”字纹；3. “S”形勾头纹；4、8. 乳丁纹；5. 游旗纹（主纹）；6. 素晕；7. 栉纹；9. 兽形云纹。

胸有乳丁纹、如意云纹、云纹、雷纹、栉纹。腰上部凸棱一道，下为雷纹、云纹。足饰复线角形纹。

扁耳两对，耳边饰绳纹。

身有四道合范线。

3057 号鼓

面径 47.2、身高 27、胸径 47.7、腰径 39.5、足径 45.5。

面一或二弦分晕，十晕：1. 太阳纹，十二芒夹坠形纹，芒穿至三晕；2. “[illegible]”字纹；3. “S”形勾头纹；4、8. 乳丁纹；5. 云纹（主纹，弦上有乳丁纹一周）；6. 雷纹；7. 棂花纹（主纹）；9. 云纹；10. 素晕。

胸有乳丁纹、如意云纹、云纹、雷纹。腰上部凸棱一道，下为雷纹、云纹。足饰图案三角形纹。

扁耳两对。每耳边饰绳纹，中有雷纹，上下有“卍”字纹各一个。

身有两道合范线。

3058 号鼓

面径 47、身高 26.4、胸径 49、腰径 42.3、足径 46.6。

面一弦分晕，九晕：1. 太阳纹，十二芒夹坠形纹，芒穿至三晕；2. “[illegible]”字纹；3. “S”形勾头纹；4、8. 乳丁纹；5. 游旗纹（主纹）；6. 素晕；7. 栉纹；9. 兽形云纹。

胸有乳丁纹、如意云纹、云纹、雷纹、栉纹。腰上部凸棱一道，下为雷纹、云纹。足饰复线角形纹。

扁耳两对。每耳边饰绳纹，上有一孔。

身有四道合范线。面沿露四段垫条痕。

3059 号鼓

面径 48.4、身高 28.6、胸径 51.5、腰径 44.5、足径 49。

面一弦分晕，十晕：1. 太阳纹，十二芒夹坠形纹；2. “[illegible]”字纹；3、9. 乳丁纹；4、8. 栉纹；5、7. 素晕；6. 游旗纹（主纹）；10. 缠枝纹。

胸有栉纹、乳丁纹、缠枝纹。腰上部凸棱一道，下为缠枝纹、雷纹。足饰复线角形纹。

扁耳两对。每耳边饰绳纹、线纹，中有三长孔。

身有四道合范线。胸有垫片脱落后的小孔。

3070 号鼓

面径 49、身高 29、胸径 51.2、腰径 43.2、足径 48.5。

面一弦分晕，十一晕：1. 太阳纹，十二芒夹坠形纹；2. “[illegible]”字纹；5、10. 乳丁纹；7. 游旗纹（主纹）；余纹模糊。

胸有乳丁纹。腰有钱纹。足为复线角形纹。其余模糊。

扁耳两对。每耳边饰绳纹，上有一孔。

身有四道合范线。

640044 号鼓

1964 年征集于柳州二级站（下同）。

面径 47.7、身高 27.6、胸径 50.3、腰径 43.6、足径 48.5。

面一弦分晕，九晕：1. 太阳纹，十二芒夹坠形纹；2、5、8. 乳丁纹；3. 雷纹；4. “S”形勾头纹；5. 十二生肖纹（主纹）；7. 栉纹；9. 云纹。

胸有乳丁纹、云纹。腰上部凸棱一道，下为云纹、栉纹。足饰复线角形纹。

扁耳两对，耳边饰绳纹。

身有四道合范线。

640045 号鼓

面径 47.6、身高 28.5、胸径 50.3、腰径 42.9、足径 47.7。

面一弦分晕，十二晕：1. 太阳纹，十二芒夹坠形纹；2. “[illegible]”字纹；3、11. 乳丁纹；4. 复线角形纹；5. 栉纹、梅花纹；6、8. 素晕；7. 游旗纹（主纹）；9. 同心圆纹；10. 羽纹；12. 兽形云纹。

胸有同心圆纹、乳丁纹、栉纹。腰上部凸棱一道，下为雷纹、心形纹。足饰复线角形纹。

扁耳两对。每耳边饰线纹，中有两孔。

身有四道合范线。并露垫片痕。

640046 号鼓

面径 46.7、身高 28.5、足径 47。

面一弦分晕，十二晕：1. 太阳纹，十二芒夹坠形纹；2、6、11. 云纹；3. 栉纹；4、10. 乳丁纹；5. 变形游旗纹（主纹）；7、9、12. 素晕；8. 羽纹。

胸有乳丁纹、缠枝纹。腰上部凸棱一道，下为雷纹、云纹、如意云纹。足饰复线角形纹。

扁耳两对。每耳边饰绳纹，中有三孔。

身有四道合范线。并露垫片脱落后的小孔。

640047 号鼓

面径 42.7、身高 26、胸径 45.2、腰径 37.3、足径 45。

面一弦分晕，九晕：1. 太阳纹，十二芒夹坠形纹，芒穿至三晕；2. 同心圆纹；3. 雷纹；6、7. 素晕；9. 模糊。

胸有云纹、雷纹、如意云纹、同心圆纹。腰上部凸棱一道，下为如意云纹、雷纹、同心圆纹、云纹。足饰复线角形纹。

扁耳两对，饰线纹。

身有两道合范线。

640486 号鼓

1966 年征集于柳州二级站。

面径 47、身高 26.8、胸径 50、腰径 41.4、足径 47.2。

面一弦分晕，九晕：1. 太阳纹，十二芒夹坠形纹，芒穿至三晕；2. “[illegible]”字纹；3. “S”形勾头纹；4、8. 乳丁纹；5. 游旗纹（主纹）；6. 素晕；7. 栉纹；9. 兽形云纹。

胸有乳丁纹、雷纹、如意云纹、栉纹。腰上部凸棱一道，下为如意云纹、雷纹。足饰复线角形纹。

扁耳两对。每耳边饰绳纹，上下耳根各有一孔。

身有四道合范线。面沿露四段垫条痕。

640485 号鼓

1974 年柳州市刀片厂赠送（下同）。

面径 46.8、身高 25.8、胸径 50、腰径 42、足径 46.4。

面一弦分晕，九晕：1. 太阳纹，十二芒夹坠形纹，芒穿至三晕；2. “[illegible]”字纹；3. “S”形勾头纹；4、8. 乳丁纹；5. 游旗纹（主纹）；6. 素晕；7. 栉纹；9. 云纹。

胸有乳丁纹、如意云纹、雷纹、栉纹。腰上部凸棱一道，下为雷纹、如意云纹。足饰复线角形纹。

扁耳两对。每耳边饰绳纹，中有雷纹三个，上下各有一长条孔。

身有四道合范线。

640487 号鼓

面径 49.8、身高 27.7、胸径 52.5、腰径 44.8、足径 49.8。

面一弦分晕，十一晕：1. 太阳纹，十二芒夹坠形纹；2. “⿶凵丁”字纹；3. “S”形勾头纹；4、10. 乳丁纹；5、7. 栉纹；6. 游旗纹（主纹）；8、9. 素晕；11. 兽形云纹。

胸有乳丁纹、如意云纹、云纹、雷纹、栉纹。腰上部凸棱一道，下为雷纹、云纹。足饰复线角形纹。

扁耳两对。每耳边饰线纹、绳纹，上有一孔。

身有四道合范线。面沿露四段垫条痕。

640489 号鼓

面径 51、身高 28.5、胸径 53.3、腰径 46.4、足径 55。

面一弦分晕，十晕：1. 太阳纹，十二芒夹坠形纹；2. “⿶凵丁”字纹；3. 缠枝纹；4、8. 栉纹；5. 游旗纹（主纹）；6、7. 素晕；9. 乳丁纹；10. 云纹。

胸有乳丁纹、云纹、如意云纹、栉纹。腰上部凸棱一道，下为栉纹、缠枝纹、雷纹。足饰复线角形纹。

扁耳两对。每耳边饰绳纹，上中下各有一孔。

身有四道合范线。并有垫片脱落后的小孔。

3154 号鼓

1963 年征集于柳州市五里卡仓库。

面径 48.5、身高 26.5、胸径 50、腰径 42、足径 47.5。

面一或二弦分晕，十晕：1. 太阳纹，十二芒夹坠形纹，芒穿至三晕；2. “⿶凵丁”字纹；3. “S”形勾头纹；4、9. 乳丁纹；5. 符箓纹（主纹）；6、7. 雷纹；8. 云纹；10. 缠枝纹。

胸有乳丁纹、雷纹、云纹。腰上部凸棱一道，下为云纹、雷纹。足饰图案三角形纹。

扁耳两对。每耳边饰线纹、绳纹，中有“卍”字纹三个。

身有四道合范线。

族 0086 号鼓（藏桂林市文管会。下同）

征集于桂林废品收购站（下同）。

面径 46.7、身高 27.2、胸径 49.7、腰径 42.3、足径 47.5。

面一弦分晕，九晕：1. 太阳纹，十二芒夹坠形纹，芒穿至三晕；2. “⿶凵丁”字纹；3. “S”形勾头纹；4、8. 乳丁纹；5. 游旗纹（主纹）；6. 素晕；7. 栉纹；9. 兽形云纹。

胸有乳丁纹、雷纹、如意云纹、栉纹。腰上部凸棱一道，下为雷纹、兽形云纹。足饰复线角形纹。

扁耳两对。每耳边饰绳纹，中有雷纹三个。

身有四道合范线。面沿露四段垫条痕。

族 0092 号鼓

面径 46.8、身高 27.2、胸径 49.7、腰径 41.3、足径 47.4。

面一弦分晕，九晕：1. 太阳纹，十二芒夹坠形纹，芒穿至三晕；2. “⿶凵丁”字纹；3. “S”形勾头纹；4、8. 乳丁纹；5. 游旗纹（主纹）；6. 素晕；7. 栉纹；9. 兽形云纹。

胸有乳丁纹、雷纹、如意云纹、栉纹。腰上部凸棱一道，下为雷纹、云纹。足饰复线角形纹。

扁耳两对。每耳边饰绳纹，中有雷纹三个，上有一孔。

身有四道合范线。面沿露四段垫条痕。

族 0099 号鼓

面径 46、身高 26.6、胸径 50.6、腰径 41、足径 46.3。

面一弦分晕，八晕：1. 太阳纹，十二芒夹坠形纹；2. "S" 形勾头纹；3、7. 乳丁纹；4. 游旗纹（主纹）；5. 素晕；6. 栉纹；8. 如意云纹。

胸有乳丁纹、如意云纹、雷纹、栉纹。腰上部凸棱一道，下为雷纹、云纹。足饰复线角形纹。

扁耳两对。每耳边饰绳纹，中有雷纹三个。

身有四道合范线。

总 01995 号鼓（藏梧州市博物馆）

1963 年征集于梧州市废旧物资公司。

面径 48.7、身高 27.3、胸径 49.7、腰径 40.4、足径 49。

面一、二、三弦分晕，十晕：1. 太阳纹，十二芒夹坠形纹，芒穿至三晕；2. "[illegible]" 字纹；3. 字形纹；4、6、9. 乳丁纹；5. 游旗纹和铭文："万宝家财"、圆 "寿" 字等（主纹）；7. 栉纹；8. 雷纹；10. 云纹。

胸有乳丁纹、雷纹、棂花纹。腰上部凸棱一道，下为云纹、字形纹。足饰图案三角形纹。

扁耳两对，耳边饰绳纹。

身有四道合范线。

178 号鼓（藏广西壮族自治区博物馆。下同）

旧存，征集时间和地点不详（下同）。

面径 46.6、身高 25.8，胸、腰、足皆残大半。

面一弦分晕，九晕：1. 太阳纹，十二芒夹坠形纹，芒穿至三晕；2. "[illegible]" 字纹；3. "S" 形勾头纹；4、8. 乳丁纹；5. 游旗纹（主纹）；6. 素晕；7. 栉纹；9. 兽形云纹。

胸有乳丁纹、如意云纹、兽形云纹、雷纹、云纹、栉纹。腰上部凸棱一道，下为云纹、雷纹。足饰复线角形纹。

扁耳两对。每耳边饰绳纹，中有雷纹三个，上下各有一孔。

身有四道合范线。并有垫片脱落后的大孔十余个。

187 号鼓

面径 46.6、身高 25.8、胸径 49、腰径 40.7、足径 46.4。

面一弦分晕，九晕：1. 太阳纹，十二芒夹坠形纹，芒穿至三晕；2. "[illegible]" 字纹；3. "S" 形勾头纹；4、8. 乳丁纹；5. 游旗纹（主纹）；6. 素晕；7. 栉纹；9. 兽形云纹。

胸有乳丁纹、雷纹、如意云纹、栉纹。腰上部凸棱一道，下为雷纹、云纹。足饰复线角形纹。

扁耳两对。每耳边饰绳纹，中有雷纹三个。

身有四道合范线。面沿露四段垫条痕。

211 号鼓

面径 46.5、身高 27.2、胸径 47.7、腰径 39.2、足径 46.2。

面一、二或三弦分晕，七晕：1. 太阳纹，十二芒，芒间素；2、7. 乳丁纹；3. “河”字铭文、波浪纹（主纹）；6. 雷纹。

胸有乳丁纹、四瓣花纹、雷纹。腰上部凸棱一道，下为“河”字铭文、波浪纹。足饰图案三角形纹。

扁耳两对，耳边饰绳纹。

身有四道合范线。

215 号鼓

面径 47.4、身高 26.8、胸径 48.7、腰径 40.5、足径 46.3。

面一、二、三、四弦分晕，八晕：1. 太阳纹，十二芒，芒间素；2、5、8. 乳丁纹；3、6. 缠枝花纹；4. 变形游旗纹（主纹）；7. 梅花图案（主纹）。

胸有乳丁纹、菱格填花纹、雷纹。腰上部凸棱一道，下为雷纹、变形游旗纹。足饰图案三角形纹。

扁耳两对，耳边饰绳纹。

身有四道合范线。

227 号鼓

面径 44.6、身高 25.6、胸径 45.6、腰径 36.7、足径 46.5。

面一弦分晕，九晕：1. 太阳纹，十二芒夹坠形纹；2. 钱纹；3. 素晕；4、6、9. 乳丁纹；5. 鱼纹与钱纹；7. 如意云纹；8. 雷纹。边沿有钱纹夹雷纹四组。

胸有乳丁纹、雷纹、如意云纹。腰上部凸棱一道，下为如意云纹、雷纹。足饰图案三角形纹。

扁耳两对。

身有四道合范线。

233 号鼓

面径 44.9、身高 25.8、胸径 47.1、腰径 39.2、足径 44.5。

面一弦分晕，九晕：1. 太阳纹，十二芒夹坠形纹；2. 栉纹；3. 同心圆纹；4、6、8. 乳丁纹；5. 圆“寿”字纹、符箓纹、家禽纹等（主纹）；9. 兽形云纹。

胸有乳丁纹、云纹、雷纹。腰上部凸棱一道，下为云纹、雷纹。足饰复线角形纹。

扁耳两对，饰线纹。

身有两道合范线。

239 号鼓

面径 46、身高 26.7、胸径 45.5、腰径 39.8、足径 45.8。

面一弦分晕，九晕：1. 太阳纹，十二芒夹坠形纹，芒穿至三晕；2、3、7. 云纹；4、6、9. 乳丁纹；5. 符箓纹（主纹）；8. 素晕。

胸有乳丁纹、云纹。腰上部凸棱一道，下为云纹。足饰复线角形纹。

扁耳两对，耳边饰绳纹。

身有两道合范线。

246 号鼓

面径 47、身高 26.8、胸径 49.4、腰径 40.8、足径 47.2。

面一弦分晕，九晕：1. 太阳纹，十二芒夹坠形纹，芒穿至三晕；2. “[illegible]”字纹；3. “S”形勾头纹；4、8. 乳丁纹；5. 游旗纹（主纹）；6. 素晕；7. 栉纹；9. 兽形云纹。

胸有乳丁纹、雷纹、云纹、栉纹。腰上部凸棱一道，下为云纹、栉纹。足饰复线角形纹。

扁耳两对。每耳边饰绳纹，上下部各有一孔。

身有四道合范线。面沿露四段垫条痕。

248 号鼓

面径 47.9、身高 26.8、胸径 48.3、腰径 39.3、足径 46.5。

面二弦分晕，十晕：1. 太阳纹，十二芒，芒间图案三角形纹；2、10. 乳丁纹；3. “[illegible]”字纹；4. 栉纹；5. 变形游旗纹（主纹）；6. 四瓣花纹；7. 菱格填花纹；8、9. 雷纹。

胸有乳丁纹、辫纹、雷纹。腰上部凸棱一道，棱饰三弦纹，其下为四瓣花纹、雷纹与辫纹图案混合纹。足饰复线角形纹。

扁耳两对，耳边饰粗线纹。

身有四道合范线。

257 号鼓

面径 48.6、身高 26.9、胸径 50.4、腰径 40.1、足径 47.7。

面一、二、三、四弦分晕，九晕：1. 太阳纹，十二芒，芒间素；2、6、9. 乳丁纹；3. “[illegible]”字纹；4. 雷纹；5. 栉纹；7. 缠枝花纹；8. 复线角形纹（主纹）。

胸有乳丁纹、花朵纹、缠枝花纹。腰上部凸棱一道，下为缠枝花纹、花朵纹。足饰复线角形纹。

扁耳两对，饰线纹。

身有四道合范线。

264 号鼓

面径 46、身高 25.8、胸径 49.6、腰径 40.5、足径 46.1。

面一弦分晕，九晕：1. 太阳纹，十二芒夹坠形纹，芒穿至三晕；2. “[illegible]”字纹；3. “S”形勾头纹；4、8. 乳丁纹；5. 游旗纹（主纹）；6. 素晕；7. 栉纹；9. 兽形云纹。

胸有乳丁纹、云纹、雷纹、栉纹。腰上部凸棱一道，下为云纹、雷纹。足饰复线角形纹。

扁耳两对。每耳边饰绳纹，中有雷纹。

背面有雷纹印记一个。

身有四道合范线。

267号鼓

面径47、身高26.5、胸径48.3、腰径40.1、足径46.7。

面一、二或三弦分晕，七晕：1. 太阳纹，十二芒，芒间素；2、5. 乳丁纹；3. 菱格填花纹；4、6. 缠枝纹（主纹）；7. 梅花图案与乳丁纹。

胸有乳丁纹、辫纹图案、雷纹。腰上部凸棱一道，下为雷纹、缠枝纹。足饰图案三角形纹。

扁耳两对，耳边饰绳纹。

身有四道合范线。

270号鼓

面径44.2、身高25.1、胸径44.2、腰径37.2、足径45.7。

面一弦分晕，九晕：1. 太阳纹，十二芒夹坠形纹；2、7. 同心圆纹；3. 雷纹；4、8. 乳丁纹；5. 符箓纹（主纹）；6. 素晕；9. “S”形勾头纹。

胸有乳丁纹、雷纹、兽形云纹、如意云纹。腰上部无棱，下为雷纹、同心圆纹、如意云纹。足饰图案三角形纹。

扁耳两对，耳边饰绳纹。

身有两道合范线。

276号鼓

面径44.9、身高24.8、胸径43.8、腰径38.5、足径46.2。

面一弦分晕，十一晕：1. 太阳纹，十二芒，芒间图案三角形纹；2. “[illegible]”字纹；3. “S”形勾头纹；4、8、10. 素晕；5、7、11. 乳丁纹；6. 变形游旗纹（主纹）；9. 雷纹。边沿有雷纹四个。

胸有乳丁纹、同心圆纹、雷纹、“S”形勾头纹。腰上部凸棱一道，下为“S”形勾头纹、宝珠纹。足饰复线角形纹。

扁耳两对，耳边饰绳纹。

身有两道合范线。

281号鼓

面径51.8、身高27、胸径52.8、腰径45.2、足径51.7。

面一弦分晕，十一晕：1. 太阳纹，十二芒，芒间模糊，芒穿至二晕；2. “[illegible]”字纹；3. “S”形勾头纹；4、10. 乳丁纹；5、9. 栉纹；6. 游旗纹（主纹）；7、8. 素晕；11. 兽形云纹。

胸有乳丁纹、兽形云纹、如意云纹、栉纹、云纹。腰上部凸棱一道，下为雷纹、云纹。足饰复线角形纹。

扁耳两对。每耳边饰绳纹，中有雷纹和方窝三个。

身有两道合范线。另有纵线两道。并有垫片脱落后的方孔少许。

283号鼓

面径51、身高27.5、胸径53.5、腰径47.4、足径50。

面一弦分晕，十晕：1. 太阳纹，十二芒夹坠形纹；2. “酉”字纹；3. “S”形勾头纹；4、8. 乳丁纹；5、7. 栉纹；6. 游旗纹（主纹）；9. 十二生肖纹（主纹）；10. 兽形云纹。

胸有乳丁纹、云纹、栉纹。腰上部凸棱一道，下为雷纹、云纹。足饰复线角形纹。

扁耳两对。每耳边饰辫纹，中有三孔。

身有四道合范线。

296 号鼓

面径 47.2、身高 27.3、胸径 47.8、腰径 39.4、足径 43.3。

面一或二弦分晕，十晕：1. 太阳纹，十二芒夹坠形纹，芒穿至二晕；2. “酉”字纹；3. “S”形勾头纹；4、6、8. 乳丁纹；5. 棂花纹与“寿”字纹（主纹）；7. 云纹；9. 雷纹；10. 素晕。

胸有乳丁纹、如意云纹、云纹、雷纹。腰上部凸棱一道，下为雷纹、云纹。足饰图案三角形纹。

扁耳两对。每耳边饰绳纹，中有雷纹及“百”、“卍”等字纹。

身有两道合范线。

族 0103 号鼓（藏桂林市文管会。下同）

来源不详（下同）。

面径 47.5、身高 27.2、胸径 50、腰径 40.7、足径 46.6。

面二、三、四、五弦分晕，五晕：1. 太阳纹，十二芒，芒间素；2、5. 乳丁纹；3、4. 缠枝花纹（主纹）。

胸、足各有弦纹两道，腰有凸棱三道。

扁耳两对，饰线纹。

身有四道合范线。

族 0104 号鼓

面径 47.1、身高 26.3、胸径 50.3、腰径 43.2、足径 47.4。

面一弦分晕，九晕：1. 太阳纹，十二芒夹坠形纹；2. “酉”字纹；3. “S”形勾头纹；4、面沿乳丁纹；5. 游旗纹（主纹）；6. 素晕；7. 栉纹和乳丁纹；8. 栉纹；9. 兽形云纹。

胸有乳丁纹、如意云纹、雷纹、栉纹。腰上部凸棱一道，下为雷纹、云纹。足饰复线角形纹。

扁耳两对。每耳边饰绳纹，中有雷纹三个。

身有四道合范线。

族 0105 号鼓

面径 47.5、身高 26.6、胸径 50、腰径 42、足径 47。

面一弦分晕，九晕：1. 太阳纹，十二芒夹坠形纹，芒穿至三晕；2. “酉”字纹；3. “S”形勾头纹；4、8. 乳丁纹；5. 游旗纹（主纹）；6. 素晕；7. 栉纹；9. 兽形云纹。

胸有乳丁纹、雷纹、如意云纹、栉纹。腰上部凸棱一道，下为云纹、雷纹。足饰复线角形纹。

扁耳两对。每耳边饰绳纹，中有雷纹三个，上下各有一孔。

身有四道合范线。面沿露四段垫条痕。

族0106号鼓

面径49、身高26、足径48.8。

面一弦分晕，九晕：1. 太阳纹，十二芒夹坠形纹，芒穿至三晕；2. “[illegible]”字纹；3、5、8. 乳丁纹；4. 游旗纹（主纹）；6、9. 如意云纹；7. 雷纹。

胸有乳丁纹、雷纹、如意云纹。腰上部凸棱一道，下为雷纹、如意云纹。足饰复线角形纹。

扁耳两对。每耳边饰绳纹，中有雷纹、“卍”字纹各一个。

身有两道合范线。

族0107号鼓

面径44.5、身高25.6、胸径46.1、腰径36.6、足径46.1。

面一弦分晕，九晕：1. 太阳纹，十二芒夹坠形纹；2. 同心圆纹；3. 雷纹；4、6、9. 乳丁纹；5. 宝相花纹（主纹）；7. 云纹；8. 素晕。边沿有雷纹一周。

胸有乳丁纹、如意云纹、雷纹。腰上部凸棱一道，下为如意云纹，余纹模糊。足饰复线角形纹。

扁耳两对，饰线纹。

身有两道合范线。

族0108号鼓

面径52、身高27.3、胸径54.1、腰径47.1、足径51.2。

面一弦分晕，十一晕：1. 太阳纹，十二芒夹坠形纹，芒穿至二晕；2. “[illegible]”字纹；3. “S”形勾头纹；4、10. 乳丁纹；5、9. 栉纹；6. 游旗纹（主纹）；7、8. 素晕；11. 如意云纹。

胸有乳丁纹、如意云纹、栉纹、字形纹。腰上部凸棱一道，下为雷纹、字形纹。足饰复线角形纹。

扁耳两对。每耳边饰绳纹，中有两个雷纹和三长孔。

身有四道合范线。

族0109号鼓

面径47.4、身高26.5、胸径50、腰径41.3、足径47。

面一弦分晕，九晕：1. 太阳纹，十二芒夹坠形纹，芒穿至三晕；2. “[illegible]”字纹；3. “S”形勾头纹；4、8. 乳丁纹；5. 游旗纹（主纹）；6. 素晕；7. 栉纹；9. 兽形云纹。

胸有乳丁纹、雷纹、如意云纹、栉纹。腰上部凸棱一道，下为云纹、雷纹。足饰复线角形纹。

扁耳两对。每耳边饰绳纹，中有雷纹三个，上下各有一孔。

身有四道合范线。面沿露四段垫条痕。

族0112号鼓

面径47、胸径49.4、腰径40.7，足部残失。

面一弦分晕，九晕：1. 太阳纹，十二芒夹坠形纹；2、6、9. 乳丁纹；3. “[illegible]”字纹；4. “S”形勾头纹；5. 素晕；7. 游旗纹（主纹）；8. 云纹。

胸有乳丁纹、如意云纹、雷纹、“S”形勾头纹、栉纹。腰上部凸棱一道，下为“S”形勾头纹、雷纹。

扁耳两对，耳边饰绳纹。

身有四道合范线。

族0113号鼓

面径48、身高26.1、胸径50.9、腰径42、足径46.4。

面一弦分晕，九晕：1. 太阳纹，十二芒夹坠形纹；2. "卣"字纹；3. "S"形勾头纹；4、8. 乳丁纹；5. 游旗纹（主纹）；6. 素晕；7. 栉纹；9. 兽形云纹。

胸有乳丁纹、如意云纹、雷纹、云纹、栉纹。腰上部凸棱一道，下为云纹、雷纹。足饰复线角形纹。

扁耳两对，耳边饰绳纹。

身有四道合范线。面沿露四段垫条痕。

族0114号鼓

面径49.2、身高26.9、胸径50.9、腰径42.6、足径49.5。

面一或二弦分晕，十三晕：1. 太阳纹，十二芒夹图案三角形纹；2、12. 乳丁纹；3、11. 栉纹；4. "S"形勾头纹；5. 符箓纹（主纹）；6. 羽纹；7. 雷纹与同心圆纹；8. 云纹；9. 素晕；10. 同心圆纹；13. 绹纹。边沿铸有"匠人王魁造"、"王"、"正"、"酒"楷书铭文（字径约1厘米）。

胸有乳丁纹和八道弦纹。腰上部凸棱一道，下为云纹、"S"形勾头纹。足饰复线角形纹。

扁耳两对，耳边饰弦纹、羽纹。

身有四道合范线。

族0115号鼓

面径49、身高26.4、胸径50、腰径43.5、足径48.7。

面仅存边沿。

胸有乳丁纹、雷纹、如意云纹。腰上部凸棱一道，下为雷纹、如意云纹。足饰复线角形纹。

扁耳两对，耳边饰绳纹。

身有四道合范线。

族0116号鼓

面径47.2、身高26、胸径49.7、腰径40.7、足径46.8。

面一弦分晕，九晕：1. 太阳纹，十二芒夹坠形纹；2. "卣"字纹；3. "S"形勾头纹；4、8. 乳丁纹；5. 游旗纹（主纹）；6. 素晕；7. 栉纹；9. 如意云纹。

胸有乳丁纹、如意云纹、雷纹、栉纹。腰上部凸棱一道，下为雷纹、云纹。足饰复线角形纹。

扁耳两对。每耳边饰绳纹，中有雷纹，上下各有一孔。

身有四道合范线。

族0117号鼓

面径47.5、身高26.8、胸径51.5、腰径42.9、足径47.8。

面一弦分晕，九晕：1. 太阳纹，十二芒夹坠形纹，芒穿至三晕；2. “[illegible]”字纹；3. “S”形勾头纹；4、8. 乳丁纹；5. 游旗纹（主纹）；6. 素晕；7. 栉纹；9. 兽形云纹。

胸有乳丁纹、如意云纹、云纹、雷纹、栉纹。腰上部凸棱一道，下为云纹、雷纹。足饰复线角形纹。

扁耳两对，耳边饰绳纹。

身有四道合范线。

北流型：52 面

北流 01 号鼓（藏北流县文化馆。下同）

1964 年北流县六靖公社大伦农场下良湾出土。

面径 91、身高 52. 7、胸径 84. 3、腰径 77. 7，足残。

面有四蛙，逆时针环列。三弦分晕（第七晕为二弦），七晕：1. 太阳纹，八芒，芒间云纹，芒尖分叉；2、3、5、7. 云纹；4、6. 雷纹。

身三弦分晕，等晕。胸十一、腰十四、足十二晕，皆雷纹、云纹逐层相间。

环耳两对，饰缠丝纹。

身有四道合范线。背面有模痕。

北流 02 号鼓

1971 年北流县白马公社黄叶塘生产队出土。

面径 70、胸径 63、腰径 58. 9，足残。

面有四蛙（已失），四足痕为圆柱形。三弦分晕，等晕，七晕：1. 太阳纹，八芒，芒穿至二晕；2 ~7. 云纹。

身三弦分晕，等晕。胸八、腰十、足存六晕，皆饰雷纹填线纹。

环耳两对，饰缠丝纹。每耳有脊线两道。

身有四道合范线。

北流 03 号鼓

1972 年北流县白马公社菠萝根生产队黄京坪山出土。

面径 75、胸径 63、腰径 58. 9，足残。

面有四蛙，逆时针环列。三弦分晕，等晕，八晕：1. 太阳纹，八芒，芒间云纹，芒穿至二晕；2 ~8. 遍布云纹。

身三弦分晕，等晕。胸七晕，饰雷纹。腰十二、足七晕，皆饰雷纹及少量雷纹填线纹。

环耳两对，饰缠丝纹。每耳有脊线两道。

身有两道合范线。并露垫片痕。

北流 04 号鼓

1972 年北流县大坡外公社大坡内大队白马山出土。

面径70、胸径64.6，腰残、足部失。

面有四蛙，顺时针环列。三弦分晕，等晕，九晕：1. 太阳纹，八芒，芒穿至二晕；3. 云纹；余晕皆模糊。

身三弦分晕，等晕。胸九、腰八晕，纹皆模糊。

环耳两对（皆残失）。

身有两道合范线。背面有模痕。

北流05号鼓

1973年北流县清湾公社八一生产队大人岭出土。

面径78.3、身高44.3、胸径42.9、腰径66.5、足部77.4。

面有四蛙，两两相对。三弦分晕，等晕，八晕：1. 太阳纹，芒穿至二晕；2～8. 遍布雷纹。

身三弦分晕，等晕。胸八、腰九、足七晕，皆饰雷纹填线纹。

环耳两对，饰缠丝纹。每耳饰脊线一道，耳根有三趾纹。

身有两道合范线。

北流06号鼓

1971年北流县大靖公社大屋生产队出土。

面径92、身高54.3、胸径87.6、腰径81、足径92。

面有四蛙，两两相对。三弦分晕，等晕，七晕：1. 太阳纹，八芒，芒穿至二晕；2～7. 遍布云纹。

身三弦分晕，等晕。胸十一晕：1. 云纹；2～11. 雷纹。腰十五晕：1、15. 云纹；2～14. 雷纹。足十二晕：1、12. 云纹；2～11. 雷纹。

环耳两对，饰缠丝纹。每耳有脊线一道，耳根有三趾纹。

身有两道合范线。并露垫片痕。

北流08号鼓

1975年清湾公社东风生产队山牛坉出土。

面径77、身高57.6、胸径72.3、腰径63.7，足残。

面有四蛙（皆失）。二弦分晕，七晕（单晕宽，双晕窄）：1. 太阳纹，八芒；2、4、6. 雷纹；余晕皆模糊。

身三或二弦分晕，等晕。胸四、腰七、足五晕，皆饰雷纹。

半圆茎耳两对。

身有两道合范线。

北流09号鼓

1975年北流县白马公社龙塘生产队园山出土。

面径74、身高42.8、胸径68.4、腰径63.3、足径73。

面有四蛙（失二），两两相对。三弦分晕，等晕，八晕：1. 太阳纹，八芒，芒间雷纹，芒穿至二晕；2～8. 遍布云纹、雷纹。

身三、二或一弦分晕，等晕。胸八、腰十二、足九晕，皆饰雷纹填线纹。

环耳两对，饰缠丝纹。每耳饰脊线一道，耳根有三趾纹。

身有两道合范线。

北流 011 号鼓

北流县旧存（下同）。

面径 69.2，身残失。

面有四蛙，逆时针环列。三弦分晕，等晕，六晕：1. 太阳纹，八芒，芒间雷纹，芒穿至二晕；2～6. 遍布雷纹。

北流 012 号鼓

面径 82.3，胸、腰残，足部失。

面有四蛙（均失）。三弦分晕，等晕，七晕：1. 太阳纹，八芒；2～4. 雷纹填线纹；5～7. 模糊。

身三弦分晕，等晕。胸存三晕，皆为雷纹填线纹。腰存残片数块，纹与胸同。

环耳两对，饰缠丝纹。每耳有脊线两道。

身有两道合范线。

北流 013 号鼓

1978 年北流县隆盛公社南盛大队南录党屋出土。

面径 68.7、胸径 58.5、腰径 35，足残。

面有四蛙，逆时针环列。三弦分晕，等晕，六晕：1. 太阳纹，八芒，芒间雷纹，芒穿至二晕；2～6. 遍布雷纹。

身三弦分晕，等晕。胸七、腰十晕，足残存六晕，皆云纹、雷纹逐层相间。

环耳两对。

身有两道合范线。

034 号鼓（藏广西壮族自治区博物馆。下同）

1971 年征集于北流县废品收购站。

面径 74.4、身高 43.4、胸径 68.9、腰径 63.5，足残缺。

面有四小蛙，逆时针环列。三弦分晕，等晕，五晕：1. 太阳纹，八芒，芒间云纹，芒尖分叉；2～5. 遍布云纹。

身三弦分晕，等晕。胸七、腰十二、足九晕，皆饰雷纹。

环耳两对。

身有两道合范线。背面露出垫片及模痕两圈。

037 号鼓

1972 年 4 月北流县出土。

面径 74，胸以下残矢。

面有四小蛙（失三），逆时针环列。三弦分晕，等晕，六晕：1. 太阳纹，六芒，芒间四出钱纹；2、3、4、6. 雷纹填线纹；5 及鼓边．半云填线纹。

身仅剩胸部二晕，皆半云填线纹。

身有两道合范线。背面有模痕两块。

101 号鼓

1955 年征集于北流县。原存北流县大清河边水埇庵。

面径 165、胸径 150、腰径 140，足部缺失。

面三或四弦分晕，等晕，五晕：1. 太阳纹，八芒，芒间云纹；2 ~ 5. 遍布云纹。

身三或二弦分晕，等晕。胸七、腰十晕，皆云纹、雷纹逐层相间。

环耳两对，饰缠丝纹。每耳有脊线两道，耳根有三趾纹。

身有两道合范线。面露出垫片痕。

116 号鼓

1965 年北流县六沙公社牛岭出土。

面径 68. 4、身高 37. 4、胸径 59. 5、腰径 56、足径 66. 9。

面有四蛙，逆时针环列。三弦分晕，等晕，六晕：1. 太阳纹，八芒，芒间模糊，芒尖分叉，芒穿至二晕；2 ~ 6. 遍布雷纹。

身三弦分晕，等晕。胸八、腰九、足七晕，皆云纹、雷纹相间。

环耳两对，饰缠丝纹，有脊线一道。

身有两道合范线。背面有模痕。

139 号鼓

1954 年征集于北流县第十一区。

面径 123. 1、身高 68. 9、胸径 116. 6、腰径 105、足径 124。

面有四蛙，顺时针环列。三弦分晕，等晕，七晕：1. 太阳纹，八芒，芒间云纹，芒穿至二晕；2、3、5、7. 云纹；4、6. 雷纹。

身三弦分晕，等晕。胸十一、腰十四、足十一晕，皆饰雷纹、云纹。

环耳两对，饰缠丝纹，有脊线一道。

身有两道合范线。背面有模痕。

156 号鼓

1954 年征集于北流县第六区。

面径 83、身高 50. 3、胸径 77、腰径 69. 3、足径 80。

面有四蛙（二失），逆时针环列。三弦分晕，等晕，八晕：1. 太阳纹，八芒，芒间云纹；2 ~ 8. 遍布云纹。

身三弦分晕，等晕。胸十、腰十四、足十一晕，皆饰云纹、雷纹。

环耳两对。

身有两道合范线。

161 号鼓

1954 年征集于北流县第十一区。

面径 77、身高 40、胸径 70.1，腰、足残缺。

面有四蛙，逆时针环列。三弦分晕，等晕，七晕：1. 太阳纹，八芒，芒间雷纹；2～7. 遍布雷纹。

身三弦分晕，等晕。胸九、腰十四、足九晕，皆饰雷纹、雷纹填线纹。

环耳两对，饰缠丝纹。

身有两道合范线。背面有“十”形模痕。

308 号鼓

1964 年北流县雷冲公社银山出土。

面径 70.3、胸径 63.7、腰径 60.2，足部残失一段。

面有四蛙，逆时针环列。三弦分晕，1～8 为等晕，9 晕窄：1. 太阳纹，八芒，芒间雷纹；2、4、6、8. 连钱纹；3、5、7. 细雷纹；9. 水波纹。

身三弦分晕，等晕。胸八、腰十晕，足残存四晕，皆雷纹、水波纹逐层相间。

环耳两对，饰乳丁纹两行。

身有两道合范线。

315 号鼓

1970 年北流县荔枝场果园出土。

面径 99.6、身高 55.1、胸径 96.1、腰径 85.6、足径 101。

面有六蛙，逆时针环列。三弦分晕，十晕：1. 太阳纹，十芒，芒间雷纹填线纹；2、10. 云纹；3. 雷纹；4、7. 雷纹填线纹；5. 连钱纹；6、9. “卍”和鱼混合图案（主纹）；8. 变形羽人纹。

身三弦分晕，等晕。胸五晕：1. 雷纹；2. 连钱纹；3. 云纹；4. 雷纹填线纹；5. 复线角形压点纹。腰八晕：1、7. 四瓣花纹；2. 雷纹；3. 连钱纹；4、8. 云纹；5. 雷纹填线纹；6. 复线角形压点纹。足六晕：1、4. 云纹；2. 雷纹；3. 连钱纹；5. 雷纹填线纹；6. 复线角形压点纹。

半环耳两对，饰缠丝纹。

身有两道合范线。

032 号鼓

1959 年岑溪县樟木公社灯草塘出土。

面径 91、身高 53、胸径 84.7、腰径 77.6、足径 92。

面有四蛙，顺时针环列。三弦分晕，等晕，七晕：1. 太阳纹，八芒，芒尖分叉，芒间云纹，芒穿至二晕；2、3、5、7. 云纹；4、6. 雷纹。

身三弦分晕，等晕。胸十、腰十四、足十一晕，皆饰雷纹。

环耳两对，饰缠丝纹，有脊线一道。

身有两道合范线。背面有模痕。

137 号鼓

1959 年征集于岑溪县。

面径 94、身高 53.5、胸径 88.3、腰径 81.2、足径 93。

面有四小蛙，两两相对。三弦分晕，等晕，九晕：1. 太阳纹，八芒，芒间云纹，芒尖分叉；2～9. 遍布云纹。

身三弦分晕，等晕。胸九、腰十三、足十一晕，皆雷纹填线纹、云雷纹逐层相间。

环耳两对，饰缠丝纹，背上辫纹一道。

身有两道合范线。面、身露垫片痕。

157 号鼓

1964 年征集于岑溪县南渡公社。

面径 90.4、身高 51.7、胸径 82.8、腰径 78、足径 89.3。

面有四蛙（皆失）。三弦分晕，等晕，七晕：1. 太阳纹，八芒，芒间模糊，芒穿至二晕；2、4、6. 云纹；3、5、7. 雷纹。

身三弦分晕，等晕。胸十一、腰十三、足十一晕，皆雷纹、云纹逐层相间。

环耳两对，饰缠丝纹，有脊线一道。

身有两道合范线。背面有模痕。

岑溪 01 号鼓（藏岑溪县文化局）

1975 年岑溪县水汶公社寨顶生产队东叶坑出土。

面径 76.5、身高 46.1、胸径 71.4、腰径 64.6、足径 75。

面有四蛙，顺时针环列。三弦分晕，等晕，六晕：1. 太阳纹，八芒，芒间素，芒穿至二晕；2～6. 遍布云纹。

身三弦分晕，等晕。胸十、腰十三、足十一晕，皆云纹、雷纹填线纹逐层相间。

环耳两对。

身有两道合范线。背面有模痕。

148 号鼓（藏广西民族学院）

1954 年征集于容县。

面径 76.4、身高 44.9，胸残缺，腰径 65.6，足残缺。

面有四小蛙，两两相对。三弦分晕，等晕，六晕：1. 太阳纹，八芒，芒间夹雷纹；2～5. 云纹。

身三弦分晕，等晕。胸十一晕：单晕雷纹，双晕云纹。腰十四、足十晕，皆云纹、雷纹填线纹逐层相间。

环耳两对。

身有四道合范线。并露垫片痕。背面有模痕。

035 号鼓（藏广西壮族自治区博物馆。下同）

1971 年 10 月容县容城公社牛冲生产队牛地顶出土。

面径 77.8、身高 47.1、胸径 72.5、腰径 66.7，足残。

面有四小蛙，顺时针环列。三弦分晕，等晕，六晕：1. 太阳纹，八芒，芒间雷纹填线纹，芒穿至二晕；2、4、6. 细云纹；3、5. 雷纹填线纹。

身三弦分晕，等晕。胸十、腰十三、足十晕，皆云纹、雷纹填线纹逐层相间。

环耳两对。

身有两道合范线。背面有模痕多层。

145 号鼓

1954 年征集于容县。

面径 115、身高 68.5、胸径 110.3、腰径 98.8、足径 115.5。

面有四蛙，逆时针环列。三弦分晕，等晕，五晕：1. 太阳纹，八芒，芒间云纹；2. 云纹；3、4、5. 雷纹填线纹。

身三弦分晕，等晕。胸九晕：单晕云纹，双晕雷纹。腰十二晕：单晕雷纹，双晕云纹。足九晕：单晕雷纹，双晕云纹。

环耳两对。

身有两道合范线。

055 号鼓

1972 年陆川县城厢公社万丈越种塘出土。

面径 70、身高 63.2、胸径 58.9，足残失。

面有四蛙，逆时针环列。三弦分晕，等晕，七晕：1. 太阳纹，八芒，芒间云纹；2～7. 遍布云纹。

身三弦分晕，等晕。胸七、腰十一晕，皆饰雷纹填线纹。

环耳两对，饰缠丝纹。

身有两道合范线。

056 号鼓

1972 年陆川县良田公社西十村大队出土。

面径 103.1、身高 59.5、胸径 100.6、腰径 90.1、足径 101.8。

面有六蛙（均失），两两相对（一对向鼓心）。四或三弦分晕，等晕，八晕：1. 太阳纹，八芒，芒间辫纹；2～6、8 及鼓边 . 雷纹；7. 辫纹。

身三或二弦分晕，等晕，晕弦压波浪地纹。胸六晕：1. 半云填线纹；2. 雷纹；3. 雷纹填线纹；4. 云纹；5. 辫纹图案；6. 四瓣花纹。腰九晕：1. 雷纹；2、7. 半云填线纹；3、6. 雷纹填线纹；4. 辫纹图案；5. 云纹；8. 四瓣花纹；9. 波浪纹。足七晕：1. 云纹；2、4、7. 雷纹；3. 辫纹图案；5. 半云填线纹；6. 四出钱纹。

半环耳两对，饰缠丝纹，并有脊线一道。

身有两道合范线。背面有扇形模痕。

316 号鼓

1976 年陆川县何英生产队出土。

面径 106、身高 55.2、胸径 97.1、腰径 88.1、足径 99.2。

面有六蛙，逆时针环列，其中对称两蛙为累蹲蛙。三或四弦分晕，等晕，九晕：1. 太阳纹，八芒，芒间云纹；2、4、6、8. 雷纹；3、5、7、9. 云纹。另在 3 ~ 6 晕间的相对部位有“[illegible]”铭文两个，笔画为云纹地纹。

身三弦分晕，等晕。胸八、腰十、足八晕，皆单晕云纹、双晕雷纹。

合茎环耳两对。每耳饰缠丝纹和脊线两道，耳根有三趾纹。

身有两道合范线。背面有两条模痕。

陆川 03 号鼓（藏陆川县文化馆）

1970 年陆川县城厢公社利塘生产队出土。

面径 68.5、身高 39、胸径 63、腰径 58.6、足径 69.5。

面有四蛙，逆时针环列。三弦分晕，等晕，六晕：1. 太阳纹，八芒，芒穿至二晕；2 ~ 6. 皆模糊。

身三弦分晕，等晕。胸八、腰十一、足九晕，皆云纹与雷纹逐层相间。

环耳两对。

身有两道合范线。面露垫片痕。

107 号鼓（藏广西壮族自治区博物馆）

1952 年桂平县麻垌小学送交。

面径 137.8、身高 72.5、胸径 126.4、腰径 117.5、足径 134.5。

面有六蛙，逆时针环列。三弦分晕，十九晕：1. 太阳纹，十二芒，芒间雷纹，芒穿至三晕；2、4、6、8、10、12、14、16、18、19. 连钱纹；3、5、7、9、11、13、15、17. 雷纹。

身三弦分晕，等晕。胸十四、腰十九晕，栉纹与雷纹逐层相间。足十三晕，角形填线纹与雷纹逐层相间。

大环耳两对，小环耳两个，分布四方。

身有两道合范线。

桂平 02 号鼓（藏桂平县文管所）

1975 年桂平县蒙圩公社新阳大队沙岗朱屋背出土。此鼓附近同时出土另一鼓（桂平 08 号鼓）。

面径 62、身高 34.5、足径 62.9。

面有四蛙，逆时针环列。三弦分晕（第六晕二弦），等晕，六晕：1. 太阳纹，八芒，芒间雷纹；2 ~ 6. 遍布雷纹。

身三弦分晕，等晕。胸七、腰九、足六晕，皆为雷纹。

环耳两对。

身有两道合范线。面露垫片痕。

108 号鼓（藏广西壮族自治区博物馆）

新中国成立初征集于合浦县。

面径 90.2、身高 49.5、胸径 86、腰径 79.6、足径 87。

面有六蛙，顺时针环列。四弦分晕，除第八晕稍窄外，余皆等晕，八晕：1. 太阳纹，八芒，芒间雷纹填线纹，芒穿至二晕，芒尖分叉；2～8. 雷纹填线纹。

身三弦分晕，等晕。胸八、腰十一、足九晕，皆雷纹填线纹、半云填线纹逐层相间。

半环耳两对，饰缠丝纹。

身有两道合范线。

合浦 01 号鼓（藏合浦县博物馆）

1967 年合浦县营盘公社杜坪底村后背岭出土。

面径 86、身高 48.5、胸径 78.9、腰径 71.7。

面有四蛙（一失），逆时针环列。三弦分晕（第六晕一弦），六晕：1. 太阳纹，八芒，芒间素；2～6. 遍布雷纹填线纹，但晕纹间叠印四出钱纹一周。

身三弦分晕，等晕。胸六、腰十一、足七晕，皆雷纹填线纹与云纹逐层相间。

环耳两对，饰缠丝纹。

身有两道合范线。

140 号鼓（藏广西壮族自治区博物馆）

1954 年征集于博白县。

面径 115.2、身高 63.4、胸径 110.4、腰径 100.9、足径 118.2。

面有八蛙，顺时针环列。三弦分晕，十七晕：1. 太阳纹，八芒；其余锈蚀。

身三弦分晕，等晕。胸八晕，可见云纹、水波纹。腰十二晕，可见云纹、半云填线纹、水波纹、雷纹、席纹。足九晕，可见四出钱纹、席纹、雷纹、水波纹。

半环耳两对，饰缠丝纹。又一侧耳上的胸部踞小蛙一对。

身有两道合范线。面、身露垫片痕。

博白 01 号鼓（藏博白县文化馆。下同）

1976 年博白县新塘公社下坎坪生产队门口岭出土。

面径 88.8、身高 49.6、胸径 83.7、腰径 77.1，足残缺。

面有六蛙，逆时针环列。三弦分晕，等晕，七晕：1. 太阳纹，八芒，芒间云纹，芒穿至二晕；2～7. 遍布雷纹。

身三弦分晕，等晕。胸八、腰十一、足七晕，皆云纹与雷纹逐层相间。

环耳两对，饰缠丝纹，耳根有三趾纹。

身有两道合范线。

博白 02 号鼓

1974 年博白县江宁公社绿屋生产队塘排山出土。

面径 78.5、身高 40.7、胸径 73.9、腰径 69.7，足残。

面有四蛙（已失）。三弦分晕，八晕：1. 太阳纹，八芒，芒间雷纹填线图案；2、4、6、8. 雷纹填线图案；3、5、7. 四出钱纹。

身三弦分晕，等晕。胸六、腰十、足尚存五晕，皆雷纹与云纹逐层相间。

环耳两对。

身有两道合范线。并有垫片脱落后的小孔十余个。

115 号鼓（藏广西壮族自治区博物馆。下同）

1954 年征集于灵山县。

面径 89、身高 55、胸径 85.4、腰径 78.1、足径 90.4。

面有四蛙（已失）。三弦分晕，等晕，六晕：1. 太阳纹，六芒，芒间雷纹；2、5. 雷纹填线纹；3、4. 雷纹；6. 云纹填线纹。晕弦间亦饰雷纹。

身三弦分晕，等晕。胸五、腰七、足五晕，皆雷纹、半云填线纹逐层相间。

半环耳两对。

身有两道合范线。

143 号鼓

1954 年征集于平南县。

面径 122.2、身高 67.3、胸径 114.3、腰径 105.7、足径 116.5。

面有六蛙和一动物（均失），逆时针环列。三弦分晕，十晕：1. 太阳纹，十二芒，芒间云纹，芒穿至三晕；2、4、6、8、10. 雷纹；3、5、7、9. 云纹。

身三弦分晕，等晕。胸十晕：1、9、10. 水波纹；2、4、6、8. 云纹；3、5、7. 雷纹。腰十三晕：1、11、13. 水波纹；2、4、6、8、10. 云纹；3、5、7、9、12. 雷纹。足九晕：1、5. 水波纹；2、4、7、9. 云纹；3、6、8. 雷纹。

大环耳两对，小环耳两个，分布于四方。

身有两道合范线。

036 号鼓

1972 年征集于玉林县废旧公司。

面径 70、胸径 60.5、腰径 57，足部被切去。

面有四小蛙，逆时针环列。三弦分晕，等晕，六晕：1. 太阳纹，八芒，芒间雷纹，芒穿至二晕；2 ~ 6. 遍布雷纹。

身三弦分晕，等晕。胸八、腰九晕，皆单晕云纹、双晕雷纹。

环耳两对，饰缠丝纹。

身有两道合范线。并露垫片痕。背面遍布模痕。

127 号鼓

1963 年征集于玉林县沙田供销社。

面径 76、身高 46、胸径 70.1、腰径 65、足径 76.2。

面有四蛙，顺时针环列。三弦分晕，等晕，六晕：1. 太阳纹，八芒，芒间雷纹，芒穿至二晕；2～6. 遍布雷纹。

身三弦分晕，等晕。胸九、腰十三、足九晕，皆云纹、雷纹逐层相间。

环耳两对。

身有两道合范线。背面有两层模痕。

060 号鼓

1972 年玉林县小平山公社解放大队出土。

面径 75.8、身高 42、胸径 70.3、腰径 65.6，足残。

面有四小累蹲蛙，两两相对。三弦分晕，等晕，九晕：1. 太阳纹，八芒，芒间雷纹，芒穿至二晕；2～9. 雷纹。

身三弦分晕，等晕。胸七、腰十一、足八晕，皆饰雷纹及雷纹填线纹。

环耳两对，饰缠丝纹。每耳有脊线两道，耳根有三趾纹。

身有两道合范线。面露垫片痕。

苍梧 01 号鼓（藏苍梧县图书馆）

1974 年苍梧县大坡公社出土。

面径 71、胸径 66.5、腰径 59.5，足残。

面有四物（群众说是牛，均失），仅有四组圆柱足。三弦分晕，等晕，四晕：1. 太阳纹，八芒，芒穿至二晕；2～4. 模糊。

身三弦分晕，等晕。胸七、腰十、足存七晕，皆云纹、雷纹填线纹逐层相间。

环耳两对。一侧耳下方足部有一立体饰物（已失）。

身有两道合范线。

浦北 03 号鼓（藏浦北县图书馆。下同）

1975 年浦北县小江公社北河大队材科所屋背岭出土。

面径 96.6、身高 53.5、胸径 88.5、腰径 83.1，足残。

面有六蛙，逆时针环列。三弦分晕，等晕，七晕：1. 太阳纹，六芒，芒间云纹；2、4、6. 云纹；3、5、7 及边沿．雷纹。

身三弦分晕，等晕。胸七、腰十一、足八晕，皆雷纹、云纹逐层相间。

环耳两对，饰缠丝纹。每耳有脊线一道。

身有两道合范线。

浦北 07 号鼓

1974 年浦北县北通公社公猪四队出土。

面径 71.4，胸残破，腰以下皆失。

面四蛙，逆时针环列。三弦分晕（第一晕为二弦），等晕，五晕：1. 太阳纹，六芒，芒间云纹，

2～5. 遍布云纹。

身三或二弦分晕，等晕。胸五、腰残存三晕，皆饰云纹。

环耳两对。

身有两道合范线。

浦北 08 号鼓

1974 年浦北县官垌公社平石大队三叉江岭头坡出土。

面径 56. 5，胸以下残失。

面有四蛙，逆时针环列。二弦分晕，等晕，六晕：1. 太阳纹，八芒，芒间雷纹；2～6. 遍布雷纹。

身三弦分晕，等晕。胸余四晕，皆饰云纹。

环耳两对，饰缠丝纹。

身有两道合范线。

藤县 07 号鼓（藏藤县图书馆）

藤县壤南公社杨林大队出土。

面径 83～87. 5、身高 46. 5、胸径 76. 5、腰径 70、足径 83。

面有四蛙，逆时针环列。三弦分晕，等晕，五晕：1. 太阳纹，六芒，芒间云雷纹填线纹；2～5 及边沿．遍布云雷纹填线纹。

身三弦分晕，等晕。胸六、腰九、足五晕，纹皆模糊。

环耳两对。

身有两道合范线。

317 号鼓（藏广西壮族自治区博物馆。下同）

1979 年邕宁县大塘公社十八生产队角麓水田出土。

面径 98. 5、身高 58. 8、胸径 90. 7、腰径 81. 5、足径 98. 5。

面有四小蛙，两两相对。三或一弦分晕，等晕，六晕：1. 太阳纹，八芒，芒间云纹填线纹；2～6. 云纹填线纹。

身三弦分晕，等晕。胸七、腰九、足七晕，皆饰云纹。

半环耳两对，饰缠丝纹。

身有两道合范线。并露垫片痕。背面有三层模痕。

118 号鼓

旧存，征集时间和地点不明（下同）。

面径 85. 5、身高 50、胸径 78. 8、腰径 72. 6、足径 84. 5。

面有四蛙，顺时针环列。三弦分晕（最外一晕二弦），等晕，六晕：1. 太阳纹，八芒，芒间雷纹，芒穿至二晕；2～6. 遍布雷纹。

身三弦分晕，等晕。胸十一、腰十五、足十一晕，遍布雷纹。

环耳两对。

身有两道合范线。

159 号鼓

面径 76. 7、身高 42. 3、胸径 70、腰径 67. 4，足残缺。

面有四蛙，两两相对。三弦分晕，等晕，八晕：1. 太阳纹，八芒，芒间云纹、雷纹；2 ~ 8. 云纹、雷纹。边沿为雷纹填线纹。

身三弦分晕，等晕。胸九、腰十三、足十一晕，皆饰雷纹填线纹。

环耳两对。每耳饰缠丝纹和两道脊线，耳根有三趾纹。

身有两道合范线。

167 号鼓

面径 90. 8、身高 52、胸径 83. 6、腰径 77. 4、足径 91。

面有四蛙，顺时针环列。三弦分晕，等晕，七晕：1. 太阳纹，芒间雷纹；2 ~ 7. 雷纹。

身三弦分晕，等晕。胸十、腰十一、足十二晕，皆饰云纹、雷纹。

环耳两对。每耳饰缠丝纹和一道辫纹。

身有两道合范线。

灵山型：58 面

146 号鼓

1954 年征集于岑溪县。

面径 93. 5、身高 54. 7、胸径 88. 6、腰径 81. 8、足径 94. 6。

面有四蛙，顺时针环列。三弦分晕，等晕，六晕：1. 太阳纹，九芒，芒间大云纹；2、3、5、6. 细云纹；4. 大云纹。边沿为辫纹图案。

身三弦分晕，等晕。胸七晕：雷纹、雷纹填线纹相间。腰十晕：1、3、5、7、10. 细云纹；2、4、6、9. 雷纹填线纹；8. 辫纹。足八晕：1、4、6、8. 细云纹；2. 辫纹；3、5、7. 雷纹填线纹。

环耳两对，饰辫纹。

身有两道合范线。

灵山 05 号鼓（藏灵山县文化馆）

灵山县石塘公社出土。

面径 62、身高 35、胸径 56、腰径 52. 5、足径 61. 5。

面有六蛙，逆时针环列。三弦分晕（第八晕为二弦），八晕：1. 太阳纹，八芒，芒间云纹；2 ~ 6. 云纹；7、8. 雷纹填线图案。

身三弦分晕，等晕。胸四、腰七、足五晕，皆波浪纹、云纹逐层相间。

扁耳两对，饰辫纹。每耳有一长条孔。

身有两道合范线。

105 号鼓（藏广西壮族自治区博物馆）

1954 年征集于灵山县。

面径 99～101.5、身高 54、胸径 90.7、腰径 84.3、足径 98。

面有三足蛙六，逆时针环列。三弦分晕，十六晕：1. 太阳纹，八芒，芒间云纹，芒尖分叉；2. 四出钱纹；3. 虫形纹；4、6、9. 云纹；5、8、12. 席纹；7、11、13、16. 连钱纹；10、15. 圆孔钱纹；14. 复线角形纹。

身三弦分晕。胸五晕：1. 云纹；2. 席纹；3. 四出钱纹；4. 角形填线纹；5. 雷纹填线纹。腰七晕：1、6. 角形填线纹；2、5. 云纹；3. 雷纹填线纹；4、7. 席纹。足六晕：1、3. 云纹；2. 角形填线纹；4. 席纹；5、6. 四出钱纹。

扁耳两对，饰网纹。每耳下部有一长方形孔。

身有两道合范线。

灵山 03 号鼓（藏灵山县文化馆。下同）

灵山县出土。

面径 79.4、身高 44.2、胸径 74.5、腰径 69.4、足径 79.7。

面有三累蹲蛙与三单蛙（皆三足）相间，顺时针环列。三弦分晕，十八晕：1. 太阳纹，十芒，芒间四出钱纹，芒穿至二晕；2～18. 双晕四出钱纹，单晕连钱纹（主纹）。

身三或二弦分晕。胸与腰共二十一晕：1、15. 鸟形图案（主纹）；2～14、16～20. 皆为四出钱纹、连钱纹、圆孔钱纹；21. 连钱纹。足九晕：1～3. 连钱纹；4、6. 圆孔钱纹；5、7. 连钱纹、雷纹填线图案；8、9. 圆孔钱纹、连钱纹。

扁耳两对。每耳边饰乳丁纹一道，中饰雷纹，下有孔一。另一侧耳下方足部立二骑士。

内壁胸部立牛一只。

身有两道合范线。背面有模痕。

灵山 01 号鼓

1973 年灵山县旧州公社双凤大队出土。

面径 103.3、身高 62、胸径 103、腰径 90.4、足径 106.7。

面六蛙（四蛙三足、两蛙四足），逆时针环列。三弦分晕（第十晕为一弦），十九晕：1. 太阳纹，十二芒，芒间模糊；2、6、16. 雷纹；3、17. 云纹；4. 同心圆纹；5. 骑兽纹（主纹）；7、18. “五”字钱纹；8、14. 四瓣花纹；9、10、13. 虫形纹；11. 席纹；12. 兽形云纹（主纹）；15. 半云填线纹；19. 蝉纹。

身二弦分晕。胸七晕：1. “五”字钱纹；2. 四瓣花纹；3. 虫形纹；4. 云纹；5. 半圆填线纹；6. 雷纹；7. 同心圆纹。腰九晕：1、9. 同心圆纹；2. 四瓣花纹；3、7. 云纹；4. 雷纹；5. 兽形纹（主纹）；6. 虫形纹；8. 半云填线纹。足六晕：1. 同心圆纹；2. 雷纹；3. 四瓣花纹；4. 席纹；5. “五”字钱纹；6. 蝉纹。

扁耳两对，饰羽纹。每耳上下各有一孔。

身有两道合范线。

灵山02号鼓

灵山县出土（下同）。

面径80.8、身高48.2、胸径76.4、腰径69.7、足径81。

面有三累蹲蛙和三单蛙（皆三足）相间，逆时针环列。二弦分晕（第一晕为一弦），十八晕：1. 太阳纹，十芒，芒间连钱纹，芒穿至三晕；2、18. 蝉纹；3. 虫形纹；4、10、15. 鸟纹（主纹）；5、9、11、14、16. 四出钱纹；6、17. 连钱纹；7、12. 四瓣花纹；8、13. 席纹。

身二弦分晕。胸八晕：1. 蝉纹；2、7. 连钱纹；3、5. 四出钱纹；4. 鸟纹（主纹）；6. 席纹；8. 兽面图案。腰八晕：1. 虫形纹；2、7. 四瓣花纹；3、5. 四出钱纹；4. 鸟纹（主纹）；6、8. 连钱纹。足八晕：1、6. 席纹；2、8. 四瓣花纹；3、5. 四出钱纹；4. 鸟纹（主纹）；7. 连钱纹。

扁耳两对，饰辫纹。每耳下部有一长条孔。

身有两道合范线。

灵山04号鼓

面径69.9、身高42.1、胸径66.2、腰径59.5、足径67.4。

面有三累蹲蛙和三单蛙（皆三足）相间（已失一蛙），逆时针环列。二弦分晕，十六晕：1. 太阳纹，十二芒，芒间连钱纹，芒穿至三晕；2、16. 蝉纹；3、15. 四瓣花纹；4、8、13. 鸟纹（主纹）；5、7、9、12、14. 四出钱纹；6、11. 连钱纹；10. 席纹。

身二弦分晕。胸七晕：1. 蝉纹；2、4. 四出钱纹；3. 鸟纹；5. 连钱纹；6. 兽面图案；7. 虫形纹。腰七晕：1. 席纹；2、6. 连钱纹；3、5. 四出钱纹；4. 鸟纹（主纹）；7. 四瓣花纹。足七晕：1、5. 连钱纹；2、4. 四出钱纹；3. 鸟纹（主纹）；6. 四瓣花纹；7. 蝉纹。一侧耳下方足部立鸟一对。

扁耳两对，饰辫纹。每耳下部有一孔。

身有两道合范线。

057号鼓（藏广西壮族自治区博物馆。下同）

1972年灵山县出土。

面径79、身高46.6、胸径75.4、腰径68.4、足径77.6。

面有六蛙，皆三足，单蛙与累蹲蛙相间，逆时针环列。二弦分晕，十八晕：1. 太阳纹，十芒，芒间连钱纹，芒穿至二晕；2、18. 蝉纹；3、17. 四瓣花纹；4、9、13. 连钱纹；5、7、10、12、14、16. 四出钱纹；6、11、15. 鸟纹（主纹）；8. 席纹。

身二弦分晕。胸七晕：1. 蝉纹；2. 四瓣花纹；3、5. 四出钱纹；4. 鸟纹（主纹）；6. 连钱纹；7. 虫形纹。腰九晕：1. 波浪纹；2、9. 席纹；3、5、7. 四出钱纹；4、8. 连钱纹；6. 鸟纹（主纹）。足八晕：1. 虫形纹；2、6. 连钱纹；3、5. 四出钱纹；4. 鸟纹；6. 四瓣花纹；7. 蝉纹。耳下脚部立鸟一对。

扁耳两对，饰辫纹图案。

身有两道合范线。

033号鼓

1971年北流县府城公社肖屋园出土。

面径 65、身高 38.5、胸径 60.5、腰径 53.8、足径 64.5。

面有五蛙（皆三足），顺时针环列。三弦分晕，九晕：1. 太阳纹，八芒；2、9. 雷纹；3、5、7. 云纹（主纹）；4. 席纹；6. 半云填线纹；8. 连钱纹。

身三弦分晕。胸五晕：1、3. 雷纹；2. 四瓣花纹；4. 席纹；5. 半圆填线纹。腰五晕：1. 连钱纹；2. 半圆填线纹；3. 四瓣花纹；4. 席纹；5. 雷纹。足四晕：1. 四瓣花纹；2. 半圆填线纹；3. 连钱纹；4. 雷纹。

扁耳两对。

身有两道合范线。

北流 010 号鼓（藏北流县文化馆。下同）

1977 年北流县六靖公社长塘生产队担水岭出土。

面径 91.2、身高 53.6、胸径 83.4、腰径 73.9，足残。

面有六蛙，逆时针环列。三弦分晕，等晕，七晕：1. 太阳纹，八芒，芒间云纹，芒尖分叉；2 ~ 7. 遍布云纹。

身三弦分晕，等晕。胸六晕：1、5. 半圆纹；2. 席纹；3、6. 云纹；4. 雷纹填线纹。腰八晕：1、5、7. 云纹；2、4. 席纹；3、8. 半云纹；6. 雷纹填线纹。足七晕：1、4、6. 云纹；2、7. 雷纹填线纹；3. 半云纹；5. 席纹。

扁耳两对。每耳有一长条孔。

身有两道合范线。

北流 07 号鼓

1975 年北流县民乐公社鸡头生产队堡山出土。

面径 91.4、身高 57.4、胸径 87.3、腰径 74.5、足径 92。

面有四蛙（皆三足），逆时针环列。二弦分晕（第一、十晕为三弦），十晕：1. 太阳纹，十一芒，芒间四瓣花纹、坠形纹；2、6. 雷纹；3、9. 模糊；4、8、10. 云纹；5. 变形羽人纹（主纹）；7. 云纹（主纹）。

身或三弦分晕，等晕。胸四晕：1. 云纹；2 ~ 4. 云纹、雷纹。腰七晕，皆饰云纹与雷纹。足五晕，单晕云纹，双晕雷纹。

扁耳两对，饰线纹。每耳有一长条孔。

身有两道合范线。

128 号鼓（藏广西壮族自治区博物馆）

新中国成立初陆川县平乐区平安塘村十四岭出土。

面径 93.8 ~ 94.5、身高 50.2 ~ 52、胸径 85.3、腰径 73.7，足残缺。

面有三足累蹲蛙六（失二），顺时针环列。三弦分晕，等晕，二十三晕：1. 太阳纹，十芒，芒间四出钱纹，芒穿至二晕；2、4、6、8、19、22. 雷纹；3、5、10、12、15. 四出钱纹；7、11、16、18. 云纹；9、17、23. 虫形纹；13、20. 虫形纹与雷纹；14、21. 钱纹与云纹。

身三弦分晕，等晕。胸八晕：1. 云纹；2、3. 虫形纹；4、6. 四出钱纹；5、8. 雷纹；7. 席纹。腰十一晕：1、4、11. 四出钱纹；2、6、9. 虫形纹；3、5、8. 雷纹；7. 席纹。足八晕：1、5、8. 四出钱纹；2. 雷纹填线纹；3、6、7. 雷纹；4. 云纹。

扁耳两对。每耳边饰乳丁纹，中为辫纹图案。

身有两道合范线。另在一侧足部有小环纽两个，纽脊饰乳丁一行。背面有五层模痕。

陆川01号鼓（藏陆川县文化馆。下同）

1976年陆川县米场公社李屋生产队出土。

面径121.2、胸径108.2、腰径101.2，足残。

面有六蛙，逆时针环列。三弦分晕，等晕，十八晕：1. 太阳纹，十二芒，芒间圆孔钱纹；2、3、5、6、7、9、10、11、13、14、15. 雷纹；4、8. 席纹；12、18. 圆孔钱纹与四瓣花纹；17. 圆孔钱纹与雷纹、席纹。

身三弦分晕，等晕。胸十晕：1. 虫形纹与圆孔钱纹；2. 四瓣花纹；3、4. 圆孔钱纹与雷纹；5. 圆孔钱纹；6、7、10. 雷纹；8. 四瓣花纹与席纹；9. 半云填线纹与圆孔钱纹。腰十三晕：1、4、6. 雷纹与圆孔钱纹；2、7、12. 雷纹；3. 圆孔钱纹与席纹；5. 席纹；8、9. 雷纹与四瓣花纹；10. 圆孔钱纹；11. 四瓣花纹与圆孔钱纹；13. 雷纹与半云填线纹。足存六晕：1、3、6. 雷纹；2. 圆孔钱纹；4. 雷纹与圆孔钱纹；5. 四瓣花纹。

扁耳两对。每耳内有乳丁纹一道，中饰羽纹，下有一长条孔。

身有两道合范线。并有垫片脱落后的小孔十余个。

陆川02号鼓

1974年陆川县米场公社谷仰生产队出土。

面径91.3、身高50.8、胸径34.9、腰径77.7、足径90。

面有三累蹲蛙与三单蛙（皆三足）相间，逆时针环列。三弦分晕，十六晕：1. 太阳纹，八芒，芒间四瓣花纹、连钱纹；2、5、8、14. 四瓣花纹；3、6、9、12. 钱纹；4、7、10、13、16. 云纹（主纹）；11. 连钱纹；15. 半圆填线纹。

身三弦分晕。胸八晕：1、7. 四瓣花纹；2、5. 钱纹；3. 席纹；4. 半圆填线纹；6. 雷纹；8. 变形绹纹。腰九晕：1. 雷纹；2、9. 席纹；3、7. 波浪纹；4、8. 钱纹；5. 半圆填线纹；6. 四瓣花纹。足八晕：1、8. 波浪纹；2、7. 四瓣花纹；3. 席纹；4. 雷纹；5. 钱纹；6. 变形绹纹。

扁耳两对。每耳下部有一长条孔。

身有两道合范线。并有垫片脱落后的小孔二十余个。

138号鼓（藏广西壮族自治区博物馆。下同）

1954年征集于容县（下同）。

面径84、身高50.3、胸径80.2、腰径70、足径86。

面有八蛙，顺时针环列。三弦分晕，等晕，七晕：1. 太阳纹，十芒，芒间云纹，芒尖分叉；2、3、5、7. 云纹；4、6. 席纹。

身三弦分晕，等晕。胸四、腰八、足六晕，皆饰云纹、栉纹。

扁耳两对。

身有两道合范线。

153 号鼓

面径 83.6、身高 42、胸径 53.8，腰、足残缺。

面有六蛙（皆三足），顺时针环列。三弦分晕，等晕，十七晕：1. 太阳纹，八芒；3. 云纹；其余晕皆模糊。

身三弦分晕，等晕。胸六、腰八、足七晕，隐约可见钱纹，余皆模糊。

扁耳两对。每耳边有乳丁一行，中饰辫纹图案。

身有两道合范线。面、身露垫片痕。

容县 02 号鼓（藏容县图书馆）

1975 年容县灵山公社陈村双头岭出土。

面径 77.8、胸径 75.4，腰残，足部失。

面有四蛙，逆时针环列。二或三弦分晕，九晕：1. 太阳纹，十一芒，芒间复线角形纹；2、3、7. 云纹（主纹）；4、6、8. 雷纹；5. 变形羽人纹（主纹）；9. 席纹。

身三弦分晕，等晕。胸五晕：1、3. 云纹；2、4. 雷纹；5. 席纹。腰存四晕：1、3. 云纹；2、4. 雷纹。

扁耳两对。每耳有一长条孔。

身有两道合范线。

桂平 01 号鼓（藏桂平县文物管理所）

1979 年桂平县沙坡公社太平大队第一生产队佛子山出土。

面径 103、身高 57、胸径 93.9、腰径 87.3，足残缺。

面有四蛙，逆时针环列。三弦分晕，等晕，八晕：1. 太阳纹，八芒，芒间云纹，芒穿至二晕；2～8. 遍布云纹。

身三弦分晕，等晕。胸六晕：1. 波浪纹；2、4、6. 雷纹；3、5. 云纹。腰、足部模糊。

扁耳两对。每耳上下各有一长条孔。

身有两道合范线。

030 号鼓（藏广西壮族自治区博物馆）

1966 年桂平县大洋公社出土。

面径 121、身高 66、胸径 115、腰径 106、足径 119.1。

面有六蛙，皆三足，累蹲蛙与单蛙相间，逆时针环列。二弦分晕，二十二晕：1. 太阳纹，十二芒，芒间模糊，芒穿至四晕；2～4、9. 纹模糊；5、7、11、13、20、22. 四出钱纹；6. 鸟纹（主纹）；8、15. 雷纹填钱纹；10、19. 席纹；12. 鸟形纹（主纹）；14、17. 连钱纹；16. 雷纹；18. 虫形纹；21. 变形羽人纹。鼓边为蝉纹。

身二弦分晕。胸九晕：1. 蝉纹；2. 连钱纹；3、7. 席纹；4、6. 四出钱纹；5. 鸟纹（主纹）；8. 角形填线纹；9. 四瓣花纹。腰十晕：1、10. 四叶纹；2、9. 角形填线纹；3. 连钱纹；4、8. 席纹；5、

7. 四出钱纹；6. 变形羽人纹（主纹）。足八晕：1. 四叶纹；2. 角形填线纹；3. 虫形纹；4、6. 四出钱纹；5. 鸟纹（主纹）；7. 蝉纹；8. 连钱纹。

扁耳两对，饰线纹带三条。每耳下部有小方孔两个。

身有两道合范线。背面有三层模痕。

横 1 号鼓（藏横县文化馆。下同）

1970 年横县云表公社六合村出土。出土时，鼓内有东汉—六朝的黄釉瓷器碎片。

面径 65. 4，胸、腰、足残破。

面有三单蛙与三累蹲蛙相同，顺时针环列（一累蹲蛙残失）。三弦分晕，十二晕：1. 太阳纹，十二芒，芒间四出钱纹；2、12. 四瓣花纹；3、11. 四出钱纹、“五”字钱纹；4、7、8. 云纹（主纹）；5. 雷纹；6、10. 席纹；9. 连钱纹。

身三弦分晕。胸五晕：1. 四瓣花纹；2. 半圆纹；3. 四出钱纹；4. 雷纹；5. 云纹。腰七晕：1. 半圆纹；2、7. 席纹；3. 四出钱纹；4、6. 云纹；5. 四瓣花纹。足四晕：1、4. 雷纹；2. 四出钱纹；3. 四瓣花纹。

扁耳两对。

身有两道合范线。面露垫片痕。

横 4 号鼓

横县南乡公社红宣村葫芦岭出土。

面径 78. 7、身高 45、胸径 72. 6、腰径 68. 4、足径 78. 2。

面有三单蛙与三累蹲蛙（皆三足）相间，顺时针环列。三弦分晕，十七晕：1. 太阳纹，十芒，芒间皆钱纹，芒穿至三晕；2、4、6、8、10、12、14、16. 四出钱纹；3、7、11、15. 连钱纹；5、9、13、17. 变形羽人纹（主纹）。

身三弦分晕。胸九、腰十一、足八晕，皆连钱纹与四出钱纹逐层相间。

扁耳两对，饰辫纹图案。

身有两道合范线。

横 2 号鼓

1973 年横县马山公社大塘村出土。

面径 70、胸径 65. 2，腰残，足部残失。

面有三单蛙与三累蹲蛙相间，顺时针环列。二或三弦分晕。十三晕：1. 太阳纹，八芒，芒间四出钱纹、连钱纹；2、10. 四出钱纹；3、5、7、9、11、13. 云纹（主纹）；4. 半云填线纹；6. 连钱纹；8. 席纹；12. 虫形纹。

身二弦分晕。胸五晕：1. 四出钱纹；2. 连钱纹；3. 雷纹；4. 云纹；5. 半圆纹。腰八晕：1. 席纹；2. 四瓣花纹；3. 四出钱纹；4、5. 连钱纹；6. 云纹；7. 席纹；8. 半圆纹。

扁耳两对。每耳面饰辫纹，边缘饰乳丁纹。

身有两道合范线。

163 号鼓（藏广西壮族自治区博物馆。下同）

1964 年横县南乡合山公社山口村出土。

面径 69.3、胸径 63.2，腰、足残失。

面有四蛙，逆时针环列。一或二、三弦分晕，1～5 为宽等晕，6、7 为窄等晕，七晕：1. 太阳纹，十二芒，芒间云纹；2～6. 遍布云纹；7. 雷纹。

胸部四晕，饰云纹、雷纹。

扁耳两对。每耳两孔。

身有两道合范线。

151 号鼓

1952 年征集于横县。

面径 78.8、胸径 74.8、腰径 68.2，足部残失。

面有三累蹲蛙与三单蛙（皆三足）相间，逆时针环列。二弦分晕，十八晕：1. 太阳纹，十一芒，芒间连钱纹，芒穿至三晕；2、18. 蝉纹；3、17. 四瓣花纹；4、6、9、11、14、16. 四出钱纹；5、10、15. 鸟纹（主纹）；7、12. 连钱纹；8. 虫形纹；13. 席纹。

身二弦分晕。胸七晕：1. 蝉纹；2. 连钱纹；3、5. 四出钱纹；4. 鸟纹（主纹）；6. 四瓣花纹，7. 角形纹。腰九晕：1. 四瓣花纹；2. 席纹；3、5、7. 四出钱纹；4、8. 连钱纹；6. 鸟纹（主纹）；9. 虫形纹。足残剩少部，仅有席纹、连钱纹。

扁耳两对。每耳饰羽纹三条，下有一方孔。

身有两道合范线。背面有模痕三层，内壁露垫片痕。

109 号鼓

新中国成立初征集于横县。

面径 82、身高 49.2、胸径 47.7、腰径 38.2、足径 80。

面有六蛙，皆三足，三累蹲蛙（子蛙残失）与三单蛙相间，逆时针环列。二弦分晕，十九晕：1. 太阳纹，十芒，芒间四出钱纹、蝉纹，芒穿至三晕；2. 四瓣花纹；3、8、15、19. 虫形纹；4、14. 席纹；5、7、10、12、16、18. 四出钱纹；6. 鸟纹（主纹）；9、13. 连钱纹；11. 鸟形图案（主纹）；17. 变形羽人纹（主纹）。边沿蝉纹。

身二弦分晕。胸九晕：1. 蝉纹；2、5、7. 虫形纹；3、8. 席纹；4、6. 四出钱纹；9. 四瓣花纹。腰九晕：1、9. 四瓣花纹；2. 席纹；3. 连钱纹；4、7. 四出钱纹；5、6. 变形羽人纹（主纹）；8. 虫形纹。足六晕：1. 连钱纹；2. 虫形纹；3、5. 四出钱纹；4. 鸟纹（主纹）；6. 蝉纹。

扁耳两对，饰羽纹图案。每耳下部有一孔。

身有两道合范线。

133 号鼓

1954 年征集于横县（下同）。

面径 83.1、身高 45.6、胸径 78.3、腰径 71.3、足径 79.8。

面有六蛙，皆三足，累蹲蛙与单蛙相间，顺时针环列。二弦分晕，十九晕：1. 太阳纹，十二芒，芒间模糊，芒穿至三晕；2. 蝉纹；3、6、8、10、14、16、18. 四出钱纹；4. 兽面图案；5. 虫形纹；7、13. 交叉纹；9. 变形羽人纹（主纹）；11. 席纹；12、15. 连钱纹；17. 鸟纹（主纹）；19. 四瓣花纹。

身二弦分晕。胸六晕：1. 蝉纹；2、6. 连钱纹；3、5. 四出钱纹；4. 鸟形纹（主纹）。腰九晕：1. 兽面纹；2、4、6、8. 四出钱纹；3. 交叉纹；5. 变形羽人纹（主纹）；7. 连钱纹；9. 席纹。足七晕：1. 虫形纹；2、4. 四出钱纹；3. 鸟纹（主纹）；5. 连钱纹；6. 四瓣花纹；7. 蝉纹。

扁耳两对，饰羽纹图案。每耳下部有一长方孔。

身有两道合范线。面、身露垫片痕。背面有五层模痕。

142 号鼓

面径 92.2、身高 53.5、胸径 92.3、腰径 81.2、足径 91.7。

面有六蛙（皆残失）。二弦分晕，二十三晕：1. 太阳纹，十二芒，芒间席纹，芒穿至四晕，芒尖分叉；2、9、16. 连钱纹；3、18. 席纹；4、6、10、12、19、21. 四出钱纹；5. 鸟纹（主纹）；7、15. 四瓣花纹；8、13、17. 虫形纹；11. 鸟形图案（主纹）；14、23. 雷纹填线纹；20. 变形羽人纹；22. 蝉纹。

身二弦分晕。胸八晕：1. 蝉纹；2、7. 连钱纹；3、5. 四出钱纹；4. 鸟纹（主纹）；6. 虫形纹；8. 雷纹填线纹。腰九晕：1、9. 雷纹填线纹；2、8. 虫形纹；3. 席纹；4、6. 四出钱纹；5. 变形羽人纹（主纹）；7. 连钱纹。足八晕：1、8. 连钱纹；2. 席纹；3. 虫形纹；4、6. 钱纹；5. 鹭纹；7. 蝉纹。另在耳下足部立一四足动物。

扁耳两对，饰辫纹图案。

身有两道合范线。

168 号鼓

1954 年征集于横县贸易公司。

面径 68.9、身高 42.5、胸径 65.6、腰径 59.5、足径 68.2。

面有三累蹲蛙和三单蛙（皆三足）相间，逆时针环列。二弦分晕，十七晕：1. 太阳纹，十芒，芒间连钱纹，芒穿至四晕；2、17. 蝉纹；3、16. 四瓣花纹；4、6、9、11、13、15. 钱纹；5、10、14. 鸟纹（主纹）；7. 席纹；8、12. 连钱纹。

身二弦分晕。胸七晕：1. 蝉纹；2. 四瓣花纹；3、5. 钱纹；4. 鸟纹（主纹）；6. 连钱纹；7. 兽面图案。腰八晕：1. 席纹；2、8. 虫形纹；3、7. 连钱纹；4、6. 钱纹；5. 鸟纹（主纹）。足七晕：1. 席纹；2. 连钱纹；3、5. 钱纹；4. 鸟纹（主纹）；6. 四瓣花纹；7. 蝉纹。

扁耳两对，饰羽纹。

身有两道合范线。

306 号鼓

1964 年横县广龙公社龙水村出土。

面径 79.5、身高 46.8、胸径 76.4、腰径 68.7、足径 75.5。

面有三累蹲蛙与三单蛙（皆三足）相间，逆时针环列。二或一弦分晕，十六晕：1. 太阳纹，十芒，芒间连钱图案；2、5. 虫形纹；3、8、14. 鸟纹（主纹）；4、7、9、13. 四出钱纹；6、12、15. 连钱纹；10. 席纹；11. 兽面图案；16. 蝉纹。

身二弦分晕。胸六晕：1. 蝉纹；2、4. 四出钱纹；3. 鸟纹（主纹）；5. 连钱纹；6. 四瓣花纹。腰七晕：1. 兽面图案；2. 虫形纹；3. 连钱纹；4、6. 四出钱纹；5. 变形羽人纹（主纹）；7. 席纹。足七晕：1. 虫形纹；2、4. 四出钱纹；3. 鸟纹（主纹）；5. 连钱纹；6. 素晕；7. 蝉纹。一侧耳下足部立鸟一只。

扁耳两对。每耳饰羽纹六道，下有一方孔。

身有两道合范线。背面有模痕两层。

横3号鼓（藏横县文化馆。下同）

横县六景公社大浪大队出土。

面径78.7、身高47.3、胸径74、腰径67.5、足径76.7。

面有三累蹲蛙与三单蛙（皆三足）相间，逆时针环列。二弦分晕，十八晕：1. 太阳纹，十二芒，芒间连钱纹，芒穿至三晕；2、18. 蝉纹；3、7、13、17. 四瓣花纹；4、6、9、11、14、16. 四出钱纹；8. 席纹；12. 连钱纹；5、10、15. 鸟纹（主纹）。

身二弦分晕。胸八晕：1. 蝉纹；2、6. 四瓣花纹；3、5. 四出钱纹；4. 鸟纹（主纹）；7. 连钱纹；8. 席纹。腰九晕：1. 席纹；2、4、6. 四出钱纹；3、7. 连钱纹；5. 鸟纹（主纹）；8. 四瓣花纹；9. 虫形纹。足八晕：1、7. 四瓣花纹；2、6. 连钱纹；3、5. 四出钱纹；4. 鸟纹（主纹）；8. 蝉纹。另一侧足部立鸟一对。

扁耳两对。每耳饰辫纹图案，穿一孔。

身有两道合范线。

横6号鼓

1976年横县良圻公社滕山村出土。

面径95.5、身高55.9、胸径92.8、腰径84.7、足径98。

面有三累蹲蛙与三单蛙（皆三足）相间，逆时针环列。二弦分晕，二十二晕：1. 太阳纹，十芒，芒间夹席纹，芒穿至四晕；2、20. 蝉纹；3、9、13、16. 虫纹；4、6、10、12、17、19. 四出钱纹；7、21. 四瓣花纹；14. 席纹；11. 鸟形图案（主纹）；10. 变形羽人纹（主纹）；5. 鹭含鱼纹（主纹）。

身二弦分晕。胸八晕：1. 蝉纹；2、6. 虫形纹；3、5. 四出钱纹；4. 兽面图案；7. 连钱纹；8. 席纹。腰九晕：1、7. 席纹；2、8. 连钱纹；3. 虫形纹；4、6. 四出钱纹；5. 变形羽人纹；9. 四瓣花纹。足七晕：1、5. 虫形纹；2、4. 四出钱纹；3. 鸟纹；6. 席纹与四瓣花纹、连钱纹；7. 蝉纹。另在一侧足部立鸟一只。

扁耳两对，饰辫纹图案。每耳有一孔。

身有两道合范线。

钦州01号鼓（藏钦州县文化馆。下同）

1974年钦州县贵台公社出土。

面径79、身高47.2、胸径73.5、腰径67、足径76。

面有三累蹲蛙与三单蛙（皆三足）相间，逆时针环列。二弦分晕，十八晕：1. 太阳纹，十芒，芒间连钱纹，芒穿至三晕；2、18. 蝉纹；3、7、12、17. 四瓣花纹；4、6、9、11、14、16. 四出钱纹；5、10、15. 鸟纹（主纹）；8. 席纹；13. 连钱纹。

身二弦分晕。胸八晕：1. 蝉纹；2、6. 四瓣花纹；3、5. 四出钱纹；4. 鸟纹（主纹）；7. 连钱纹；8. 兽面图案。腰九晕：1. 席纹；2、8. 四瓣花纹；3、7. 连钱纹；4、6. 四出钱纹；5. 鸟纹（主纹）；8. 虫形纹。足八晕：1、7. 四瓣花纹；2、6. 连钱纹；3、5. 四出钱纹；4. 鸟纹（主纹）；8. 蝉纹。

扁耳两对。

身有两道合范线。

钦州02号鼓

1975年钦州县那蒙公社那苏生产队廷朗山出土。

面径89、身高56.3、胸径98、腰径75、足径92。

面有六蛙（三足），逆时针环列。三弦分晕，等晕，六晕：1. 太阳纹，十芒，芒间模糊；2、3、5、6. 变形羽人纹（主纹）；4. 席纹与云雷纹。边沿有席纹与横线三角形纹。

身二或三弦分晕。胸六晕：1. 云纹与席纹；2. 同心圆纹；3、6. 云纹；4. 席纹；5. 半圆填线纹。腰七晕：1、5. 席纹；2. 同心圆纹；3、7. 云纹；4. 变形羽人纹（主纹）；6. 半圆填线纹。足六晕：1、3. 席纹；2、5. 同心圆纹；4、6. 横线三角形纹。

扁耳两对。

身有两道合范线。

浦北01号鼓（藏浦北县图书馆。下同）

1972年浦北县小江公社文山大队第一生产队大颈塘半山坡出土。

面径115、身高68、足径115。

面有六累蹲蛙（皆三足，失两小蛙），逆时针环列。三弦分晕，十五晕：1. 太阳纹，十二芒，芒间四瓣花纹，芒穿至二晕；2、5、7、8、9、10、11. 模糊；3. 虫形纹；4、6、12. 变形羽人纹（主纹）；13. 四瓣花纹；14. 蝉纹；15. 波浪纹。

身三、二、一弦分晕。胸八晕：1. 席纹；2. 四瓣花纹与四出钱纹；3. 钱纹与虫形纹；4、5、7、8. 虫形纹；6. 圆孔钱纹。腰七晕：1、5. 虫形纹与钱纹；2、6. 虫形纹；3. 鸟形图案；4. 变形羽人纹（主纹）；7. 钱纹。足七晕：1. 圆孔钱纹；2、4. 虫形纹；3. 变形羽人纹（主纹）；5、6. 钱纹；7. 蝉纹。

扁耳两对，饰绳纹。每耳有一长条孔。

身有两道合范线。

浦北04号鼓

1973年浦北县北通公社根竹队出土。

面径88.9、身高52、胸径83.4、腰径73.6、足径87。

面有四蛙，逆时针环列。三弦分晕，等晕，六晕：1. 太阳纹，八芒，芒间模糊；2～6. 云纹。

身三弦分晕，等晕。胸五、腰九、足五晕，皆饰云纹。

扁耳两对。

身有两道合范线。

浦北 06 号鼓

1972 年浦北县龙门公社莲塘大队搭竹寮岭北面出土。

面径 82.7、身高 46.2、胸径 73.9、腰径 68.4，足残。

面有三累蹲蛙和三单蛙（皆三足）相间，逆时针环列。三弦分晕（第十四晕为四弦），十四晕：1. 太阳纹，十芒，芒间素，芒穿至二晕；2、5、7、11. 雷纹；3、13. 虫形纹（主纹）；4、6. 四瓣花纹；8、10. 钱纹；9. 云纹；12、14. 圆孔钱纹。

身三弦分晕（胸、足部最下一晕为四弦）。胸四晕：1. 半圆填线纹；2、4. 钱纹；3. 虫形纹（主纹）。腰八晕：1. 虫形纹、钱纹；2. 云纹、雷纹；3、7. 半圆填线纹、四瓣花纹；4. 虫形纹（主纹）；5. 雷纹；6. 钱纹；8. 圆孔钱纹、四出钱纹。足六晕：1、3. 钱纹；2. 云纹、雷纹；4. 钱纹、雷纹；5. 圆孔钱纹、虫形纹（主纹）；6. 圆孔钱纹、四出钱纹。

扁耳两对，饰羽纹。每耳下部有一孔。

身有两道合范线。

浦北 02 号鼓

1965 年浦北县寨圩公社乌石大队出土。

面径 106、身高 55.3、胸径 95.5、腰径 88.2、足径 98.5。

面有三累蹲蛙和三单蛙（皆三足）相间，逆时针环列。二弦分晕，二十四晕：1. 太阳纹，十芒，芒间蝉纹，芒穿至五晕；2、20. 席纹；3、10、11、17、19. 四瓣花纹；4、8、12、16、21. 虫形纹；5、7、13、15、22、24. 四出钱纹；6. 鸟纹（主纹）；9、18. 雷纹；14. 鸟形图案（主纹）；23. 变形羽人纹（主纹）。

身二弦分晕。胸十晕：1. 蝉纹；2、8、10. 四瓣花纹；3、7. 虫形纹；4、6. 四出钱纹；5. 兽面图案（主纹）；9. 连钱纹。腰十二晕：1、12. 四瓣花纹；2. 雷纹；3、10. 席纹；4、11. 连钱纹；5、9. 虫形纹；6、8. 四出钱纹；7. 变形羽人纹（主纹）。足八晕：1、8. 四瓣花纹；2. 连钱纹；3、7. 虫形纹；4、6. 四出钱纹；5. 鸟纹（主纹）。

扁耳两对，饰线纹。每耳下部有一孔。

身有两道合范线。胸、腰间（一耳旁）有四段垫片痕。

浦北 05 号鼓

1975 年浦北县龙门公社茅家大队出土。

面径 88、胸径 87.3、腰径 76，足残。

面有三累蹲蛙和三单蛙（皆三足）相间，逆时针环列。二弦分晕，十五晕：1. 太阳纹，八芒，芒间席纹，芒穿至二晕；2、7、14. 四出钱纹；3、6、13. 虫形纹；4、12. 鸟形图案（主纹）；5、10、11. 席纹；8. 骑士纹（主纹）；9. 同心圆纹；15. 蝉纹。

身二弦分晕。胸八晕：1. 四出钱纹；2. 虫形纹；3、6. 席纹；4. 同心圆纹；5、7. 连钱纹；8. 四瓣花纹。腰八晕：1、7. 虫形纹；2、6. 席纹；3. 同心圆纹；4. 鸟形图案（主纹）；5. 四出钱纹；8. 四瓣花纹。足六晕：1、6. 四出钱纹；2. 四瓣花纹；3、5. 虫形纹；4. 席纹。

扁耳两对，饰绳纹。每耳下部一长条孔。

身有两道合范线。

122号鼓（藏广西壮族自治区博物馆。下同）

1954年征集于合浦县。

面径76、身高46、胸径74.7、腰径65.1、足径76.7。

面有三足蛙六，逆时针环列。三或二弦分晕，十四晕：1. 太阳纹，八芒，芒间云纹；2、7、11. 半云纹；3、9. 云纹；4、6、12. 四瓣花纹；5、10. 变形羽人纹（主纹）；8、13. 席纹；14. 锯齿纹、半圆纹。

身二弦分晕。胸六晕：1、3、6. 云纹；2. 席纹；4. 半圆填线纹；5. 四瓣花纹。腰八晕：1、4、8. 云纹；2、7. 四瓣花纹；3. 席纹；5. 变形羽人纹（主纹）；6. 半云填线纹。足七晕：1、5. 云纹；2、6. 四瓣花纹；3. 半圆填线纹；4. 席纹；7. 锯齿纹、云纹。

扁耳两对，饰辫纹图案。每耳上下部各穿一孔。

身有两道合范线。

贵043号鼓（藏贵县文化馆）

1974年贵县大岭公社古平大队圆窿山出土。

面径69.8、身高42.6、胸径65.2、腰径58.6、足径69.7。

面有六蛙，逆时针环列。三弦分晕，等晕（第七晕较长），七晕：1. 太阳纹，八芒，芒间模糊；2、4、6. 云纹；3、5. 模糊；7. 云纹填线纹。

身三弦分晕，等晕。胸四晕：1. 雷纹；2. 波浪纹；3. 云纹；4. 模糊。腰六晕：1、4. 波浪纹；2、5. 云纹；3、6. 雷纹。足四晕：1、4. 波浪纹；2. 云纹；3. 雷纹。

扁耳两对。每耳上下各有一长条孔。

身有两道合范线。

144号鼓（藏广西壮族自治区博物馆）

1954年征集于贵县。

面径96.5、身高55.1、胸径94.1、腰径82.8、足径97.3。

面有三足蛙六（仅存一蛙），逆时针环列。三弦分晕，二十晕：1. 太阳纹，九芒，芒间四出钱纹；2、9. 席纹；3、5、7、10、14、17、19. 四出钱纹；4. 龙形纹；6、16. 连钱纹；8、13. 变形羽人纹（主纹）；11. 虫形纹；12. 四瓣花纹；15. 圆孔钱纹；18. 鸟形纹（主纹）；20. 蝉纹。

身二弦分晕。胸七晕：1、6. 四出钱纹；2、5. 虫形纹；3. 圆孔钱纹；4. 席纹（主纹）；7. 四瓣花纹。腰九晕：1. 龙形纹；2. 连钱纹；3. 席纹；4、6. 四出钱纹；5. 变形羽人纹（主纹）；9. 鸟形纹。足八晕：1. 圆孔钱纹；2. 席纹；3. 四瓣花纹；4. 鸟形图案（主纹）；5、7. 四出钱纹；6. 龙形纹；8. 蝉纹。

扁耳两对，饰辫纹图案。每耳下部一方孔。

身有两道合范线。

玉林01号鼓（藏玉林县文物管理所。下同）

1975年玉林县玉林镇新民大队第五生产队小河边出土。距此鼓60厘米处同时出土铜锅一件。

面径59.5、身高31.6、胸径52.8、腰径50，足残。

面有六蛙，逆时针环列。三弦分晕，等晕。五晕：1. 太阳纹，八芒，芒间模糊；2~5. 遍布雷纹。

身三弦分晕，等晕。胸五、腰八、足五晕，皆雷纹填线图案与波浪纹逐层相间。

扁耳两对。每耳有一长条孔。

身有两道合范线。

玉林02号鼓

1977年玉林县小平山公社高中出土。

面径71.5、身高42.4、胸径66.8、腰径59.8、足径69.6。

面有六蛙，逆时针环列。三弦分晕，等晕，七晕：1. 太阳纹，八芒，芒间模糊；2、4、6. 云纹；3、5、7. 鸟纹。

身三弦分晕，等晕。胸五、腰六、足三晕，皆云纹与雷纹填线纹逐层相间。

扁耳两对。每耳有一长条孔。

身有两道合范线。

147号鼓（藏广西壮族自治区博物馆）

1954年征集于玉林县第十一区。

面径104、身高58.5、胸径101.9、腰径98.1、足径105。

面有三足蛙六，逆时针环列。二弦分晕，二十三晕：1. 太阳纹，十芒，芒间四出钱纹，芒穿至三晕，芒尖分叉；2、23. 蝉纹；3、16. 龙形纹；4、10. 连钱纹；5、7、12、14、19、21. 四出钱纹；6. 鹭含鱼纹（主纹）；8、11、18. 虫形纹；9、15、22. 四瓣花纹；13. 鸟形纹（主纹）；17. 席纹；20. 变形羽人纹（主纹）。

身三弦分晕。胸八晕：1. 蝉纹；2. 席纹；3、7. 虫形纹；4、6. 四出钱纹；5. 鹭含鱼纹（主纹）；8. 连钱纹。腰八晕：1、8. 四瓣花纹；2. 龙形纹；3、6. 四出钱纹；4、5. 变形羽人纹（主纹）；7. 席纹。足八晕：1. 连钱纹；2. 虫形纹；3、5. 四出钱纹；4. 鹭含鱼纹（主纹）；6. 蝉纹；7、8. 复线交叉纹。

扁耳两对。每耳饰辫纹四条，耳下部一方孔。

身有两道合范线。面、身露垫片痕。

土04号鼓（藏平南县文管所）

1976年平南县六陈公社木花生产队出土。

面径59.7、身高32.4、胸径53.1、腰径49.1、足径59.5。

面有六蛙，逆时针环列。三弦分晕，第七晕较窄，其余晕距相等，七晕：1. 太阳纹，八芒，芒间云纹；2~6. 云纹；7. 波浪纹。

身三弦分晕，等晕。胸五、腰七、足七晕，单晕为云纹，双晕为雷纹填线纹。

扁耳两对。每耳有两孔。

身有两道合范线。并有垫片脱落后的小孔十余个。

藤县 01 号鼓（藏藤县图书馆。下同）

1973 年藤县天平公社忠东生产队芦塘岗出土。

面径 62、胸径 56，腰以下残失。

面有六蛙，逆时针环列。三弦分晕，等晕，七晕：1. 太阳纹，八芒，芒间雷纹填线纹；2、4、6. 云纹；3、5、7. 雷纹填线纹。

身三弦分晕，等晕。胸尚存五晕，单晕云纹，双晕波浪纹。

扁耳两对。每耳有一长条孔。

身有两道合范线。

藤县 08 号鼓

1979 年藤县新庆公社陈村三队二掘冲（山名）出土。

面径 69、身高 40、胸径 63.6、腰径 57.5、足径 70。

面有六蛙，逆时针环列。三或二弦分晕，十晕：1. 太阳纹，八芒，芒间云纹；2、6、10. 席纹；3、7、9. 云纹（主纹）；4、8. 雷纹填线纹；5. 鸟纹（主纹）。

身三弦分晕，等晕。胸六晕：1、5. 波浪纹；2. 雷纹填线图案；3. 云纹；4. 席纹；6. 复线角形填线纹。腰八晕：1. 复线角形填线纹；2、6. 雷纹填线纹；3、7. 云纹；4、8. 席纹；5. 波浪纹。足五晕：1. 波浪纹；2. 模糊；3. 云纹；4、5. 复线角形填线纹。

扁耳两对。每耳有一长条孔。

身有两道合范线。

129 号鼓（藏广西壮族自治区博物馆。下同）

新中国成立初期征集于南宁市。

面径 97.6～99.8、身高 52.8、胸径 95、腰径 86.8、足径 99.8。

面有六蛙，顺时针环列。三弦分晕，等晕，八晕：1. 太阳纹，八芒，芒间云纹；2～8. 双晕为雷纹填线纹，单晕为云纹、云纹填线纹。

身三弦分晕，等晕。胸五晕：单晕为半云填线纹，双晕为雷纹填线纹。腰十晕：单晕为半云填线纹、云纹，双晕为雷纹填线纹。足六晕：单晕为雷纹填线纹，双晕为云纹。

扁耳两对，饰绳纹。每耳有一长条孔。

身有两道合范线。

062 号鼓

1973 年南宁市刑警大队拨交。

面径 72，身残失严重。

面有六蛙，皆三足，累蹲蛙与单蛙相间，逆时针环列。二弦分晕，十五晕：1. 太阳纹，十芒，芒间连钱纹，芒穿至二晕；2. 兽面纹；3. 虫形纹；4. 鸟形图案（主纹）；5、7、9、12. 钱纹；6、

10. 连钱纹；8. 变形羽人纹（主纹）；11、13. 鸟纹（主纹）；14. 四瓣花纹；15. 蝉纹。

身二或一弦分晕。胸尚存五晕：1. 蝉纹；2. 连钱纹；3. 鸟形图案；4. 钱纹；5. 虫形纹。

扁耳两对，饰羽纹。

身有两道合范线。背面有模痕。

104 号鼓

1962 年南宁心圩公社出土。

面径 69.8、身高 41、胸径 66.5、腰径 61.1、足径 68.3。

面有三足累蹲蛙三只与单蛙三只相间，逆时针环列。二或一弦分晕，十五晕：1. 太阳纹，十芒，芒间连钱纹；2、15. 蝉纹；3. 四瓣花纹；4、7、9、12、14. 四出钱纹；5、13. 鸟纹（主纹）；6、11. 连钱纹；8. 变形羽人纹（主纹）；10. 席纹。

身二弦分晕。胸七晕：1. 蝉纹；2、6. 连钱纹；3、5. 四出钱纹；4. 兽面图案（主纹）；7. 虫形纹。腰七晕：1. 虫形纹；2. 席纹；3、5. 四出钱纹；4. 鸟纹（主纹）；6. 四瓣花纹；7. 连钱纹。足六晕：1. 连钱纹；2、4. 四出钱纹；3. 鸟纹（主纹）；5. 四瓣花纹；6. 蝉纹。一侧耳下足部立小鸟一对。

扁耳两对，饰辫纹图案。耳下部或有一方孔。

身有两道合范线。面、身露垫片痕。背面有两小块模痕。

162 号鼓

征集于南宁二级站。

面径 58.8，身残失大半。

面有六蛙（皆三足，已失），逆时针环列。二或一弦分晕，十三晕：1. 太阳纹，十芒，芒间连钱纹，芒穿至二晕；2、13. 蝉纹；3、6、10. 四出钱纹；4、7、11. 鸟纹（主纹）；5、8、12. 四瓣花纹；9. 连钱纹。

身二或一弦分晕。胸五晕：1. 蝉纹；2. 四出钱纹；3. 鸟纹（主纹）；4. 四瓣花纹；5. 虫形纹。腰尚存三晕：1. 虫形纹；2. 四出钱纹；3. 鸟纹（主纹）。

扁耳两对，饰辫纹。每耳上有一孔。

身有两道合范线。

106 号鼓

新中国成立初广西文化局拨交。

面径 70、身高 41、胸径 66.2、腰径 61.1、足径 68。

面有六蛙（皆三足），累蹲蛙与单蛙相间，逆时针环列。二弦分晕，十五晕：1. 太阳纹，十二芒，芒间连钱图案，芒穿至二晕；2、15. 蝉纹；3、5、7、9、11. 四出钱纹；4、12. 鸟纹（主纹）；6、10、14. 连钱纹；8. 变形羽人纹（主纹）；13. 四瓣花纹。

身二弦分晕。胸六晕：1. 蝉纹；2、6. 连钱纹；3、5. 四出钱纹；4. 鸟纹（主纹）。腰八晕：1. 席纹；2. 角形填线纹；3、7. 连钱纹；4、6. 四出钱纹；5. 变形羽人纹（主纹）；8. 四瓣花纹。足七晕：1、5. 连钱纹；2、4. 四出钱纹；3. 鸟纹（主纹）；6. 虫形纹；7. 蝉纹。一侧耳下足部立小马一只。

扁耳两对，饰羽纹图案。

身有两道合范线。背面有模痕。

150 号鼓

来源不详（下同）。

面径 71.3、胸径 68.7、腰径 62，足残失。

面有六蛙，顺时针环列。一、二或三弦分晕，八晕：1. 太阳纹，八芒，芒间模糊；2、6. 云雷纹图案；3、8. 云纹（主纹）；4、7. 四瓣花图案；5. 云纹、波浪纹（主纹）。

身一、二或三弦分晕。胸四晕：1. 云纹；2. 四瓣花纹；3. 云纹、雷纹；4. 波浪纹。腰五晕：1、5. 四瓣花纹；2、4. 云纹；3. 云纹、雷纹。

扁耳两对，饰绳纹。

身有两道合范线。

125 号鼓

面径 78、身高 49.6、胸径 77.5、腰径 65.3、足径 80.7。

面有三足蛙四只，逆时针环列。二弦分晕，十五晕：1. 太阳纹，十芒，芒间云纹；2、15. 蝉纹；3、7. 云纹；4、8、12、13. 虫形纹；5. 鸟形图案（主纹）；6. 雷纹；9. 席纹；10. 变形羽人纹（主纹）；11. 半云纹；14. 雷纹。

身二弦分晕。胸六晕：1. 四瓣花纹；2. 云纹；3. 变形羽人纹（主纹）；4. 席纹；5. 同心圆纹；6. 蝉纹。腰七晕：1. 雷纹填线纹；2. 虫形纹；3、7. 雷纹；4. 鸟形图案（主纹）；5. 席纹；6. 云纹。足六晕：1. 半圆纹；2、5. 虫形纹；3. 变形羽人纹（主纹）；4. 雷纹；6. 蝉纹。

扁耳两对，饰辫纹图案。每耳上部有一方坑。

身有两道合范线。背面皆模痕。

132 号鼓

面径 91、胸径 87.6、腰径 77.6，足部残失一小段。

面有三累蹲蛙与三单蛙（皆三足，子蛙失）相间，逆时针环列。二弦分晕，二十二晕：1. 太阳纹，八芒，芒间四出钱纹、四瓣花纹；2、11、13、18、21. 四出钱纹；3、6、19. 四瓣花纹；4、14、17. 席纹；5、7、10、16. 虫形纹；8. 四孔钱纹；9. 连钱纹；12. 骑士纹（主纹）；15. 雷纹填线纹；20. 鸟形纹（主纹）；22. 蝉纹。

身二弦分晕。胸九晕：1. 蝉纹；2. 四出钱纹；3、6. 四瓣花纹；4、5、7. 虫形纹；8. 席纹；9. 圆孔钱纹。腰十一晕：1、11. 圆孔钱纹；2、8、9. 四瓣花纹；3. 虫形纹；4. 席纹；5、7. 四出钱纹；6. 骑士纹（主纹）；10. 连钱纹。足尚存七晕：1、3. 四瓣花纹；2、7. 雷纹填线纹；4. 四出钱纹；5. 鹭含鱼纹（主纹）；6. 连钱纹。

扁耳两对，饰辫纹图案。每耳下部有一方孔。

身有两道合范线。

135 号鼓

面径 78.2、身高 48.8、胸径 76.7、腰径 67.7、足径 77.4。

面有三累蹲蛙与三单蛙（皆三足）相间，逆时针环列，一单蛙背上有一鸟，另一蛙背上有二鸟。二弦分晕，十六晕：1. 太阳纹，十芒，芒间四出钱纹，芒穿至三晕；2 及鼓边．蝉纹；3、7、11、13. 虫形纹；4、6、8、14. 四出钱纹；5. 鹭含鱼纹（主纹）；9. 鸟形图案（主纹）；12. 席纹；15. 变形羽人纹（主纹）；16. 四瓣花纹。

身二弦分晕。胸八晕：1、2. 蝉纹；3、7. 虫形纹；4、6. 四出钱纹；5. 兽面图案（主纹）；8. 席纹。腰七晕：1. 四瓣花纹；2、6. 虫形纹；3、5. 四出钱纹；4. 变形羽人纹（主纹）；7. 蝉纹。足七晕：1、7. 蝉纹；2、6. 虫形纹；3、5. 四出钱纹；4. 鹭含鱼纹（主纹）。

扁耳两对，饰羽纹图案。每耳下部有一孔。

身有两道合范线。足部露垫片痕。

141 号鼓

面径 85、身高 50. 6、胸径 83. 6、腰径 73、足径 85. 5。

面有三足累蹲蛙六，逆时针环列。二弦分晕，十九晕：1. 太阳纹，十芒，芒尖分叉，芒间有圆孔钱纹、“五”字钱纹、虫形纹；2、10、12. “五”字钱纹；3、9、13. 席纹；4、6、18. 四出钱纹；5、7、15、17. 虫形纹；8. 圆孔钱纹；11. 骑士纹（主纹）；14. 雷纹图案；16. 四瓣花纹；19. 蝉纹。

身二弦分晕。胸七晕：1、4、6. 虫形纹；2. 半云填线纹；3、5. 四出钱纹；7. 圆孔钱纹。腰十晕：1. 雷纹图案；2. 四瓣花纹；3、7. 席纹；4、6. “五”字钱纹；5. 骑士纹（主纹）；8. 圆孔钱纹；9. 雷纹；10. 虫形纹。足六晕：1. 雷纹图案；2. 席纹；3. 四出钱纹；4. 虫形纹；5. “五”字钱纹；6. 蝉纹。

扁耳两对，饰辫纹图案。每耳下部有一方孔。

身有两道合范线。背面有多层模痕。

160 号鼓（藏广西民族学院）

征集于南宁二级站。

面径 74. 8、胸径 72、腰径 67. 5，足残失一段。

面有三累蹲蛙与三单蛙（皆三足）相间，逆时针环列。二弦分晕，十六晕：1. 太阳纹，八芒，芒间模糊，芒穿至三晕；2、3. 模糊；4. 鸟纹（主纹）；5、8、10、13、15. 四出钱纹；6. 四瓣花纹；7、12. 虫形纹；9. 鸟形图案（主纹）；11. 连钱纹；14. 变形羽人纹（主纹）；16. 蝉纹。

身二弦分晕。胸七晕：1. 蝉纹；2. 四瓣花纹；3、5. 四出钱纹；4. 龙形纹（主纹）；6. 虫形纹；7. 连钱纹。腰七晕：1. 四瓣花纹；2. 席纹；3、5. 四出钱纹；4. 变形羽人纹（主纹）；6. 虫形纹；7. 连钱纹。足残剩三晕：1. 四瓣花纹；2. 四出钱纹；3. 鸟纹（主纹）。

扁耳两对。每耳饰辫纹四条，下有一长方孔。

身有两道合范线。面、身露垫片痕。

西盟型：1 面

031 号鼓（藏广西壮族自治区博物馆）

1971 年龙州响水公社龙江大队派良出土。

面径 49.9、身高 33.4、胸径 47、腰径 40、足径 44.6。

面有四蛙，逆时针环列。一弦分晕（一晕二弦），十晕：1. 太阳纹，七芒，芒间水滴形纹；2、10. 栉纹；3. 雷纹填线纹；4、6、8. 乳丁套圈纹；5. 变形羽人纹（主纹）；7. 翔鹭纹、鸟纹（主纹）；9. 鸟纹、团花纹、菱形图案。

胸部与腰下部、足上部皆饰栉纹夹双行同心圆纹纹带。腰上部素。足下部为图案三角形纹。

扁耳两对，饰辫纹。每耳上下各有一长方孔。

身有两道合范线。

异型：3 面

061 号鼓（藏广西壮族自治区博物馆。下同）

旧存。

面径 15.5～15.6、身高 8、胸径 14.8、腰径 11.7、足径 13.3～13.5。

面有两单蛙两累蹲蛙，顺时针环列。三弦分晕，五晕：1. 太阳纹，八芒；2～5. 雷纹或雷纹填线纹。第四晕中加饰乳丁四个。

胸部饰勾连雷纹。腰中部一道凸带，上部一道花叶纹，下部为垂叶纹、复线角形纹。足部素。

扁耳一对，饰辫纹。

浑铸。

301 号鼓

征集于桂平。

面径 24、身高 13、胸径 23.8、腰径 18.7、足径 20.2。

面有四蛙，顺时针环列。一或二弦分晕，六晕：1. 太阳纹，十一芒；2. 乳丁纹；3. 莲瓣纹；4. 涡纹；5. 云纹；6. “五”字纹。

胸部饰纹三道：乳丁纹、云纹、窃曲纹。腰部一道[illegible]纹。足饰垂叶云纹。

扁耳两对，饰线纹。

浑铸。

3019 号鼓（藏柳州市博物馆）

1961 年柳州市银行职工赠送。

面径 24、身高 13.3、胸径 24、腰径 18.9、足径 50.5。

面有四蛙，蛙面向中心。太阳纹，十一芒，芒间素；其余仅见乳丁纹。

身纹从略。

扁耳两对，饰弦纹。

身有两道合范线。

（注：为明仿小铜鼓。鼓背面有印文“诸葛武侯”。）

四川省

（收录五十一面）

石寨山型：1面

会理3号鼓（藏四川省博物馆）

1975年5月会理县罗罗冲出土（见《四川会理出土的一面铜鼓》，《考古》1977年第3期）。

面径41、身高30.4、腰径32.5、足径50。

面二弦分晕，九晕：1. 太阳纹，八芒，芒间夹斜线角形纹；2～4、6～8. 锯齿纹夹同心圆纹纹带；5. 宽晕，素。

胸上部饰纹带（同鼓面纹带），下为羽人划船纹六组。腰上部被羽纹、锯齿纹夹同心圆纹纹带纵分成八格，格间饰牛纹、水鸟纹，下为锯齿纹夹同心圆纹纹带。足素。

扁耳两对，为夹耳，饰辫纹。

身有两道合范线。

冷水冲型：4面

41567号鼓（藏重庆市博物馆）

古蔺县出土。

面径52.6、身高33.7、胸径55.2、腰径46.8、足径58.7。

面有四蛙，逆时针环列。一或二弦分晕，十一晕：1. 太阳纹，十二芒，芒间复线角形纹；2. 同心圆纹；3～5. 栉纹夹席纹形成纹带；6. 多游游旗纹（主纹）；7. 变形翔鹭纹和定胜纹（主纹）；8～11. 栉纹夹双行勾连圆圈纹纹带。

胸、腰部、足中部皆饰纹带（同鼓面8～11纹带，但腰部纹带为单行勾连同心圆纹），足下部倒置复线角形纹一周。

扁耳两对，饰辫纹图案。每耳上中下各有一长方孔。

身有两道合范线。

C/9262号鼓（藏四川大学历史系历史博物馆。下同）

新中国成立前采集（下同）。

面径 57、身高 39、胸径 60、腰径 49.7、足径 60。

面有四蛙（失三）环列。一或二弦分晕，十一晕：1. 太阳纹，十二芒，芒间复线角形纹；2. 斜线角形图案；3. 同心圆纹；4. 栉纹；5. 复线交叉纹；6. 变形羽人纹（主纹）；7. 变形翔鹭纹和定胜纹（主纹）；8～11. 栉纹夹双行勾连同心圆纹纹带。

鼓身纹多模糊，仅见腰下部饰纹带（同鼓面纹带）。

扁耳两对。每耳有长方孔三个。

身有两道合范线。

C/4887 号鼓

面径 64、胸径 66.5、腰径 51，足部大段残失。

面有四蛙（失二），逆时针环列。一弦分晕，十九晕：1. 太阳纹，十二芒，芒间复线角形纹；2、10、12. 模糊；3～8、14～19. 羽纹、栉纹夹双行同心圆纹纹带；9. 复线交叉纹；11. 变形羽人纹（主纹）；13. 变形翔鹭纹和定胜纹（主纹）。

胸部与腰下部饰纹带（同鼓面纹带）。腰上部被栉纹夹双行同心圆纹纹带纵分为六格，格中素。足部残剩栉纹一道。

扁耳两对。每耳上下各有一孔。

身有两道合范线。

51－1135 号鼓

面径 54、身高 33.7、胸径 56.3、腰径 45.8、足径 55.4。

面有四蛙环列。一弦分晕，十二晕：1. 太阳纹，十二芒，芒间复线角形纹；2. 席纹；3～6、9～12. 栉纹夹双行同心圆纹纹带；7. 多游游旗纹（主纹）；8. 变形翔鹭纹和定胜纹（主纹）。

胸部、腰下部、足上部皆饰纹带（基本同鼓面纹带）。腰上部由同心圆纹组成的“中”字图案纵分为六格，格中素。足边倒置复线角形纹。足部另一半为后人焊接的“大汉昭烈贰年长沙太宰永嘉德风吉金万寿置造”等伪款。

扁耳两对，每耳有孔三。

身有两道合范线。

遵义型：1 面

51－1463 号鼓（藏四川大学历史系历史博物馆）

新中国成立初购于成都市。

面径 46、身高 29.7、胸径 50.5、腰径 44.7、足径 52。

面一弦分晕，十晕：1. 太阳纹，十二芒，芒间复线角形纹；2. 圆圈纹；3、4、7～10. 皆模糊；5. 游旗纹（主纹）；6. 变形翔鹭纹和定胜纹（主纹）。另在八晕及鼓边四方有蛙趾纹四组。

胸部与腰下部饰栉纹夹双行同心圆纹纹带。腰上部被栉纹夹同心圆纹纹带纵分为六格，格中素。足上部饰纹带（同腰上部纹带），下为复线角形纹。

扁耳两对。

身有两道合范线。

麻江型：42 面

112036 号鼓（藏四川省博物馆。下同）

1976 年会东县文化馆赠送。

面径 47、身高 26. 3、胸径 49、腰径 40. 6、足径 47. 2。

面一弦分晕，十晕：1. 太阳纹，十二芒，芒间三角形图案；2. “[illegible]”字文；3. 如意云纹；4、7、10. 乳丁纹；5. 变形游旗纹（主纹）；6. 素晕；8. 栉纹；9. 菱形云纹。

胸有乳丁纹、如意云纹、雷纹、栉纹。腰上部凸棱一道，下为云纹、雷纹。足饰三角形图案。

扁耳两对，耳上部饰龙头纹。

身有四道合范线。

112037 号鼓

1976 年会理县文化馆赠送。

面径 48. 5、身高 26. 5、胸径 49. 3、腰径 40. 6、足径 47. 2。

面一弦分晕，十一晕：1. 太阳纹，十二芒，芒间三角形图案；2、10. 乳丁纹；3. 云纹；4. 栉纹；5. 符箓纹；6. 雷纹；7. 辫纹；8. 素晕，有后刻铭文：“此鼓因咸丰庚申年州城失守为乡练所得，至同治庚午年同知丁曜南捐银叁两赎回，仍敬献九莲寺”；9. 同心圆纹；11. 绹纹。鼓边有后刻铭文：“大清嘉庆戊寅年十月吉日九莲寺主持道本真立”。

胸有乳丁纹、如意云纹、栉纹。腰上部凸棱一道，下为同心圆纹、缠枝纹、雷纹。足饰复线角形纹。

扁耳两对，耳边饰绳纹。

身有四道合范线。

41524 号鼓（藏重庆市博物馆）

新中国成立前由昆明运来重庆。

面径 46. 8、身高 26. 2、胸径 49. 4、腰径 41. 3、足径 46。

面一弦分晕，九晕：1. 太阳纹，十二芒，芒间模糊；2. “[illegible]”字纹；3. “S”形勾头纹；4、8. 乳丁纹；5. 游旗纹（主纹）；6. 素晕；7. 栉纹；9. 兽形云纹。

胸有乳丁纹、如意云纹、雷纹、栉纹。腰上部凸棱一道，下为雷纹、云纹。足饰复线角形纹。

扁耳两对。每耳边饰绳纹，上有一孔。

身有四道合范线。

53 –154 号鼓（藏四川大学历史系历史博物馆。下同）

新中国成立初购于新繁县。

面径50、身高29.1、胸径54.1、腰径46.1、足径52。

面一弦分晕，十一晕：1. 太阳纹，十二芒夹坠形纹；2. “⿶凵工”字纹；3. “S”形勾头纹；4、10. 乳丁纹；5、9. 栉纹；6. 游旗纹（主纹）；7、8. 素晕；11. 兽形云纹。

胸有乳丁纹、兽形云纹、如意云纹、栉纹、云纹。腰上部凸棱一道，下为雷纹、云纹。足饰复线角形纹。

扁耳两对。

身有四道合范线。面沿露四段垫条痕。

53－296号鼓

新中国成立初购于成都市（原购于眉州）。

面径47.2、身高25.8、胸径48.8、腰径41.4、足径46.9。

面一弦分晕，九晕：1. 太阳纹，十二芒夹坠形纹，芒穿至三晕；2. “⿶凵工”字纹；3. “S”形勾头纹；4、8. 乳丁纹；5. 游旗纹（主纹）；6. 素晕；7. 栉纹；9. 兽形云纹。

胸有乳丁纹、雷纹、如意云纹、栉纹。腰上部凸棱一道，下为雷纹、云纹。足饰复线角形纹。

扁耳两对。

身有四道合范线。面沿露四段垫条痕。

53－295号鼓

面径48.9、身高25、胸径49.7、腰径44.1、足径49.6。

面一弦分晕，十一晕：1. 太阳纹，十二芒，芒间三角形图案；2. “⿶凵工”字纹；3. “S”形勾头纹；4、10. 乳丁纹；5、9. 栉纹；6. 游旗纹（主纹）；7、8. 素晕；11. 兽形云纹。

胸有兽形云纹、乳丁纹、如意云纹、栉纹。腰上部凸棱一道，下为雷纹、云纹。足饰复线角形纹。

扁耳两对。

身有四道合范线。

30828号鼓

新中国成立初购于成都市（下同）。

面径47.3、身高25.9、胸径48.6、腰径39.6、足径46.7。

面一弦分晕，九晕：1. 太阳纹，十二芒夹坠形纹，芒穿至三晕；2. “⿶凵工”字纹；3. “S”形勾头纹；4、8. 乳丁纹；5. 游旗纹（主纹）；6. 素晕；7. 栉纹；9. 兽形云纹。

胸有乳丁纹、如意云纹、雷纹、栉纹。腰上部凸棱一道，下为雷纹、云纹。足饰复线角形纹。

扁耳两对。

身有四道合范线。

50－240号鼓

面径45、身高26.7、胸径46.2、腰径39.4、足径46。

面一弦分晕，九晕：1. 太阳纹，十二芒夹坠形纹；2. “S”形勾头纹；3. 四出钱纹；4、6、9. 乳丁纹；5. 猪、牛形纹、符箓纹、“寿”字纹、钱纹、雷纹等（主纹）；7. 同心圆纹；8. 雷纹。另在耳上方两侧鼓边有钱纹夹雷纹各两组。

胸有乳丁纹、如意云纹、云纹。腰上部凸棱一道，下为同心圆纹、云纹。足饰复线角形纹。

扁耳两对。

身有两道合范线。

51－1431号鼓

面径49.4、身高26.3、胸径51.4、腰径44.3、足径50.2。

面一弦分晕，十晕：1. 太阳纹，十二芒夹坠形纹，芒穿至四晕；2. “[illegible]”字纹；3、6. 素晕；4、9. 乳丁纹；5. 游旗纹（主纹）；7. 雷纹；8. 栉纹；10. 兽形云纹。

胸有乳丁纹、雷纹、云纹。腰上部凸棱一道，下为雷纹、云纹。足饰复线角形纹。

扁耳两对。

身有四道合范线。面沿露四段垫条痕。

52－3432号鼓

面径49.2、身高27.6、胸径51.5、腰径45.1、足径50.4。

面一弦分晕，十晕：1. 太阳纹，十二芒，芒间素；2、3. 模糊；4、9. 乳丁纹；5、8. 栉纹；6. 游旗纹（主纹）；7. 十二生肖纹；10. 兽形云纹。

胸有乳丁纹、兽形云纹、如意云纹、栉纹、花草纹。腰上部凸棱一道，下为雷纹、花草纹。足饰复线角形纹。

扁耳两对，每耳有三孔。

身有两道合范线。另有纵线两条。

50－239号鼓

面径32.8、身高19、胸径31.8、腰径25.4、足径32.8。

面一或二弦分晕，十晕：1. 太阳纹，十二芒，芒间模糊，芒穿至四晕；2. “[illegible]”字纹；3. 雷纹；4. 同心圆纹；5、7、10. 乳丁纹；6. 缠枝纹（主纹）；8. 绹纹；9. 如意云纹。

胸有乳丁纹、绹纹、四出钱纹、云纹。腰上部凸棱一道，下为云纹、钱纹、“S”形勾头纹。足饰复线角形纹。

无耳。

50－255号鼓

面径42.9、身高15.4、胸径40.9、腰径39.3、足径46.2。

面一弦分晕，九晕：1. 太阳纹，十二芒夹坠形纹；2. “[illegible]”字纹；3. “S”形勾头纹；4、7. 乳丁纹；5. 游旗纹（主纹）；6. 素晕；8. 栉纹；9. 兽形云纹。鼓边有乳丁纹一周。

胸部素。腰饰四瓣花纹、雷纹。足饰三角形图案、同心圆纹。

扁耳两对。

52－3702号鼓

面径50、身高28.7、胸径52.4、腰径45.8、足径50.5。

面一弦分晕，十一晕：1. 太阳纹，十二芒，芒间素；2. “□”字纹；3. “S”形勾头纹；4、10. 乳丁纹；5、9. 栉纹；6. 游旗纹；7、8. 素晕；11. 兽形云纹。

胸有乳丁纹、兽形云纹、雷纹、栉纹。腰上部凸棱一道，下为雷纹、云纹。足饰复线角形纹。

扁耳两对（均失）。

身有四道合范线。面沿露四段垫条痕。

53－1 号鼓

面径 47、身高 26.4、胸径 47.8、腰径 41、足径 47.1。

面一、二、三弦分晕，七晕：1. 太阳纹，十二芒，芒间三角形图案；2、5. 乳丁纹；3. 雷纹；4. 人字脚游旗纹（主纹）；6. “□”字纹；7. “寿”字纹、乳丁纹。

胸有乳丁纹、“□”字纹、雷纹。腰上有凸棱一道，下为雷纹。足饰图案三角形纹。

扁耳两对（失一耳）。

身有四道合范线。

53－2 号鼓

面径 48.1、身高 25.7、胸径 50.8、腰径 42.4、足径 48.5。

面一或二弦分晕，九晕：1. 太阳纹，十二芒夹坠形纹，芒穿至二晕；2. “□”字纹；3、7. “S”形勾头纹；4、8. 乳丁纹；5. 游旗纹（主纹）；6. 素晕；9. 兽形云纹。

胸有乳丁纹、如意云纹、兽形云纹、雷纹、云纹。腰上部凸棱一道，下为菱格填花纹、雷纹、云纹。足饰复线角形纹。

扁耳两对（失一耳），每耳有两孔。

身有四道合范线。

110001 号鼓（藏四川省博物馆。下同）

1959 年上海市文管会拨交（下同）。

面径 44.8、身高 25.4、胸径 45.8、腰径 37.5、足径 45.2。

面一弦分晕，九晕：1. 太阳纹，十二芒夹坠形纹，芒穿至三晕；2. 花瓣纹；3. 同心圆纹；4、8. 乳丁纹；5. 牛、猪、鹤、“寿”字纹等（主纹）；6. 素晕；7. 游旗纹（主纹）；9. 雷纹。

胸有乳丁纹、如意云纹、云纹、雷纹。腰上部凸棱一道，下为云纹、雷纹。足饰复线角形纹加“寿”字纹。

扁耳两对，耳边饰辫纹。

身有四道合范线。

110002 号鼓

面径 52、身高 29.5、胸径 52.3、腰径 45、足径 51.7。

面一弦分晕，十二晕：1. 太阳纹，十二芒夹坠形纹；2. “□”字纹；3. 雷纹；4、12. 乳丁纹；5. 游旗纹（主纹）；6. 云纹；7、8. 素晕；9. 栉纹；10. 兽形云纹。鼓边有“孔明造置”四字。

胸有乳丁纹、如意云纹、云纹、栉纹、雷纹、云朵纹。腰上部凸棱一道，下为雷纹、云纹、兽形云纹。足饰复线角形纹。

扁耳两对。每耳边饰绳纹，中有两孔。

身有四道合范线。面沿露四段垫条痕。

110003 号鼓

面径 50、身高 28.2、胸径 52、腰径 44.3、足径 50。

面一弦分晕，十晕：1. 太阳纹，十二芒，芒间夹三角形图案；2. “[illegible]”字纹；3. “S”形勾头纹；4、9. 乳丁纹；5、8. 栉纹；6. 游旗纹（主纹）；7. 十二生肖纹；10. 波浪纹。

胸有乳丁纹、波浪纹、如意云纹、栉纹、云纹。腰上部凸棱一道，下为雷纹、云纹。足饰复线角形纹。

扁耳两对。每耳边饰辫纹，中有三孔。

身有四道合范线。面沿露四段垫条痕。

110004 号鼓

面径 47、身高 27.1、胸径 50、腰径 40、足径 47.8。

面一弦分晕，九晕：1. 太阳纹，十二芒夹坠形纹，芒穿至三晕，2. “[illegible]”字纹；3. “S”形勾头纹；4、8. 乳丁纹；5. 游旗纹（主纹）；6. 素晕；7. 栉纹；9. 兽形云纹。

胸有乳丁纹、雷纹、如意云纹、栉纹。腰上部凸棱一道，下为雷纹、云纹。足饰复线角形纹。

扁耳两对。每耳边饰辫纹，中有两孔。

身有四道合范线。面沿露四段垫条痕。

110005 号鼓

面径 47.8、身高 26.2、胸径 49.8、腰径 41、足径 47.3。

面一弦分晕，九晕：1. 太阳纹，十二芒夹坠形纹，芒穿至三晕；2. “[illegible]”字纹；3. “S”形勾头纹；4、8. 乳丁纹；5. 游旗纹（主纹）；6. 素晕；7. 栉纹；9. 兽形云纹。

胸有乳丁纹、如意云纹、雷纹、云纹、栉纹。腰上部凸棱一道，下为雷纹、云纹。足饰复线角形纹。

扁耳两对，耳边饰辫纹。

身有四道合范线。

110006 号鼓

面径 44、身高 24.5、胸径 45、腰径 40、足径 43.5。

面一弦分晕，九晕：1. 太阳纹，十二芒，芒间复线角形纹；2、6. 同心圆纹；3、8. 乳丁纹；4. 栉纹；5. 游旗纹（主纹）；7. 辫纹；9. 绹纹。

胸有乳丁纹一道。腰有凸棱一道。足饰复线角形纹。

扁耳两对。每耳边饰绳纹，中为雷纹。

身有四道合范线。

110007 号鼓

面径 47. 3、身高 28、胸径 49. 3、腰径 39、足径 47. 5。

面一弦分晕，九晕：1. 太阳纹，十二芒，芒间三角形图案；2. “[illegible]”字纹；3、6、9. 乳丁纹；4. 同心圆纹；5. 游旗纹（主纹）；7. 栉纹；8. 波浪纹。

胸有乳丁纹、云纹、辫纹、波浪纹。腰上部凸棱一道，下为云纹、雷纹。足饰三角形图案。

扁耳两对，每耳边饰辫纹。

身有四道合范线。

110008 号鼓

面径 51、身高 28. 1、胸径 52. 4、腰径 45. 3、足径 52. 2。

面一弦分晕，十一晕：1. 太阳纹，十二芒，芒间三角形图案；2. “[illegible]”字纹；3. “S”形勾头纹；4、10. 乳丁纹；5、9. 栉纹；6. 游旗纹（主纹）；7、8. 素晕；11. 兽形云纹。

胸有波浪纹、如意云纹、栉纹。腰上部凸棱一道，下为栉纹、云纹、雷纹。足饰复线角形纹。

扁耳两对。每耳边饰绳纹，中有三孔。

身有四道合范线。

110009 号鼓

面一弦分晕，九晕：1. 太阳纹，十二芒夹坠形纹，芒穿至三晕；2. “[illegible]”字纹；3. “S”形勾头纹；4、8. 乳丁纹；5. 游旗纹（主纹）；6. 素晕；7. 栉纹；9. 兽形云纹。

胸有乳丁纹、如意云纹、兽形云纹、雷纹、云纹、栉纹。腰上部凸棱一道，下为云纹、雷纹。足饰复线角形纹。

扁耳两对，耳边饰绳纹。

身有四道合范线。

110010 号鼓

面径 49. 5、身高 28. 5、胸径 53. 5、腰径 45. 8、足径 50。

面一弦分晕，十一晕：1. 太阳纹，十二芒，芒间三角形图案；2. “[illegible]”字纹；3. “S”形勾头纹；4、10. 乳丁纹；5、9. 栉纹；6. 游旗纹（主纹）；7、8. 素晕；11. 兽形云纹。

胸有乳丁纹、云纹、如意云纹、栉纹。腰上部凸棱一道，下为栉纹、云纹、雷纹。足饰复线角形纹。

扁耳两对。每耳边饰绳纹，中有三圆孔。

身有四道合范线。

110011 号鼓

面径 51. 6、身高 27. 3、胸径 53. 6、腰径 45、足径 51. 5。

面一弦分晕，十一晕：1. 太阳纹，十二芒，芒弧形凸起，芒间坠形纹；2. “[illegible]”字纹；3. “S”形勾头纹；4、10. 乳丁纹；5、9. 栉纹；6. 游旗纹（主纹）；7、8. 素晕；11. 兽形云纹。

胸有乳丁纹、“S”形勾头纹、如意云纹、栉纹、云纹。腰上部凸棱一道，下为雷纹、云纹。足饰复线角形纹。

扁耳两对。每耳边饰绳纹，中有三孔。

3012 号鼓

来源不详（下同）。

面径 46、身高 27.6、胸径 48、腰径 39、足径 45.5。

面一弦分晕，九晕：1. 太阳纹，十二芒夹坠形纹；2. “[illegible]”字纹；3. “S”形勾头纹；4、8. 乳丁纹；5. 游旗纹（主纹）；6. 素晕；7. 栉纹；9. 兽形云纹。

胸有乳丁纹、如意云纹、雷纹、栉纹。腰上部凸棱一道，下为雷纹、云纹。足饰复线角形纹，角形上压一道弦纹。

扁耳两对，耳边饰绳纹。

身有四道合范线。

3005 号鼓

面径 46.6、身高 26.3、胸径 48.8、腰径 40、足径 47.2。

面一弦分晕，九晕：1. 太阳纹，十二芒夹坠形纹，芒穿至三晕；2. “[illegible]”字纹；3. “S”形勾头纹；4、8. 乳丁纹；5. 游旗纹（主纹）；6. 素晕；7. 栉纹；9. 兽形云纹。

胸有乳丁纹、雷纹、如意云纹、栉纹。腰上部凸棱一道，下为雷纹、云纹。足饰复线角形纹。

扁耳两对，饰绳纹、雷纹。

身有四道合范线。

3013 号鼓

面径 49.8、身高 28、胸径 51.6、腰径 45、足径 51。

面一弦分晕，十一晕：1. 太阳纹，十二芒，芒间三角形图案；2. “[illegible]”字纹；3. “S”形勾头纹；4、10. 乳丁纹；5、9. 栉纹；6. 游旗纹（主纹）；7、8. 素晕；11. 兽形云纹。

胸有云纹、乳丁纹、如意云纹、栉纹。腰上部有栉纹、兽形云纹、云纹，中有凸棱一道，下为雷纹、兽形云纹。足饰复线角形纹。

扁耳两对。每耳边饰绳纹，中有雷纹四个和三孔。

身有四道合范线。

3014 号鼓

面径 50.2、身高 28.6、胸径 53.6、腰径 44、足径 50.5。

面一弦分晕，十一晕：1. 太阳纹，十二芒夹坠形纹；2. “[illegible]”字纹；3. “S”形勾头纹；4、10. 乳丁纹；5、9. 栉纹；6. 游旗纹（主纹）；7、8. 素晕；11. 兽形云纹。

胸有乳丁纹、如意云纹、云纹、雷纹、栉纹。腰上部凸棱一道，下为雷纹、云纹。足饰复线角形纹。

扁耳两对。每耳边饰绳纹，中有雷纹。

身有四道合范线。面沿露四段垫条痕。

22012 号鼓

面径 43. 7、身高 28. 6、胸径 45. 7、腰径 39、足径 45。

面一弦分晕，九晕：1. 太阳纹，十二芒，芒间素；2. 乳丁纹；3、7. 辫纹；4、6. 素晕；5. 游旗纹（主纹）；7. 同心圆纹；9. 锯齿纹。

胸有乳丁纹、同心圆纹、辫纹、锯齿纹。腰上部素，下为辫纹、同心圆纹。足饰图案三角形纹。

扁耳两对。每耳边饰绳纹，中有两孔。

身有两道合范线。

4107 号鼓

面径 32. 7、身高 19. 3、胸径 33、腰径 27、足径 33. 4。

面一弦分晕，十一晕：1. 太阳纹，十二芒夹坠形纹，芒穿至四晕；2. “⿴囗丁”字纹；3. 栉纹；4、7. 素晕；5、9. 乳丁纹；6. 人形纹、动物纹（主纹）；8、10. 云头纹；11. “S”形勾头纹四个相对称。

胸有乳丁纹、圆圈纹、雷纹、“S”形勾头纹。腰上部凸棱一道，下为“S”形勾头纹、雷纹、云纹。足饰复线角形纹。

扁耳两对，饰绳纹。

背面有压胜钱纹两个，人形纹、动物纹相间一周。

9155 号鼓

面径 53、身高 33、胸径 54. 1、腰径 45. 5、足径 55。

面一弦分晕，十一晕：1. 太阳纹，十二芒夹坠形纹，2～6、8～11. 模糊；7. 游旗纹（主纹）。

胸有栉纹，余纹皆模糊。腰部凸棱一道，下为栉纹，余纹模糊。足饰复线角形纹。

扁耳两对。每耳有四长方孔。

身有两道合范线。

成武Ⅱ号鼓（藏成都武侯祠文物保管所。下同）

来源不详（下同）。

面径 50、身高 27、胸径 50. 9、腰径 49. 3、足径 50。

面一弦分晕，十一晕：1. 太阳纹，十二芒，芒间模糊；2. “⿴囗丁”字纹；3. “S”形勾头纹；4、10. 乳丁纹；5、9. 栉纹；6. 游旗纹（主纹）；7、8. 素晕；11. 兽形云纹。

胸有云纹、“⿴囗丁”字纹。腰部凸棱一道。足饰复线角形纹。

扁耳两对。耳边饰绳纹，中有三孔。

身有两道合范线。

成武Ⅲ号鼓

面径 48、身高 26、胸径 50. 9、腰径 42、足径 47。

面一或二弦分晕，九晕：1. 太阳纹，十二芒；2. “[illegible]”字纹；4、8. 乳丁纹；5. 游旗纹（主纹）；其余模糊。

胸有云纹、雷纹。腰部微凸棱一道。足饰复线角形纹。

扁耳两对，耳边饰绳纹。

身有两道合范线。

8483 号鼓（藏重庆市博物馆。下同）

来源不详（下同）。

面径 46. 8、身高 26. 5、胸径 50. 4、腰径 43. 2、足径 46. 5。

面二或一、三弦分晕，八晕：1. 太阳纹，十二芒，芒间素；2、5、8. 乳丁纹；3、4. 云纹；6. 雷纹；7. 缠枝纹（主纹）。

胸有乳丁纹、云纹。腰上部凸棱一道，下为云纹、雷纹。足饰云纹、雷纹、复线角形纹。

扁耳两对，每耳饰粗线纹六道。

身有四道合范线。

8701 号鼓

面径 52. 8、身高 28. 5、胸径 54、腰径 47. 7、足径 52. 1。

面一或二弦分晕，十一晕：1. 太阳纹，十二芒，芒弧形凸起，芒尖分叉，芒间坠形纹；2. “[illegible]”字纹；3. “S”形勾头纹；4、10. 乳丁纹；5、9. 栉纹；6. 游旗纹（主纹）；7、8. 素晕；11. 兽形云纹。

胸有乳丁纹、如意云纹、兽形云纹、雷纹、云纹、栉纹。腰上部凸棱一道，下为雷纹、云纹。足饰复线角形纹。

扁耳两对。每耳边饰绳纹，中有雷纹，上下各有一方孔。

身有四道合范线。面沿露四段垫条痕。

40830 号鼓

面径 48. 4、身高 29、腰径 51. 5、腰径 44. 5、足径 48. 6。

面一或二弦分晕，九晕：1. 太阳纹，十二芒，芒间模糊；2、6. 同心圆纹；3、8. 乳丁纹；4. 栉纹；5. 人字脚游旗纹（主纹）；7. 辫纹；9. 绹纹。

胸部模糊，仅见乳丁纹、栉纹。腰上部凸棱一道，下可见绹纹一道。足饰复线角形纹。

扁耳两对。每耳边饰绳纹，中有三方孔。

身有四道合范线。

40831 号鼓

面径 48. 5、身高 27、胸径 50. 5、腰径 42. 6、足径 48. 5。

面一弦分晕，九晕：1. 太阳纹，十二芒夹坠形纹，芒穿至三晕；2. “[illegible]”字纹；3. “S”形勾头纹；4、8. 乳丁纹；5. 游旗纹（主纹）；6. 素晕；7. 栉纹；9. 兽形云纹。

胸有乳丁纹、雷纹、云纹、栉纹。腰上部凸棱一道，下为雷纹、云纹。足饰复线角形纹。

扁耳两对。每耳边饰绳纹，中有雷纹三个。

身有四道合范线。

41501 号鼓

面径 50、身高 29. 2、胸径 54. 2、腰径 48. 1、足径 52. 2。

面一弦分晕，十晕：1. 太阳纹，十二芒，芒间三角形图案，2. “[illegible]” 字纹；3. “S” 形勾头纹；4、9. 乳丁纹；5、8. 栉纹；6. 游旗纹（主纹）；7. 十二生肖纹（主纹）；10. 兽形云纹。

胸有乳丁纹、兽形云纹、如意云纹、栉纹、云纹。腰上部凸棱一道，下为雷纹、云纹。足饰复线角形纹。

扁耳两对，耳边饰绳纹。

身有两道合范线。另有纵线两道。

41522 号鼓

面径 33. 3、身高 19. 5、胸径 34、腰径 28、足径 34。

面一或二弦分晕，九晕：1. 太阳纹，十二芒夹坠形纹，芒穿至二晕；2、7、9. 同心圆纹；3. 栉纹；4、8. 乳丁纹；5. 雷纹（主纹）；6. 素晕。

胸有乳丁纹、同心圆纹、雷纹。腰上部凸棱一道，下为雷纹、如意云纹。足饰图案三角形纹和坠形纹。

扁耳两对，耳边饰绳纹。

身有两道合范线。

41523 号鼓

面径 45. 8、身高 26、胸径 49、腰径 40、足径 45. 6。

面一弦分晕，九晕：1. 太阳纹，十二芒夹坠形纹，芒穿至三晕；2. “[illegible]” 字纹；3. “S” 形勾头纹；4、8. 乳丁纹；5. 游旗纹（主纹）；6. 素晕；7. 栉纹；9. 兽形云纹。

胸有乳丁纹、如意云纹、雷纹、栉纹。腰上部凸棱一道，下为雷纹、云纹。足饰复线角形纹。

扁耳两对。每耳边饰绳纹，中有雷纹三个，耳根或有一孔。

身有四道合范线。

灵山型：1 面

成武 I 号鼓（藏成都市武侯祠文物保管所）

来源不详。

面径 64、身高 39、胸径 61. 1、腰径 55. 4、足径 66。

面有六蛙，皆三足，累蹲蛙与单蛙相间，逆时针环列。二弦分晕，十三晕：1. 太阳纹，八芒；余纹多模糊，可见主纹为鸟纹、变形羽人纹及四出钱纹等。

身一弦分晕，十九晕，可见纹同鼓面。

扁耳两对，饰羽纹五道。

身有两道合范线。

西盟型：1 面

成武Ⅳ号鼓（藏成都市武侯祠文物保管所）

购于云南文物商店。

面径 55、身高 42、足径 42。

面有四蛙，逆时针环列。二弦分晕，十六晕：1. 太阳纹，八芒；宽晕三道，皆由鱼、鸟及团花纹相间组成；其余有点纹、同心圆纹等。

身二弦分晕。胸五、腰八、足四晕，皆饰同心圆纹、羽纹、点纹等。

扁耳两对，每耳上下耳根分叉形。

身有纵线两条。

异型：1 面

104628 号鼓（藏四川省博物馆）

1970 年征集于成都市。

面径 16.3、身高 9.2、胸径 17、腰径 12.9、足径 16.2。

上、下两面鼓。上鼓面四晕：1. 太阳纹，十二芒，芒间坠形纹；2. 六只夔龙纹；3. 十五个乳丁间小篆铭文："黄龙元年李常道造大富贵昌宜长乐□"；4. 栉纹。下鼓面纹全同，唯第三晕无铭文。

身有乳丁纹、两层凤纹、窃曲纹。

扁耳两对，饰辫纹。

面、身分铸焊合。

贵州省

（收录八十八面）

石寨山型：2面

6712号鼓（藏贵州省博物馆。下同）

1957年赫章县可乐区辅处公社出土。据访问，共存物有铁剑等。

面径45.5、身高24.5、胸径47.3、腰径40.3、足径48.8。

面二弦分晕，八晕：1. 太阳纹，九芒，芒间复线角形纹、圆圈纹；2～4、6～8. 锯齿纹夹勾连圆圈纹纹带；5. 翔鹭纹（主纹）。

胸上部、腰下部饰纹带（同鼓面纹带）。胸下部为羽人划船纹。腰部被同样纹带纵分为八格，内饰一公黄牛。

扁耳两对，较窄，饰辫纹。

身有两道合范线。

赫M153：3

1978年出土于赫章可乐“西南夷”墓中，据碳十四年代测定为公元前565±100年，共存物有铜带钩、环柄铁刀。鼓内有残人头骨。

面径42、身高25、胸径46、腰径37、足径46。

面二、三弦分晕，九晕：1. 太阳纹，八芒，芒间复线角形纹；2～3、6～8. 锯齿纹与圆圈纹纹带；4. 连续雷纹；5. 四只翔鹭纹。

胸上部与腰下部饰纹带（同鼓面纹带）。胸下部为竞渡船纹六。腰部由线纹组纵分为八格，其中四大格饰牛纹。足素。

扁耳两对，饰辫纹。

身有两道合范线。遍布支垫痕。

冷水冲型：1 面

贵教 01 号鼓

贵州大学教授收藏。

面径 84、身高 53.5、胸径 81、腰径 60、足径 77.5。

面有四蛙，逆时针环列。二弦分晕，十二晕：1. 太阳纹，十二芒，芒间坠形纹；2～5、9～12. 栉纹夹同心圆纹纹带；6. 复线交叉纹；7. 变形羽人纹（主纹）。

胸上部、腰下部饰纹带（同鼓面纹带）。腰上部被同样纹带纵分成六格，格中素。足饰复线角形纹。

扁耳两对，饰辫纹图案。每耳上下各镂条形孔一。

身有两道合范线。内壁有小纽两对。

遵义型：4 面

遵 M1：47－26 号鼓（藏贵州省博物馆。下同）

1957 年遵义市杨粲墓男室出土。伴随出土物有淳祐七年墓碑、“崇宁通宝”、影青宋瓷等。

面径 44.2、身高 27.8、胸径 44.5、腰径 36.3、足径 43.1。

面一弦分晕，十二晕：1. 太阳纹，十二芒；2、4、6、9. 同心圆纹；3、7、10. 复线角形图案；9. 游旗纹（主纹）；8、11、树叶纹；12. 复线角形纹。

胸有乳丁纹、复线角形图案、同心圆纹、复线角形纹。腰饰同心圆纹、树叶纹、复线角形图案。

扁耳两对。每耳边饰羽纹，上下镂两孔。

身有两道合范线。遍体露“元祐通宝”等铜钱做的垫片。

遵 M1：47－27 号鼓

1957 年遵义杨粲墓女室出土。伴随出土物有淳祐十二年墓碑、“崇宁通宝”、影青宋瓷等。

面径 49.5、身高 29.9、胸径 51.3、腰径 43、足径 49.8。

面二弦分晕，五晕，除第一晕为太阳纹、十二芒外，余皆素。

身仅十四圈弦线。

细腰扁耳两对。每耳边饰辫纹，中镂一长方孔。

身有两道合范线。

8276 号鼓

1964 年遵义县马家湾出土。伴随出土物有“式拾岁”金牌、金跳脱、铁鼓（?）等物（见《文物》1965 年 3 期《遵义县出土铜鼓》）。

面径 44、身高 27、胸径 44.2、腰径 36.5、足径 43。

面一弦分晕，十一晕：1. 太阳纹，十二芒；2. 乳丁纹；3、9. 树叶纹；4. 游旗纹（主纹）；5、8. 同心圆纹；6、11. 雷纹；7、10. 栉纹。

胸有乳丁纹、同心圆纹、树叶纹、复线角形纹。腰素。足饰复线角形纹、树叶纹、同心圆纹。

扁耳两对。每耳上下镂一小方孔。

身有两道合范线。遍体有铜钱片的垫片痕，片上有“元”字。

10756号鼓

1975年安龙县龙山区征集。

面径47.5、身高30.3、胸径50.7、腰径41、足径47。

面二弦分晕，十晕。除第一晕太阳纹、十二芒外，余皆素。

身全素。

扁耳两对。每耳饰八道线纹，中有一沟分耳为两半。

身有两道合范线。

麻江型：80面

B·1·2198号鼓（藏贵州省博物馆。下同）

1956年麻江县谷峒火车站工地出土。附近同出一批少数民族土坑墓，有铜手镯、铁三脚架等物。

面径48、身高29、胸径51、腰径45、足径49.5。

面一弦分晕，六晕：1. 太阳纹，十二芒夹坠形纹；2. 鸟形图案；6. 同心圆纹；余纹模糊。

身三弦分晕。胸有梅花纹、同心圆纹、雷纹。腰上部凸棱一道，下为同心圆纹、雷纹。足饰雷纹。

扁耳两对。每耳上下镂一小孔。

身有四道合范线。

6244号鼓

从江县征拨。

面径50、身高28.5、胸径50.5、腰径45、足径45。

面一弦分晕，十一晕：1. 太阳纹，十二芒夹坠形纹；2. “酉”字纹；3. 同心圆纹；4、10. 乳丁纹；5、9. 栉纹；6. 变形游旗纹（主纹）；7、8. 素晕；11. 如意云纹。

胸有乳丁纹、如意云纹、栉纹、弦纹。腰上部凸棱一道，下为雷纹、云纹。足饰复线角形纹。

扁耳两对。每耳中镂三小孔，边饰绳纹。

身有四道合范线。

6337号鼓

1975年望谟县征集。

面径46.2、身高26、胸径48.5、腰径42.5，足残。

面一弦分晕，九晕：1. 太阳纹，十二芒夹心形纹；2. “酉”字纹；3. 如意云纹；4、8. 乳丁纹；

5. 游旗纹（主纹）；6. 素晕；9. 兽形云纹。

胸有乳丁纹、如意云纹、雷纹、栉纹。腰上部凸棱一道，下为云纹、雷纹。足饰复线角形纹。

扁耳两对，耳边饰辫纹。

身有四道合范线。

10757 号鼓

面径 50. 8、身高 29、胸径 53、腰径 44. 7、足径 50。

面一弦分晕，十一晕：1. 太阳纹，十二芒夹坠形纹；2. “酉”字纹；3. 如意云纹；4、10. 乳丁纹；5、9. 栉纹；6. 游旗纹（主纹）；11. 兽形云纹。

胸有乳丁纹、如意云纹、兽形云纹、雷纹、栉纹。腰上部凸棱一道，下为雷纹、云纹。足饰复线角形纹。

扁耳两对。每耳边饰羽纹，中填小雷纹。

身有四道合范线。

10744 号鼓

1975 年兴义县巴结征集。

面径 48. 3、身高 26. 9、胸径 48. 5、腰径 39. 3、足径 46. 2。

面一或二弦分晕，七晕：1. 太阳纹，十二芒，芒间“大吉”字；2、5、7. 乳丁纹；3. “酉”字纹；4. 变形游旗纹；6. 变形游旗纹夹菱格加“十”字纹。

胸有乳丁纹、“大吉”文、菱形填“卍”纹。腰上部凸棱一道，下为“大吉”文。足饰复线角形图案。

扁耳两对。每耳中有一道竖线。

身有四道合范线。

10745 号鼓

1975 年兴义县征集（下同）。

面径 47. 5、身高 27. 2、胸径 47. 5、腰径 40. 5、足径 45. 5。

面一弦分晕，七晕：1. 太阳纹，十二芒；2、5、7. 乳丁纹；3. 复线角形纹；4. 云纹与符箓纹（主纹）；6. 缠枝纹。

胸饰复线角形纹、云纹。腰上凸棱一道，下为缠枝花纹。足为栉纹。

扁耳两对，每耳饰四道线纹。

身有四道合范线。

10746 号鼓

面径 47. 5、身高 27. 3、胸径 48. 5、腰径 41. 8、足径 46. 3。

面一弦分晕，九晕：1. 太阳纹，十二芒，芒间三角形图案；2、6、9. 乳丁纹；3. 同心圆纹；4. 复线角形纹；5. 菱格填花纹；7. 游旗纹（主纹）；8. 雷纹。

胸有乳丁纹、波浪纹、同心圆纹，耳旁有汉字行书“大吉利”三字。腰上部凸棱一道，下为菱格填花纹、复线角形纹、雷纹。足饰同心圆纹、三角形图案。

扁耳两对，耳边饰线纹。

身有四道合范线。

10753 号鼓

面径 50. 5、身高 27. 6、胸径 52. 5、腰径 47、足径 52. 5。

面一弦分晕，十晕：1. 太阳纹，十二芒夹坠形纹；2. “[illegible]”字纹；4、10. 乳丁纹；其余素晕。

胸饰乳丁纹、如意云纹、雷纹、花朵纹、雷纹、栉纹。腰上部凸棱一道，下为方格纹。足为复线角形纹。

扁耳两对。每耳中镂两小方孔。

身有四道合范线。

10754 号鼓

面径 50. 5、身高 28. 2、胸径 51、腰径 44. 5、足径 49. 8。

面一弦分晕，十一晕：1. 太阳纹，十二芒坠形纹；2. “[illegible]”字纹；3、5、7、8. 素晕；4、10. 乳丁纹；6. 游旗纹（主纹）；9. 栉纹；11. 如意云纹。

胸饰乳丁纹、如意云纹、栉纹。腰上部凸棱一道，下为雷纹。足饰复线角形纹。

扁耳两对。每耳中镂三小孔。

身有四道合范线。

10760 号鼓

面径 49. 3、身高 26. 3、胸径 50. 5、腰径 45. 8、足径 51. 5。

面一弦分晕，十二晕：1. 太阳纹，十二芒夹坠形纹；2、11. 乳丁纹；3. 栉纹；4. 如意云纹；5. 游旗纹（主纹）；6. 雷纹；7、8. 素晕；9. 波浪纹；10. 云纹；12. 绹纹。

胸饰乳丁纹、如意云纹、雷纹。腰上部凸棱一道，下为雷纹、云纹。足为复线角形纹。

扁耳两对。每耳中镂三小孔。

身有四道合范线。

2774 号鼓

1955 年兴义军分区拨交。

面径 48. 9、身高 27. 5、胸径 49. 2、腰径 41. 4、足径 47. 6。

面二弦分晕，八晕：1. 太阳纹，十二芒夹坠形纹；2、9. 乳丁纹；3. 吹笙纹；4. 十二生肖纹（主纹）；5. 云纹；6. 雷纹；7. 兽形云纹；8. “万历元年孔明置造”阳文楷书八字间支垫痕。

胸有宝钱纹、“寿”字纹。腰上部凸棱一道，下为“S”形勾头纹、雷纹、四瓣花纹。足为图案三角形纹。

扁耳两对。每耳上下有小孔，边饰辫纹。

身有四道合范线。

10747 号鼓

安龙县龙广区征集（下同）。

面径 46.6、身高 26.2、胸径 49.5、腰径 40.7、足径 46。

面一弦分晕，十晕：1. 太阳纹，十二芒夹坠形纹；2. “[illegible]”字纹；3. “S”形勾头纹；4、7、10. 乳丁纹；5. 游旗纹（主纹）；6. 菱格填花纹；8. “弓”形图案；9. 兽形云纹。

胸饰乳丁纹、如意云纹、雷纹、栉纹。腰上部凸棱一道，下为雷纹、云纹。足为复线角形纹。

扁耳两对。每耳边饰羽纹，中为小雷纹。

身有四道合范线。

10748 号鼓

面径 45.8、身高 26.9、胸径 47、腰径 39.3、足径 45。

面二弦分晕，八晕：1. 太阳纹，十二芒，芒间素；2、5. 乳丁纹；3. “S”形勾头纹；4. 素晕；6. 云纹；7. 变形游旗纹（主纹）；8. 乳丁纹、“[illegible]”字纹。

胸仅六道弦线。腰有圆凸棱一道。

扁耳两对。每耳边饰绳纹，中为羽纹。

身有四道合范线。

10749 号鼓

面径 47、身高 25.9、胸径 49.2、腰径 40.5、足径 47.3。

面一弦分晕，十晕：1. 太阳纹，十二芒夹同心圆纹；2. 云纹；3. “S”形勾头纹；4、7. 乳丁纹；5. 游旗纹（主纹）；6. 素晕；8. 栉纹；9. 兽形云纹。

胸有乳丁纹、如意云纹、雷纹、栉纹。腰上部凸棱一道，下为雷纹、云纹。足为复线角形纹。

扁耳两对，耳边饰羽纹。

身有四道合范线。

10750 号鼓

1975 年安龙县征集（下同）。

面径 45.7、身高 25.7、胸径 48.6、腰径 40、足径 46。

面一弦分晕，九晕：1. 太阳纹，十二芒夹坠形纹；2. “[illegible]”字纹；3. 云纹；4、7、10. 乳丁纹；5. 游旗纹（主纹）；8. 栉纹；9. 云纹与波浪纹。

胸饰乳丁纹、如意云纹、雷纹、栉纹。腰上部凸棱一道，下为雷纹、云纹。足饰复线角形纹。

扁耳两对。每耳边饰羽纹，中有小雷纹三个。

身有四道合范线。

10751 号鼓

面径 48.6、身高 27.2、胸径 49.8、腰径 40、足径 48.2。

面有四小蛙，头向中心。二弦分晕，十晕：1. 太阳纹，十二芒夹复线角形纹；2、6、9. 乳丁纹；

3. “[illegible]”字纹；4. 栉纹；5. 雷纹；7. 波浪纹；8. 变形游旗纹（主纹）；10. 三道粗弦纹。

胸有乳丁纹、波浪纹。腰上部凸棱一道，下为波浪纹、雷纹、栉纹。足饰复线角形纹。

扁耳两对，每耳中饰粗线纹。

身有四道合范线。

10752 号鼓

面径 48. 5、身高 25. 3、胸径 49、腰径 42、足径 46。

面一弦分晕，十二晕：1. 太阳纹，十二芒夹符箓纹；2、11. 乳丁纹；3、6. “S”形勾头纹；4、10. 栉纹；5. 游旗纹（主纹）；7. 辫纹；8. 雷纹；12. 绹纹。

胸有雷纹、“S”形勾头纹。腰部仅凸棱一道。足饰复线角形纹。

扁耳两对，耳边饰线纹、羽纹。

身有四道合范线。面五晕的游旗中夹着后人嵌刻的楷书“东汉”两字。

10755 号鼓

1975 年兴仁县征集，布依族流传（下同）。

面径 47. 2、身高 26. 1、胸径 48. 5、腰径 43、足径 47。

面锈蚀，仅见太阳纹十二芒及游旗纹（主纹）、云纹、栉纹、乳丁纹等。

身有如意云纹，余皆模糊。

扁耳两对。

身有四道合范线。

10761 号鼓

面径 48. 3、身高 28. 1、胸径 47. 8、腰径 41. 1、足径 48. 3。

面一弦分晕，八晕：1. 太阳纹，十二芒夹坠形纹；2. “[illegible]”字纹与钱纹；3、6、8. 乳丁纹；4. 云纹；5. 绹纹；7. 鱼、龙、钱纹与绹纹（主纹）。

胸有乳丁纹、“S”形勾头纹、云纹、如意云纹、同心圆纹。腰上部凸棱一道，下为云纹。足饰复线角形纹与同心圆纹。

扁耳两对。

身有四道合范线。

10762 号鼓

面径 49、身高 26. 1、胸径 48. 9、腰径 40. 8、足径 46. 8。

面一弦分晕，九晕：1. 太阳纹，十二芒夹坠形纹；2、8. 如意云纹；3、6、9. 乳丁纹；4. 游旗纹（主纹）；5. 素晕；7. 栉纹。

胸饰乳丁纹、雷纹、如意云纹。腰上部凸棱一道，下为雷纹、云纹。足饰复线角形纹。

扁耳两对，耳边饰羽纹。

身有四道合范线。

10763 号鼓

贞羊县征集。

面径 49.3、身高 28.1、胸径 52.2、腰径 46.2、足径 50.7。

面一弦分晕，十一晕：1. 太阳纹，十二芒夹坠形纹；2. “[illegible]”字纹；3. 如意云纹；4、10. 乳丁纹；5、9. 栉纹；6. 游旗纹（主纹）；7、8. 素晕；11. 兽形云纹。

胸饰乳丁纹、云纹、栉纹。腰上部凸棱一道，下为雷纹、定胜纹、云纹。足饰复线角形纹。

扁耳两对。每耳中镂三小孔。

身有四道合范线。

10758 号鼓

1975 年册享县征集（下同）。

面径 49.2、身高 26.6、胸径 51.1、腰径 45.7、足径 49.5。

面一弦分晕，十一晕：1. 太阳纹，十二芒，芒间素；2. “[illegible]”字纹；3. 如意云纹；4、10. 乳丁纹；5、9. 栉纹；6. 游旗纹（主纹）；11. 兽形云纹。

胸饰乳丁纹、“S”形勾头纹、如意云纹、栉纹、缠枝纹。腰上部凸棱一道，下为雷纹、缠枝纹。足为复线角形纹。

扁耳两对。每耳中镂三小方孔，边饰“S”纹和辫纹。

身有四道合范线。

10759 号鼓

面径 46.5、身高 26、胸径 48.3、腰径 40.4、足径 46.1。

面一弦分晕，十晕：1. 太阳纹，十二芒夹坠形纹；2. “[illegible]”字纹；3. 定胜纹；4、7、10. 乳丁纹；5. 游旗纹（主纹）；6. 栉纹；8. 云纹；9. 兽形云纹。

胸饰乳丁纹、如意云纹、雷纹、栉纹。腰上部凸棱一道，下为雷纹、云纹。足饰复线角形纹。

扁耳两对。每耳中镂三小孔，边饰羽纹。

身有四道合范线。

10764 号鼓

1975 年都匀县土产公司拨交。

面径 47.8、身高 26.2、胸径 49、腰径 43.5、足径 45。

面一弦分晕，九晕：1. 太阳纹，十二芒，芒间素；2、6. 同心圆纹；3. 栉纹；4、8. 乳丁纹；5. 变形游旗纹（主纹）；7. 羽纹；9. 云纹。

身纹模糊，可见胸有乳丁纹。腰凸棱一道。足饰绹纹及复线角形纹。

扁耳两对。每耳中镂两小孔。

身有四道合范线。

11216 号鼓

1977 年都匀县土产公司拨交（下同）。

面径 46. 8、身高 26. 3、胸径 48. 1、腰径 39. 3、足径 46。

面一弦分晕，八晕：1. 太阳纹，十二芒夹坠形纹；2. “[illegible]”字纹；3. 定胜纹；4. 乳丁纹；5. 栉纹；6. 游旗纹（主纹）；7. 十二生肖纹；8. 兽形云纹。

胸饰乳丁纹、雷纹、云纹、栉纹。腰上部凸棱一道，下为雷纹、云纹。足饰复线角形纹。

扁耳两对。每耳边饰竖线纹，中有小雷纹。

身有四道合范线。

11217 号鼓

面径 50. 6、身高 28. 3、胸径 53. 1、腰径 44. 6、足径 50。

面一弦分晕，十晕：1. 太阳纹，十二芒夹坠形纹；2. “[illegible]”字纹；3. 如意云纹；4、9. 乳丁纹；5. 游旗纹（主纹）；8. 栉纹；10. 兽形云纹。

胸饰乳丁纹、如意云纹、云纹、雷纹、栉纹。腰上部凸棱一道，下为雷纹、云纹。足为复线角形纹。

扁耳两对，耳内饰羽纹。

身有四道合范线。

11218 号鼓

面径 50. 5、身高 28. 2、胸径 53. 3、足径 50. 6。

面一弦分晕，十一晕：1. 太阳纹，十二芒夹坠形纹；2. “[illegible]”字纹；3. “S”形勾头纹；4、10. 乳丁纹；5、9. 栉纹；6. 游旗纹（主纹）；11. 兽形云纹。

胸饰乳丁纹、如意云纹、兽形云纹、雷纹、栉纹。腰上部凸棱一道，下为雷纹、云纹。足为复线角形纹。

扁耳两对。每耳边饰羽纹，中为小雷纹。

身有四道合范线。

11219 号鼓

面径 49、身高 27. 3、胸径 50、腰径 42. 5、足径 49. 3。

面一弦分晕，十一晕：1. 太阳纹，十二芒夹坠形纹；2. “[illegible]”字纹；3. 定胜纹；4. 乳丁纹；5、9. 栉纹；6. 游旗纹（主纹）；7、8. 素晕；11. 如意云纹。

胸饰乳丁纹、如意云纹、栉纹。腰上部凸棱一道，下为雷纹、辫纹。足为复线角形纹。

扁耳两对。每耳中镂三小方孔，边饰辫纹。

身有四道合范线。

11222 号鼓

面径 50、身高 28. 3、胸径 52. 3、腰径 45、足径 51. 5。

面一弦分晕，十一晕：1. 太阳纹，十二芒夹坠形纹；2. “[illegible]”字纹；3、11. 如意云纹；4、10. 乳丁纹；5、9. 栉纹；6. 游旗纹（主纹）。

胸有乳丁纹、云纹、如意云纹、栉纹。腰上部凸棱一道，下为云纹、方格纹、雷纹。足饰复线角形纹。

扁耳两对。每耳边饰羽纹，中有四小雷纹。

身有四道合范线。

11223 号鼓

面径 50.5、身高 28.7、胸径 53、腰径 44.2、足径 49.5。

面一弦分晕，十一晕：1. 太阳纹，十二芒夹坠形纹；2. “[illegible]”字纹；3. “S”形勾头纹；4、10. 乳丁纹；5、9. 栉纹；6. 游旗纹（主纹）；7、8. 素晕；11. 兽形云纹。

胸饰乳丁纹、兽形云纹、雷纹、栉纹。腰上部凸棱一道，下为雷纹、云纹。足为复线角形纹。

扁耳两对。每耳边饰辫纹，中为三个小雷纹。

身有四道合范线。

11225 号鼓

面径 51、身高 29、胸径 53.7、腰径 45，足残。

面一弦分晕，十一晕：1. 太阳纹，十二芒夹坠形纹；2. “[illegible]”字纹；3. 如意云纹；4、10. 乳丁纹；5、9. 栉纹；6. 游旗纹（主纹）；7、8. 素晕；11. 兽形云纹。

胸饰乳丁纹、云纹、雷纹、栉纹。腰上部凸棱一道，下为雷纹、云纹。足为复线角形纹。

扁耳两对。每耳镂两小方孔，边饰羽纹。

身有四道合范线。

10837 号鼓

长顺县摆所区征集（下同）。

面径 51、身高 29.6、胸径 53.4、腰径 46.2、足径 52.4。

面一弦分晕，九晕：1. 太阳纹，十二芒夹坠形纹；2. “[illegible]”字纹；3. 云纹；4、9. 乳丁纹；5、8. 栉纹；6. 游旗纹（主纹）；7. 马、鸡、兔等八只动物纹。

胸饰乳丁纹、兽形云纹、如意云纹、栉纹。腰上部凸棱一道，下为雷纹、云纹。足为复线角形纹。

扁耳两对。每耳中镂三小孔，边饰线纹。

身有四道合范线。耳是焊上的。

10838 号鼓

面径 46.5、身高 25.6、胸径 49.4、腰径 40.6、足径 45.5。

面一弦分晕，九晕：1. 太阳纹，十二芒夹坠形纹；2. “[illegible]”字纹；3. “S”形勾头纹；4、8. 乳丁纹；5. 游旗纹（主纹）；6. 云纹；7. 栉纹；9. 兽形云纹。

胸饰乳丁纹、如意云纹、雷纹、栉纹。腰上部凸棱一道，下为雷纹、云纹。足为复线角形纹。

扁耳两对。每耳中饰小雷纹，边为羽纹。

身有四道合范线。

10839 号鼓

长顺县代化区征集（下同）。

面径 50、身高 28.7、胸径 53.5、腰径 44.5、足径 50。

面一弦分晕，十一晕：1. 太阳纹，十二芒夹坠形纹；2. “酉”字纹；3. “S”形勾头纹；4、10. 乳丁纹；5、9. 栉纹；6. 游旗纹（主纹）；7、8. 素晕；11. 兽形云纹。

胸饰乳丁纹、如意云纹、云纹、雷纹、栉纹。腰上部凸棱一道，下为雷纹、云纹。足饰复线角形纹。

扁耳两对。每耳中有小窝纹，边饰辫纹。

身有四道合范线。

10842 号鼓

面径 50.5、身高 27.5、胸径 51.7、腰径 46.6、足径 51。

面一弦分晕，十晕：1. 太阳纹，十二芒夹坠形纹；2. “酉”字纹；3. 同心圆纹；4、9. 乳丁纹；5、8. 栉纹；6. 游旗纹（主纹）；7. 十二生肖纹（缺龙）；10. 兽形云纹。

胸饰兽形云纹、乳丁纹、栉纹、云纹。腰上部凸棱一道，下为云纹、雷纹。足饰复线角形纹。

扁耳两对。每耳中镂三小孔，边饰羽纹。

身有四道合范线。

10840 号鼓

1975 年长顺县征集（下同）。

面径 50、身高 28.6、胸径 54.5、腰径 45、足径 50.8。

面一弦分晕，十一晕：1. 太阳纹，十二芒夹坠形纹；2. “酉”字纹；3. 如意云纹；4、10. 乳丁纹；5、9. 栉纹；6. 游旗纹（主纹）；7、8. 素晕；11. 如意云纹。

胸饰乳丁纹、如意云纹、雷纹、栉纹。腰上部凸棱一道，下为雷纹、云纹。足为复线角形纹。

扁耳两对。每耳边饰羽纹，中为小雷纹。

身有四道合范线。

10841 号鼓

面径 50.5、身高 28、胸径 51.4、腰径 46、足径 52。

面一弦分晕，十一晕：1. 太阳纹，十二芒夹坠形纹；2. “酉”字纹；3. 定胜纹；4、10. 乳丁纹；5. 栉纹；6. 游旗纹（主纹）；7、8. 素晕；9. 栉纹；11. 兽形云纹。

胸有定胜纹、乳丁纹、云纹、栉纹。腰上部凸棱一道，下为云纹、雷纹。足饰复线角形纹。

扁耳两对。每耳中镂三小孔，边饰羽纹。

身有四道合范线。

10843 号鼓

面径 50.4、身高 29、胸径 51.4、腰径 48、足径 51.4。

面一弦分晕，十一晕：1. 太阳纹，十二芒夹坠形纹；2. “酉”字纹；3、5、7、11. 定胜纹；4. 游旗纹（主纹）；6、10. 乳丁纹；8. 十二生肖纹（主纹）；9. 云纹。

胸有栉纹、乳丁纹、云纹、字形纹、兽形云纹。腰上部凸棱一道，下为如意云纹、雷纹、栉纹。

足饰复线角形纹。

扁耳两对。每耳饰四道线纹，中有两小孔。

身有四道合范线。

10844 号鼓

面径 50、身高 28.4、胸径 53、腰径 44.4、足径 49.2。

面一弦分晕，十一晕：1. 太阳纹，十二芒夹坠形纹；2. “[illegible]”字纹；3. “S”形勾头纹；4. 乳丁纹；5、9. 栉纹；6. 游旗纹（主纹）；7、8. 素晕；11. 兽形云纹。

胸有乳丁纹、云纹、雷纹、栉纹。腰上部凸棱一道，下为雷纹、云纹。足饰复线角形纹。

扁耳两对，耳边饰辫纹。

身有四道合范线。

10845 号鼓

面径 48、身高 26.2、胸径 50.5、腰径 42、足径 47.5。

面一弦分晕，九晕：1. 太阳纹，十二芒夹坠形纹；2、3. 模糊；4、8. 乳丁纹；5. 游旗纹（主纹）；6. 素晕；7. 栉纹；9. 兽形云纹。

胸有乳丁纹、如意云纹、雷纹。腰上部凸棱一道，下为雷纹。足饰复线角形纹。

扁耳两对，耳边饰羽纹。

身有四道合范线。

10846 号鼓

面径 51、身高 28.3、胸径 52、腰径 46.7、足径 51.1。

面一弦分晕，十一晕：1. 太阳纹，十二芒夹坠形纹；2. “[illegible]”字纹；3. “S”形勾头纹；4、10. 乳丁纹；5、9. 栉纹；6. 游旗纹（主纹）；11. 兽形云纹。

胸饰乳丁纹、“S”形勾头纹、栉纹、云纹。腰上部凸棱一道，下为雷纹、云纹。足饰复线角形纹。

扁耳两对。每耳边饰羽纹，中有雷纹和三孔。

身有四道合范线。

14·2·1 号鼓

1978 年长顺县征集（下同）。

面径 49.7、身高 27.5、胸径 52、腰径 47、足径 49。

面一弦分晕，十一晕：1. 太阳纹，十二芒夹坠形（带旒）纹；2. “[illegible]”字纹；3. 定胜纹；4、10. 乳丁纹；5、9. 栉纹；6. 游旗纹（主纹）；7. 素晕；11. 兽形云纹。

胸有乳丁纹、云纹、如意云纹、栉纹、符箓纹。腰上部凸棱一道，下为雷纹、云纹。足饰复线角形纹。

扁耳两对。每耳边饰羽纹，中有小雷纹。

身有四道合范线，并有垫片痕。

14・2・2 号鼓

面径 49.5、身高 29、胸径 51、腰径 47、足径 50。

面一弦分晕，十一晕：1. 太阳纹，十二芒，芒间角形纹；2、10. 同心圆纹；3、7. 栉纹；4、9. 乳丁纹；5. 游旗纹（主纹）；6. 辫纹；8. 定胜纹；11. 绹纹。

胸有乳丁纹与弦纹三道。腰上部凸棱一道，下为栉纹、同心圆纹。足饰复线角形纹。

扁耳两对。每耳上下镂一小方孔。

身有四道合范线。

14・2・3 号鼓

面径 48、身高 28、胸径 52、腰径 45.5、足径 48。

面一弦分晕，十一晕：1. 太阳纹，十二芒夹坠形纹；2. “[illegible]”字纹；3. 云纹；4、10. 乳丁纹；5、9. 栉纹；6. 游旗纹（主纹）；7、8. 素晕；11. 兽形云纹。

胸有兽形云纹、乳丁纹、云纹、“S”形勾头纹、栉纹。腰上部凸棱一道，下为雷纹、云纹。足饰复线角形纹。

扁耳两对。每耳中镂三小孔。

身有四道合范线。

B・1・3021 号鼓

1957 年丹寨县征集。

面径 50、身高 28.4、胸径 53.2、腰径 45.6、足径 51.3。

面一弦分晕，十一晕：1. 太阳纹，十二芒夹心形纹；2. “[illegible]”字纹；3. 如意云纹；4、10. 乳丁纹；5、9. 栉纹；6. 游旗纹（主纹）；7、8. 素晕；11. 兽形云纹。

胸有云纹、如意云纹、栉纹。腰上部凸棱一道，下为雷纹、云纹。足饰复线角形纹。

扁耳两对。每耳中镂三小方孔，边饰羽纹。

身有四道合范线。并有铜钱角作垫片。

10765 号鼓

1977 年黔南布依族自治州征购。

面径 52.4、身高 28.3、胸径 53.1、腰径 48.2、足径 49.2。

面一弦分晕，十晕：1. 太阳纹，十二芒夹坠形纹；2. “[illegible]”字纹；3. “S”形勾头纹；4、9. 乳丁纹；5、8. 栉纹；6. 游旗纹（主纹）；7. 十二生肖纹（主纹）；10. 兽形云纹。

胸有云纹、如意云纹、兽形云纹、栉纹。腰上部凸棱一道，下为云纹、雷纹。足饰复线角形纹。

扁耳两对。每耳中镂三小孔，边饰线纹。

身有四道合范线。

11220 号鼓

面径 50、身高 27、胸径 53、腰径 44.6、足径 49.7。

面一弦分晕，十晕：1. 太阳纹，十二芒夹坠形（带旒）纹；2. “酉”字纹；3. “S”形勾头纹；4. 乳丁纹；5、9. 栉纹；6. 游旗纹（主纹）；7、8. 素晕；10. 菱格填花纹。

胸有乳丁纹、花朵纹、云纹、雷纹、栉纹。腰上部凸棱一道，下为雷纹、云纹。足饰复线角形纹。

扁耳两对，耳边饰线纹。

身有四道合范线。

11221 号鼓

面径 51、身高 28.6、胸径 53.2、腰径 46.7、足径 52。

面一弦分晕，十二晕：1. 太阳纹，十二芒夹坠形纹；2. “酉”字纹；3、12. 如意云纹；4、11. 乳丁纹；5、9. 栉纹；6. 游旗纹（主纹）。

胸有乳丁纹、缠枝纹、如意云纹、花卉纹、栉纹。腰上部凸棱一道，下为雷纹、云纹。足饰复线角形纹。

扁耳两对，每耳中镂三小孔。

身有四道合范线。

11224 号鼓

面径 47.3、身高 26.2、胸径 44、腰径 42、足径 46.4。

面一弦分晕，九晕：1. 太阳纹，十二芒夹坠形纹；2. “酉”字纹；3. “S”形勾头纹；4、8. 乳丁纹；5. 游旗纹（主纹）；6. 素晕；7. 栉纹；9. 兽形云纹。

胸有乳丁纹、如意云纹、雷纹、栉纹。腰上部凸棱一道，下为雷纹、云纹。足饰复线角形纹。

扁耳两对。每耳上下镂三小孔，边饰羽纹。

身有四道合范线。

11226 号鼓

面径 50、身高 29.4、胸径 52.3、腰径 44.4、足径 49。

面一弦分晕，十一晕：1. 太阳纹，十二芒夹坠形纹；2. “酉”字纹；3. “S”形勾头纹；4、10. 乳丁纹；5、9. 栉纹；6. 十二生肖纹与游旗纹（主纹）；7、8. 素晕；11. 兽形云纹。

身纹模糊，仅见胸有乳丁纹，腰上部凸棱一道，足为复线角形纹。

扁耳两对，耳边饰线纹。

身有四道合范线。

11227 号鼓

1977 年黔南州（都匀）土产公司征购。

面径 51、身高 28、胸径 53、腰径 47、足径 52。

面一弦分晕，十一晕：1. 太阳纹，十二芒呈花瓣形，芒间坠形纹；2. “酉”字纹；3. 定胜纹；4、10. 乳丁纹；5、9. 栉纹；6. 游旗纹（主纹）；7、8. 素晕；11. 兽形云纹。

胸有乳丁纹、如意云纹、雷纹、栉纹。腰上部凸棱一道，下为雷纹、云纹。足饰复线角形纹。

扁耳两对。

身有四道合范线。并有垫片脱落孔。

5256 号鼓

1959 年省物资局拨发（下同）。

面径 47. 7、身高 29. 5、胸径 52、腰径 43. 8、足径 48。

面一弦分晕，九晕：1. 太阳纹，十二芒夹坠形纹；2. “[illegible]”字纹；3、7. 栉纹；4、6. 素晕；5. 游旗纹（主纹）；8. 乳丁纹；9. 缠枝纹。

胸有乳丁纹、缠枝纹、栉纹。腰上部凸棱一道，下为雷纹。足饰复线角形纹。

扁耳两对。每耳上镂三小方孔，边饰羽纹。

身有四道合范线。

5257 号鼓

面径 51. 5、身高 28. 5、胸径 52、腰径 44. 5、足径 50。

面一弦分晕，十二晕：1. 太阳纹，十二芒夹坠形纹；2. “[illegible]”字纹；3、5、12. 素晕；4、7、10. 乳丁纹；6. 游旗纹（主纹）；8、11. 雷纹；9. 栉纹。

胸有乳丁纹、兽形云纹、雷纹。腰上部凸棱一道，下为雷纹。足饰复线角形纹。

扁耳两对，耳边饰羽纹。

身有四道合范线。

5258 号鼓

面径 48、身高 26、胸径 50、腰径 44、足径 47。

面一弦分晕，八晕：1. 太阳纹，十二芒夹坠形纹、“[illegible]”字纹；2. 如意云纹；3、7. 乳丁纹；4. 游旗纹（主纹）；5. 素晕；6. 栉纹；8. 动物纹。

胸有乳丁纹、如意云纹、雷纹、栉纹。腰上部凸棱一道，下饰雷纹、云纹、复线角形纹。

扁耳两对，无孔，饰辫纹。

身有四道合范线。

5259 号鼓

面径 48. 5、身高 26. 5、胸径 50. 4、腰径 44、足径 49。

面一弦分晕，十一晕：1. 太阳纹，十二芒，芒间三角形图案；2. 莲瓣纹；3、10. 乳丁纹；4. 雷纹；5. 符箓纹（主纹）；6. 栉纹；7. 素晕；8. 云纹；9. 同心圆纹；11. 如意云纹。

胸有乳丁纹、如意云纹和鱼、蟹、虫、马纹。腰上部凸棱一道，下为雷纹、云纹。足饰复线角形纹。

扁耳两对，每耳饰四道羽纹。

身有四道合范线。

5260 号鼓

面径 51. 8、身高 28. 5、胸径 53. 4、腰径 48. 5、足径 52. 5。

面一弦分晕，十晕：1. 太阳纹，十二芒夹坠形纹；2. “酉”字纹；3. 如意云纹；4、9. 乳丁纹；5. 游旗纹（主纹）；6、7. 素晕；8. 栉纹；10. 兽形云纹。

胸有乳丁纹、如意云纹、兽形云纹、雷纹、云纹、栉纹。腰上部凸棱一道，下为雷纹、云纹。足饰复线角形纹。

扁耳两对。每耳镂一小方孔，边饰辫纹。

身有四道合范线。面沿露四段垫条痕。

5261 号鼓

面径 47.5、身高 28.5、胸径 51、腰径 44、足径 47。

面一弦分晕，九晕：1. 太阳纹，十二芒，芒间三角形图案；2、6. 同心圆纹；3. 栉纹；4、8. 乳丁纹；5. 游旗纹（主纹）；7. 辫纹；9. 绹纹。

胸仅见乳丁纹。腰上部凸棱一道，下为弦纹、绹纹。足饰复线角形纹。

扁耳两对。每耳中镂两小方孔，边饰绳纹。

身有四道合范线。

5262 号鼓

面径 48.3、身高 27.5、胸径 50.5、腰径 43、足径 49。

面一弦分晕，十晕：1. 太阳纹，十二芒夹坠形纹；2. 云纹；3、7、9. 乳丁纹；4. 同心圆纹；5. 素晕；6. 栉纹；8、符箓纹（主纹）；10. 辫纹。

胸有乳丁纹、云纹、如意云纹。腰上部凸棱一道，下为缠枝纹。足饰复线角形纹。

扁耳两对，每耳饰线纹四道。

身有四道合范线。内壁露铜钱碎片做的垫片痕。

5263 号鼓

面径 47.3、身高 28.5、胸径 50、腰径 40.5、足径 46.5。

面一弦分晕，十一晕：1. 太阳纹，十二芒夹云纹；2. “酉”字纹；3、10. 乳丁纹；4. 同心圆纹；5. 辫纹；6. 游旗纹（主纹）；8. 梅花纹；9. 栉纹；11. 兽形云纹。

胸有“S”形纹、乳丁纹、栉纹、雷纹。腰上部凸棱一道，下为心形纹、雷纹。足饰复线角形纹。

扁耳两对。每耳镂两方孔。

身有四道合范线。面沿露四段垫条痕。

5264 号鼓

面径 49.8、身高 26.6、胸径 50、腰径 43、足径 49。

面一弦分晕，十晕：1. 太阳纹，十二芒夹三角形图案；2. 云纹；3、10. 乳丁纹；4. 符箓纹（主纹）；5、8. 栉纹；6. 同心圆纹；7. 雷纹；9. 宝钱纹（主纹）。

胸有乳丁纹、雷纹、如意云纹。腰上部凸棱一道，下为雷纹。足饰复线角形纹、半圆填线纹。

扁耳两对，耳边饰绳纹。

身有四道合范线，并露垫片痕。

5265 号鼓

面径 46.5、身高 26、胸径 48、腰径 42，足残。

面一弦分晕，九晕：1. 太阳纹，十二芒夹坠形纹；2. “酉”字纹；3. 如意云纹；4、8. 乳丁纹；5. 素晕；6. 游旗纹（主纹）；9. 兽形云纹。

胸有乳丁纹、如意云纹、雷纹、栉纹。腰上部凸棱一道，下为雷纹、栉纹。足饰复线角形纹。

扁耳两对。每耳中饰小雷纹，上下各有一孔。

身有四道合范线。

5526 号鼓

面径 50.4、身高 27.5、胸径 51.7、腰径 45.5、足径 50.2。

面一弦分晕，十一晕：1. 太阳纹，十二芒夹心形纹；2. “酉”字纹；3. 云纹；4、5、10. 乳丁纹；6. 游旗纹（主纹）；9. 栉纹；11. 兽形云纹。

胸有乳丁纹、兽形云纹、如意云纹、雷纹、栉纹。腰上部凸棱一道，下为云纹、雷纹。足饰复线角形纹。

扁耳两对，耳边饰辫纹。

身有四道合范线。

B·2·726 号鼓

面径 49、身高 26.1、胸径 50、腰径 44、足径 48.3。

面一弦分晕，九晕：1. 太阳纹，十二芒夹坠形纹；2. “酉”字纹；3. 如意云纹；4、8. 乳丁纹；5. 游旗纹（主纹）；6. 素晕；7. 栉纹；9. 兽形云纹。

胸有乳丁纹、如意云纹、雷纹、栉纹。腰上部凸棱一道，下为菱格十字纹、雷纹、云纹。足饰复线角形纹。

扁耳两对，耳边饰羽纹。

身有四道合范线。

B·2·727 号鼓

面径 50.5、身高 27.5、胸径 52.5、腰径 47、足径 51。

面一弦分晕，十一晕：1. 太阳纹，十二芒，芒间素；2、4、10. 乳丁纹；3. “S”形勾头纹；5、9. 栉纹；6. 游旗纹（主纹）；7、8. 素晕；11. 兽形云纹。

胸有乳丁纹、兽形云纹、栉纹。腰上部凸棱一道，下为如意云纹、雷纹。足饰复线角形纹。

扁耳两对。每耳镂三小孔，边饰羽纹。

身有四道合范线。

10959 号鼓

1976 年省土产公司拨交。

面径 45.1、身高 26.9、胸径 46、腰径 39.1、足径 46。

面一弦分晕，九晕：1. 太阳纹，十二芒夹坠形纹；2. “S”形勾头纹；3、8. 同心圆纹；4、6、9. 乳丁纹；5. 符箓纹（主纹）；7. 栉纹。

胸有乳丁纹、如意云纹、同心圆纹、雷纹。腰上部无棱，下为雷纹。足饰复线角形纹。

扁耳两对。

背面有印两方，文同：一作篆书“株”字，一似八思巴文。

身有两道合范线。

B·1·462 号鼓

1953 年省文教厅拨交（下同）。

面径 47.5、身高 25.8、胸径 48.5、腰径 42.5、足径 47.5。

面一弦分晕，九晕：1. 太阳纹，十二芒夹坠形纹；2. “酉”字纹；3. 如意云纹；4、8. 乳丁纹；5. 栉纹；6. 游旗纹（主纹）；7. 素晕；9. 兽形云纹。

胸有乳丁纹、栉纹。腰部凸棱一道。足饰复线角形纹。

扁耳两对，耳边饰绳纹。

身有四道合范线。

B·1·463 号鼓

面径 49.5、身高 28.5、胸径 51.5、腰径 45、足径 48.5。

面一弦分晕，十一晕：1. 太阳纹，十二芒夹坠形纹；2. “酉”字纹；3. 如意云纹；4、10. 乳丁纹；5、9. 栉纹；6. 游旗纹（主纹）；7. 十二生肖纹；8. 素晕；11. 兽形云纹。

胸有乳丁纹、同心圆纹、雷纹、“S”形勾头纹。腰上部凸棱一道，下为如意云纹等。足饰复线角形纹。

扁耳两对，耳边饰羽纹。

身有四道合范线。

B·1·464 号鼓

面径 48、身高 27.5、胸径 50、腰径 43、足径 47.5。

面一弦分晕，九晕：1. 太阳纹，十二芒夹坠形纹、“酉”字纹；2. “S”形勾头纹；3、8. 乳丁纹；4. 游旗纹（主纹）；5、6. 素晕；7. 栉纹；9. 兽形云纹。

胸有乳丁纹、雷纹。腰上部凸棱一道，下部模糊。足饰复线角形纹。

扁耳两对，耳边饰线纹。

身有四道合范线。

B·1·469 号鼓

面径 48.3、身高 27、胸径 50、腰径 42.5、足径 47.5。

面一弦分晕，九晕：1. 太阳纹，十二芒夹坠形纹；2. “酉”字纹；3. 如意云纹；4、8. 乳丁纹；5. 游旗纹（主纹）；6. 素晕；7. 栉纹；9. 兽形云纹。

胸有乳丁纹、如意云纹、雷纹、栉纹。腰上部凸棱一道，下为雷纹、云纹。足饰复线角形纹。

扁耳两对，每耳中饰同心圆纹。

身有四道合范线。

B·1·470号鼓

面径47.3、身高27.8、胸径49.5、腰径41.5、足径47.3。

面一弦分晕，九晕：1. 太阳纹，十二芒夹坠形纹；2. “⿴凵丁”字纹；3. 如意云纹；4. 乳丁纹；5. 游旗纹（主纹）；6. 素晕；7. 栉纹；9. 兽形云纹。

胸有乳丁纹、莲花纹、“S”形勾头纹、雷纹、波浪纹、栉纹。腰上部凸棱一道，下为波浪纹、雷纹。足饰复线角形纹。

扁耳两对。每耳中有小雷纹，边饰羽纹。

身有四道合范线。

B·1·471号鼓

面径50.4、身高28.2、胸径51.8、腰径45.5、足径49。

面一弦分晕，十一晕：1. 太阳纹，十二芒夹坠形纹；2. “⿴凵丁”字纹；3. “S”形勾头纹；4、10. 乳丁纹；5、9. 栉纹；6. 游旗纹（主纹）；7、8. 素晕；11. 兽形云纹。

胸有乳丁纹、如意云纹、兽形云纹、栉纹、云纹、雷纹。腰上部凸棱一道，下为雷纹、云纹。足饰复线角形纹。

扁耳两对。每耳边饰辫纹，中有小雷纹。

身有四道合范线。

B·1·1966号鼓

1955年贵阳市供销社拨交。

面径51、身高27.6、胸径52.5、腰径47.5、足径52。

面一弦分晕，十一晕：1. 太阳纹，十二芒夹坠形纹；2. “⿴凵丁”字纹；3. 如意云纹；4、10. 乳丁纹；5、9. 栉纹；6. 游旗纹（主纹）；7、8. 素晕；11. 兽形云纹。

胸有乳丁纹、如意云纹、雷纹、栉纹。腰上部凸棱一道，下为雷纹、云纹。足饰复线角形纹。

扁耳两对。每耳中镂三小孔，边饰线纹。

身有四道合范线。

处1号鼓

1963年贵阳市委拨交（下同）。

面径46.5、身高26.5、胸径48.5、腰径43、足径46。

面一弦分晕，十晕：1. 太阳纹，十二芒夹复线角形纹；2. “⿴凵丁”字纹；3. 如意云纹；4、7、10. 乳丁纹；5. 游旗纹（主纹）；6. 云纹；8. 栉纹；9. 雷纹。

胸有如意云纹、雷纹、栉纹。腰上部凸棱一道，下为雷纹、云纹。足饰复线角形纹。

扁耳两对，每耳饰线纹两道。

身有四道合范线。

处 2 号鼓

面径 48. 5、身高 29、胸径 51、腰径 46、足径 48. 5。

面一弦分晕，九晕：1. 太阳纹，十二芒，芒间素；2. “卣”字纹；3、6、9. 素晕；4、8. 乳丁纹；5. 栉纹；7. 三弦纹。

胸和腰下部均饰弦纹。腰上部凸棱一道。足饰复线角形纹。

扁耳两对。每耳中有三小孔。

身有四道合范线。

7849 号鼓

面径 50. 7、身高 29、胸径 53、腰径 46、足径 50。

面一弦分晕，十一晕：1. 太阳纹，十二芒夹坠形纹；2. “卣”字纹；3. “S”形勾头纹；4、10. 乳丁纹；5、9. 栉纹；6. 游旗纹（主纹）；7、8. 素晕；11. 兽形云纹。

身纹模糊，仅见足有复线角形纹。

扁耳两对，耳边饰羽纹。

身有四道合范线。

5857 号鼓

1959 年上海文物仓库拨交（下同）。

面径 47、身高 26、胸径 48、腰径 42. 6、足径 48。

面一弦分晕，九晕：1. 太阳纹，十二芒夹坠形纹；2、5、9. 乳丁纹；3. 十二生肖纹（主纹）；4. 雷纹；6. “寿”字纹；7. “河”字纹；8. 龙纹。

胸有乳丁纹、如意云纹、“寿”字纹、四瓣花纹、雷纹。腰上部凸棱一道，下为雷纹、栉纹、绹纹。足饰垂叶形纹。

扁耳两对，耳边饰辫纹。

身有四道合范线。

5858 号鼓

面径 48、身高 26. 5、胸径 48. 5、腰径 42、足径 49。

面一弦分晕，十晕：1. 太阳纹，十二芒，芒间素；2. 兽形云纹；3. “寿”字纹（主纹）；4. 符箓纹；5. 辫纹加乳丁纹；6. 云纹；7. “工”字图案；8. 铃形纹；9. 乳丁纹；10. 四瓣花纹。

胸饰“工”字图案、波浪纹、菱格填花纹。腰上部凸棱一道，下为波浪纹。足饰云幔纹。

扁耳两对，耳边饰线纹。

身有四道合范线。

5859 号鼓

面径 51. 5、身高 29、胸径 52. 5、腰径 49、足径 52。

面一弦分晕，十晕：1. 太阳纹，十二芒，芒间角形纹；2. “卣”字纹；3. 素晕；4、9. 乳丁纹；

5、8. 栉纹；10. 兽形云纹。

胸饰乳丁纹、如意云纹、虫纹、栉纹、花朵纹。腰上部凸棱一道，下为云纹、雷纹。足饰复线角形纹。

扁耳两对。每耳中镂三小方孔，边饰羽纹。

身有四道合范线。

B・1・1198 号鼓

1954 年征集，地点不详（下同）。

面径 47.5、身高 26、胸径 47.5、腰径 43、足径 47。

面一弦分晕，八晕：1. 太阳纹，十二芒夹坠形纹；2. “[illegible]”字纹；3. “S”形勾头纹；4. 素晕；5、8. 乳丁纹；6. 栉纹；7. 云纹（主纹）。

胸有乳丁纹、如意云纹、雷纹、栉纹。腰上部凸棱一道，下为雷纹、云纹。足饰复线角形纹。

扁耳两对，耳边饰绳纹。

身有四道合范线。

B・1・1199 号鼓

面径 46.5、身高 26.5、胸径 48.7、腰径 43、足径 47。

面一弦分晕，九晕：1. 太阳纹，十二芒夹斜线角形纹；2. 云纹；3. “S”形勾头纹；4、8. 乳丁纹；5. 游旗纹（主纹）；6. 素晕；7. 栉纹；9. 兽形云纹。

胸有乳丁纹、云纹、雷纹、栉纹。腰上部凸棱一道，下为雷纹、云纹。足饰复线角形纹。

扁耳两对，耳边饰辫纹。

身有四道合范线。

异型：1 面

5804 号鼓（藏贵州省博物馆）

上海文物仓库拨交。

面径 15、身高 8.8、胸径 13、腰径 11.5、足径 14.3。

面有四蛙，蛙首向中心。二弦分晕，四晕：1. 太阳纹，无芒；2. 圆圈纹；3. 雷纹；4. 缠枝花纹。

身饰垂叶形图案、花朵纹、勾连雷纹。

耳成等腰三角形，剖面“S”形，无纹。

浑铸。

云南省

（收录一百五十面）

万家坝型：13 面

楚万 M1∶12 号鼓（藏云南省博物馆。下同）

1975 年楚雄县万家坝出土。伴出物有铜釜、编钟、锄、斧、镦等（见《云南省楚雄县万家坝古墓群发掘简报》，《文物》1978 年 10 期）。

面径 46、身高 38、胸径 62、腰径 47、足径 63。

面除太阳体（无芒）外，别无纹饰。

胸、足素。腰被单线纹纵分为十八格，格间素。

小扁耳两对。

身有两道合范线。

楚万 M23∶158 号鼓

1975 年楚雄县万家坝出土。伴出物有铜剑、矛、斧、钺、镞、锄等（见《云南省楚雄县万家坝古墓群发掘简报》，《文物》1978 年 10 期。下同从略）。

面径 47、身高 40、胸径 65、腰径 51、足径 70。

面除太阳体（无芒）外，别无纹饰。

胸、足素。腰部被单线纹纵分为十六格，格间素；格下边饰雷纹。

小扁耳两对。

腰内壁有如意云纹一个。

身有两道合范线。

楚万 M23∶159 号鼓

面径 41、身高 37、胸径 59、腰径 48、足径 62.5。

面除太阳纹、八复线芒外，别无纹饰。

胸、足素。腰部被“ᛦ”形线纵分为十二格，格间素；格下边饰雷纹。

小扁耳两对。

腰内壁有四足爬虫纹一个、如意云纹两个、菱形网纹四个。

身有两道合范线。

楚万 M23：160 号鼓

面径 38.1、身高 23.5、胸径 51.1、腰径 43、足径 55。

面除太阳体（无芒）外，别无纹饰。

胸、足素。腰部被单线纹纵分为二十四格，格间素；格下边饰雷纹。

小扁耳两对。

身有两道合范线。

楚万 M23：161 号鼓

面径 41.8、身高 37.5、胸径 55、腰径 45、足径 59。

面有太阳纹，十八芒，外有一道晕弦。

胸、足素。腰部被“ᛦ”形线纵分为十五格，格间素；格下边饰雷纹。

小扁耳两对。

腰内壁有菱形网纹（四角有涡旋纹）四个。

身有两道合范线。

楚大 11 号鼓

1960 年楚雄县大海波出土。伴出物有铜剑、矛、镦、斧等。

面径 26.5、身高 27、胸径 40.9、腰径 23、足径 40。

面无纹饰。

胸、腰、足通素。

小扁耳两对。

身有两道合范线。

祥云 19 号鼓

1964 年祥云大波那出土。伴出物有铜棺、豆、斧、笙、锄、剑、矛等（见《云南祥云大波那木椁铜棺墓清理简报》，《考古》1964 年 12 期）。

面径 23、身高 27.8、胸径 33、腰径 23、足径 38.2。

面除太阳纹与四芒外，别无纹饰。

胸、腰、足通素。

小扁耳两对。

身有两道合范线。

石 M24：12 号鼓

1960 年云南晋宁石寨山出土。伴出物有铜矛、戈、剑、镞、扣饰和残铁兵器等（见《云南晋宁石寨山古墓群第三次发掘简报》，《考古》1959 年 9 期）。

面径 15、身高 15.3、胸径 19、腰径 12.5、足径 20。

面全素，中央为大圆孔。

身通素。

扁耳两对。

身有两道合范线。

弥渡 001 号鼓（藏大理州文化馆。下同）

1978 年云南弥渡县三岔路生产队出土。

面径 27、身高 38、胸径 38、腰径 30、足径 41。

面有太阳纹，十五芒，外一晕弦，再外有复线三角，形成六芒。

胸、足素。腰部被“ᛦ”形线纵分为十二格，格间素；格下边有雷纹。

小扁耳两对。

腰内壁有四角连涡旋纹的菱形网纹四个。

身有两道合范线。

弥渡 002 号鼓

1979 年 8 月云南弥渡县苴力公社青石湾出土。

面径 34. 3、身高 33. 5、胸径 50、腰径 38、足径 52. 5。

面有太阳纹，六芒，芒间有直线及箭头形纹。

胸、腰、足素。

扁耳两对。

身有两道合范线。

Ⅰ鼓 3 号（藏云南文物商店。下同）

云南文物商店征集（下同）。

面径 35. 5、身高 31. 7、胸径 51. 5、腰径 39、足径 53。

面、胸、腰、足皆素。

耳残失。

身有两道合范线。

Ⅰ鼓 2 号

面径 30. 2、身高 29、胸径 42. 2、腰径 35、足径 46. 7。

面有太阳纹，五芒。

胸、足素。腰部以单线纵向分格，因锈蚀仅见两格，格间素。

小扁耳两对。

身有两道合范线。

Ⅰ-3 号鼓

面径 30、身高 30、胸径 41. 6、腰径 32、足径 44. 6。

面有太阳体（无芒）。

胸、足素。腰部被单线纵分为十格，格间素；格下边有弦纹两道。

小扁耳两对，饰辫纹。

腰内壁有四角连涡旋纹的菱形网纹两个，足内壁有羽纹两组。

身有两道合范线。

石寨山型：36 面

昌宁鼓（藏云南省博物馆）

1973 年云南昌宁县八甲大山出土。

面径 41、身高 39.8、胸径 51、腰径 35、足径 53.7。

面除太阳纹体（无芒）外，别无纹饰。

胸、足素。腰被单线纵分为十二格，格间素。

小扁耳两对。

身有两道合范线。

Ⅰ鼓 5 号（藏云南文物商店）

云南文物商店征集。

面径 45、身高 34、胸径 52.8、腰径 39.5、足径 56。

面除太阳纹体（无芒）外，别无纹饰。

胸、腰、足通素。

小扁耳两对。

身有两道合范线。

石 1：32A 号鼓（藏云南省博物馆。下同）

1955 年云南晋宁石寨山出土。伴出物有“畜思君王”铜镜、铜锄、斧、壶、杯、贮贝器、铜柄铁剑、金器等（见《云南晋宁石寨山古遗址及墓葬》，《考古学报》1956 年 1 期。下同从略）。

面径 30.2、身高 23.5、胸径 34.6、腰径 26、足径 35.4。

面一弦分晕，中心破孔，晕数不清，尚见三晕：1. 翔鹭四只（主纹）；2、3. 锯齿纹纹带。

胸和腰下部饰纹带（同鼓面纹带）。腰上部被羽纹纹带纵分为八格，格间素。足部素。

扁耳两对，饰绳纹。

身有两道合范线。面露垫片痕。

石 1：58 号鼓

面径 36、身高 30、胸径 41.5、腰径 31、足径 44。

面一或二弦分晕，八晕：1. 太阳纹，九芒，芒间复线角形纹；2～4、6～8. 锯齿纹夹同心圆纹形成纹带；5. 翔鹭四只（主纹）。

胸上部和腰下部饰纹带（同鼓面纹带）。胸中下部有六组划船纹，船间鸟纹。腰上部被羽纹带似分为两半：一半中有两船，一为划船纹，另一船上两鸟，船间有舞人、牛、鸟纹；另一半为划船纹两组，船间有舞人、牛、鸟纹。足部素。

扁耳两对，夹耳，饰绳纹。

身有两道合范线。面、腰露垫片痕。

石 M3：3 号鼓

1956 年云南晋宁石寨山出土。伴出物有百乳镜、铜弩机、戈、矛、剑、扣饰、贮贝器，铜柄铁刃矛，金剑鞘，玛瑙，玉饰等（见《云南晋宁石寨山古墓群发掘报告》，文物出版社，1959 年。以下简称《晋宁报告》）。

面径 40.6、身高 32、胸径 46.8、腰径 35.5、足径 51。

面一弦分晕，八晕：1. 太阳纹，十芒，芒间复线角形纹；2. 点纹；3. 翔鹭四只（主纹）；4～8. 点纹、锯齿纹夹同心圆纹形成纹带。

胸上部和腰下部饰点纹、锯齿纹纹带。胸中下部有划船纹四组。腰上部被羽纹纹带纵分为二，格间纹饰模糊。足部素。

扁耳两对，夹耳，饰绳纹。

身有两道合范线。面露垫片痕。

石甲 M6：2 号鼓

1956 年云南晋宁石寨山出土，伴出物有“滇王之印”、宜佳人镜、编钟、熏炉等（见《晋宁报告》。下同）。

面径 30.3、身高 20.5、胸径 35.5、腰径 26.7、足径 37。

面残，二弦分晕，四晕：1. 素晕；2～4. 锯齿纹夹同心圆纹形成纹带。面上有圆箍，高出于面。

胸部有勾连同心圆纹一层，下为划船纹，因胸部残船数不清。腰上部由羽纹带纵分为格，因残损，仅见七格：一格素，两格牛纹，四格各一舞人；下饰纹带与面纹带同。

扁耳两对，饰辫纹。

身有两道合范线。

石甲 M6：120 号鼓

面径 31.5、身高 23、胸径 36.5、腰径 27、足径 37。

面二弦分晕，五晕：1、2. 素晕；3～5. 锯齿纹夹同心圆纹形成纹带。面有圆箍，高出于面。

胸上部饰勾连同心圆纹一层，下为划船纹六组。腰上部被羽纹带纵分为八格，其中两格素，两格立牛纹，四格各一舞人；下饰纹带（同鼓面纹带）。足部素。

扁耳两对，饰绳纹。

身有两道合范线。

石甲 M10：3 号鼓

1956 年云南晋宁石寨山出土。伴出物有铜锄、剑、戈、弩机、扣饰，铁小刀，铜柄铁剑等（见

《晋宁报告》)。

面径 21.2、身高 19、胸径 23.4、腰径 17、足径 25.5。

面有四蛙，顺时针环列。二弦分晕，四晕：1. 太阳纹，六芒，芒间复线角形纹；2、4. 同心圆纹；3. 素晕。鼓边有锯齿纹。

胸上部有同心圆纹、锯齿纹各一层，下为变形船纹四组。腰上部被羽纹带纵分为八格，格间素；格下边饰同心圆纹、锯齿纹各一层。足部素。

扁耳两对，夹耳，饰辫纹。

身有四道合范线。

石甲 M11：1 号鼓

1956 年云南晋宁石寨山出土，伴出物有铜盆、玉环、玉剑、玉耳环、铜削等（见《晋宁报告》，下同）。

面径 39.5、胸径 48.5、腰径 37，足部残失。

面一、二弦分晕，六晕：1. 太阳纹，锈蚀模糊；2、3. 模糊；4～6. 锯齿纹夹雷纹形成纹带。

胸上部饰纹带（同鼓面纹带），下为划船纹。腰残损。

扁耳两对（均失）。

身有两道合范线。

石甲 M11：2 号鼓

面径 36、胸径 42、腰径 36，足部残失。

面二弦分晕，七晕：1. 太阳纹，十三芒，芒间复线角形纹；2、3. 斜线角形纹；4. 翔鹭纹（主纹）；5、6. 锯齿纹；7. 复线角形纹。有圆箍高出于面。

胸上部饰锯齿纹两层，下为划船纹。腰部残损。

扁耳两对（均失）。

身有两道合范线。

石十二 205A 号鼓

1956 年云南晋宁石寨山出土。伴出物有铜锄、削、斧、戈、矛、剑、贮贝器、俑、铜銎铁刃矛、铁斧、铁剑、银饰片、金剑鞘、玉器等（见《晋宁报告》)。

面径 41.5、身高 31、胸径 47、腰径 34.5、足径约 49。

面一弦分晕，三晕：1. 太阳纹，十六芒，芒间复线角形纹；2、3. 宴饮、舞人圆阵图像。

胸部有牧牛、牧马图像两层。腰部为春耕播种仪式行列。足素。

扁耳两对，饰绳纹。

身无合范线。

石甲 M13：2 号鼓

1956 年云南晋宁石寨山出土。伴出物有文帝“半两”、百乳镜、铜弩机、铜柄铁剑、铜銎铁矛、贮贝器、金、玉器等（见《晋宁报告》，下同）。

面径 36. 4、身高 28. 5、胸径 43. 6、腰径 29. 5、足径约 45. 4。

面残，仅见最外两晕，为锯齿纹、点纹。

胸上部和腰下部为点纹夹两层锯齿纹纹带。胸下部有六组划船纹。腰上部被相同的纹带纵分为九格，格间素。足部素。

扁耳两对，饰辫纹。

身有两道合范线。足部露垫片痕。

石甲 M13：3 号鼓

高约 28，胸残，腰径 32. 5、足径 50。

面残失。

胸残部上为点纹夹锯齿纹形成纹带，下为划船纹，船间有后人添刻阴线舞人、武士、孔雀、鱼、虾之类图像。腰上部被纹带（同胸纹带）纵向分格，残余十格，格间立牛纹，后在五格中各添刻一虎，一格添刻一骑士，一格添刻武士，两格添刻孔雀，一格添刻猴；腰下部饰纹带（同胸纹带）。足部素。

扁耳两对，饰辫纹。

身有两道合范线。

石甲 M14：15 号鼓

1956 年云南晋宁石寨山出土。伴出物有铜枕、伞盖、纺织工具、杯、壶、勺等（见《晋宁报告》，下同）。

面径 40. 7、身高 31. 2、胸径 46. 4、腰径 34、足径约 48. 1。

面二弦分晕，七晕：1. 太阳纹，十芒，芒间复线角形纹；2、3. 勾连圆圈纹；4. 翔鹭四只（主纹）；5 ~7. 锯齿纹夹圆圈纹形成纹带。

胸上部和腰下部饰纹带（同鼓面纹带）。胸下部有四组划船纹，船间有龟鳖类动物。腰上部被相同纹带纵分为八格，格间饰羽人。足部素。

扁耳两对，饰绳纹。

身有两道合范线。

石甲 M14：18 号鼓

面径 27. 8、身高 23、胸径 30. 8，腰、足残损。

面残损，二弦分晕，六晕：1. 太阳纹，十芒，芒间三角形图案；2. 雷纹；3. 翔鹭四只（主纹）；4 ~6. 点纹夹勾连圆圈纹形成纹带。鼓边有针刻孔雀纹。

胸部铸有锯齿纹两层，下为针刻动物纹。腰上部被羽纹带纵分为数格（残损），格间有针刻纹饰，下部锯齿纹两层。足部有针刻动物纹。

扁耳两对，夹耳，饰绳纹。

身有两道合范线。

石甲 M15：1 号鼓

1956 年云南晋宁石寨山出土。伴出物有铜剑、矛、啄、尊、案、车马纹等（见《晋宁报告》，下同）。

面、身均残损。

面二弦分晕，四晕：1. 太阳纹，有芒；2. 翔鹭纹（主纹）；3、4. 锯齿纹。

胸有锯齿纹两层。腰上部被羽纹带纵分为数格，格间素；下为锯齿纹两层。足部素。

扁耳两对，饰辫纹。

身有两道合范线。

石甲 M15：7 号鼓

面径 32.8、身高 28、胸径 38.8、腰径 29、足径 40.2。

面一弦分晕，七晕：1. 面中有圆孔，因而太阳纹不清；2. 四翔鹭纹（主纹）；3～7. 点纹和锯齿纹夹勾连圆圈纹形成纹带。

胸上部和腰下部饰点纹、锯齿纹形成的纹带。胸下部为划船纹四组。腰上部被羽纹纹带和勾连圆圈纹纹带纵分为十格，四格中有立牛，六格素。足部素。

扁耳两对，饰绳纹图案。

身有两道合范线。

石甲 M16：1 号鼓

1956 年云南晋宁石寨山出土。伴出物有铜戈、矛、剑、钺、啄、弩机、葫芦笙、扣饰（见《晋宁报告》，下同）。

面径 20、身高 23.8、胸径 34、腰径 25、足径 37.2。

面二弦分晕，五晕：1. 太阳纹，十芒，芒间斜线角形纹；2. 勾连圆圈纹；3. 四只翔鹭（主纹）；4、5. 内外向锯齿纹形成纹带。

胸部、腰下部饰纹带（同鼓面纹带）。腰上部被网纹纹带纵分成八格，格间素。足部素。

扁耳两对，饰辫纹图案。

身有两道合范线。

石甲 M16：3 号鼓

面径 29、身高 23.8、胸径 34、腰径 25、足径 37.2。

面二弦分晕，五晕：1、2. 破孔损失；3. 翔鹭纹（主纹）；4、5. 内外向锯齿纹形成纹带。

胸部、腰下部饰纹带（同鼓面纹带）。腰上部被同样纹带纵分为八格，格间素。足部素。

扁耳两对，饰绳纹。

身有两道合范线。

石甲 M16：33 号鼓

面径 21、身高 20、胸径 24.2、腰径 20.5、足径 27.7。

面残失。

胸（残）及腰下部饰内外向锯齿纹形成纹带。腰上部被同祥纹带纵分为八格，格间素。足部素。

扁耳两对，饰绳纹。

身有两道合范线。

石甲 M17：4 号鼓

1956 年云南晋宁石寨山出土。伴出物有铜矛、剑、削、尊、枕、葫芦笙、纺织工具，陶豆、熏炉、小罐，玉石、玛瑙器等（见《晋宁报告》）。

面径 40、胸径 49.6、腰径 36，足部失。

面失。

胸上部饰点纹和锯齿纹夹雷纹纹带，下部立刻牛八头（主纹），牛下一道点纹。腰残甚。

扁耳两对（均失）。

身有两道合范线。

江李 M17：10 号鼓

1972 年云南江川李家山出土。伴出物有铜纺织工具、伞盖、贮贝器、镯，玉石、玛瑙器等（见《云南江川李家山古墓群发掘报告》，《考古学报》1975 年 2 期。下同，从略）。

面径 30.8、身高 24.5、胸径 35、腰径 26.5、足径 36.7。

面二弦分晕，四晕：1. 中央为破孔；2. 翔鹭四只（主纹）；3、4. 内外向锯齿纹形成纹带。

胸部饰纹带（同鼓面纹带）。腰上部被羽纹带纵分为八格，格间素。足部素。

扁耳两对，饰辫纹。

身有两道合范线。

江李 M17：30 号鼓

面径 26.4、身高 21.5、胸径 31、腰径 24.5、足径 33.8。

面一弦分晕，七晕：1. 中央为破孔，仅余日芒间斜线角形纹；2. 点纹；3. 素晕；4～7. 点纹夹两层锯齿纹形成纹带。

胸上部和腰下部饰纹带（同鼓面纹带）。胸下部为划船纹四组。腰上部被羽纹和锯齿纹纹带纵分为八格，格间素。足部素。

扁耳两对，饰绳纹。

身有两道合范线。

江李 M23：30 号鼓

1972 年云南江川李家山出土。伴出物有铜纺织工具、伞盖、枕、镯，玉石、玛瑙器等。

面径 25、身高 20.9、胸径 29、腰径 22、足径 33。

面二弦分晕，四晕：1. 太阳纹（残破），八芒，芒间斜线角形纹；2. 翔鹭四只（主纹）；3、4. 锯齿纹纹带。

胸部和腰下部饰纹带（同鼓面纹带）。腰上部被网纹纹带纵分为八格，格间素。足部素。

扁耳两对，饰辫纹。

身有两道合范线。面、身露垫片痕。

江李 M23：10 号鼓

面径 25. 7、身高 21. 5、胸径 32、腰径 25、足径 35. 9。

面二弦分晕，四晕：1. 太阳纹（残破），芒间斜线角形纹；2. 翔鹭纹（主纹）；3、4. 锯齿纹形成纹带。

胸及腰下部饰纹带（同鼓面纹带）。腰上部被同样纹带纵分为八格，格间素。足部素。

扁耳两对，饰绳纹。

身有两道合范线。

江李 M24：42A 号鼓

1972 年云南江川李家山出土。伴出物有铜戈、矛、剑、甲、枕、勺、壶、扣饰、铜牛虎祭盘（见《云南江川李家山古墓群发掘报告》，《考古学报》1975 年 2 期。下同）。

面径 37. 5、身高 33、胸径 44. 6、腰径 38. 3、足径 47。

面二弦分晕，七晕：1. 太阳纹，十二芒，芒间斜线角形纹；2. 翔鹭七只（主纹）；3 ~ 7. 点纹、锯齿纹夹同心圆纹形成纹带。

胸上部和腰下部饰纹带（与鼓面纹带近似，仅改同心圆纹为勾连圆圈纹）。胸中下部有划船纹四组，船间水鸟衔鱼纹。腰上部被勾连圆圈纹、点纹组成的纹带纵分为八格：一格作羽人玩鞦韆，五格有立牛和飞鸟，一格立牛，一格素。足部素。

扁耳两对，饰辫纹。

身有两道合范线。

江李 M24：42B 号鼓

面径 39. 8、身高 30. 1、胸径 47. 8、腰径 37、足径 50。

面二弦分晕，六晕：1. 太阳纹，十二芒，芒间斜线角形纹；2. 同心圆纹；3. 素晕；4 ~ 6. 锯齿纹夹同心圆纹形成纹带。

胸上部和腰下部饰纹带（同鼓面纹带）。胸中下部有划船纹四组。腰上部被锯齿纹夹圆圈纹组成的纹带纵分为八格：二格为立牛，三格为舞人，三格素。足部素。

扁耳两对，饰辫纹。

身有两道合范线。

江李 M24：36 号鼓

面径 39、身高 31、胸径 44. 5、腰径 31、足径 47. 5。

面二弦分晕，六晕：1. 太阳纹，十芒，芒间复线角形纹；2. 翔鹭纹（主纹）；4 ~ 6. 锯齿纹夹点纹形成纹带。

胸上部和腰下部饰点纹夹两层锯齿纹纹带。胸下部有点纹一层。腰上部被羽纹、点纹、锯齿纹构成的纹带纵分为六格，格间立羽人。足部素。

扁耳两对，饰绳纹。

身有两道合范线。

江李 M24:60 号鼓

面径 37.9、身高 31.5、胸径 44.9、腰径 36、足径 47.5。

面二弦分晕，五晕：1. 太阳纹（残破），芒间复线角形纹；2. 翔鹭纹（主纹）；3～5. 锯齿纹夹圆圈纹形成纹带。

胸上部与腰下部饰纹带（同鼓面纹带）。胸下部有一道勾连圆圈纹。腰上部被同样纹带纵分为八格：六格为羽人，二格素。足部素。

扁耳两对，饰辫纹。

身有两道合范线。

曲尺 M1:1 号鼓

1977 年云南曲靖县珠街八塔台出土。伴出物有铜釜，陶鼎、碗、罐。

面径 45.6、身高 23.3、胸径 56.6、腰径 43、足径 60。

面一弦分晕，三晕：1. 太阳纹（残破），芒数不清，芒间角形纹；2. 雷纹；3. 四足爬虫。

胸部素。腰上部被“[illegible]”形纹纵分为六格，格间各有一卷须菱格纹，下为斜线、雷纹、点纹、圆圈纹、点纹各一层。

扁耳两对。

身有两道合范线。

麻南城子山采 1 号鼓

1975 年云南麻粟坡县城子山大队收集。

面径 36.2、身高 28.3、胸径 41.8、腰径 31、足径 43。

面一弦分晕，七晕：1. 太阳纹（残破）；3～7. 点纹、锯齿纹夹勾连圆圈纹形成纹带。

胸上部和腰下部饰纹带（同鼓面纹带）。胸下部为划船纹四组。腰上部被羽纹和网纹纹带纵分为十格，其中四格立牛纹，六格模糊。足部素。

扁耳两对，饰绳纹。

身有两道合范线。通体露垫片痕。

广南鼓

1919 年广南县南乡阿章寨出土（见《新纂云南通志》）。

面径 68.5、身高 46、胸径 80.5、腰径 62、足径 84。

面一弦分晕，十四晕：1. 太阳纹，二十一芒，芒间斜线角形纹；2～4. 点纹夹素晕；5. 雷纹（主纹）；6～7、9～11、12～14. 点纹与锯齿纹纹带三组。

胸上部饰纹带两组（同鼓面 9～14），中为四组划船纹，下为一组相同的纹带。腰上部被锯齿纹夹羽纹、锯齿纹夹斜线纹、锯齿纹夹雷纹三种纹带纵分为十四格：十二格为羽人、二格为剽牛图像；下饰两组纹带（同胸上部）。足部素。

扁耳两对。

身有四道合范线。

云14号鼓（藏云南省文物商店）

1972年云县下慢品出土。

面径40.3、身高30.5、胸径46、腰径36、足径48.4。

面一弦分晕，九晕：1. 太阳纹，十二芒，芒间斜线角形纹；2. 同心圆纹；3. 点纹；4. 翔鹭六只（主纹）；5～9. 点纹、锯齿纹夹同心圆纹形成纹带。

胸上部和腰下部饰纹带（同鼓面5～9）。胸下部为羽人划船纹四组。腰下部被羽纹纹带和勾连圆圈纹纹带纵分为十格：二格素，八格立牛。足部素。

扁耳两对，夹耳，饰辫纹。

身有两道合范线。通体露垫片痕。

甲式2号鼓（藏云南省博物馆。下同）

昆明冶炼厂拨交。

面径36、胸径44.5、腰径30，腰中部以下残失。

面一弦分晕，二晕：1. 太阳纹，三十二芒；2. 雷纹。

胸部素。腰上部被辫纹纹带纵分为六格，格中素。

扁耳两对。

身有两道合范线。

甲式1A号鼓

来源不详。

面径44.5、身高30.4、胸径48.1、腰径36、足径51。

面二弦分晕，九晕：1. 太阳纹，十二芒，芒间复线角形纹；2、6. 模糊；3～5、7～9. 锯齿纹夹同心圆纹形成纹带。

胸上部饰纹带（同鼓面纹带），中为孔雀纹，下为勾连圆圈纹两层。腰上部被羽纹纹带、勾连同心圆纹纹带、雷纹纹带纵分为二十格：四格各一牛，十六格素；下为切线同心圆纹、同心圆纹与两层锯齿纹。足部素。

扁耳两对，饰辫纹。

身有两道合范线。

开化鼓（藏奥地利维也纳民族学博物馆或美术工业博物馆）

云南开化（今文山县）收集。

面65、身高53.5。

面一弦分晕，十六晕：1. 太阳纹，十二芒，芒间坠形纹；2～6. 点纹、勾连圆圈纹夹勾连雷纹纹带；7. 主晕——有舞人两组，每组奏乐者四人（包括吹笙、击铜鼓者），徒手舞者七人，另有编锣一架，干栏式房屋两座，屋顶立大鸟，还有击铜鼓台和罐、鬲等；8～10. 点纹夹勾连云纹纹带；11. 翔鹭十八只；12～16. 点纹、锯齿纹夹勾连雷纹纹带。

胸上部饰纹带（同鼓面12～16晕），下有羽人划船纹，再下为纹带（纹饰模糊）。腰上部被点纹、斜线纹夹勾连雷纹纹带纵分为六格，格间有持盾羽人，下为纹带（同鼓面12~16晕）。足部素。

扁耳两对，夹耳，饰绳纹。

身有两道合范线。

冷水冲型：1面

陆良鼓（藏云南省博物馆）

1971年云南陆良小西营出土。

面径80.6、身高51、胸径80、腰径65、足径70。

面有四蛙，逆时针环列。三弦分晕，十四晕：1. 太阳纹，十二芒，芒间坠形纹；2、13、14. 波浪纹；3. 同心圆纹；4. 栉纹；5. 复线交叉纹；6. 变形羽人纹（主纹）；7. 变形翔鹭纹（主纹）；8~11. 栉纹夹双行勾连同心圆纹形成纹带；12. 眼纹。

胸上部饰栉纹夹双行同心圆纹纹带，下为相背两层变形船纹，船底间一道波浪纹。腰上部为变形羽人图案，下为羽纹和纹带（同胸纹带）、水波纹等。足上部一道眼纹，下为圆心垂叶纹。

扁耳两对。每耳边饰辫纹，耳上下各有长条孔一。

身有两道合范线。

遵义型：7面

Ⅰ·1号鼓（藏云南文物商店）

富宁县出土。

面径65.5、身高37.8、胸径63.5、腰径51.5、足径56.5。

面一弦分晕，十七晕：1. 太阳纹，十二芒，芒间坠形纹；3、7、8、11、17. 素晕；4~6、13~16. 栉纹与双行同心圆纹纹带；9. 复线交叉纹；10. 变形羽人纹（主纹）；12. 变形翔鹭纹和定胜纹（主纹）。另在13~16晕间环布蛙趾纹四组。

胸上部和腰下部为羽纹、栉纹夹双行同心圆纹组成纹带。腰上部被同样纹带纵分为六格，格中素。足饰一道栉纹。

扁耳两对。每耳饰辫纹图案，上下各有长条孔一。

身有两道合范线。

官渡鼓（藏云南省博物馆。下同）

1953年云南昆明官渡区小学出土。伴出物有大铜铃一枚。

面径45.8、身高31、胸径48.4、腰径41、足径47。

面一弦分晕，十一晕：1. 太阳纹，十二芒，芒间坠形纹；2. 复线角形纹；3、9、10. 勾连圆圈纹；4、8、11. 栉纹；5. 绹纹；6. 变形羽人纹（主纹）；7. 变形翔鹭纹。另在8~11晕间环布四组蛙趾纹。

胸、腰纹模糊。足仅见栉纹、勾连同心圆纹。

扁耳两对，饰平行线纹。每耳有四长条孔。

身有两道合范线。

丁式 15 号鼓

云南昭通征集。

面一弦分晕，七晕，仅见：1. 太阳纹，十二芒；3. “S”形勾头纹；余皆模糊。

胸、腰、足为栉纹夹“S”形纹构成纹带。足沿尚有复线角形纹一周。

扁耳两对。每耳边饰线纹，上有三方孔。

身有两道合范线。

乙式 1A 号鼓

昆明冶炼厂拨交（下同）。

面径 48.2、身高 29.8、胸径 48.3、腰径 41、足径 48.4。

面二弦分晕，六晕：1. 太阳纹，十二芒，芒间坠形纹；2. 心形纹；3. 同心圆纹；4、6. 符箓纹；5. 琵琶形纹。边沿有同心圆纹。

胸有同心圆纹、心形纹。腰上部素，下为雷纹、“S”形勾头纹，雷纹上压六瓣花纹。足饰符箓纹。

扁耳两对。每耳中有同心圆纹，边饰绳纹，上有两方孔。

身有两道合范线。

乙式 2 号鼓

面径 50、身高 31.5、胸径 50.4、腰径 40、足径 45.8。

面一弦分晕，十晕：1. 太阳纹，十二芒，芒间坠形纹；2、3. 模糊；4. 同心圆纹；5. 十二生肖纹（主纹）；6. 游旗纹（主纹）；7. 栉纹；8. 羽纹；9、10. 圆圈纹。

身多模糊，胸仅见乳丁纹、云纹。腰下部可见雷纹。足部为云纹。

扁耳两对。每耳边饰绳纹，上有两方孔。

身有两道合范线。

乙式 3 号鼓

面径 60.3、身高 39、胸径 60、腰径 49、足径 60.4。

面一弦分晕，十五晕：1. 太阳体，模糊；2 ~ 6、12 ~ 15. 同心圆纹夹雷纹和栉纹形成纹带；7、11. 素晕；8. 变形羽人纹（主纹）；9. 雷纹；10. 变形翔鹭纹（主纹）。

胸部饰栉纹与同心圆纹相间五层的纹带。腰上部有长方格（内又分成三条格）纹，下为栉纹夹双行同心圆纹纹带。足为图案三角形纹。

扁耳两对，饰辫纹。

身有两道合范线。

乙式4号鼓

面径50.5、身高35.5、胸径54.5、腰径44、足径52.5。

面一弦分晕，十一晕：1. 太阳纹，十二芒夹坠形纹、锯齿纹；2、5、8. 栉纹；3. 同心圆纹；4、10. 羽纹；6. 模糊；7. 游旗纹（主纹）；9. 复线角形纹；11. 半圆纹。

胸、腰、足均饰雷纹夹如意云纹纹带一道。足部纹带下有复线角形纹。

扁耳两对。每耳边饰绳纹，上有三方孔。

身有两道合范线。

麻江型：55面

丁式6号鼓（藏云南省博物馆。下同）

昭通地区征集（下同）。

面径46.5、身高25.8、胸径48.3、腰径40、足径46.8。

面一弦分晕，七晕：1. 太阳纹，十二芒夹坠形纹；2、5. 乳丁纹；3. 鱼纹；4. 游旗纹；6. 龙纹；7. 兽形云纹。边沿有乳丁纹一周。

胸有如意云纹、乳丁纹、雷纹、栉纹。腰上部凸棱一道，下为雷纹、如意云纹。足饰复线角形纹。

扁耳两对，耳边饰绳纹。

身有四道合范线。

丁式35号鼓

面径50.2、身高28.2、胸径52.8、腰径45、足径49.5。

面一弦分晕，十晕：1. 太阳纹，十二芒夹坠形纹；2. “[illegible]”字纹；3. “S”形勾头纹；4、10. 乳丁纹；5、9. 栉纹；6. 游旗纹（主纹）；7、8. 素晕；11. 兽形云纹。

胸有乳丁纹、如意云纹、云纹、兽形云纹、栉纹。腰上部凸棱一道，下为雷纹、云纹。足饰复线角形纹。

扁耳两对。每耳边饰绳纹，中镂三方孔。

身有四道合范线。

丁式45号鼓

面径47、身高26.5、胸径48.8、腰径46、足径49。

面一弦分晕，模糊，仅见：1. 太阳纹，十二芒，芒穿至三晕；2. “[illegible]”字纹；3、4. 乳丁纹。

身模糊，仅见胸有乳丁纹、雷纹。腰上部凸棱一道，下有雷纹。足为复线角形纹。

扁耳两对，耳边饰绳纹。

身有四道合范线。

丁式31A号鼓

泸西县出土。

面径 49、身高 26.4、胸径 49.8、腰径 41、足径 47.4。

面一弦分晕，十三晕：1. 太阳纹，十二芒，芒间三角形图案；2、11. 栉纹；3、12. 乳丁纹；4. “S”形勾头纹；6、10. 如意云纹；5. 符箓纹（主纹）；7. 雷纹；8、9. 素晕；13. 绹纹。

胸有乳丁纹一层。腰上部凸棱一道。足为复线角形纹。

扁耳两对。

身有四道合范线。

丁式 32 号鼓

1953 年滇西征集。

面径 51.3、身高 28.5、胸径 53.1、腰径 46、足径 51.8。

面一弦分晕，十一晕：1. 太阳纹，十二芒夹坠形纹；2. “[illegible]”字纹；3、4、7. 素晕；5、10. 乳丁纹；6. 游旗纹（主纹）；8. 雷纹；9. 栉纹；11. 兽形云纹。

胸有雷纹、云纹。腰上部凸棱一道，下为雷纹。足饰复线角形纹。

扁耳两对，耳边饰绳纹。

身有四道合范线。

丁式 33 号鼓

云南省少数民族调查组移交。

面径 47.2、身高 28、胸径 50、腰径 39、足径 47。

面一弦分晕，九晕：1. 太阳纹，十二芒，芒间素；2. “[illegible]”字纹；3、6、9. 乳丁纹；4. 同心圆纹；5. 变形羽人纹；7. 栉纹；8. 波浪纹。

胸有乳丁纹、云纹、“S”形勾头纹、雷纹、波浪纹。腰上部凸棱一道，下为“S”形勾头纹、雷纹。足饰复线角形纹。

扁耳两对。

身有四道合范线。

丁式 16 号鼓

云南省文化馆移交（下同）。

面一弦分晕，十一晕：1. 太阳纹，十二芒夹坠形纹；2. “[illegible]”字纹；3. “S”形勾头纹；4、10. 乳丁纹；5、9. 栉纹；6. 游旗纹（主纹）；7、8. 素晕；11. 兽形云纹。

胸有乳丁纹、如意云纹、雷纹、栉纹。腰上部凸棱一道，下为雷纹、云纹。足饰复线角形纹。

扁耳两对，耳边饰绳纹。

身有四道合范线。

丁式 46 号鼓

面径 47.5、身高 27.3、胸径 48.7、腰径 40、足径 45.6。

面一、二或三弦分晕，六晕：1. 太阳纹，十二芒；2、4. 乳丁纹；3、5、6. 素晕。

身通素，仅腰上有圆凸棱三道。

扁耳两对，耳边饰线纹。

身有四道合范线。

丁式1A号鼓

昆明冶炼厂拨交（下同）。

面径49.5、身高27.9、胸径52.3、腰径40、足径46.4。

面一弦分晕，十二晕：1. 太阳纹，十二芒，芒间素；2、8、9. 素晕；3. “[illegible]”字纹；4、11. 乳丁纹；5. “S”形勾头纹；6、10. 栉纹；7. 符箓纹（主纹）；12. 如意云纹。

胸有如意云纹、栉纹。腰上部凸棱一道，下为雷纹、如意云纹。足饰复线角形纹。

扁耳两对，耳边饰绳纹、线纹。

身有四道合范线。

丁式9号鼓

面径47.7、身高27、胸径47.7、腰径38、足径45.5。

面一或二弦分晕，七晕：1. 太阳纹，十二芒，芒间三角形图案；2、5. 乳丁纹；3. 雷纹；4. 变形游旗纹（主纹）；6. “寿”字纹；7. 波浪纹和乳丁纹。

胸有雷纹。腰上部凸棱一道，下为“寿”字纹、椭圆点和角形组成的纹带。足饰复线角形纹。

扁耳两对，耳边饰线纹。

身有四道合范线。

丁式10号鼓

面径36.2、身高24.9、胸径36.8、腰径30、足径35.5。

面一弦分晕，十晕：1. 太阳纹，十二芒，芒间十二支文；2、10. 乳丁纹；3、6. 绹纹；4、9. 同心圆纹；5. 十二生肖纹（主纹）；7. 素晕；8. 雷纹。

胸有乳丁纹、雷纹、同心圆纹。腰上部凸棱一道，下为同心圆纹、雷纹。足饰图案三角形纹。

扁耳两对（一耳失），耳边饰绳纹。

身有四道合范线。

丁式12号鼓

面径47、身高27、胸径47.2、腰径27、足径47.3。

面三弦分晕，九晕：1. 太阳纹，十二芒，芒间三角形图案；2、5、8. 乳丁纹；3. 羽纹；4. 栉纹；6. 云纹；7. 游旗纹（主纹）；9. 绹纹。

胸有乳丁纹、羽纹、雷纹、云纹、波浪纹。腰上部凸棱一道，下为云纹、雷纹、“S”形勾头纹。足饰复线角形纹与花枝状纹。

扁耳两对，耳边饰线纹。

身有四道合范线。

丁式14号鼓

面径47.8、身高25.8、胸径49.4、腰径40.5、足径46.8。

面一弦分晕，九晕：1. 太阳纹，十二芒夹坠形纹，芒穿至三晕；2. “[illegible]”字纹；3. “S”形勾头纹；4、8. 乳丁纹；5. 游旗纹（主纹）；6. 素晕；7. 栉纹；8. 兽形云纹。

胸有乳丁纹、如意云纹、雷纹、栉纹。腰上部凸棱一道，下为雷纹、云纹。足饰复线角形纹。

扁耳两对，耳边饰绳纹。

身有四道合范线。

丁式18号鼓

面径46.7、身高28、胸径50.1、腰径40、足径47.8。

面一弦分晕，十晕：1. 太阳纹，八芒，芒间“S”形勾头纹；2、9. “S”形勾头纹；3、8. 飞鹤纹（主纹）；4、10. 乳丁纹；5. 兔纹；7. 羽纹。

胸有乳丁纹、同心圆纹、羽纹、“S”形勾头纹、飞鹤纹。腰上部凸棱一道，下为四瓣花纹、飞鹤纹、“S”形勾头纹。足饰复线角形纹。

扁耳两对，耳边饰线纹。

身有四道合范线。

丁式21号鼓

面径45.9、身高27.3、胸径47.5、腰径38.5、足径45。

面一或二弦分晕，九晕：1. 太阳纹，十二芒，芒间素；2、5、9. 乳丁纹；3. 斜线角形纹；4. 绹纹；6. 缠枝纹；7. 复线半云纹；8. 素晕。

胸有绹纹、钱纹。腰上部凸棱一道，下为辫纹一周。足饰复线角形纹。

扁耳两对，耳边饰绳纹。

身有四道合范线。

丁式22号鼓

面径46.5、身高25.8、胸径48.5、腰径41、足径48.2。

面一弦分晕，九晕：1. 太阳纹，十二芒夹坠形纹；2. “[illegible]”字纹；3. “S”形勾头纹；4、8. 乳丁纹；5. 游旗纹（主纹）；6. 素晕；7. 栉纹；9. 兽形云纹。

胸有乳丁纹、如意云纹、栉纹、雷纹。腰上部凸棱一道，下为雷纹、云纹。足饰复线角形纹。

扁耳两对，耳边饰绳纹。

身有四道合范线。

丁式28号鼓

面径46.8、身高27.4、胸径49.6、腰径40、足径47.5。

面一弦分晕，九晕：1. 太阳纹，十二芒夹坠形纹，芒穿至三晕；2. “[illegible]”字纹；3. “S”形勾头纹；4、8. 乳丁纹；5. 游旗纹；6. 素晕；7. 栉纹；9. 兽形云纹。

胸有雷纹、如意云纹、栉纹。腰上部凸棱一道，下为雷纹、云纹。足饰复线角形纹。

扁耳两对，耳边饰绳纹。

身有四道合范线。面露四段垫条痕。

丁式 29 号鼓

面径 47、身高 28.5、胸径 50.2、腰径 28.5、足径 47.8。

面一弦分晕，九晕：1. 太阳纹，十二芒夹坠形纹；2. “[illegible]”字纹；3、6、9. 乳丁纹；4、8. “S”形勾头纹；5. 人字脚游旗纹（主纹）；7. 席纹。

胸有乳丁纹、栉纹、雷纹、云纹。腰上部凸棱一道，下为雷纹、云纹。足饰复线角形纹。

扁耳两对，耳边饰绳纹。

身有四道合范线。

丁式 36 号鼓

面径 45.8、身高 26、胸径 47.6、腰径 39、足径 47。

面一弦分晕，十晕：1. 太阳纹，十二芒，芒间三角形图案；2. 同心圆纹；3、6、10. 乳丁纹；4、7. 素晕；5. 符箓纹（主纹）；8、9. 雷纹。

胸有乳丁纹、同心圆纹、雷纹。腰上部凸棱一道，下为雷纹。足饰三角形图案。

扁耳两对，耳边饰辫纹。

身有四道合范线。

丁式 37 号鼓

面径 46.8、身高 27、胸径 48.6、腰径 39、足径 46.3。

面一弦分晕，九晕：1. 太阳纹，十二芒夹坠形纹；2. “[illegible]”字纹；3. “S”形勾头纹；4、7. 乳丁纹；5. 游旗纹（主纹）；6. 栉纹；8. 素晕；9. 兽形云纹。边沿有乳丁纹。

胸有乳丁纹、如意云纹、栉纹、雷纹。腰上部凸棱一道，下为雷纹、云纹。足饰复线角形纹。

扁耳两对。每耳边饰绳纹，中有雷纹。

身有四道合范线。

丁式 39 号鼓

面径 46.8、身高 26.4、胸径 49.8、腰径 40、足径 47.2。

面一弦分晕，十晕：1. 太阳纹，十二芒夹坠形纹；2、8. 云纹；3. “S”形勾头纹；4、7、10. 乳丁纹；5. 游旗纹（主纹）；6. 栉纹；9. 兽形云纹。

胸有乳丁纹、如意云纹、栉纹、雷纹。腰上部凸棱一道，下为雷纹、云纹。足饰复线角形纹。

扁耳两对，耳边饰绳纹。

身有四道合范线。

丁式 40 号鼓

面径 47.1、身高 27.2、胸径 48.3、腰径 39、足径 46.3。

面二弦分晕，七晕：1. 太阳纹，十二芒，芒间素；2. 乳丁纹；3. 楷书：“盘古至今，人望财兴”；4. 雷纹；6. 十二生肖纹和十二支文；7. 素晕。边沿有乳丁纹。

胸有乳丁纹、雷纹。腰上部凸棱一道，下为云纹、雷纹。足饰复线角形纹。

扁耳两对，耳边饰线纹。

身有四道合范线。

丁式 42 号鼓

面径 50. 4、身高 28. 5、胸径 54. 2、腰径 47、足径 50. 5。

面一弦分晕，十一晕：1. 太阳纹，十二芒夹坠形纹；2. “[illegible]”字纹；3. “S”形勾头纹；4、10. 乳丁纹；5、9. 栉纹；6. 游旗纹（主纹）；7、8. 素晕；11. 兽形云纹。

胸有乳丁纹、如意云纹、雷纹、栉纹。腰上部凸棱一道，下为雷纹、云纹。足饰复线角形纹。

扁耳两对。每耳边饰绳纹，中有雷纹。

身有四道合范线。面露四段垫条痕。

丁式 49 号鼓

面径 47. 1、身高 27. 4、胸径 47、腰径 39、足径 46. 6。

面一弦分晕，六晕：1. 太阳纹，十二芒，芒间素；2. 乳丁纹；3. 伞、钺、函等图像（主纹）；4. 马、猴、兔动物图像及四季花卉纹等（主纹）；6. 缠枝纹。边沿有乳丁纹。

身通素，腰上部有圆凸棱三道。

扁耳两对，耳边饰线纹。

身有四道合范线。

丁式 53 号鼓

面径 46. 2、身高 27. 4、胸径 50. 2、腰径 39. 5、足径 46. 3。

面二弦分晕，七晕：1. 太阳纹，十二芒，芒间素；2、5. 乳丁纹；3. 绹纹；4. 波浪纹；6. 缠枝纹；7. 素晕。边沿有乳丁纹。

胸有乳丁纹、马、牛、雄鸡纹、缠枝纹。腰上部凸棱一道，下为波浪纹、缠枝纹。足饰复线角形纹。

扁耳两对，耳边饰线纹。

身有四道合范线。

丁式 55 号鼓

面径 45. 6、身高 26. 4、胸径 47. 4、腰径 38、足径 47。

面一弦分晕，十晕：1. 太阳纹，十二芒，芒间三角形图案；2. 云纹；3、6、10. 乳丁纹；4、7. 素晕；5. 符箓纹（主纹）；8、9. 雷纹。

胸有乳丁纹、云纹、雷纹。腰上部凸棱一道，下为雷纹。足饰复线角形纹。

扁耳两对，耳边饰绳纹。

身有四道合范线。

丁式 57 号鼓

面径 49. 8、身高 27. 6、胸径 52. 4、腰径 45、足径 51. 5。

面一弦分晕，十一晕：1. 太阳纹，十二芒夹坠形纹；2. “[illegible]”字纹；3. “S”形勾头纹；4、10. 乳丁纹；5、9. 栉纹；6. 游旗纹（主纹）；7、8. 素晕；11. 兽形云纹。

胸有乳丁纹、兽形云纹、栉纹、如意云纹、雷纹。腰上部凸棱一道，下为雷纹、如意云纹。足饰复线角形纹。

扁耳两对，耳边饰绳纹。

身有四道合范线。

丁式58号鼓

面径49.3、身高28.3、胸径51.7、腰径45、足径51。

面一弦分晕，十晕：1. 太阳纹，十二芒夹坠形纹；2. “[illegible]”字纹；3. “S”形勾头纹；4、9. 乳丁纹；5、8. 栉纹；6. 游旗纹；7. 十二生肖纹（主纹）；10. 兽形云纹。

胸有乳丁纹、如意云纹、兽形云纹。腰上部凸棱一道，另有栉纹夹云纹，下为雷纹、云纹。足饰复线角形纹。

扁耳两对，耳边饰线纹。

身有四道合范线。

丁式5号鼓

1956年昆明金属回收局拨交（下同）。

面径45.5、身高26、胸径48.7、腰径39.5、足径47。

面一弦分晕，十晕：1. 太阳纹，十二芒，芒间三角形图案；2. 同心圆纹；3、6、10. 乳丁纹；4、7. 素晕；5. 符箓纹（主纹）；8. 雷纹；9. 四瓣花纹。

胸有乳丁纹、同心圆纹、雷纹。腰上部凸棱一道，下为雷纹。足饰复线角形纹。

扁耳两对，耳边饰绳纹。

身有四道合范线。

丁式4号鼓

面径47.5、身高27.4、胸径49.1、腰径40、足径46.3。

面一弦分晕，九晕：1. 太阳纹，十二芒，芒间三角形图案；2、6、9. 乳丁纹；3. 同心圆纹；4. 复线角形纹；5. 菱格填花纹；7. 人字脚游旗纹（主纹）；8. 雷纹。

胸有乳丁纹、波浪纹、缠枝纹、菱格填花纹。腰上部凸棱一道，下为复线角形纹。足饰图案三角形纹、同心圆纹。

扁耳两对，耳边饰线纹。

身有四道合范线。

丁式13号鼓

面径47.9、身高26.5、胸径49.3、腰径40、足径48.9。

面二或一弦分晕，九晕：1. 太阳纹，十二芒，芒间素；2、5、8. 乳丁纹；3. “寿”字纹（主纹）；4、6、7. 团花纹；9. 素晕。

胸有乳丁纹、雷纹、缠枝纹。腰上部凸棱一道，下为缠枝纹、剑、钺、轮等法宝纹、波浪纹。足饰复线角形纹。

扁耳两对，耳边饰线纹。

身有四道合范线。

丁式23号鼓

面径47.4、身高28.2、胸径50.4、腰径39、足径47。

面一弦分晕，九晕：1. 太阳纹，十二芒，芒间素；2. “[illegible]”字纹；3、6、9. 乳丁纹；4. 席纹；5. 变形羽人纹（主纹）；7. 羽纹；8. 波浪纹。

胸有乳丁纹、同心圆纹、波浪纹、“S”形勾头纹、栉纹、雷纹。腰上部凸棱一道，下为“S”形勾头纹、雷纹。足饰复线角形纹。

扁耳两对。每耳边饰绳纹，中有雷纹。

身有四道合范线。

丁式25A号鼓

面径47.6、身高26.7、胸径48.6、腰径40、足径46.6。

面二、三或四弦分晕，五晕：1. 太阳纹，十二芒，芒间素；2、4. 乳丁纹；3. 雷纹；5. 缠枝纹（主纹）。边沿有乳丁纹。

胸有缠枝纹、乳丁纹。腰部凸棱一道，其下为栉纹、同心圆纹、缠枝纹。足饰复线角形纹。

扁耳两对，耳边饰线纹。

身有四道合范线。

丁式43号鼓

面径47.5、身高28.2、胸径48.9、腰径39.5、足径46.2。

面一弦分晕，十一晕：1. 太阳纹，十二芒，芒间素；2、10. 乳丁纹；3. 三角形纹；4. 栉纹；5. 波浪纹；6. 斜线角形纹（主纹）；7、8. 素晕；9. 缠枝纹；11. 复线角形纹和同心圆纹。

身通素，腰上部圆凸棱一道。

扁耳两对，耳边饰线纹。

身有四道合范线。

丁式47号鼓

面径47.2、身高27.7、胸径49.4、腰径38.9、足径40.5。

面一弦分晕，九晕：1. 太阳纹，十二芒夹坠形纹；2. “[illegible]”字纹；3. “S”形勾头纹；4、6、9. 乳丁纹；5. 游旗纹（主纹）；7. 同心圆纹；8. 波浪纹。

胸有乳丁纹、如意云纹、雷纹、波浪纹。腰上部凸棱一道，下为如意云纹、雷纹。足饰复线角形纹。

扁耳两对，耳边饰辫纹。

身有四道合范线。

丁式 54 号鼓

面径 48. 1、身高 27. 3、胸径 50. 1、腰径 41、足径 47. 3。

面一弦分晕，九晕：1. 太阳纹，十二芒夹坠形纹；2. “[illegible]”字纹；3. “S”形勾头纹；4、8. 乳丁纹；5. 游旗纹（主纹）；6. 素晕；7. 栉纹；9. 兽形云纹。

胸有乳丁纹、如意云纹、栉纹、雷纹。腰上部凸棱一道，下为雷纹、兽形云纹。足饰复线角形纹。

扁耳两对，耳边饰辫纹。

身有四道合范线。

丁式 2 号鼓

1957 年云南金属回收局拨交（下同）。

面径 47、身高 26. 8、胸径 45、腰径 37. 5、足径 45。

面二或三弦分晕，十晕：1. 太阳纹，十二芒，芒间三角形图案；2、6、9. 乳丁纹；3. 云纹；4. 羽纹；5. 栉纹；7. 兽形云纹；8. 游旗纹（主纹）；10. “S”形勾头纹。

胸有乳丁纹、如意云纹、雷纹、云纹、“S”形勾头纹。腰上部凸棱一道，下为云纹、雷纹。足饰三角形图案。

扁耳两对，耳边饰线纹。

身有四道合范线。

丁式 3 号鼓

面径 47. 5、身高 28. 5、胸径 48. 9、腰径 39、足径 46。

面三弦分晕，五晕：1. 太阳纹，十二芒，芒间素；2. 乳丁纹和楷书铭文：“康熙三十一年岁在壬戌孟春造铸”；3. 鸟纹、云纹和羽纹；4. 缠枝纹；5. 雷纹。边沿有乳丁纹一周。

胸、腰、足部均饰阴弦线，腰上部圆凸棱一道。

扁耳两对，耳边饰绳纹。

身有四道合范线。

丁式 34 号鼓

面径 48. 2、身高 27. 5、胸径 50. 2、腰径 29. 5、足径 47。

面三弦分晕，七晕：1. 太阳纹，十二芒，芒间素；2、5. 模糊；3. 缠枝纹；4. 人字脚游旗纹与复线半云纹（主纹）；6. 人字脚游旗纹与雷纹（主纹）；7. 乳丁纹。

身模糊，仅见胸有乳丁纹，腰上部凸棱一道，足有乳丁纹一周。

扁耳两对，耳边饰线纹。

身有四道合范线。

丁式 38 号鼓

面径 47. 3、身高 27. 2、胸径 49. 5、腰径 39、足径 46. 8。

面二或三弦分晕，六晕：1. 太阳纹，十二芒，芒间素；2. 栉纹；3. 波浪纹；4. 乳丁纹；5. 缠枝纹（主纹）；6. 素晕。边沿有乳丁纹。

胸有乳丁纹，腰上部凸棱一道，余皆素。

扁耳两对，耳边饰线纹。

身有四道合范线。

丁式 41 号鼓

面径 47、身高 26.7、胸径 47、腰径 38、足径 45.8。

面三弦分晕，十晕：1. 太阳纹，十二芒，芒间三角形图案；2、6、9. 乳丁纹；3. “S”形勾头纹；4. 羽纹；5. 栉纹；7. 云纹；8. 游旗纹（主纹）；10. 绹纹。

胸有点纹、羽纹、雷纹、云纹、波浪纹。腰上部凸棱一道，下为云纹、雷纹、“S”形勾头纹。足饰复线角形纹。

扁耳两对，耳边饰线纹。

身有四道合范线。

丁式 51 号鼓

面径 47.2、身高 26.7、胸径 48.8、腰径 40、足径 46.6。

面一弦分晕，九晕：1. 太阳纹，十二芒间坠形纹；2. “[illegible]”字纹；3. “S”形勾头纹；4、8. 乳丁纹；5. 栉纹；6. 游旗纹（主纹）；7. 素晕；9. 兽形云纹。

胸有乳丁纹、栉纹、如意云纹、雷纹。腰上部凸棱一道，下为栉纹、如意云纹、雷纹。足饰复线角形纹。

扁耳两对（均失）。

身有四道合范线。

丁式 52 号鼓

面径 45.6、身高 26.6、胸径 47.2、腰径 39、足径 47。

面一弦分晕，十晕：1. 太阳纹，十二芒，芒间三角形图案；2. 同心圆纹；3、6、10. 乳丁纹；4、7. 素晕；5. “寿”字纹（主纹）；7. 雷纹；9. 四瓣花纹。

胸有乳丁纹、同心圆纹、雷纹。腰上部凸棱一道，下为雷纹。足饰复线角形纹。

扁耳两对，耳边饰绳纹。

身有四道合范线。

丁式 11 号鼓

昆明群众捐献。

面径 47、身高 26.5、胸径 50.4、腰径 40、足径 47。

面一弦分晕，九晕：1. 太阳纹，十二芒夹坠形纹；2. “[illegible]”字纹；3. “S”形勾头纹；4、8. 乳丁纹；5. 游旗纹（主纹）；6. 素晕；7. 栉纹；9. 兽形云纹。

胸有乳丁纹、如意云纹、栉纹、雷纹。腰上部凸棱一道，下为雷纹、如意云纹。足饰复线角形纹。

扁耳两对，耳边饰绳纹。

身有四道合范线。

丁式 7 号鼓

来源不详（下同）。

面径 43. 8、身高 23. 6、胸径 44. 6、腰径 37. 5、足径 44. 2。

面一、二或三弦分晕，八晕：1. 太阳纹，十二芒，芒间素；2、5、8. 乳丁纹；3. 斜线角形纹；4. 复线角形纹；6. 网纹；7. 栉纹。

胸仅有乳丁纹。腰上部凸棱一道。足部仅有弦纹。

扁耳两对。

身有四道合范线。

丁式 8 号鼓

面径 47. 2、身高 27、胸径 48. 6、腰径 40、足径 47. 4。

面一、二或三弦分晕，七晕：1. 太阳纹，十二芒，芒间三角形图案；2、5. 乳丁纹；3、6. 雷纹；4. 人字脚游旗纹（主纹）；7. “寿”字纹。

胸有雷纹。腰上部凸棱一道，下为雷纹、“寿”字纹。足饰三角形图案。

扁耳两对，耳边饰线纹。

身有四道合范线。

丁式 19 号鼓

面径 47. 5、身高 27、胸径 49. 5、腰径 29、足径 45. 3。

面一弦分晕，九晕：1. 太阳纹，十二芒，芒间素；2、5、9. 乳丁纹；3. 人字脚游旗纹（主纹）；4. 雷纹；6. 羽纹；7. 宝相花纹；8. “S”形勾头纹。

胸有乳丁纹、宝相花纹、“S”形勾头纹、人字脚游旗纹。腰上部凸棱一道，下为羽纹、“S”形勾头纹、雷纹、四瓣花纹。足饰图案角形纹和云纹。

扁耳两对，耳边饰绳纹。

身有两道合范线。

丁式 20 号鼓

面径 46. 8、身高 27. 5、胸径 50. 4、腰径 40. 5、足径 47。

面一弦分晕，十晕：1. 太阳纹，八芒，芒间“S”形勾头纹；2. “S”形勾头纹；3. 四瓣花纹；4、10. 乳丁纹；5. 兔纹（主纹）；6. 同心圆纹；7. 羽纹；8. 飞鹤（主纹）；9. “S”形勾头纹。

胸有乳丁纹、同心圆纹、“S”形勾头纹、四瓣花纹、飞鹤纹。腰上部凸棱一道，下为飞鹤纹、“S”形勾头纹、四瓣花纹。足饰复线角形纹。

扁耳两对，耳边饰绳纹。

身有四道合范线。

丁式 24 号鼓

面径 47、身高 26. 8、胸径 49. 8、腰径 40、足径 47. 8。

面一弦分晕，九晕：1. 太阳纹，十二芒，芒间复线角形纹，芒穿至三晕；2. “[illegible]”字纹；3. “S”形勾头纹；4、8. 乳丁纹；5. 游旗纹（主纹）；6. 素晕；7. 栉纹；9. 兽形云纹。

胸有乳丁纹、如意云纹、栉纹、雷纹。腰上部凸棱一道，下为云纹、雷纹。足饰复线角形纹。

扁耳两对，耳边饰绳纹。

身有四道合范线。

丁式27号鼓

面径42.8、身高30、胸径53.4、腰径44.5、足径52.5。

面一弦分晕，十三晕：1. 太阳纹，十二芒，芒间素；2、4、5、8、9、10. 模糊；3. 同心圆纹；6. 网纹；7、12. 乳丁纹；11. 十二生肖纹（主纹）；13. 栉纹。

胸有乳丁纹、栉纹、云纹、缠枝纹。腰上部凸棱一道，下为栉纹、定胜纹、缠枝纹。足饰复线角形纹。

扁耳两对。每耳边饰绳纹，中有三方孔。

身有四道合范线。

丁式30号鼓

面径50.8、身高28.8、胸径54.4、腰径45、足径50.9。

面一弦分晕，十一晕：1. 太阳纹，十二芒夹坠形纹；2. “[illegible]”字纹；3. “S”形勾头纹；4、10. 乳丁纹；5、9. 栉纹；6. 游旗纹（主纹）；7、8. 素晕；11. 兽形云纹。

胸有乳丁纹、如意云纹、兽形云纹、栉纹、雷纹。腰上部凸棱一道，下为雷纹、兽形云纹。足饰复线角形纹。

扁耳两对，耳边饰绳纹。

身有四道合范线。面露四段垫条痕。

丁式48号鼓

面径52、身高27.4、胸径53.8、腰径45、足径50。

面一弦分晕，十一晕：1. 太阳纹，十二芒夹坠形纹；2. 汉字（模糊）；3、11. 如意云纹；4、10. 乳丁纹；5、9. 栉纹；6. 游旗纹（主纹）；7、8. 素晕。

胸有乳丁纹、云纹、如意云纹、兽形云纹。腰上部凸棱一道，下为雷纹、云纹。足饰复线角形纹。

扁耳两对。每耳边饰绳纹，上有三方孔。

身有四道合范线。

丁式50号鼓

面径48、身高28.2、胸径49、腰径41.5、足径49。

面一弦分晕，七晕：1. 太阳纹，十二芒，芒间素；2、7. 乳丁纹；3. 羽纹；4. 缠枝纹；5. 人字脚游旗纹（主纹）；6. 波浪纹。

胸有弦线。腰上部凸棱一道。余皆素。

扁耳两对。

身有四道合范线。

丁式 56 号鼓

面径 47.8、身高 26.6、胸径 49.2、腰径 40、足径 48.8。

面一或二弦分晕，九晕：1. 太阳纹，十二芒，芒间素；2、5、8. 乳丁纹；3. “寿”字纹（主纹）；4. “S”形勾头纹；6、9. 雷纹；7. 四瓣团花纹。

胸有乳丁纹、如意云纹、波浪纹。腰上部凸棱一道，下为波浪纹。足饰复线角形纹。

扁耳两对，耳边饰绳纹。

身有四道合范线。

I·7 号鼓（藏云南文物商店）

“文化大革命”期间征集。

面径 47.2、身高 26.5、胸径 48.8、腰径 43、足径 46.3。

面一弦分晕，九晕：1. 太阳纹，十二芒夹坠形纹；2. “[illegible]”字纹；3. “S”形勾头纹；4、8. 乳丁纹；5. 游旗纹（主纹）；6. 素晕；7. 栉纹；9. 兽形云纹。

胸有乳丁纹、如意云纹、栉纹、雷纹。腰上部凸棱一道，下为雷纹、云纹。足饰复线角形纹。

扁耳两对。每耳边饰辫纹，中有雷纹。

身有四道合范线。

西盟型：35 面

西盟征 1 号鼓（藏云南省博物馆。下同）

1976 年云南西盟征集。

面径 49.8、身高 37.3、胸径 45.8、腰径 32、足径 37。

面有四蛙，逆时针环列。二弦分晕，十六晕：1. 太阳纹；2. 圆圈纹；3、6、7、10、12、14、15. 米粒形纹；4. 鸟纹；5. 变形羽人纹；8、9、13. 团花纹、鱼纹和鸟纹；11. 栉纹；16. 素晕。

胸五晕：1、2、4. 米粒形纹；3. 栉纹；5. 羽纹。腰八晕：1、3、5、7. 米粒形纹；2、6. 栉纹；4. 素晕；8. 羽纹。足三晕：1. 羽纹；2. 栉纹；3. 米粒形纹。

扁耳两对，饰线纹。耳根皆呈叉形。

浑铸。身有纵线两条。

孟连征 1 号鼓

云南孟连县征集。

面径 65.5、身高 48.7、胸径 59.5、腰径 49、足径 51.2。

面有四蛙，逆时针环列。三弦分晕，二十晕：1. 太阳纹，十二芒，芒间坠形纹；2、9、12、16、19. 栉纹；3. 雷纹；4、11、18. 勾连云纹；5、10、17. 圆圈纹；6. 米粒纹；7、13. 鸟纹；8、14、15. 鸟纹、团花纹和菱形纹；20. 团花纹。

胸五晕：1. 米粒形纹；2. 勾连云纹；3. 雷纹；4. 栉纹；5. 羽纹。腰十晕：1、4、6. 栉纹；2、3、7、8. 勾连云纹；9. 雷纹；10. 羽纹。足五晕：1. 羽纹；2. 栉纹；3. 勾连云纹；4. 米粒形纹；5. 素晕。另在腰、足两侧纵饰玉树纹，树干上立象三头、钉螺三个。

扁耳两对，饰绳纹。耳根皆呈叉形。

浑铸。身有纵线两条。

丙式 1 号鼓

昆明冶炼厂交换。

面径 56.6、身高 43、胸径 51.4、腰径 42、足径 47.3。

面有四蛙，逆时针环列。二、三弦分晕，十七晕：1. 太阳纹，十二芒；2、15. 米粒形纹；3、5、8、10、14. 栉纹；4、9. 圆圈纹；6、12、13. 团花纹、鱼纹和鸟纹；7、16. 雷纹；17. 素晕。

胸五晕：1、5. 雷纹；2、4. 米粒形纹；3. 同心圆纹。腰十晕：1、9. 雷纹；2、4、6、8. 栉纹；3、7. 同心圆纹；5. 素晕；10. 羽纹。足四晕：1. 羽纹；2. 栉纹；3. 米粒形纹；4. 波浪纹。

扁耳两对，耳根呈叉形，均饰平行线纹。

浑铸。身有纵线两条。

丙式 2 号鼓

1957 年云南金属回收局拨交（下同）。

面径 48.7、身高 35.5、胸径 44.7、腰径 34.5、足径 40。

面有四蛙，逆时针环列。一、二弦分晕，十六晕：1. 太阳纹，八芒，芒间坠形纹；2、7、12. 圆圈纹；3、6、11、13. 栉纹；4. 鸟纹；5. 变形羽人纹；8、15. 米粒形纹；9、10. 鱼纹和鸟纹；14. 团花纹、鱼纹和鸟纹；16. 素晕。

胸四晕：1. 雷纹；2. 圆圈纹；3. 栉纹；4. 米粒形纹。腰八晕：1、7. 米粒形纹；2、6. 圆圈纹；3、5. 栉纹；4. 素晕；8. 羽纹。足一晕：米粒形纹。

扁耳两对，耳根呈叉形，均饰平行线纹。

浑铸。身有纵线两条。

丙式 3A 号鼓

面径 43.2、身高 29.2、胸径 33.8、腰径 30、足径 34。

面有四蛙，逆时针环列。一、二弦分晕，十五晕：1. 太阳纹，八芒夹坠形纹；2. 模糊；3、10. 栉纹；4. 鸟纹；5. 变形羽人纹；6、8、14. 米粒形纹；7、11、12. 团花纹、鱼纹和鸟纹；9、13. 圆圈纹；15. 素晕。

胸五晕：1、5. 米粒形纹；2、4. 圆圈纹；3. 栉纹。腰八晕：1、7. 米粒形纹；2、6. 圆圈纹；3、5. 栉纹；4. 素晕；8. 羽纹。足二晕：1. 栉纹；2. 米粒形纹。

扁耳两对，耳根呈叉形，均饰平行线纹。

浑铸。身有纵线两条。

丙式 5 号鼓

面径 52、胸径 49，腰、足残失。

面有四蛙，逆时针环列。仅见栉纹、圆圈纹、米粒形纹、鸟纹、团花纹等。

胸模糊。

店一号鼓

云南文物商店拨交（下同）。

面径 44、残高 38、胸径 39.4，腰残、足部失。

面有四蛙，逆时针环列。一、二弦分晕，十八晕：1. 太阳纹，八芒；2、4、8. 圆圈纹；3、5、9、13、17. 米粒形纹；6. 鸟纹；7. 变形羽人纹；10、14. 鱼纹和鸟纹；11、16. 雷纹；12、15. 栉纹；18. 素晕。

胸四晕：1、3. 米粒形纹；2. 雷纹；4. 栉纹；4 晕下有波浪纹。腰八晕：1、7. 米粒形纹；2、6. 雷纹；3、5. 圆圈纹；4. 素晕；8. 羽纹。

扁耳两对，耳根呈叉形。

浑铸。身有纵线两条。

店二号鼓

面径 43.2、身高 31.5、胸径 39.5，腰、足残损。

面有四蛙，逆时针环列。一、二弦分晕，十五晕：1. 太阳纹，八芒，芒间坠形纹；2、7、9、10、14. 米粒形纹；3. 栉纹；4. 鸟纹；5. 变形羽人纹；6、12. 菱形纹；8. 鱼纹和鸟纹；11、13. 团花纹；15. 素晕。

胸三晕：1、2. 米粒形纹；3. 团花纹。腰八晕：1、7. 米粒形纹；2. 栉纹；3、6. 团花纹；4. 素晕；5. 菱形纹；8. 羽纹。足一晕：米粒形纹。

扁耳两对，耳根呈叉形，均饰平行线纹。

浑铸。身有纵线两条。

店三号鼓

面径 44.5、身高 32.8、胸径 41.4、腰径 31、足径 34.4。

面有四蛙，逆时针环列。一、二弦分晕，十四晕：1. 太阳纹，八芒，芒间坠形纹；2、10、12. 栉纹；3、13. 米粒形纹；4. 鸟纹；5. 变形羽人纹；6. 雷纹；7、8、11. 鱼纹和鸟纹；9. 圆圈纹；14. 素晕。

胸五晕：1、4. 米粒形纹；2. 团花纹；3. 栉纹；5. 羽纹。腰八晕：1、7. 米粒形纹；2、4、6. 团花纹；3、5. 栉纹。足三晕：1. 羽纹；2. 团花纹；3. 米粒形纹。

扁耳两对，耳根呈叉形，均饰平行线纹。

浑铸。身有纵线两条。

店四号鼓

面径 46.2、身高 32.8、胸径 42.2、腰径 34.5、足径 37.5。

面有四蛙，逆时针环列。一、二弦分晕，十八晕：1. 太阳纹，八芒，芒间坠形纹；2、8、13. 栉纹；3、15. 雷纹；4、11、12、14、16. 团花纹；5、10、17. 米粒形纹；6. 鸟纹；7. 变形羽人纹；

18. 素晕。

胸六晕：1. 雷纹；2、4. 栉纹；3. 团花纹；5. 米粒形纹；6. 波浪纹。腰八晕：1、7. 米粒形纹；2、6. 团花纹；3、5. 栉纹；4. 素晕；8. 羽纹。足三晕：1. 波浪纹；2. 栉纹；3. 米粒形纹。

扁耳两对，耳根呈叉形，均饰平行线纹。

浑铸。身有纵线两条。

店五号鼓

面径 45.5、身高 33.5、胸径 40.5、腰径 30.5、足径 35.5。

面有四蛙，逆时针环列。二弦分晕，十二晕：1. 太阳纹，八芒，芒间坠形纹；2. 栉纹；3. 鸟纹；4. 雷纹；5、7、12. 米粒形纹；6. 变形羽人纹；8、9. 团花纹、鱼纹和鸟纹；10. 栉纹；11. 米粒形纹和鸟纹。

胸八晕：1、4. 栉纹；2、3. 圆圈纹；5. 雷纹；6、7. 米粒形纹；8. 三角形图案。腰七晕：1、6. 米粒形纹；2、5. 栉纹；3、4. 圆圈纹；7. 羽纹。足一晕：米粒形纹。

扁耳两对，耳根呈叉形，均饰平行线纹。

浑铸。身有纵线两条。

店六号鼓

面径 49.8、身高 34.5、胸径 45.2、腰径 35.5、足径 39.6。

面有四蛙，逆时针环列。一、二弦分晕，十五晕：1. 太阳纹，八芒，芒间坠形纹；2、6、10. 栉纹；3. 雷纹；4. 鸟纹；5. 变形羽人纹；7、12、14. 米粒形纹；8、9、13. 四瓣花纹、鱼纹和鸟纹；11. 圆圈纹；15. 素晕。

胸四晕：1、4. 米粒形纹；2. 圆圈纹；3. 栉纹。腰七晕：1、7. 米粒形纹；2、6. 栉纹；3、5. 圆圈纹；4. 四瓣花纹。足二晕：1. 栉纹；2. 米粒形纹。

扁耳两对，耳根成叉形，均饰平行线纹。

浑铸。身有纵线两条。

店七号鼓

面径 48.2、身高 37.5、胸径 45.2、腰径 35.5、足径 39.5。

面有四蛙，逆时针环列。一、二弦分晕，十七晕：1. 太阳纹，八芒，芒间坠形纹；2、7、11、15. 栉纹；3、12. 团花纹；4、13、16. 米粒形纹；5. 变形羽人纹；6. 鸟纹；8. 雷纹；9、10、14. 鱼纹、鸟纹和团花纹；17. 素晕。

胸四晕：1、4. 米粒形纹；2. 栉纹；3. 团花纹。腰八晕：1、7. 米粒形纹；2、6. 团花纹；3、5. 栉纹；4. 素晕；8. 羽纹。足二晕：1. 栉纹；2. 雷纹。

扁耳两对，耳根呈叉形，均饰平行线纹。

浑铸。身有纵线两条。

店八号鼓

面径 52.7、身高 38.7、胸径 48.7、腰径 36.5、足径 40。

面有四蛙，逆时针环列。一、二弦分晕，十六晕：1. 太阳纹，八芒，芒间坠形纹；2. 圆圈纹；3、6、10、14. 雷纹；4. 鸟纹；5、9、11、13. 米粒形纹；7. 栉纹；8、12. 团花纹、鱼纹和鸟纹；16. 素晕。

胸五晕：1、2. 米粒形纹；3、4. 雷纹；5. 圆圈纹。腰八晕：1、2、7. 米粒形纹；3、5、6. 雷纹；4. 素晕；8. 羽纹。足二晕：1. 圆圈纹；2. 雷纹。

扁耳两对，耳根呈叉形，均饰平行线纹。

浑铸。身有纵线两条。

店九号鼓

面径 53.4、身高 41、胸径 49、腰径 36、足径 40。

面有四蛙，逆时针环列。一、二弦分晕，十九晕：1. 太阳纹，八芒，芒间坠形纹；2、10、16. 栉纹；3、5、8、12、14、15、18. 米粒形纹；4、9. 圆圈纹；6. 鸟纹；7. 变形羽人纹；11、13、17. 团花纹、鱼纹和鸟纹；19. 素晕。

胸五晕：1、3、5. 米粒形纹；2. 栉纹；4. 圆圈纹。腰八晕：1、2、6、7. 米粒形纹；3、5. 栉纹；4. 素晕；8. 羽纹。足三晕：1. 羽纹；2、3. 米粒形纹。

扁耳两对，耳根呈叉形，均饰平行线纹。

浑铸。身有纵线两条。

店十号鼓

面径 58.9、身高 41.7、胸径 53.9、腰径 43.5、足径 46.8。

面有四蛙，逆时针环列。二弦分晕，十八晕：1. 太阳纹，十芒，芒间坠形纹；2、7、12. 雷纹；3、8、13、16. 栉纹；4、9、15、17. 米粒形纹；5、6. 鸟纹；10、11、14. 团花纹、鱼纹和鸟纹；18. 素晕。

胸五晕：1、3. 栉纹；2、4. 米粒形纹；5. 羽纹。腰八晕：1、7. 米粒形纹；2、6. 栉纹；3、5. 雷纹；4. 素晕；8. 羽纹。足三晕：1. 羽纹；2. 栉纹；3. 米粒形纹。

扁耳两对，耳根呈叉形，均饰平行线纹。

浑铸。身有纵线两条。

店十一号鼓

面径 54.5、身高 39.8、胸径 49.7、腰径 40.5、足径 45。

面有四蛙，逆时针环列。二弦分晕，十七晕：1. 太阳纹，十芒，芒间坠形纹；2、3、10、15. 波浪纹；4、8、14、16. 米粒形纹；5. 鸟纹；6. 变形羽人纹；7、11. 雷纹；9、12、13. 鱼纹和鸟纹；17. 素晕。

胸五晕：1. 雷纹；2. 波浪纹；3、4. 米粒形纹；5. 花瓣纹和波浪纹。腰十晕：1、2、8、9. 米粒形纹；3、7. 波浪纹；4、6. 栉纹；5. 素晕；10. 羽纹。足二晕：1. 米粒形纹；2. 波浪纹。一侧腰、足部有浮雕玉树纹，树干立象和钉螺造型。

扁耳两对，耳根呈叉形，均饰平行线纹。

浑铸。身有纵线两条。

店十二号鼓

面径 57.2、身高 39.8、胸径 34.8、腰径 40、足径 44.3。

面有四组累蹲蛙，逆时针环列。二、三弦分晕，十六晕：1. 太阳纹，十二芒，芒间坠形纹；2、10、14. 栉纹；3. 米粒形纹；4、13. 鸟纹；5. 变形羽人纹；6、11、15. 雷纹；7、8、12. 菱形纹和鸟纹；9. 同心圆纹；16. 素晕。

胸三晕：1. 栉纹；2. 米粒形纹；3. 雷纹。腰七晕：1、7. 米粒形纹；2、6. 雷纹；3、5. 栉纹；4. 素晕。足三晕：1. 栉纹；2. 雷纹；3. 米粒形纹。腰、足两侧饰玉树浮雕，树干立象两头、钉螺五个。

扁耳两对，耳根呈叉形，均饰平行线纹。

浑铸。身有纵线两条。

店十三号鼓

面径 61.1、身高 48、胸径 55.7、腰径 46、足径 50。

面二或三弦分晕，十七晕：1. 太阳纹，十二芒，芒间团花纹；2、8、14. 栉纹；3、7、9、15. 团花纹；4、10、16. 雷纹；5、13. 鸟纹；6、12. 菱形纹和鸟纹；11、17. 团花纹。另在 13 ~ 17 晕间环布蛙趾纹四组。

胸五晕：1、3. 团花纹；2. 栉纹；4. 雷纹；5. 鸟纹。腰十晕：1、9. 雷纹；2、4、6、8. 团花纹；3、7. 栉纹；5. 素晕；10. 鸟纹。足四晕：1. 鸟纹；2. 栉纹；3. 团花纹；4. 雷纹。腰、足一侧纵列象和钉螺鱼组合三个。

扁耳两对，耳根呈叉形，均饰平行线纹。

浑铸。身有纵线两条。

店十四号鼓

面径 64.3、残高 7.5、胸径 59.3，腰以下残失。

面有三层累蹲蛙四组，逆时针环列。三弦分晕，十七晕：1. 太阳纹，十二芒，芒间团花纹；2、7、14、15. 圆圈纹；3、8. 米粒形纹；4、9. 团花纹；5、12. 鸟纹；6、13. 栉纹；10、11. 团花纹、菱形纹和鸟纹；16. 菱形纹；17. 素晕。

胸模糊。

店十五号鼓

面径 67.3、身高 50.2、胸径 61.9、腰径 48、足径 51.8。

面有四蛙，逆时针环列。二、三弦分晕，十七晕：1. 太阳纹，十二芒，芒间坠形纹；2. 栉纹；3、4、7、8、9、14、15. 团花纹；5、13. 鸟纹；6、10、16. 雷纹；11. 团花纹和菱形纹；12. □□纹；17. 素晕。

胸六晕：1、5. 雷纹；2. 栉纹；3、4. 团花纹；6. 鸟纹。腰十晕：1、9. 雷纹；2、3、7、8. 圆圈纹；4、6. □纹；5. 团花纹；10. 鸟纹。足四晕：1. 鸟纹；2. 栉纹；3. 圆圈纹；4. 雷纹。腰、足部一侧有浮雕玉树纹，树干上有钉螺三个。

扁耳两对，耳根呈叉形。

浑铸。身有纵线两条。

店十六号鼓

面径 64.8、身高 50.5、胸径 58.4、腰径 47、足径 52.2。

面有四蛙，逆时针环列。三弦分晕，十五晕：1. 太阳纹，十二芒；2、7、10. 栉纹；3、4、8、9、13. 团花纹；5、12. □□纹；6、11. 菱形纹；15. 素晕。

胸四晕：1、2. 团花纹；3. 米粒形纹；4. 花瓣纹。腰十晕：1、9. 米粒填线纹；2、3、7、8. 团花纹；4、6. 栉纹；5. 素晕；10. 羽纹。足三晕：1. 羽纹；2. 团花纹；3. 米粒形纹。另在腰一侧竖列钉螺四个。

扁耳两对，耳根呈叉形。

浑铸。身有纵线两条。

新 1 号鼓

面径 39.5、身高 32.1、胸径 37.5，足残。

面有四蛙，逆时针环列。二弦分晕，十晕：1. 太阳纹，八芒，芒间坠形纹；2. 栉纹；3、4. 圆圈纹；5、10. 米粒形纹；6. 鸟纹；7. 雷纹；8. 变形羽人纹；9、10. 团花纹、鱼纹和鸟纹。

胸六晕：1、6. 栉纹；2、3. 圆圈纹；4. 雷纹；5. 米粒形纹。腰十一晕：1、10. 米粒填线纹；2、3、8、9. 圆圈纹；4、7. 栉纹；5、6. 素晕；11. 羽纹。足一晕，为雷纹。

扁耳两对，耳根呈叉形。

浑铸。身有纵线两条。

新 2 号鼓

云南文物商店购买。

面径 49、身高 36.3、胸径 45、腰径 35、足径 38。

面有四蛙，逆时针环列。一、二弦分晕，十四晕：1. 太阳纹，八芒，芒间坠形纹；2、10. 栉纹；3、6、10、13. 米粒形纹；4. 鸟纹；5. 变形羽人纹；7、8. 鱼纹和鸟纹相间；9. 圆圈纹；12. 团花纹、鱼纹和鸟纹相间；14. 素晕。

胸四晕：1、4. 米粒形纹；2. 栉纹；3. 圆圈纹。腰八晕：1、7. 米粒形纹；2、6. 圆圈纹；3、5. 栉纹；4. 素晕；8. 羽纹。足一晕，为米粒形纹。

扁耳两对，耳根呈叉形，均饰平行线纹。

浑铸。身有纵线两条。

新 3 号鼓

面径 57.7、身高 42.7、胸径 53.3、腰径 43、足径 48.2。

面有四蛙，逆时针环列。一、二弦分晕，二十一晕：1. 太阳纹，八芒，芒间坠形纹；2、5. 圆圈纹；3、6、11、16、19. 栉纹；4、10、17. 雷纹；7、12、14、20. 米粒形纹；8. 鸟纹；9. 变形羽人纹；13、15、18. 团花纹、鱼纹和鸟纹；21. 素晕。

胸六晕：1. 雷纹；2、4. 栉纹；3. 圆圈纹；5. 米粒形纹；6. 羽纹。腰十晕：1、9. 雷纹；2、8. 栉纹；3、7. 团花纹；4、6. 米粒形纹；5. 素晕；10. 羽纹。足三晕：1. 羽纹；2. 栉纹；3. 米粒形纹。

扁耳两对，耳根呈叉形，均饰平行线纹。

浑铸。身有纵线两条。

丙式4号鼓

来源不详（下同）。

面径36.8、身高28.7、胸径32.4、腰径27、足径29.3。

面有四蛙，逆时针环列。二弦分晕，十晕：1. 太阳纹，八芒，芒间坠形纹；2、8. 圆圈纹；3、10. 素晕；4. 米粒形纹；5、6. 团花纹；7. 鸟纹；9. 雷纹。

胸四晕：1. 栉纹；2. 圆圈纹；3. 雷纹；4. 羽纹。腰六晕：1、5. 米粒形纹；2、4. 栉纹；3. 团花纹；6. 羽纹。足二晕：1. 羽纹；2. 雷纹。

扁耳两对，每对耳脚间有绳纹相连。

浑铸。身有纵线两条。

暂1号鼓

面径56、身高43、胸径51.6、腰径36.5、足径44。

面有四蛙，逆时针环列。二弦分晕，十六晕：1. 太阳纹，十芒；2、9. 栉纹；3、10、14. 波浪纹；4、15. 米粒形纹；5、8. 鸟纹；6. 变形羽人纹；7、11. 复线半圆纹夹米粒形纹；12、13. 菱形纹和鸟纹；16. 素晕。

胸四晕：1、4. 复线半圆纹夹米粒形纹；2. 米粒形纹；3. 栉纹。腰十一晕：1、4、8. 波浪纹；2、10. 复线半圆纹夹米粒形纹；3、5、7、9. 栉纹；11. 羽纹和波浪纹。足二晕：1. 羽纹和波浪纹；2. 米粒形纹。

扁耳两对，耳根呈叉形，均饰平行线纹。

浑铸。身有纵线两条。

暂2号鼓

面径50.8、身高38.5、胸径46.2、腰径38、足径41.3。

面有累蹲蛙四组。二或三弦分晕，十六晕：1. 太阳纹，十二芒，芒间素；2. 波浪纹；3、5、9、14. 圆圈纹；4、8、13. 栉纹；6、10、15. 四瓣花纹；7、12. 鸟纹；11 菱形纹和鸟纹；16. 素晕。

胸五晕：1. 米粒形纹；2、3. 圆圈纹；4. 雷纹；5. 羽纹。腰八晕：1、7. 四瓣花纹；2、6. 圆圈纹；3、5. 栉纹；4. 素晕；8. 羽纹。足四晕：1. 羽纹；2. 栉纹；3. 圆圈纹；4. 四瓣花纹。

扁耳两对，耳根呈叉形，均饰平行线纹。

浑铸。身有纵线两条。

暂3号鼓

面径49.2、身高34.5、胸径46、腰径39.5、足径41.6。

面有四蛙，逆时针环列。一或二弦分晕，十七晕：1. 太阳纹，八芒，芒间坠形纹；2、12. 栉纹；3、4、8、13. 同心圆纹；5、9、16. 米粒形纹；6. 鸟纹；7. 变形羽人纹；10、11、15. 团花纹、鱼纹和鸟纹；14. 雷纹；17. 素晕。

胸六晕：1. 雷纹；2、4. 栉纹；3. 圆圈纹；5. 米粒形纹；6. 羽纹。腰十晕：1、9. 米粒形纹；2、3、7、8. 圆圈纹；4、6. 栉纹；5. 素晕；10. 羽纹。足一晕，为米粒形纹。

扁耳两对，耳根呈叉形，均饰平行线纹。

浑铸。身有纵线两条。

暂 4 号鼓

面径 43.7、身高 31、胸径 39.7、腰径 30、足径 33。

面有四蛙，逆时针环列。一或二弦分晕，十三晕：1. 太阳纹，八芒，芒间坠形纹；2、7、8、10、11. 团花纹；3、6、12. 米粒形纹；4. 鸟纹；5. 变形羽人纹；9. 波浪纹；13. 素晕。

胸三晕：1. 波浪纹；2. 团花纹；3. 米粒形纹。腰八晕：1、7. 米粒形纹；2、6. 团花纹；3、5. 栉纹；4. 素晕；8. 羽纹。足二晕：1. 团花纹；2. 米粒形纹。

扁耳两对，耳根呈叉形，均饰平行线纹。

浑铸。身有纵线两条。

暂 5 号鼓

面径 35.2、身高 27.4、胸径 32.3、腰径 25.5、足径 29.2。

面有四蛙，逆时针环列。一或二弦分晕，十二晕：1. 太阳纹，六芒，芒间坠形纹；2、11. 栉纹；3、4. 圆圈纹；5、12. 米粒形纹；6. 鸟纹、半圆和椭圆填线纹；8. 变形羽人纹；9、10. 团花纹、鱼纹和鸟纹。

胸四晕：1. 栉纹；2、3. 圆圈纹；4. 米粒形纹。腰九晕：1、9. 米粒形纹；2、3、7、8. 圆圈纹；4、6. 栉纹；5. 素晕。足一晕，为米粒形纹。

扁耳两对，耳根呈叉形，均饰米粒填线纹。

浑铸。身有纵线两条。

Ⅰ·8 号鼓（藏云南文物商店）

面径 67、身高 30.5、胸径 60.5、腰径 50、足径 54。

面有三层累蹲蛙四组，逆时针环列。三弦分晕，十九晕：1. 太阳纹，十二芒；2. 波浪纹；3、5、9、11、17. 同心圆纹；4、10、16. 栉纹；6、18. 菱形纹；7、13、14. 菱形纹和鸟纹；8、15. 鸟纹；12. 米粒形纹；19. 素晕。

胸六晕：1、5. 米粒形纹；2、4. 同心圆纹；3. 栉纹；6. 栉纹和波浪纹。腰十晕：1、9. 菱形纹；2、4、6、8. 同心圆纹；3、7. 栉纹；5. 素晕；10. 鸟纹和波浪纹。足三晕：1. 同心圆纹；2. 栉纹；3. 菱形纹。腰、足两侧有玉树浮雕，树干上立象三头、钉螺三个。

扁耳两对，耳根呈叉形。

浑铸。身有纵线两条。

Ⅰ·10 号鼓

面径 56、身高 42.5、胸径 52、腰径 41、足径 44.7。

面有四蛙，逆时针环列。二弦分晕，十四晕：1. 太阳纹，十二芒；2、12. 波浪纹；3. 栉纹；4、11、13. 圆圈纹；5、14. 米粒形纹；6. 鸟纹；7. 变形羽人纹；8、15. 雷纹；9、10、16. 鱼纹、鸟纹和团花纹；17. 素晕。

胸五晕：1、3. 圆圈纹；2. 栉纹；4. 米粒形纹；5. 米粒形纹和波浪纹。腰八晕：1、7. 米粒形纹；2、6. 圆圈纹；3、5. 栉纹；4. 素晕；8. 羽纹。足三晕：1. 羽纹和波浪纹；2. 栉纹；3. 米粒形纹。

扁耳两对，耳根呈叉形。

浑铸。身有纵线两条。

Ⅰ·11 号鼓

面径 50、身高 37.4、胸径 46.2、腰径 45、足径 41。

面有四蛙，逆时针环列。一或二弦分晕，十五晕：1. 太阳纹，八芒，芒间坠形纹；2、9. 栉纹；3、6、13. 米粒形纹；4. 鸟纹；5. 变形羽人纹；7、11、12. 团花纹、鱼纹和鸟纹；10、14. 雷纹；15. 素晕。

胸五晕：1、5. 波浪纹；2. 米粒形纹；3. 栉纹；4. 雷纹。腰八晕：1、5. 米粒形纹；2、6. 波浪纹；3、7. 栉纹；8. 羽纹。足三晕：1. 栉纹；2. 波浪纹；3. 米粒形纹。

扁耳两对，耳根呈叉形，均饰平行线纹。

浑铸。身有纵线两条。

Ⅰ·12 号鼓

面径 44.5、身高 32.8、胸径 41、腰径 35、足径 38。

面有四蛙，逆时针环列。二弦分晕，十五晕：1. 太阳纹，八芒，芒间坠形纹；2. 同心圆纹；3、8、13. 栉纹；4、7、9、12、14. 米粒形纹；5. 鸟纹；6. 变形羽人纹；10、11. 团花纹、鱼纹和鸟纹；15. 素晕。

胸五晕：1. 雷纹；2、4. 米粒形纹；3. 栉纹；5. 米粒形纹和波浪纹。腰八晕：1、3、5、7. 米粒形纹；2、6. 栉纹；8. 羽纹。足三晕：1. 栉纹；2. 米粒形纹；3. 波浪纹。

扁耳两对，耳根呈叉形，均饰平行线。

浑铸。身有纵线两条。

异型：3 面

石 M1：54 号鼓（藏云南省博物馆）

1955 年云南晋宁石寨山出土。明器。伴出物及资料发表刊物同上石 1：32A 号鼓。

面径 10.7、身高 8.7、胸径 13、腰径 6、足径 13。

面二弦分晕，四晕：1. 太阳纹，十四芒，芒间复线角形纹，日体中有一方孔；2. 圆圈纹；3. 素晕；4. 复线角形纹。

胸部仅见有乳丁纹夹鸟纹，余模糊。腰部被羽纹带纵分为十格，格间素，格下边有圆圈纹两层。足部素。

扁耳两对，饰辫纹图案。

身无合范线。

丁式59号鼓（藏云南省博物馆）

1957年云南金属回收局选购。

面径24.2、身高33.3、胸径22.2、腰径17.8、足径20.8。

面有四蛙，蛙首向中央。一弦分晕，六晕：1. 太阳纹，十一芒；2. 乳丁纹；3. 莲瓣纹；4. 轮形纹、云纹、雷纹；5. 同心圆纹；6. “五”字形和椭圆形图案。

胸至腰六晕：1. 乳丁纹；2. 云纹；3. 夔龙纹；4、6. 素晕；5. 雷纹。足饰兽面纹。

扁耳两对，饰平行线纹。

背面有“诸葛武侯”印文一方。

身有两道合范线。

Ⅰ·6号鼓（藏云南文物商店）

面径47.4、身高36.1、胸径47.4、腰径29、足径48。

面一弦分晕，三晕：1. 太阳纹，无芒，以平行双线作十字交叉纹；2. 素晕；3. 弧线及卷头平行线组成四组对称的飞燕形纹。

胸、足素。腰部被双线纵分为六格，格间素。

条状耳两对，每耳由两窄条组成。

身有两道合范线。

油印本编后记

本资料汇编，由广西壮族自治区博物馆倡议，并承担组织工作；广东、四川、贵州、云南等省博物馆联合编纂。

汇编过程中，得到上海、江苏、浙江、湖北、湖南、重庆、广州等省、市博物馆和中国历史博物馆、首都博物馆、故宫博物院、文化部音乐研究所、中山大学、四川大学、北京大学、中央民族学院、广西师范学院等单位的大力支持。广东省湛江、佛山、南海、普宁、潮安、顺德、新会、汕头、信宜、陵水、昌江、徐闻、廉江、阳春、高州，广西壮族自治区柳州、梧州、百色、合浦、田东、桂林、平南、桂平、玉林、钦州、宜山、武宣、贵县、灵山、博白、陆川、北流、岑溪、河池、南丹、象州、武鸣、昭平、上林、西林、崇左、横县、龙胜、浦北、藤县、宾阳、苍梧等地、县（市）文化局、文管会（所）、博物馆、文化馆及四川成都武侯祠等单位提供资料，在此深表谢意！

本资料由王克荣同志担任主编，广西张世铨、邱钟仑、庄礼伦、王梦祥、魏桂宁、蒋廷瑜、黄增庆，广东何纪生、杨耀林、黄道钦，贵州李衍垣、严进军、万光云，云南王大道、易学中、魏辉抗等同志参加工作。花纹剪辑由广西黄文德、吴崇基、曾从运、陈锡安等同志负责。1980 年 7 月，王克荣、张世铨、王大道、李衍垣、何纪生、湛友芳（四川省博物馆）等同志再次讨论、修改、定稿。

由于编者水平有限，缺点、疏漏不时出现，如纹饰的名称与描述，便存在同纹异称等现象。虽经努力，尚难统一，望专家、读者不吝赐教。

1980 年于南宁

编后记

感怀于中国古代铜鼓研究领域的前辈们前期资料收集工作和研究工作的开拓和奉献精神，我们将此《汇编》在以油印本存世三十多年后正式出版。这也是为了将这笔宝贵的遗产传承下去，并向一直长期关注并为中国古代铜鼓研究和发展付出努力的专家和学者们表达崇高的敬意。同时借此机会，祝愿新一轮世界铜鼓收藏、调查与研究工作顺利开展。

《汇编》的出版，从有想法到新书即将面世，历时不到一年。此项工作得以快速推进，得益于广西壮族自治区文化厅原副厅长、中国古代铜鼓研究会理事长覃溥女士的积极倡议和推动。广西民族博物馆王頠馆长非常重视此事，决定由本馆信息资料部具体承担此书的正式出版任务，并为此书作序。蒋廷瑜老先生获悉，当即就将自己保存了几十年的油印本赠予广西民族博物馆，并为本书撰写了一篇非常有意义的、记录当年铜鼓资料搜集历程的回忆性文章，让我们清楚地了解了第一次全国范围内铜鼓调查的情况，可代作本书前言。

信息资料部的同志接此任务后，在用心保护《汇编》油印本的同时，立即着手出版工作，刘梅负责整体统筹安排，欧波负责各环节工作具体落实并确保稳步推进，并顺利委托文物出版社出版此书。蒋廷瑜先生和农学坚副馆长对书稿全文进行了逐字逐句地校对，从专业角度把关；刘文毅参与了对蒋老先生回忆性文章的全文梳理；宋秋莲担任了本书英文部分的翻译工作。本书出版工作得以顺利开展，与这些同志给予的倾力协助密不可分。

《汇编》原稿为刻蜡板油印资料，因年代久远，书稿部分文字已模糊难以辨认，本书在文字录入和书稿校对等方面花费了较长的时间。原稿中实难辨认和核准的个别文字，用“□”代替；原稿所收录“鼓型及各部名称图例”部分，因线图模糊不清，本书增补了各类型铜鼓鼓形及典型纹饰的线图和照片，列入本书“各类型铜鼓鼓形及其纹饰”部分。由于时间较仓促，本书尚存疏漏，望各位专家、读者理解。

再次向为此次出版工作提供帮助的广西壮族自治区文化厅、中国古代铜鼓研究会及所有关心、支持的专家、同行们表示衷心的感谢！

广西民族博物馆

2014 年秋